Berliner Beiträge zur Kritischen Theorie
Band 2

Jan Rehmann

Postmoderner Links-Nietzscheanismus

Deleuze & Foucault
Eine Dekonstruktion

Argument Sonderband Neue Folge 298

Weitere Schriften von Jan Rehmann bei Argument

Max Weber: Modernisierung als passive Revolution

Kontextstudien zu Politik, Philosophie und Religion im Übergang zum Fordismus
Argument Sonderband AS 235, 1998

Die Kirchen im NS-Staat

Untersuchung zur Interaktion ideologischer Mächte.
Argument Sonderband AS 160, 1986

Gemeinsam mit anderen

Muss ein Christ Sozialist sein?

Nachdenken über Helmut Gollwitzer
(Hg. mit Brigitte Kahl). Argument Sonderband AS 232, 1994

Faschismus und Ideologie

Argument Sonderband AS 60 und Argument Sonderband AS 62, 1980

Theorien über Ideologie

Argument Sonderband AS 40, 1979, [3]1986

Inhalt

TEIL IV VOM GEFÄNGNIS ZUR MODERNEN SEELE – »ÜBERWACHEN UND STRAFEN« NEU BESICHTIGT

ANHANG

Einleitung

I.

Giordanas Film *Maledetti Vi Amerò* von 1980 zeigt einen jungen Mann namens Ricardo, der, hin- und hergerissen zwischen Linksterrorismus und Yuppikultur, kurz vor seinem Selbstmord eine neue Variante post-linker Political Correctness durchbuchstabiert: »Erotik ist links, Pornographie ist rechts. Sogar Penetration ist rechts, während Vorspiel links ist. Heterosexualität ist rechts, aber Homosexualität hat einen tiefen Transgressionswert und ist daher links. Haschisch ist links, aber Amphetamine, Koks und Heroin sind rechts. Nietzsche wurde neu evaluiert und ist jetzt links, aber Marx ist rechts.« Daraufhin steckt er sich die Pistole in den Mund.

Um jene »Neu-Evaluierung« Nietzsches, die dem Filmhelden das Gehirn verwirrte, bevor er es und sich endgültig zerstörte, geht es in folgender Untersuchung. Die Filmszene hält einen Moment eines komplexen ideologischen Vorgangs fest, in dem ein hoch elaboriertes Paradigma der Nietzsche-Interpretation im Alltagsverstand einer Nach-68er-Generation ankommt und sich mit den Enttäuschungen gescheiterter oder versandeter politischer Initiativen verbindet. Zwei der einflussreichsten Vertreter dieser Umwertung Nietzsches sind Gilles Deleuze und Michel Foucault. Deleuze hat 1962 in *Nietzsche et la philosophie* eine Interpretation vorgelegt, die mehrere Generationen poststrukturalistischer oder postmoderner Intellektueller nachhaltig geprägt hat; Foucault hat sich sowohl in seiner »archäologischen« als auch in seiner »genealogischen« Phase durchgängig als Nietzscheaner verstanden und beansprucht, die nietzschesche Subjekt-, Humanismus- und Moralkritik am historischen Material der Moderne weiterzuführen und zu konkretisieren.

Deleuze fasst 1973 in seinem Aufsatz übers »nomadisierende Denken« seine bisherigen Überlegungen zur Neubewertung Nietzsches folgendermaßen zusammen: Marx und Freud repräsentierten die Entstehung der modernen bürokratischen Kultur; ihr Projekt ist das einer Re-Kodierung: des Staates bei Marx, der Familie bei Freud. Dagegen stehe Nietzsche für den Anbruch der Gegenkultur. Er verwandle das Denken in eine nomadische Kraft, in eine »Kriegsmaschine« gegen die rationale, administrative Maschinerie, deren Philosophen im Namen der reinen Vernunft sprechen. Damit wendet sich Deleuzes Nietzsche direkt an die Revolutionäre von heute: Wir brauchen eine solche »Kriegsmaschine«, die nicht wieder einen Staatsapparat hervorbringt (*PN*, 142, 149).

Wo anders hätten die LeserInnen in den 70er Jahren die nomadischen

Kriegsmaschinen verorten sollen als im Horizont der italienischen Roten Brigaden oder der westdeutschen Rote-Armee-Fraktion? Freilich sollte die Assoziation auch nicht allzu wörtlich verstanden werden. Es sind keine wirklichen Geschosse sondern Nietzsches Aphorismen, die die »Rammböcke« dieser Kriegsmaschine ausmachen sollen, und ihre Zerstörungskraft richtet sich v.a. gegen die literarische Form der »Maxime«.[1] Die »Nomaden« brauchen sich auch nicht wirklich zu bewegen, sie entziehen sich nur den Codes der Sesshaften, indem sie »trips of intensity« unternehmen (149). Es wird also auch hier nichts so heiß gegessen, wie es gekocht wird. Krieg und Kriegsmaschine sind lautstarke Metaphern, die einem esoterischen philosophischen Diskurs den revolutionären Gestus eines Guerillakriegs verschaffen sollen.

Natürlich hat der umgewertete Nietzsche im studentischen Protestmilieu in der Regel nicht zum Selbstmord geführt, sondern im Gegenteil, wie imaginär auch immer, eine Lösung fürs Weiterleben bereitgehalten: sich aus auswegslosen linksradikalen Praxisformen zurückzuziehen, ohne das radikale Selbstverständnis preisgeben zu müssen. Der Preis liegt in einer widersprüchlichen Ästhetisierung des Politischen, die nach links wie nach rechts ausschlagen kann. »The left turn: smash truth, cognition and morality, [...] and live luxuriantly in the free, groundless play of your creative powers. The right turn [...]: forget about theoretical analysis, cling to the sensuous particular, view society as a self-grounding organism, all of whose parts miraculously interpenetrate without conflict and require no rational justification, [...] think with the blood and the body« (Eagleton 1990, 368f).

Die Ambivalenz ist von unterschiedlichen Autoren wahrgenommen und, abhängig von der eigenen Perspektive, gewürdigt oder verurteilt worden. Bei AutorInnen, die vom Marxismus herkommend sich poststrukturalistischen Ansätzen geöffnet haben, wird sie vor allem als Polymorphie und Dispersion der Subjekte wahrgenommen und als Befreiung gegenüber Determinismus und Klassenreduktionismus begrüßt.[2] Dagegen schlägt Habermas die links-nietzscheanische Linie von Georges Bataille über Foucault zu Derrida den »Jungkonservativen« zu und spielt damit auf die »konservativen Revolutionäre« in der Weimarer Republik um Martin Heidegger, Ernst Jünger und Carl Schmitt an. »Mit modernistischer Attitüde begründen sie einen unversöhnlichen Antimodernismus.« (1980, 52). Manfred Frank konstatiert eine »Neigung zum ›Gefährlichdenken‹« schlechthin, die für die wirkliche Herrschaft ungefährlich und zugleich von links bis rechts ausschlachtbar ist (1983, 435f). Descombes hat an den philosophischen Diskursen des poststrukturalistischen Anti-Hegelianismus eine eigentümliche Zweideutigkeit beobachtet, die sich z.B. daran zeigt, dass die hegelsche Herr-Knecht-Dialektik von den gleichen Autoren mal marxistisch als Ausbeutungsverhältnis artikuliert wird, mal nietzscheanisch in dem Sinne, dass der moderne Bourgeois ein verächtliches Wesen darstellt, weil er nur ein freigelassener Sklave sei, der seinen Herrn interiorisiert habe (Descombes 1979, 185). Ferry und Renaut verallgemeinern diese Beobachtung zu dem Vorwurf eines »doppelten Spiels«, bei dem die Macht einerseits in der Sprache einer marxistischen Gesellschaftskritik an Ausbeutung, Repression und Ausschließung als »Pseudorationalität« erscheint, andererseits im Rahmen eines Nietzsche-Heidegger-Registers vom Gesichtspunkt des von der Vernunft Ausgeschlossenen (z.B. des Wahnsinns) und im Namen eines »Irrationalen« kritisiert wird (Ferry/Renaut 1985, 113f, 115, 118).

Es ist angebracht, die Mehrdeutigkeiten des Phänomens nicht zu schnell zu vereindeutigen. In der Kultur, in der diese Diskurse »ankommen«, werden radikale Impulse nicht einfach aufgegeben, sondern verschieben sich vom Transformativen aufs Subversive – »a way of keeping warm at the level of discourse a political culture which had been flushed off the streets« (Eagleton 1996, 4, 17, 24f). Die Sensibilisierung für Unterschiede und Gegensätze in Geschlechterverhältnissen und Rassenbeziehungen hat dazu beigetragen, die sozialen Bewegungen im entwickelten Kapitalismus nachhaltig zu transformieren. Auch dort, wo sich anti-ideologische Skepsis mit spontanen Ideologien des Marktes verbunden hat, wird sie von neokonservativen Intellektuellen wie Daniel Bell, Amitai Etzioni und Peter Koslowski als Zersetzung der bürgerlichen Werte und insbesondere der Arbeitsethik wahrgenommen.[3] Eagleton zufolge ist die Postmoderne im Funktionszusammenhang des Kapitalismus sowohl ikonoklastisch als auch inkorporiert, und zwar deshalb, weil dieser selbst gespalten ist: eine anarchische Marktlogik, die permanent die höheren Werte anti-ideologisch zersetzt, geht mit einem Systembedarf nach kompensatorischen Ideologien einher. Unkritisch gegenüber den fragmentierenden Funktionsweisen des kapitalistischen Marktes, ist die Postmoderne zugleich subversiv, insofern sie das System dort infrage stellt, wo es auf absolute Werte, metaphysische Grundlagen und selbst-identische Subjekte angewiesen ist (132f; ders., 1990, 373f). Frederic Jameson beschreibt sie als ein »Spannungsfeld, in dem sich unterschiedliche kulturelle Impulse behaupten müssen«, freilich mit einer »kulturellen Dominante«, die er als zunehmende Integration der ästhetischen Produktion in die »spätkapitalistische« Warenproduktion bestimmt (1993, 48, 50).

Anknüpfend an Gramscis Hegemonietheorie könnte man den Vorgang als »passive Revolution« bezeichnen, die hier die Besonderheit aufweist, unmittelbar an den Kulturen des »Gauchismus« anzusetzen. Freilich muss man sich klarmachen, dass die historische Reichweite der Begriffsbildung bei Gramsci über die gescheiterte Studentenrevolte hinausgeht. Er ging von zwei Revolutionen aus, die nicht nur »aktiv« sondern auch (zunächst) erfolgreich waren, nämlich die jakobinische Revolution in Frankreich, der gegenüber sich die Nationalstaaten in Deutschland und Italien als Reaktionen herausgebildet haben, und die bolschewistische in Russland, auf die der Westen mit neuen »fordistischen« Regulations- und Integrationsformen reagierte, die sich längerfristig als historisch überlegen erwiesen.[4] Trotz des historischen Abstands bleibt der Grundgedanke lehrreich, dass es sich bei der passiven Revolution um eine gesellschaftliche Umwälzung bei gleichzeitigem »Fehlen einer Volksinitiative« handelt. Die Federführung liegt beim herrschenden Block, der auf ein »sporadisches, elementares, unorganisches Umstürzlertum« reagiert und einen »gewissen Teil der Forderungen von unten [aufnimmt]« (*Gef* 6, H. 10.II, §41.XIV, 1330). Der Begriff der »passiven Revolution« deckt somit eine »Morphologie des entwickelten Kapitalismus auf [...], als besäßen die kapitalistischen Produktionsverhältnisse [...] eine bestimmte Plastizität, die es ihnen in Krisenzeiten ermöglicht, ihre eigene ›Neustrukturierung‹ zu leisten« (Buci-Glucksmann 1977, 15).

II.

Unversehens sind wir in der Postmodernedebatte gelandet und müssen uns die Frage stellen, ob und in welchem Sinne es überhaupt berechtigt ist, von einem *postmodernen* Links-Nietzscheanismus zu sprechen. Dass die Nietzsche-Rezeption in der Herausbildung von Poststrukturalismus und Postmoderne eine zentrale Rolle gespielt hat, ist in der Literatur unbestritten.[5] Überhaupt wird der Term »postmodern« in adjektivischer Form erstmals 1917 im Umkreis des George-Kreises unmittelbar in Anlehnung an Nietzsches Konzept des Übermenschen verwendet: der »postmoderne Mensch« ist bei Rudolf Pannwitz (1917, 64) der »sportlich gestählte«, »nationalistisch bewusste«, »militärisch erzogene« und »religiös erregte« Mensch, der sich den »nichtigen und lächerlichen« Kulturbestrebungen des modernen Europas entgegenstellt.[6] Andererseits hat Foucault es weit von sich gewiesen, unter die Postmoderne subsumiert zu werden: er wisse nicht, worum es sich dabei handelt, wie die Modernität beschaffen ist, von der sie sich abstößt, und welcher Problemtypus den Postmodernen oder Poststrukturalisten gemeinsam ist (*DE II*, Nr. 330, 1265f).

Schon eine erste Terrainbesichtigung führt uns in ein »Minenfeld einander widersprechender Begriffe« (Harvey 1990, VIII). Problematisch ist bereits die Unterscheidung zwischen »Postmoderne« und »Poststrukturalismus«. Boyne und Rattansi wollen erstere nur für ästhetische Konzepte verwenden, die sich gegen modernistische Kunstformen richten, geben aber zu, dass diese Unterscheidung den gängigen Begriffsverwendungen nicht entspricht (1990, 10f). Für Huyssen ist der Poststrukturalismus eine »Theorie des Modernismus im Stadium seiner

Erschöpfung« und gehört insofern eher zur Weiterführung der Moderne als zu ihrer postmodernen Überwindung (1993, 33, 39f). Ermarth meint, beide Bezeichnungen durch den Zeitbezug des von ihnen Kritisierten differenzieren zu können: Während die Poststrukturalisten (hier Derrida und Irigaray) das gesamte westliche Denken kritisieren wollen, beziehen die Postmodernen sich kritisch auf moderne Aufklärung und Humanismus, so dass Postmodernismus als historischer Begriff gefasst ist, »indicating something that comes after modernity« (1998, 587, 589). Hier fragt sich freilich, was denn vom Poststrukturalismus übrigbleibt, wenn der konstitutive Bezug zum Strukturalismus aus der Begriffsbestimmung verschwunden ist. Und die Postmoderne-Definition gibt keinerlei Hinweis, welche Kriterien uns erlauben, die »Moderne« für abgeschlossen zu erklären. Zudem wird die Festlegung der Postmoderne auf eine Epoche »nach« der Moderne etwa von Umberto Eco in Frage gestellt, der mit dem Wort ein »Kunstwollen« bezeichnen will, das ähnlich wie der Manierismus in unterschiedlichen Epochen auftreten kann (1984, 77). Larrain versucht eine politische Unterscheidung, indem er den Poststrukturalismus für Autoren wie Derrida, Foucault, Hindess, Hirst, Laclau und Mouffe verwendet, »who do not dissolve social reality into fragmentary images and signs and who still think it possible [...] to be politically constituted by progressive discourses which resist power or aim at socialism«, während Postmodernismus exemplarisch die Haltung von Lyotard und Baudrillard kennzeichnen soll, »who no longer hope that meaningful change can be attempted and tend to dissolve reality into simulacra« (1994, 91). Freilich zeigt die weitere Argumentation, dass es sich hier eher um eine Gliederung der Darstellung als um eine trennscharfe begriffliche Unterscheidung handelt, denn die zentralen Themen des Poststrukturalismus – Verabschiedung des Ideologiebegriffs, »Diskurs« als zentrale Instanz des gesellschaftlichen Lebens, Ablehnung einer linearen Geschichtsauffassung, Kritik des autonomen »Subjekts« und seiner universalistischen »Wahrheit« (104f, 106ff) – finden sich bei den als postmodern aufgeführten Autoren wieder und es bleibt unklar, warum die von diesen vorgenommenen Modifikationen einen neuen Paradigmenwechsel begründen sollen.

Mir scheint zunächst eine begriffliche Unterscheidung sinnvoll, die von dem Zwang befreien könnte, die Autoren und Strömungen in eine künstliche Entweder-Oder-Anordnung zu pressen, die nur zu uninteressanten und unabschließbaren Zuordnungskontroversen führen kann: Ausgehend von der Wortbedeutung soll »Poststrukturalismus« eine *theoretische* Formation bezeichnen, die sich vor allem in Frankreich als Nachfolge und Überwindung des Strukturalismus herausgebildet hat. Er ist kein Gegenbegriff zur Postmoderne, sondern eine ihrer theoretischen Strömungen oder, wie Manfred Frank formuliert, »ein Denken [...] unter den Bedingungen der Nachmoderne« (1983, 29). Was immer diese genau bedeuten soll, als Gegenbewegung, Nachfolge oder Überwindung der »Moderne« ist sie auf jeden Fall weiter angelegt als eine spezifische Theorierichtung, die sich kritisch vom französischen Strukturalismus abzuheben versucht. Der Begriff der Postmoderne hat sich schon in den fünfziger Jahren in der US-amerikanischen Literaturkritik eingebürgert, wurde in den sechziger Jahren zum Schlagwort einer avantgardistischen Kritik an der »ästhetischen Moderne« und in den frühen siebziger Jahren »zu einer Art Sammelbegriff für neuere Entwicklungen vor allem in der Architektur, aber auch im Tanz, im Theater, in der Malerei, im Film und in der Musik« (Huyssen 1993, 13, 17ff, 23ff). Erst dann, genauer nach Lyotards *La condition postmoderne* von 1979, wird der Term zum Erkennungszeichen philosophischer Diskurse. Es liegt also nahe, mit ›Postmoderne‹ allgemein auf eine moderne-kritische Wendung zu verweisen, die quer durch Ästhetik, Kultur und Lebensweise verläuft, unterschiedliche philosophische Richtungen erfasst und auch die theoretische Wendung vom Strukturalismus zum Poststrukturalismus mit beinhaltet. Nichts spricht daher dagegen, Deleuze und Foucault als *Poststrukturalisten* zu bezeichnen, wenn man damit ihren Anspruch hervorheben will, den (z.B. saussure'schen oder lévi-strauss'schen) Strukturalismus hinter sich zu lassen; aber es spricht auch nichts dagegen, sie als Vertreter der *Postmoderne* zu behandeln, wenn man sich dafür interessiert, wie sie sich von den anthropologischen »Utopien« oder sog. »Großtheorien« der Moderne (wie z.B. Humanismus, Psychoanalyse und Marxismus) abgrenzen, die Lyotard unter dem Begriff der »Metaerzählungen« (métarécits) zusammengefasst hat.

Allerdings haben wir mit einer solchen terminologischen Vereinbarung noch keineswegs einen brauchbaren analytischen Begriff gewonnen. Dies zeigt sich u.a. daran, dass die Definitionen, die sich darum bemühen, den Begriffsumfang zum Ausdruck zu bringen, dies in der Regel mit einem Allgemeinheitsgrad bezahlen, der den Erklärungswert gegen Null tendieren lässt. So definiert z.B. das *Historische Wörterbuch der Philosophie* die Postmoderne als Wort »zur Kennzeichnung, Propagierung oder Kritisierung von Phänomenen [...], die, ohne prämodern zu sein, nicht bruchlos unter den Epochenbegriff der Moderne subsumiert werden können, da sie sich wesentlichen Idealen und Paradigmen derselben versagen« (Meier 1989, 1142). Demnach hängt alles davon ab, wie das »Wesen« der modernen Epoche bestimmt wird, die man durch die Ausrufung einer neuen Epoche hinter sich lassen will. Dem Begriff der Postmoderne ist implizit das Verfahren immanent, »die« Moderne als einheitlichen Block zu konstituieren, den man somit *en bloc* verabschieden könnte. Dies ist freilich eine eigenartig essenzialistische Problemstellung, die sich für das methodische Selbstverständnis der Postmoderne eigentlich verbieten müsste.

Es ist folgerichtig, dass die meisten Kritiker der Postmoderne an deren Konstruktion einer einheitlichen Moderne ansetzen. Habermas' Einwand lässt sich dahingehend zusammenfassen, der postmoderne Abschied von der »Moderne im Ganzen« maße sich eine transzendente Stellung an und verdränge die der Moderne selbst innewohnenden Gegendiskurse, die die Aufklärung über ihre eigenen Bornierungen aufzuklären versuchten (1985, 12f, 353). Statt die emanzipatorischen Gehalte der Vernunft einzubehalten und gegen die einseitige Rationalität der bürgerlichen Gesellschaft einzuklagen, folgt die Postmoderne einer nietzscheschen Modernekritik, die die Dialektik der Aufklärung verabschiedet (70f, 106f, 117). Frank verortet die von der Postmoderne unkenntlich gemachten Gegendiskurse der Moderne vornehmlich in der romantischen Selbstkritik des Idealismus, die bereits dargelegt habe, dass der Blick, unter dem wir unsere Welt erschließen, nicht von uns geschaffen, sondern uns »eingepflanzt«, »inokuliert«, d.h. durch Diskursformationen vorstrukturiert ist (1983, 120f, 123).[7] Die als nach-moderne Errungenschaft verkündete »Dezentrierung des Subjekts« habe ihren Platz in der »modernen« Philosophiegeschichte selbst, da die unterschiedlichsten Denker von Spinoza über Fichte und Schelling bis Feuerbach, Marx und Freud darin übereinstimmten, das Subjekt »in einem selbst nicht Bewussten« gründen zu lassen (246, 249f). Ulrich Beck kritisiert, die Postmoderne identifiziere die Moderne fälschlich mit der industriegesellschaftlichen Moderne und sei daher unfähig »*mehrere* Modernen« zu denken: beim ersten Anzeichen einer Krise des industriegesellschaftlichen Paradigmas begehe sie Fahnenflucht, statt sich der konstruktiven Aufgabe zu stellen, ein post-industrielles Modell »reflexiver Modernisierung« zu entwerfen (in Beck/Giddens/Lash 1996, 39; vgl. 24).

Eine andere Frontstellung wurde kürzlich von Hardt und Negri in ihrem Buch *Empire* eröffnet. Ihnen zufolge vermengen Postmoderne und Postkolonialismus gegensätzliche Bedeutungen der »Moderne«, nämlich einerseits einen Renaissancehumanismus von Duns Scotus bis Spinoza, der durch die Entdeckung der Immanenz und der Betonung von Singularität und Differenz gekennzeichnet sei, und andererseits einen philosophischen »Thermidor der Renaissancerevolution« (2002, 153). Diese zweite Linie von Descartes über Kant zu Hegel fixiere und kontrolliere die in der Renaissance freigesetzten utopischen Kräfte durch den »transzendentalen Apparat« eines Schematismus der Vernunft (92f). Sie gelange schließlich zum Begriff der modernen Souveränität und entwickle eine »Souveränitätsmaschine«, die die »Vielheit« (multitude) der Menschen in eine geordnete Totalität verwandelt (101).[8] Im Grunde stelle also die Postmoderne »weder die Aufklärung noch die Moderne *in toto* in Frage [...], sondern ganz spezifisch die Tradition moderner Souveränität«, und hier wiederum v.a. die Dialektik als »zentrale Logik moderner Herrschaft, Exklusion und Befehlsgewalt«

(153). Dieses Selbstmissverständnis mache sie unfähig, den eigenen historischen Platz zu bestimmen und führe zum Verlust kritischer Potenz: Zum einen bekämpften die Postmodernen »noch immer die Schatten alter Feinde«, nämlich die modernen Formen der Souveränität, die mittlerweile vom »Empire« selbst beseitigt und durch grenzüberschreitende Dispositive der Differenz ersetzt würden[9], zum anderen seien sie unfähig zur politisch-ethischen Konstruktion von Gegenmacht, die der fragmentierten Vielheit zu einer neuen Kohärenz verhelfen könnte (61, 414). Diese Subjektwerdung der »multitude« wollen Hardt/Negri nun im Rückgriff auf die renaissance-humanistische Trias »sein-wissen-vermögen« (esse-nosse-posse) und hier insbesondere auf Spinozas Konzept des Handlungsvermögens (potentia agendi) entwerfen: *Posse* in diesem spinozistischen Sinn bezieht sich »auf die Macht der Vielheit und ihr Telos, es verkörpert die Macht des Wissens und des Seins, die stets offen gegenüber dem Möglichen ist« (414; Übers. korrigiert, JR).

Die Einwände zeigen bei all ihrer Unterschiedlichkeit, in welchem Ausmaß der Begriff der Postmoderne von der vorausgesetzten Konstruktion einer homogenisierten Moderne abhängt, die die vielfältigsten Widersprüche ausblendet und bis zur Unkenntlichkeit nivelliert. Wenn Lyotard die Moderne als einen Typus von Legitimation beschreibt, der über Metadiskurse wie die Dialektik des Geistes, die Hermeneutik des Sinns, die Emanzipation des vernünftigen oder des arbeitenden Subjekts verläuft, und die Postmoderne durch den Glaubensverlust (incrédulité) gegenüber solchen Metaerzählungen definiert (1979, 7f), erzählt er selbst eine Groß-Geschichte, die die zur Verabschiedung bestimmten noch überbietet, »die größte denkbare Meta-Erzählung, die Erzählung nach den Erzählungen, die so altklug ist, dass sie alles immer schon als Nichtwissen weiß« (Haug 1993, 11).[10]

Der methodische Selbstwiderspruch legt den Zweifel nahe, ob der Postmoderne-Begriff als analytische Kategorie überhaupt tragfähig ist. Jeder Versuch, mit seiner Hilfe eine geistige Spezifik auf den Punkt zu bringen, muss dazu provozieren, das ganze Unternehmen ad absurdum zu führen: soll er eine radikale Infragestellung von Humanismus und Aufklärung bezeichnen, muss man offenbar die Aufklärungskritik von Papst Johannes Paul II mit zur Postmoderne rechnen, meint Harvey (1990, 41); liegt seine Spezifik in der Kritik universalistischer Wahrheiten, kann man Pontius Pilatus als den »ersten Postmodernen« bezeichnen, behauptet Eagleton (1996, 41). Das ist nicht ganz so absurd, wie es klingt, hat doch schon Nietzsche im *Antichristen* Pilatus als die einzige Figur im Neuen Testament bezeichnet, die man wegen ihrer vernichtenden Wahrheits-Kritik »ehren muss« (*AC*, KSA 6, 225).[11] Hardt und Negri (2002, 161f) behandeln auch den islamischen Fundamentalismus als Phänomen der Postmoderne:

er folgt auf die islamische Moderne und stellt sich zu ihr in Gegensatz, weil sie als Unterwerfung unter die westliche Hegemonie überkodiert ist. Der Unterschied besteht v.a. darin, »dass sich die postmodernen Diskurse vorwiegend an die Gewinner der Globalisierungsprozesse richten, die fundamentalistischen Diskurse dagegen an die Verlierer«. Und schließlich meint Heiner Müller, wenn wir Lenin als die sozialistische Moderne ansehen, sei der Stalinismus unsere Postmoderne: »die Substitution der Realität durch das Wort, die Schrift, das Papier. Unsere Simulacra sind die (fiktiven) Dokumente, mit denen Geschichte simuliert wird« (Müller/Weimann 1991, 182f).

Auch wenn hier einiges an Blödelei grenzt, ist es doch eine intelligente. Sie legt den Finger auf eine postmoderne Diskursstrategie, die eher den Imperativen einer wirksamen Selbstvermarktung folgt, als dass sie den Reflexionsstandards theoretischer Begriffsbildung genügt. Dass das methodische Problem tiefer liegt, zeigen die unabschließbaren Debatten um die Reichweite des Aufklärungsbegriffs: Bezeichnet er das 18. Jahrhundert, das sich selbst als »siècle des lumières« verstanden hat? Oder meint er, wie im Begriff der antiken Aufklärung angelegt, den Aufbruchsimpuls aus Unmündigkeit und irrationaler Herrschaft überhaupt? Die Mehrdeutigkeit zeigt, »dass ›geistesgeschichtliche‹ Epochenbegriffe ein unsicheres Fundament in der Sache selbst, dem vielschichtigen und antagonistischen Geschichtsprozess haben« (Haug 1984, 719). Dies legt nahe, die Postmoderne nicht primär als geistesgeschichtliches Phänomen zu verstehen, sondern gesellschaftstheoretisch von den Umbrüchen in der Produktions- und Reproduktionsweise her zu rekonstruieren.

In diesem Sinne hat Frederic Jameson vorgeschlagen, »postmodern« zur Bezeichnung eines »Überbaus« zu verwenden, der im Übergang vom Fordismus zum Postfordismus eine neue »Fühlstruktur« (structure of feeling) hervorgebracht hat (1991a, XIV). Die entscheidende Aufgabe bestimmt er dahingehend, die neuen Praxis- und Fühlformen im Verhältnis zu den Produktions- und Organisationsformen des globalen Kapitalismus zu untersuchen und diesen Zusammenhang nicht als Reflex zu verstehen, sondern als Produktion von Subjekten, die in den neuen sozio-ökonomischen Verhältnissen funktionieren können (XV). Einen solchen Versuch unternimmt z.B. David Harvey, wenn er die Postmoderne in eine Reihe sukzessiver »Zeit-Raum Kompressionen« einordnet, die durch den Druck der Kapital-Akkumulation generiert werden (Harvey 1990, 306f). Zu einer Fragmentierung linearer Zeitauffassungen kam es erstmals durch die große Überakkumulationskrise in der Mitte des 19. Jahrhunderts. In ihrer Folge entwickelte sich in bildender Kunst und Literatur der »Modernismus«, dessen Krisenbewusstsein durch die Erfahrungen des Ersten Weltkriegs und der Russischen Revolution noch gesteigert wurde (260ff). Die

Überakkumulationskrise von den späten 1960er Jahren bis ca. 1973 führte zu einem neuen Beschleunigungsschub der Umschlagszeiten in Produktion, Zirkulation und Konsumtion. Dieser trieb wiederum neue Raum-Zeit-Verdichtungen hervor, die eine Bedingung für die Herausbildung der Postmoderne darstellten (147, 189, 285, 326ff).

Da die kapitalistische Entwicklung immer wieder solche Kompressionen im Zeit-Raum-Gefüge hervorbringt, wird es auch hier außerordentlich schwierig, die geistesgeschichtlichen Periodisierungen trennscharf voneinander zu unterscheiden. Harvey schlägt vor, die Begriffe Modernismus und Postmodernismus als »statische Verdinglichungen« dynamischer Gegensätze zu verstehen: beide Begriffe seien aufzulösen »into a complex of oppositions expressive of the cultural contradictions of capitalism« (339). »The sharp categorical distinction between modernism and postmodernism disappears, to be replaced by an examination of the flux of internal relations within capitalism as a whole.« (342)

Gleichwohl hat »postmodern« sich in einem Maße eingebürgert, »that, for good or ill, we cannot not use it« (Jameson 1991a, XXII). Freilich sollten wir den Term nicht als einen analytisch trennscharfen Begriff missverstehen, sondern ihn vorläufig und flüssig zur Beschreibung ideologischer und kultureller Verschiebungen benutzen, über deren Phänographie die Literatur trotz aller Gegensätze in der Bewertung sich erstaunlich einig ist: ein Zeitverständnis, bei dem das modernistische Warten auf grundlegend Neues durch die Orientierung auf Ereignisse und Einschnitte abgelöst wird, eine an der Warenästhetik orientierte Zelebration der Unmittelbarkeit und Verfügbarkeit, eine Fragmentierung, die man in Anlehnung an Lacans Darstellung der Schizophrenie als Zerreißen kohärenter Signifikantenketten beschreiben kann, eine ästhetische Tiefenlosigkeit, die Jameson exemplarisch an der Gegenüberstellung von van Goghs Bauernschuhen und Andy Warhols »Diamond Dust Shoes« herausgearbeitet hat (5ff; ders., 1993, 51ff), ein Verlust an Historizität, der durch Tendenzen der Verräumlichung kompensiert wird, die Vorliebe für »eklektizistische Fassaden-, Pastiche- und Zitatkunst« (Huyssen 1993, 13), eine »Ära der Indifferenz«, d.h. der »austauschbaren Individuen, Beziehungen, Wertsetzungen und Ideologien« (Zima 1997, 26).

Viele dieser Beschreibungen lassen sich in Eagletons Interpretation integrieren, derzufolge die Postmoderrne die materielle Logik des fortgeschrittenen Kapitalismus aufsammelt und aggressiv gegen seine geistigen Grundlagen wendet.[12] Allerdings ist zu berücksichtigen, dass die der Postmoderne zugrundeliegenden gesellschaftlichen Transformationen eine »Explosion widerstreitender Tendenzen« hervorrufen, die auch kompensatorische Bedürfnisse nach »tieferen Fragen« und ewigen Wahrheiten enthalten.[13] Die postmodernen USA sind immerhin auch ein Land der unduldsamsten Fundamentalismen. Es ist zu erwarten, dass man die »Postmoderne« durch präzisere Begriffe ersetzen wird, sobald die Umrisse »nach-fordistischer« Gesellschaften bzw. des »High-Tech-Kapitalismus« (vgl., Haug 2003) sich klarer abzeichnen.

Ich werde diese Zusammenhänge nicht weiter zu erforschen versuchen, sondern mich am Beispiel von Deleuze und Foucault auf die Umformungen und Einpassungen des Nietzsche-Bildes beschränken, die sich im Kontext des postmodernen Paradigmenwechsels vollzogen haben.

III.

Um die Umkodierung Nietzsches zum »neuen« plural-differenziellen Nietzsche soll es in Teil I gehen. In Wirklichkeit ist sie nicht neu, sondern das Ergebnis eines länger zurückliegenden Paradigmenwechsels in der Nietzsche-Interpretation. Deleuzes Nietzsche-Buch, auf das ich mich zunächst konzentriere, ist in Frankreich schon 1962 erschienen. Würde man Georges Bataille miteinbeziehen, der sowohl Deleuzes als auch Foucaults Nietzsche-Verständnis stark beeinflusst hat, gelangte man sogar zurück in die 30er und 40er Jahre. Müller-Lauter, der allgemein als Begründer einer »pluralen« Interpretation des »Willens zur Macht« in Deutschland gilt, veröffentlichte sein Nietzsche-Buch 1971 und den zusammenfassenden Aufsatz 1974. Das Alter dieses »neuen« Nietzsche steht in einem eigenartigen Widerspruch zu der Tatsache, dass eine einflussreiche ›Nietzsche-Industrie‹ ihn seit über 40 Jahren als brandneue Entdeckung verkündet. In dem von David B. Allison herausgegeben Nietzsche-Reader (Allison 1995), der vielleicht das meistgelesene Textbuch zum Thema in der englischsprachigen Welt ist, werden die Texte von Klossowski, Foucault, Deleuze und Derrida u.a. in der siebten Auflage 1995 immer noch als »The New Nietzsche« vermarktet (1977 hieß der gleiche Reader noch »The Will to Power«). Es ist der Erfolg einer Orthodoxie, die durch permanente Beschwörung des Neuen ein ungeheures Beharrungsvermögen entwickelt hat. In Frankreich, das dem poststrukturalistischen Nietzsche-Bild am längsten ausgesetzt war, scheint sich die Anziehungskraft weitgehend erschöpft zu haben; in Deutschland und der englischsprachigen Welt hält der Neuheits-Wert länger, nicht zuletzt durch die Zeitverzögerungen des Übersetzens aus dem Französischen, die die Literaturlisten aktueller aussehen lassen als sie sind.[14]

Der Schwerpunkt wird auf der Beobachtung liegen, wie Deleuze Nietzsche *liest*, zunächst in seinem *Nietzsche et la philosophie* (1962), sodann in *Différence et répétition* (1968) und in den zusammen mit dem Lacan-Schüler Félix Guattari verfassten Bänden *Anti-Oedipe* (1972) und *Mille Plateaux* (1980). Eigenartiger Weise ist dies eine Fragestellung, die in der umfangreichen Literatur zu Nietzsches Bedeutung für Poststrukturalismus und Postmoderne kaum untersucht wird. Im Allgemeinen herrscht eine Gutgläubigkeit vor, die stillschweigend davon ausgeht, Deleuze werde seinen Nietzsche schon richtig gelesen haben. Nietzsche-Zitate haben zumeist die Funktion, die Interpretation zu illustrieren, und nicht, sie kritisch zu überprüfen.[15] Dies gilt nicht nur für die Liebhaber eines postmodernen Nietzscheanismus, sondern auch für prominente Kritiker desselben. »Mit Recht ist Nietzsche, vermittelt über Deleuze, im strukturalistischen Frankreich als Machttheoretiker wirksam geworden«, behauptet z.B. Habermas (1985, 153). Woher weiß er, dass dies »mit Recht« geschah, wenn er sich nicht die Mühe macht, die Machtbegriffe Nietzsches und Deleuzes mit philologischer Sorgfalt zu vergleichen? Der wahrscheinlich bekannteste Postmoderne-Kritiker übernimmt unbesehen, dass Nietzsche wirklich der anarchistische Rebell »gegen alles Normative« ist, als der er von Deleuze präsentiert wird (148, 151). Die Interpretation ist hier Teil des habermas'schen Vorhabens, Nietzsche zusammen mit den Postmodernen und der Kritischen Theorie um Horkheimer und Adorno unter die Überschrift einer anti-modernen »Ideologiekritik« zu subsumieren.[16] Sie verdrängt den Herren-Standpunkt, von dem aus der späte Nietzsche seine Normen- und Ideologiekritik artikuliert hat und verfehlt damit sowohl die Tragweite als auch die Problematik der postmodernen Umkodierung.

Dagegen soll hier versucht werden, die deleuzesche Konstruktion eines »neuen« Nietzsche selbst zum Thema zu machen und zu dekonstruieren. Sobald man die »plurale« Interpretation mit den Texten konfrontiert, auf die sie sich zu beziehen beansprucht, stößt man auf das Verfahren, den spezifischen »Perspektivismus« der nietzscheschen Spätphase unsichtbar zu machen. Inmitten der anti-hegelianischen Interpretation Nietzsches ist der bemerkenswerte Vorgang zu beobachten, dass Deleuze den Begriff der »Differenz«, der den des dialektischen Widerspruchs ablösen soll, aus Nietzsches aristokratischem »Pathos der Distanz« herleitet. Was in der *Genealogie der Moral* eine »ständische« Kluft zwischen Höhergestellten und Niedrigen bezeichnet, wird zum »differenziellen Element« transformiert, das die lebensbejahenden, aktiven Kräfte von den passiven und verneinenden unterscheiden soll. Paradoxerweise verstellt eine solche Einebnung nicht nur jede ernsthafte Kritik Nietzsches, sondern vereitelt auch die Möglichkeit, die ideologiekritischen Stärken seines herrschaftlichen Klartextes wahrzunehmen. Meine Argumentation richtet sich keineswegs gegen das Anliegen, sich vom Scharfsinn der nietzscheschen Intuitionen anregen zu lassen, sondern gegen den Konformismus, ihn als symbolisches Kapital einzusetzen, ohne seine »hierarchische Obsession« aufzudecken.[17]

Im Zentrum der deleuzeschen Interpretation steht die Gleichsetzung von Nietzsches »Willen zu Macht« und dem spinozischen Begriff des Handlungsvermögens (potentia agendi). Eine philologische Rekonstruktion der jeweiligen Macht- und Willensbegriffe zeigt, dass hier unter dem Deckmantel sprachlicher Äquivokationen entgegengesetzte Bedeutungen zusammengeworfen werden. Im Widerspruch zur postmodernen Ablehnung geschichtlicher »Linearitäten« konstruiert Deleuze selbst ein lineares Verhältnis zwischen Nietzsche und Spinoza, das die scharfe anti-spinozistische Wendung des späten Nietzsche unterschlägt. In spinozistischer Verkleidung kann Nietzsche nun nach der gescheiterten 68er Revolte als nomadischer Rebell auftreten, während sein Begriff der Macht in den des Begehrens überführt wird. Freilich kehrt das in der Nietzsche-Rezeption Verdrängte wieder und meldet sich in der Sprache radikalster Ordnungskritik als Elitismus und einverständige Vorwegnahme neoliberaler Flexibilisierung zurück.

In den Teilen II, III und IV verlagert sich der Schwerpunkt auf Foucault, dessen Nietzsche-Bild nachhaltig von Deleuze beeinflusst ist: »Nietzsche war eine Offenbarung für mich« (1982), »wir brauchten seine Figuren [...] des Übermenschen und der ewigen Wiederkehr, um aus dem Schlaf der Dialektik und der Anthropologie aufzuwachen« (1963), eine Einladung, die Kategorie des Subjekts in Frage zu stellen und es ihm selbst zu entreißen (1978), seine Ankündigung des Endes des Menschen »hat für uns einen prophetischen Wert angenommen« (1966), seine »Präsenz ist immer wichtiger« (1975), »Nietzsche und Heidegger, das war der philosophische Schock«, aber schließlich hat sich ersterer durchgesetzt (1984).[18]

Foucault hat sich von Beginn bis zum Ende seines Schreibens so durchgängig und häufig als Nietzscheaner bekannt, dass sein »fundamentaler Nietzscheanismus«[19] in der Literatur kaum umstritten ist. Umstritten ist dagegen, worin Foucaults Nietzscheanismus besteht und welche Auswirkungen er auf die theoretische und methodische Anordnung seiner Untersuchungen hat. Die Problemstellung lässt sich in folgender Frage zuspitzen: was bedeutet es theoretisch, dass man inmitten einer sich als radikal verstehenden Macht- und Subjektkritik immer wieder auf einen Philosophen verwiesen wird, dessen anti-metaphysisches Denken v.a. in seiner Spätphase mit der radikalsten Macht- und Herrschaftsbegeisterung verbunden ist, und dessen protofaschistische und faschistische Wirksamkeit als *Tatbestand*, d.h. zunächst unabhängig von den vielfältigen Debatten um »Missbrauch« oder »Missverständnisse« seines Einsatzes im NS-Staat, außer Frage steht?

Dies als ein relevantes Problem theoretischer Reflexion zu bestimmen, heißt nicht, Nietzsche zum unmittelbaren »Vorläufer« des italienischen oder deutschen Faschismus zu erklären. Eine lineare geistesgeschichtliche Verbindung, wie sie vor allem Georg Lukács durch die Zuordnung Nietzsches zum philosophischen »Irrationalismus von Schelling zu Hitler«

gezogen hat, vereindeutigt die Ambivalenzen in Nietzsches Philosophie und überspringt die historischen Abstände zwischen dem späten 19. Jahrhundert und der Formationsperiode des Faschismus nach dem Ersten Weltkrieg.[20] In der einschlägigen Literatur zur Rezeptionsgeschichte besteht mittlerweile ein weitgehender Konsens, dass das Verhältnis zwischen Nietzsche und dem NS-Staat weder ideengeschichtlich als zwingende Entfaltung der nietzscheschen Gedankenwelt zu verstehen ist, noch instrumentalistisch als »Missbrauch« durch die Nazis oder durch ein Komplott der Schwester.[21] Wie Martha Zapata Galinda gezeigt hat, setzt zu Beginn der Weimarer Republik eine »Faschisierung« der Nietzscherezeption ein, die nur adäquat erfasst werden kann, wenn man sie als eigenständige ideologische »Interventionen in konkrete politische und gesellschaftliche Lagen« untersucht (1995, 14). Auch hatten die Nietzscheaner in den Philosophieverhältnissen des NS-Staats keineswegs eine Monopolstellung, sondern wurden sowohl von konkurrierenden Philosophieschulen als auch von nationalkonservativen und kirchlichen Intellektuellen infragegestellt, die sich ebenfalls um privilegierte Plätze im NS-Herrschaftsverband bemühten (113f, 118ff). Aber es bleibt der Tatbestand, dass kein Philosoph so begeistert von der SS-Elite zelebriert wurde und so unmittelbar zur Rechtfertigung der Vernichtung »lebensunwerten Lebens« benutzt werden konnte wie Nietzsche.[22] Gerade die Antimetaphysik sowie die Kritik universalistischer Ideologien und Wahrheitsansprüche, die einen wichtigen Anknüpfungspunkt für die Postmoderne darstellen, erhielten in ihrer faschistischen Umarbeitung die Bedeutung, die normativen Hemmschwellen gegen Krieg und Völkermord wegzusprengen. Derrida, der sich gegen eine lineare Verbindung zwischen Nietzsche und Nazismus wendet und letzteren als »reaktive Umkehrung« versteht, weist darauf hin, es sei nicht zufällig, »dass die einzige Politik, die ihn *wirklich* wie ein höchstes und offizielles Banner geschwenkt hat, die Nazi-Politik war« (1980, 90f).

Für unser Thema leitet sich daraus die Fragestellung ab, wie das Spannungsverhältnis zwischen nietzschescher Herrschaftsfaszination und dem Projekt radikaler Machtkritik von Foucault und der Foucault-Literatur benannt und verarbeitet, oder aber, mit welchen Verfahrensweisen es ent-nannt und verdrängt wird. Gibt es eine von Nietzsche herrührende theoretische Grundschaltung, die Foucaults herrschaftskritischem Anspruch zuwiderläuft und ihn unterminiert? So zu fragen, stößt sofort auf Schwierigkeiten: denn als herrschaftsbegeisterter oder sogar »protofaschistischer«[23] Denker taucht Nietzsche bei Foucault nicht auf, so dass es eine Spannung zwischen seinem Nietzsche-Einsatz und seinem Kritikprojekt gar nicht zu geben scheint. Wenn von Nietzsches Moralkritik, seiner Ablehnung der »Niedrigen« und ihres »Ressentiments«, seiner Überwindung des »kleinen Menschen« durch den »Übermenschen« usw.

die Rede ist, hat dies in Foucaults Interpretation mit dem Standpunkt einer kompromisslosen Eliteherrschaft nichts zu tun. Es kommt hinzu, dass das postmoderne Leseverständnis die Vorstellung einer festen Semantik des Texts selbst zugunsten seiner flexiblen Verwendbarkeit verabschiedet hat. So erklärt Foucault in einem Interview 1975, die Frage einer »Treue« zum Text sei für ihn völlig uninteressant: die einzige Anerkennung dem nietzscheschen Denken gegenüber bestehe darin, »dass man es benutzt, verzerrt, misshandelt und zum Schreien bringt (de l'utiliser, de la déformer, da la faire grincer, crier)« (*MdM*, 47; *DE I*, Nr. 156, 1621).

Damit ist die Möglichkeit einer philologischen Kritik von vorneherein ausgeschaltet. Das Bekenntnis zum Eklektizismus schützt die Benutzung des Texts vor der Frage nach dem Selektionsprinzip der Nietzschelektüre und dem von ihm Ausgegrenzten. *Welchen* Nietzsche Foucault benutzt, kann dann nur noch hingenommen und deskriptiv nacherzählt werden. Dies ist tatsächlich das Verfahren, das sich in der Literatur weitgehend durchgesetzt hat. Aber vom Standpunkt einer historisch-kritischen Rekonstruktion ist der Text-Gebrauch von der ihm vorausgehenden spezifischen Auswahl nicht zu trennen. Auch der von Foucault mitbetriebene neue Nietzscheanismus hat seine »Archäologie« und seine diskursiven »Formationsregeln«, um mit Foucault zu sprechen. Um sie zu entschlüsseln, müssen wir miteinbeziehen, wie Foucault Nietzsche *liest*, bzw. von welchen Nietzsche-Lektüren er abhängt.

Teil II konzentriert sich auf den frühen Foucault der 1960er Jahre und hier insbesondere auf die *Ordnung der Dinge* (1966), die die humanistischen und utopischen Theorien des »anthropologischen Zeitalters« mithilfe von Nietzsches »Ende des Menschen« für obsolet erklärt. Wenn Nietzsche die menschliche »Gattung« ablehnt, weil sie eine Gleichheit unterstellt, die der Züchtung Über-Mächtiger im Weg steht, wird daraus bei Foucault eine Anti-Anthropologie, die die Konzeptionen der Entfremdung (Marx) und des Unbewussten (Freud) überwinden soll. Es wird nachzufragen sein, warum Foucault, Klossowski und Deleuze gerade da auf Nietzsche zurückgreifen, wo dieser darangeht, mit der Lehre der ewigen Wiederkehr eine eigene Religion zu gründen, und warum sie gerade hier auf jede Religionskritik verzichten. In der unkritischen Rezeption des »Übermenschen« bleibt die entfremdete Dynamik unberücksichtigt, die diesen bei Nietzsche vom freigeistigen Lebenskünstler zur Gestalt unbeschränkter Herrschaft werden lässt. Foucault gehört zu einer Rezeptionslinie, bei der sowohl die herren-menschlichen als auch die neu-religiösen Dimensionen der nietzscheschen Philosophie ausgeblendet bzw. einfühlend und entschärft nacherzählt werden.

In Teil III geht es v.a. um die Periode zwischen 1969 und 1972, die mit der Zeit von Foucaults linksradikalem Engagement zusammenfällt. Es wird nachgezeichnet, wie Foucault sich von einem frühen Ideologiebegriff

Althussers abstößt, indem er ihn zunächst in die Kategorie des »Wissens« auflöst und dann über die nietzschesche Verbindung von Wahrheit und Macht-Willen in die Kategorie der Macht übergehen lässt. Dieser Vorgang führt nicht, wie von den meisten Kommentatoren behauptet, zu einer stärkeren Berücksichtigung der Macht-Vielfalt, sondern im Gegenteil zu einem reduktionistischen Rückfall hinter das Differenzierungsniveau der damaligen ideologietheoretischen Arbeiten. Zum einen wird die »bestimmte Negation« der Ideologiekritik durch einen Fiktionalismus ersetzt, der jede Trennschärfe verliert, zum anderen führt Foucault einen Begriff der Macht ein, der »hinter« den gesellschaftlichen Produktions- und Herrschaftsverhältnissen angesiedelt ist. An diesem Punkt schlägt der Anspruch, die Machtanalyse über das marxistische »Aneignungs«-Paradigma hinaus zu erweitern, in einen Essenzialismus um, der die konkreten sozialen Praxen und Kämpfe ausblendet. Eine philologische Überprüfung des Aufsatzes *Nietzsche, die Genealogie, die Historie* (*NGH*) kommt zu dem Schluss, dass es den von Foucault behaupteten Gegensatz von »Ursprung« und »Herkunft« bei Nietzsche gar nicht gibt. Foucault übersieht, dass das Textmaterial durch einen anderen Gegensatz durchzogen ist, nämlich dem zwischen Nietzsches mittlerer »ideologiekritischer« Phase und dem erneuten Vertikalisierungsschub in der Spätphase.

In Teil IV kommt es zur Nagelprobe, und zwar an der historisch stärksten Veröffentlichung Foucaults. Am Beispiel von *Überwachen und Strafen* (*ÜS*), von dem Foucault sagt, es nehme das Thema der »Genealogie der Moral« wieder auf, wird überprüft, wie sich die neo-nietzscheanische Theorieanordnung auf die eigene Geschichtsschreibung auswirkt. Ein Textvergleich mit der klassischen Studie *Punishment and Social Structure* von Rusche und Kirchheimer (1939) führt zu einem zwiespältigen Ergebnis: einerseits erweitert Foucault den sozialgeschichtlichen Ansatz in Richtung auf eine Analyse räumlicher und zeitlicher Dispositive der Unterwerfung und Subjektkonstitution, andererseits fällt er in seiner idealtypischen Anordnung des historischen Materials hinter das Differenzierungsniveau von Rusche und Kirchheimer zurück. Wo diese sorgfältig zwischen verschiedenen Gefängnisperioden und -funktionen unterschieden haben, konstruiert Foucault eine kontinuierliche Ausbreitung des Gefängnis-Dispositivs bis zur »Disziplinargesellschaft«, ohne sich um die Unterschiede zwischen primär ökonomischen und primär pädagogischen Strafsystemen oder zwischen demokratischen Gefängnisreformen und Gefangenen-Verelendung im NS-Staat zu kümmern.

Dies liegt v.a. daran, dass Foucault von Nietzsches *Genealogie der Moral* die Sichtweise übernommen hat, die Entwicklung des Strafens in der einfachen Gegenüberstellung von unmittelbar physischer Gewalt (Marter) und gedämpfter und zugleich subtiler Machteinwirkung aufs Subjekt wahrzunehmen. Hinzu kommt ein neo-nietzscheanischer Machtbegriff, der widersprüchlich zwischen einer Rhetorik vielfältiger »Mikrophysik« und dem essenzialistischen Konzept einer alles durchdringenden »Fresszelle« (Poulantzas) oszilliert. Foucault wendet sich einseitig und pauschal gegen eine Sozialpädagogisierung des Strafsystems und lässt dabei die Stellung des Gefängnisses im »Gewaltpanzer« der Gesellschaft sowie in der Sozialpolitik der bürgerlichen Gesellschaft unberücksichtigt. Diese Engführung macht es unmöglich, die Strafsysteme im Zusammenhang mit den jeweiligen Regulationsweisen des Kapitalismus zu begreifen, und ist zur Analyse gegenwärtiger Entwicklungen wie z.B. des Zusammenhangs zwischen dem disziplinären Neoliberalismus und dem »Prison Industrial Complex« wenig geeignet.

IV.

Die vorliegende Arbeit, von der einige Früh- und Kurzversionen in der Festschrift für Wolfgang Fritz Haug und in der Zeitschrift *Das Argument* veröffentlicht worden sind (vgl. Rehmann 2001a, 2001b, 2002, 2003), wurde im Juni 2003 als Habilitationsschrift am Fachbereich ›Philosophie und Geisteswissenschaften‹ der FU-Berlin eingereicht. Für wertvolle Kritik und Anregungen danke ich u.a. Gunter Gebauer, Wolfgang Fritz Haug, Peter Jehle, Brigitte Kahl-Rehmann, Tina Lupton, Ruth Rehmann, Tilman Reitz und Christoph Türcke. Bedingt durch den Arbeitsschwerpunkt und Wohnort in New York ist die Literaturauswahl stark von der anglo-amerikanischen Rezeption geprägt. Zugleich erschien es mir wichtig, die in Deutschland oft unbeachtete Diskussion in Frankreich einzubeziehen, die mir v.a. in der Auseinandersetzung mit Foucaults *Überwachen und Strafen* wichtige sozialgeschichtliche Hilfestellungen geleistet hat. Die Primärliteratur wurde im französischen Original gelesen und wird in der Regel zweisprachig (deutsch/französisch) zitiert. Da Foucaults »Dits et Écrits« nicht nach der vierbändigen sondern nach der zweibändigen Ausgabe von 2001 zitiert werden, deren Seitenzahlen abweichen, wird zur besseren Orientierung in den Zitatnachweisen die jeweilige Nummer der Veröffentlichung hinzugefügt.

Durchgängig habe ich mich darum bemüht, die an Deleuze und Foucault beobachtete neo-nietzscheanische Theoriebildung dadurch zu konturieren, dass ich sie zu unterschiedlichen Traditionen »kritischer Theorie« in Beziehung setze. In dieser Bezeichnung ist »kritisch« klein geschrieben, d.h. in einem weiten, über die »Frankfurter Schule« hinausgehenden Sinne verwendet. Mein eigener Ansatz ist u.a. durch die langjährige Mitarbeit im *Projekt Ideologietheorie* (*PIT*) geprägt, was sicherlich nicht unwesentlich dazu beigetragen hat, die Verabschiedung des Ideologiebegriffs im Namen des Begehrens, des Diskurses und der Macht zu einem Angelpunkt meiner

Postmoderne-Kritik zu machen. Da Marx, Engels und nachfolgende marxistische Theoretiker in postmodernen Darstellungen vor allem in ihrer offiziellen »marxistisch-leninistischen« Lesart, d.h. vulgarisiert als Ökonomisten, Deterministen und Objektivisten abgehandelt werden, schien es mir erforderlich, diejenigen Dimensionen heranzuziehen, die in der Denktradition des Marxismus als eingreifende Herrschaftskritik und »Philosophie der Praxis« (Gramsci) wirksam wurden. Einbezogen werden divergierende Ansätze, die von Adorno und Horkheimer bis zur Althusser-Schule, von Ernst Blochs *Prinzip Hoffnung* bis zu Günther Anders' Heidegger-Kritik, von Walter Benjamin bis zu Sartre, von Max Weber bis zu Ernst Tugendhats Moralphilosophie und Barrington Moores Gerechtigkeitstheorie reichen. Als ergiebig erwies sich auch der Vergleich mit den Ansätzen von Pierre Bourdieu und Nicos Poulantzas, weil sie sich gerade durch gewisse Überschneidungen mit Foucaults Machtkonzeption gut als Kontrastmittel eigneten. Ein unerlässliches Hilfsmittel bei der Sichtung und Erschließung dieser und anderer theoretischer Bezüge war das von W.F. Haug herausgegebene *Historisch-Kritische Wörterbuch des Marxismus* (*HKWM*).

Abschließend sei auf einige Grenzen in Anspruch und Reichweite der vorliegenden Arbeit hingewiesen. Es ist nicht beansprucht, das vielfältige Phänomen eines »postmodernen Links-Nietzscheanismus« in Gänze zu erschließen. Dies wird schon daran deutlich, dass die anders gearteten neo-nietzscheanischen Anleihen von Derrida keine Berücksichtigung finden. Auch Horkheimers und Adornos Anleihen bei Nietzsche sind nicht Thema dieser Untersuchung, obwohl sie als Kontrast zur postmodernen Nietzsche-Rezeption in Frankreich gut geeignet wären. Es geht, wie der Untertitel deutlich macht, um die miteinander zusammenhängenden Konstruktionen von Deleuze und Foucault. Dass in ihrer Behandlung der Akzent unverkennbar auf der Kritik liegt, sollte wiederum nicht als abschließendes Gesamturteil über ihre Arbeiten überhaupt missverstanden werden. Die kritische Akzentsetzung hängt zum einen mit meiner Auffassung zusammen, dass der postmoderne Nietzsche-Einsatz zur Überwindung kritischer Theorie und Sozialwissenschaft sich insgesamt schädlich auf das Niveau theoretisch reflektierter Gesellschaftsanalyse ausgewirkt hat, zum anderen damit, dass die philologischen Nachlässigkeiten und theoretischen Schwächen der postmodernen Nietzsche-Interpretation von der überwiegenden Mehrzahl der Sekundärliteratur ignoriert oder kritiklos hingenommen werden. Hier genau hinzusehen und den Finger auf jeden Posten zu legen, wie Brecht sagt, steht nicht im Widerspruch zu dem Anliegen, sich von den produktiven Seiten der deleuzeschen und foucaultschen Arbeiten anregen zu lassen, sondern ermöglicht im Gegenteil erst ihre umsichtige Auswertung.

Die Grenzen des theoretischen Anspruchs gehen mit Begrenzungen in der Auswahl des Materials einher. In der Behandlung von Deleuze geht es schwerpunktmäßig um die Dekonstruktion des von ihm vermittelten Nietzschebildes, das für die Herausbildung eines postmodernen Nietzscheanismus von grundlegender Bedeutung ist. Auch wenn an exemplarischen Beispielen dargestellt wird, dass die postmoderne Nietzsche-Interpretation einen starken Einfluss auf die theoretische Gesamtanlage hat, wäre es eine falsche Totalisierung, diese auf jene zu reduzieren. Die Auseinandersetzung mit Foucault stützt sich vorrangig auf die Schriften bis zu *Überwachen und Strafen* (1975) und *Zur Verteidigung der Gesellschaft* (1976). Aspekte der »Bio-Macht«, der »Gouvernementalität« und des Umschlag von einem kritischen in einen »positiven« Macht- und Subjektbegriff in der Spätphase der 1980er Jahre werden mit einbezogen, wo die Analyse der foucaultschen Methode dies nahelegt, aber nicht systematisch rekonstruiert. Die Bedeutung der Nietzscherezeption für den ersten Band der *Geschichte der Sexualität* dokumentiert sich bereits an seinem nietzscheanischen Titel ›La volonté de savoir‹, für die foucaultschen Studien zum antiken Griechenland ist sie häufig festgestellt und bearbeitet worden. Obwohl es lohnend gewesen wäre, diese Linie weiterzuverfolgen, wurde bei der Materialsichtung alsbald klar, dass ein solches Vorhaben, gründlich durchgeführt, den Rahmen der vorliegenden Arbeit gesprengt hätte.

Schließlich kann es in dieser Arbeit ebenfalls nicht darum gehen, eine umfassende Gesamtauswertung der Philosophie Nietzsches zu leisten. Indem sich meine Nietzsche-Lektüre auf diejenigen Bereiche und Aspekte konzentriert, die von der postmodernen Nietzsche-Interpretation verdrängt oder bis zur Unkenntlichkeit verzerrt werden, ist auch sie selektiv. Sie versucht durchaus, die Intuitionen und Anregungen Nietzsches auf ihre Stärken hin auszuwerten, konzentriert sich aber dabei auf die Herausarbeitung der antidemokratischen und herrschaftsbejahenden Standpunktlogik, in die sie eingebettet sind. Mehrere der ausgewählten Texte stammen z.B. aus der »mittleren« (ideologiekritischen) und der »späten« Periode, und die Untersuchung interessiert sich hier v.a. für den Vertikalisierungsschub, der sich im Übergang von der einen zur anderen vollzieht. Es ist unzureichend, sich bei der Kritik an universalistischen Moral- und Wahrheitspostulaten auf Nietzsches Einsicht in den »Perspektivismus« des Sehens zu berufen, ohne sich darum zu kümmern, worin die gesellschaftliche Perspektive *seines* Sehens besteht. Die postmoderne Nietzsche-Interpretation hat hier eine »Hermeneutik der Unschuld« hervorgebracht, die auch die brutalsten Bekenntnisse zur Elitenherrschaft und zum Exterminismus der Schwachen in wohlklingende Metaphern und Allegorien auflöst.[24] Hier ist eine neue Dekonstruktion erforderlich, die philologische Genauigkeit mit einer herrschafts- und ideologiekritischen Entzifferung verbindet.

New York, Juli 2004 Jan Rehmann

Teil I
Deleuze und die Konstruktion eines plural-differenziellen Nietzschebildes

1. Plurale Differenzen statt dialektische Gegensätze

Deleuzes Buch *Nietzsche und die Philosophie* (zit. *NP*, dt/frz) ist eine Abrechnung mit der Dialektik. Zwischen Nietzsche und Hegel ist jeder Kompromiss ausgeschlossen, heißt es abschließend. Denn Nietzsches ganze Philosophie galt der Bloßstellung der drei Prinzipien der Dialektik, nämlich der Macht des Negativen als theoretischem Prinzip (ausgedrückt in Gegensatz und Widerspruch), des Werts von Leiden und Trübsinn als praktischem Prinzip (Zerrissenheit/Entzweiung) und der Positivität als dem sowohl theoretischen wie praktischen Produkt der Negativität. Alles das geht auf ein falsches Bild der Differenz zurück, nämlich auf eine Negation des Differierenden (de ce qui diffère).[25]

Dagegen will bei Nietzsche der Wille »schlicht seine Differenz bejahen und bekräftigen«, und dies genussvoll (13f/10). Die *Differenz* ist auch der Begriff, mit dem Deleuzes Buch einsetzt, und zwar die der Werte. Kant hat die wahre Kritik nicht geleistet, weil er deren Problem nicht in den Begriffen der »Werte« bzw. genauer der ihnen zugrundeliegenden wert*setzenden* Gesichtspunkte zu stellen wusste. Dies tut Nietzsche. Indem er das Problem ihrer *Erschaffung* aufwirft, unternimmt er eine Wieder-Hervorbringung der Kantischen Kritik auf neuen Grundlagen und mit neuen Begriffen (5/1, 59/59). Er tut dies, indem er »das *Hohe* und das *Niedrige*, das *Vornehme* und das *Gemeine*« einführt. Diese Kategorien bezeichnen selbst keine Werte, sondern »stellen das differentielle Element dar, aus dem der Wert der Werte selbst sich erst ableitet«, sie sind es, die eine schöpferische und aktive Kritik ermöglichen (5f/2, 7/3).

Wo die Differenz als Grundkategorie festgelegt ist, lässt die Pluralität nicht lange auf sich warten. Die »Kraft«, die das Subjekt der deleuzeschen Anordnung darstellt, ist »plural« – »L'être de la force est le pluriel; il serait proprement absurde de penser la force au singulier.« (*NP*, 11/7) Nietzsches Philosophie ist so lange nicht begriffen, als ihr »wesentlicher Pluralismus« nicht berücksichtigt wird, und dieser ist nichts weniger als der »alleinige Garant der Freiheit im konkreten Geist«, »la plus grande conquête de la philosophie« und schließlich der wildeste und einzige Gegner der Dialektik (8/4f, 13/9).

Wir sehen Deleuze hier mit starkem Pathos einen Gegensatz errichten, in dem sich philosophische und unmittelbar politische Frontstellungen überschneiden und wechselseitig verstärken. Nicht erst bei den *Nouveaux*

Philosophes der 80er Jahre, sondern schon beim Vor-68er-Deleuze stehen Differenz und Pluralität gegen den »Totalitarismus« der Dialektik. »We are listening to Radio Free Nietzsche«, könnte man mit Geoff Waite sagen, der diesen Spott gegen Georges Batailles Ankündigung kurz nach 1945 richtet, Nietzsche sei nunmehr die einzige freiheitliche Alternative zum Marxismus (Waite 1996, 186). Darüber hinaus kündigt sich in Deleuzes Frontstellung ein allgemeiner Paradigmenwechsel in der Philosophie an, in dem eine Metaphysik der Identität zum Generalnenner der vorherrschenden »westlichen« Philosophiegeschichte erklärt und durch Konzepte voraus- und zugrundeliegender Unterschiedenheit ersetzt wird. Gemeinsam ist den unterschiedlichen Anstrengungen die Strategie, der identitätsphilosophischen Traditionslinie sozusagen auf gleicher ontologischer Ebene mit dem Konzept eines »primären« autonomen Spiels der Differenzen entgegenzutreten. In diesem Sinn bezeichnet z.B. Derridas Begriff der *différance* eine »ursprüngliche« Aktivität der Differenz oder genauer eine Bewegung des Spiels, die die Differenzen als Effekte »produziert«, und zwar auf eine Weise, dass sie nicht mehr einem Identitätskonzept untergeordnet werden können.[26] In dem Versuch einer ursprünglichen Fundierung der Differenz konnte man sich u.a. auf Heidegger berufen, der den Unterschied von Sein und Seiendem als »ontologische Differenz« bezeichnet hatte, den er wiederum emphatisch als »Unterschied aller Unterschiede« und als »Anfang aller Unterscheidung« artikulierte.[27]

Die poststrukturalistische Absage an die Identitätsphilosophie zielt letztlich auf das Modell Platos, in dem die Differenzen nur sekundäre Abweichungen selbst-identischer Ursprungsideen darstellen. Hier fungieren auch die Gegenstände selbst als bloße Abbilder eines Urbildes. Liegen und Tische gebe es viele, meint Plato in der *Politeia*, »aber Ideen gibt es doch nur zwei für diese Geräte, eine von der Liege, eine vom Tisch«. Ist die *Idea* oder das *Eidos* von einem Gott gemacht, erfolgt ihre Umsetzung in materielle Produkte durch eine Handwerkerklasse, während die Abbildung der Produkte durch Maler und andere Nachahmer (Mimeten) geleistet wird (*R* X, 596bff). Diese Abfolge vom göttlichen »Wesensbildner« über den handwerklichen »Werkbildner« zum künstlerischen »Nachbildner« markiert eine zunehmende Entfernung von der Wahrheit, so dass Dichtung, Bildhauerei und Malerei im *Sophistes* zur Produktion von Scheinbildern gezählt werden (*Sph* 236a-b).[28] Die poststrukturalistische Gegenstrategie setzt v.a. an zwei Punkten dieser Konstruktion an: zum einen kehrt sie die Unterordnung der Unterschiede unter eine Ursprungsidee um, zum anderen stellt sie die platonische Unterscheidung zwischen adäquatem Abbild und Trugbild (eidolon bzw. in der Übersetzung von Lukrez: rerum simulacrum) in Frage, indem sie die Simulacra zum Ort der konstitutiven Differenzspiele erklärt. »Deleuze's inversion consists in granting to the simulacra its own model, the model of difference in itself [...], a world without prior identity and without internal resemblance, a world full of monsters of energy, demonic visitations, and dark precursors.« (Ansell Pearson 1999, 17) Baudrillard wird diesen Faden aufnehmen, wenn er die Repräsentation als »Theologie der Wahrheit und Geheimnisses« bezeichnet und ihr die Simulation entgegensetzt (1981, 16f).[29]

Die Frontstellung gegen Hegel ist verwickelter, weil hier der Begriff der Identität von vorneherein und auf komplizierte Weise mit dem Konzept einer »autonomen Negation« (Henrich 1976, 215) verbunden ist, die die Fähigkeit hat, sich selbstreferentiell auf sich selbst anzuwenden (Negation der Negation) und auf diese Weise eine Affirmation hervorzubringen. Diese »Macht des Negativen als theoretisches Prinzip« attackiert Deleuze, insbesondere weil sie dazu führe, Differenz und Mannigfaltigkeit unter die »Entfaltung des Gegensatzes oder Widerspruchs« unterzuordnen (*NP*, 171/181, 210/223). Die Kritik, die hier auf jede Stellenangabe verzichtet, zielt wahrscheinlich auf Hegels reflexionslogische Entwicklungsreihe von der Identität über den Unterschied zu Gegensatz und Widerspruch. Schon die Selbst-Identität ist als Negativität, nämlich als Abstraktion von aller Differenz, bestimmt (*W* 6, 38f) und beinhaltet eine Verschiedenheit, die, soll sie nicht »äußerlich« sein, auf einem Gegensatz (als der Einheit der Identität und der Verschiedenheit) beruht (55). Der Unterschied überhaupt »ist schon der Widerspruch an sich«, und der Widerspruch »ist nur das entwickelte Nichts, das in der Identität enthalten ist« (65, 74f). Die Vorstellung vergisst die »negative Einheit« und begnügt sich mit der gleichgültigen Verschiedenheit der Bestimmungen, aber die »*denkende* Vernunft [...] spitzt sozusagen den abgestumpften Unterschied des Verschiedenen, die bloße Mannigfaltigkeit der Vorstellung zum *wesentlichen* Unterschiede, zum Gegensatze zu« (77f). An dieser Stelle formuliert Hegel die spezifische Unterordnung der Unterschiede unter den dialektischen Widerspruch: »Die Mannigfaltigkeiten werden erst auf die Spitze des Widerspruchs getrieben regsam und lebendig gegeneinander und erhalten in ihm die Negativität, welche die inwohnende Pulsation der Selbstbewegung und Lebendigkeit ist.« (78)

Soweit Dialektik mit dieser hegelschen Ontologie identifiziert wird, kann Deleuze mit einigem Recht einwenden, sie ignoriere die »andersartig subtilen und tiefliegenden (souterrains) differentiellen Mechanismen« (*NP*, 171/181).[30] Tilman Reitz (2001, 34f) hat darauf hingewiesen, dass der Einwand, für sich genommen, die Möglichkeit eröffnen könnte, vielfältige Unterschiede, Reibungen und Konflikte in den Blick zu bekommen, die sich in Gegensätzen zusammenschließen, und auf diese Weise die »Situiertheit von Gegensätzen in wechselnden Differenzverhältnissen zu begreifen«. Adorno hatte in der *Negativen Dialektik* zu bedenken gegeben, dass der

Widerspruch nicht ist, »wozu Hegels absoluter Idealismus unvermeidlich ihn verklären musste: kein herakliteisch Wesenhaftes. Er ist Index der Unwahrheit von Identität« (*GS* 6, 17). Nimmt man diese Hinweise zusammen, könnte man die dialektische »Aufhebung« von Widersprüchen auch dahingehend bestimmen, sie aus ihren polaren Verfestigungen herauszulösen und in Differenzen rückzuübersetzen.[31] Freilich erfordert eine solche Verflüssigung, wenn sie das Entgegengesetzte nicht einfach entschärfen und im Geiste aus der Welt schaffen will, eine dialektische Gegensatz-Arbeit, d.h. das praktische Durcharbeiten und »Durch-Sprechen« – dies ist der griechische Wortsinn von Dia-lektik – von verfestigten Gegensätzen und Widersprüchen des gesellschaftlichen Lebens und der persönlichen Existenz.

Genau an diesem Punkt, an dem die postmoderne Metaphysikkritik operativ werden könnte, lehnt Deleuze eine Gegensatz-Arbeit im Namen der Differenz ab. Diese ist das »einzige Entstehungs- und Erzeugungsprinzip, das gerade auch den Gegensatz als bloßen Schein produziert« (*NP*, 171/181). Die Herausbildung von Gegensätzen zum »bloßen Schein« zu erklären, überspringt spekulativ, dass in der gesellschaftlichen Wirklichkeit die vielfältigsten Differenzen tatsächlich zu Antagonismen zusammengeschlossen und verdichtet werden. Indem Deleuze die platonische Dichotomie von Urbild-Abbild, Wahrheit-Schein umkehrt, verbleibt er in der Logik des kritisierten Essenzialismus. Die angegriffene Metaphysik der Negation und des Widerspruchs wird durch eine Differenz-Metaphysik ersetzt, die die Konstellationen, die mehr und anderes enthalten als gleich-gültige Mannigfaltigkeit, ent-wirklicht.

Dies macht die deleuzesche Kritik der Dialektik schwächer als es bei der pathetischen Ankündigung ihrer Überwindung zunächst aussieht. Der Generalangriff beruht auf zwei methodischen Grundentscheidungen, nämlich zum einen, die Dialektik nicht als eine widersprüchliche, in ihrer Bedeutung und Durchführung umstrittene Methode und Theorieform zu betrachten, sondern sie mit der spekulativen Form zu identifizieren, die Hegel ihr v.a. in seiner Logik gegeben hat; zum anderen, dem spekulativen Prinzip von Negation, Gegensatz und Widerspruch das nicht weniger spekulative Differenz-«Prinzip« entgegenzustellen.

Der Reduktionismus der Gegenstandsbestimmung wird deutlich, wenn man sich klarmacht, welche Unterschiede sie im Namen der »Differenz« nivelliert. Von Gegensätzen zu sprechen, muss keineswegs bedeuten, das hegelsche Begriffsspiel von Negation und Widerspruch zu übernehmen. Denn anders als die ›Entzweiung‹ weist der Gegensatz-Begriff nicht auf eine vorausliegende Einheit zurück, und im Unterschied zum ›Widerspruch‹ bezieht er sich primär auf Realverhältnisse und ist »nicht vom Standpunkt eines Systemzusammenhangs gebildet« (Reitz 2001, 14f; vgl. 22f). Ein prominentes

Beispiel ist das Konzept einer »Realopposition ohne Widerspruch«, das Kant in seinem *Versuch, die negativen Größen in die Weltweisheit einzuführen* (1763) entwickelt hat: er unterschied dort zwischen einem Gegensatztyp, der logisch durch Widerspruch geprägt ist, und einem, der »*real*, d.i. ohne Widerspruch« ist: gekennzeichnet durch »Realrepugnanz« (*WA 2*, 783). Dies bedeutet, dass die Kräfte selbst »etwas wahrhaftig Positives« sind, das eben nur »dem anderen entgegengesetzt ist« (781). So gefasst, hat der Gegensatz-Begriff mit der von Deleuze unterstellten »Macht des Negativen als theoretischem Prinzip« gar nichts zu tun. »Die realen Gegensätze sind nicht wie beim Widerspruch für sich genommen negativ, d.h. sie sind nicht bloß das Nicht des Anderen«, argumentiert z.B. Colletti: »Die Negation besteht nur in der Tatsache, dass sie sich gegenseitig in ihrer Wirkung aufheben. [...] In dem [...] Gegenverhältnis sind beide Extreme positiv, auch wenn eines als das negative Gegenteil des anderen bezeichnet wird« (Colletti 1977, 9).

In diesem Sinne kann man von einer dialektischen Gegenlinie zu Hegel sprechen, die immer wieder zum Vorschein kommt, wo es nicht darum geht, das geregelte Funktionieren eines Gesamtsystems (philosophisch oder auch politisch) zu legitimieren, sondern v.a. darum, gegen metaphysische Einheitskonstruktionen die Selbstzerrissenheit der Welt zu entziffern.[32] So will Feuerbach die Dialektik gegen Hegels Konstrukt des absoluten Wissens wieder ins Dialogische zurückführen, mit dem die Real-Oppositionen des menschlichen Gattungswesens durch-gesprochen werden können: die »wahre Dialektik« ist »*kein Monolog des einsamen Denkers mit sich selbst*, sie ist *ein Dialog zwischen Ich und Du*«, heißt es in den *Grundsätzen der Philosophie der Zukunft* (1843, §62, 111). Marx, der Feuerbach bescheinigt, er habe »die Dialektik der Begriffe, den Götterkrieg, den die Philosophen allein kannten, vernichtet« (MEW 2, 98), bestimmt seine eigene dialektische Methode als »direktes Gegenteil« der hegelschen (MEW 23, 27). Gemeint ist ein anti-metaphysischer Anspruch, der grundsätzlich auch von postmodernen Ansätzen einer Metaphysikkritik geteilt wird: was Marx als »rationelle Gestalt« der Dialektik aus der »mystifizierten Form« Hegels herauszulösen versucht, ist eine Methode, die »jede gewordne Form im Flusse der Bewegung, also auch nach ihrer vergänglichen Seite auffasst, sich durch nichts imponieren lässt, ihrem Wesen nach kritisch und revolutionär ist« (28).

Dialektik wird bei Marx »in die Geschichte übersetzt, wobei alles Präkonstruierte zurückzulassen ist. Dieser kategorische Anspruch auf rationale Verdiesseitigung der Dialektik macht das Verhältnis zum Anreger Hegel problematisch«, argumentiert Haug (1995, 662). Zu einer Re-Ontologisierung kommt es jedoch in der Nachfolge von Engels, der die Dialektik von neuem zur Naturphilosophie ausgebaut und als »Wissenschaft des Gesamtzusammenhangs« mit festgelegten »Hauptgesetzen« definiert hat (z.B. MEW 20, 307). Einer solchen Ausdehnung widerspricht der auch im Marxismus kaum ausgewertete Hinweis von Marx, es gehe um eine Dialektik, »deren Grenzen zu bestimmen« sind, und die »die realen Unterschiede nicht aufhebt« (MEW 13, 640).[33] Im Kontext geht es um die Differenz zwischen Realobjekt und Erkenntnisobjekt (MEW 13, 631f), die die hegelsche Dialektik in der Entwicklung des Geistes zusammenfallen lässt.[34] Aber darüber hinaus ist hier eine operative Bedeutung von Dialektik angedeutet, bei der die »realen Unterschiede« nicht einer präkonstruierten Widerspruchslogik untergeordnet werden, sondern selbst den Ausgangspunkt einer Gegensatz- und Widerspruchsanalyse darstellen.

Deleuze verkennt, dass durch die Dialektik selbst ein Riss geht, der letztlich mit gegensätzlichen Funktionsbestimmungen in Herrschaftsordnungen zusammenhängt: wie Adorno in der *Minima Moralia* bemerkt (*GS* 4, Nr. 152, 278), hat sie sich einerseits »gegenüber der philosophia perennis zur perennierenden Methode der Kritik ausgebildet, Asyl allen Gedankens der Unterdrückten, selbst des nie von ihnen gedachten«, andererseits war sie »als Mittel, Recht zu behalten, von Anbeginn an eines zur Herrschaft, formale Technik der Apologie«. Brecht hat die dialektische Kritik-Methode im *Meti* als Fähigkeit beschrieben, »in den Dingen Prozesse zu erkennen und zu benutzen. Sie lehrt Fragen zu stellen, die das Handeln ermöglichen.« (*GW* 12, 475). Dialektiker sein ist für Walter Benjamin, »den Wind der Geschichte in den Segeln haben. Die Segel sind die Begriffe. [...] Die Kunst, sie setzen zu können, ist das Entscheidende« (Benjamin, Passagen, *GS* 5, 592). Es versteht sich von selbst, daß »Geschichte« hier nicht teleologisch im Sinne eines vorweg festgelegten Fortschrittsgeschehens konzipiert ist. Deleuze hat in seiner homogenisierten Gegenstandskonstruktion die kritischen und subversiven Anwendungen dialektischer Findekunst nicht nur mit verabschiedet, sondern auch ihren analytischen Reichtum durch seine Metaphysik gegensatzloser Differenzen unterboten.

Dies hängt u.a. damit zusammen, dass er den anti-dialektischen Einsatz der »Differenz« schon vor seinem Nietzsche-Buch aus einer eigentümlichen Kombination von empiristischen und vitalistischen Ansätzen gewonnnen hat. Ein früher Beleg stammt aus seinem Buch *Empirisme et subjectivité* von 1953 über David Hume (zit. *Hume*, dt/frz). Dessen Verdienst sieht Deleuze darin, das Gegebene fernab jeder transzendentalen Spekulation zu begreifen, als einen »flux du sensible, une collection d'impressions et d'images, un ensemble de perceptions« (*Hume*, 104/92). Die anti-transzendentale Stoßrichtung des Empirismus macht er daran fest, dass Hume von einer »bewegten Folge distinkter Perzeptionen« ausgeht, bzw. genauer: von einer bewegten Abfolge von Wahrnehmungen, *insofern* sie distinkt sind – »en tant qu'elles sont distinctes« (104/93). Durch dieses hervorhebende Verfahren kann Deleuze nun schlussfolgern: Was der Erfahrung im Empirismus ihren konstitutiven Status zuweist, ist das »Prinzip der Differenz« (ebd.).

Die Akzentuierung eines solchen Differenz-Prinzips ist eine eigenwillige Interpretation, die sich durch Humes Argumentation im *Treatise* nicht bestätigen lässt. Dass für Hume die Wahrnehmung nicht transzendental vereinheitlicht und insofern differenziert und multiform ist, lässt sich nicht bestreiten. Aber die »einfachen Eindrücke«, auf denen er seine Erkenntnistheorie errichtet, zeichnen sich dadurch aus, dass sie weder Unterscheidung noch Trennung (distinction nor separation) zulassen (*Treatise* I.I.1), und in erster Linie interessiert Hume sich hier dafür, wie sie sich über das Verhältnis der »Ähnlichkeit« (und zwar *nur* über dieses) zu komplexen Eindrücken verbinden.[35] Die Verknüpfung von Ideen kennt außer der Ähnlichkeit noch andere Verknüpfungsweisen (z.B. contiguity, causation), aber die Differenz zählt Hume ausdrücklich nicht dazu, denn er betrachtet sie »rather as a negation of relation, than as any thing real or positive« (I.I.5). Von einem »Prinzip der Differenz« ist bei Hume jedenfalls nicht die Rede. Das Zitat, aus dem Deleuze ein solches herzuleiten versucht (*Hume*, 104/93), sagt nicht mehr, als dass trennbare Objekte auch unterscheidbar und unterscheidbare auch verschieden sind.[36]

Vieles deutet darauf hin, dass die deleuzesche Suche nach einem »Prinzip« den humeschen Empirismus gerade dort zu beerben versucht, wo er seine schwächsten Punkte hat: wo Hume *nicht* in der Lage ist, sein zentrales Konzept der ›Gewohnheit‹ aus dem gesellschaftlichen Leben zu entwickeln, und es deshalb zu einem Natur-Prinzip erklärt[37], hebt Deleuze zustimmend hervor, dass Hume sich nicht für die Genese sondern nur für Prinzipien interessiert (ebd, 135/122). Hume wird dort unkritisch gelobt, wo er den *Habit* naturalisieren muss, weil ihm (aus nachvollziehbaren Gründen) zu seiner Erklärung ein gesellschaftsanalytischer *Habitus*-Begriff im Sinne Bourdieus fehlt. Es ist fraglich, ob der Dialektik (auch der hegelschen) vom Gesichtspunkt einer solchen dogmatischen und anti-genetischen Prinzipien-Setzerei ernsthaft beizukommen ist.

Die Kritik der Negation im Namen der Affirmation hat Deleuze v.a. vom Vitalismus Bergsons übernommen, mit dem er sich 1956 in zwei Aufsätzen (*B1956a*, *B1956b*) befasst. Dieser hat in seiner *Évolution créative* von 1907, auf die Deleuze sich v.a. bezieht, den Nachweis versucht, dass das »Nichts«, das so viele Philosophien umtreibt, vom Gesichtspunkt der positiven Bewegung des Lebens nur »Pseudo-Idee« und »bloßes Wort« ist, die Negation nichts anderes als eine Affirmation zweiten Grades (Bergson 1966/1907, 276f, 283, 288). Sobald man sich dem »Sein« über das »Nichts« annähert, wird es statisch konzipiert (die Ordnung füllt die Leere der Unordnung aus usw.), aber sobald man es direkt und als »Dauer« (durée) zu erfassen sucht, – und dies geht nicht über die Dialektik, sondern nur über die »Intuition«[38] –, zeigt es sich als Bewegung des Lebens, angetrieben von einem ursprünglichen Élan vital (88ff, 298). Die Bedeutung dieses positiven Lebensantriebs in der Evolution nicht gesehen zu haben, ist der hauptsächliche Vorwurf an den Darwinismus (106).

»Bergson contains much that remains important for an appreciation of Deleuze's thinking«, meint Ansell Pearson, der z.B. die späteren Überlegungen im *Anti-Ödipus* und in *Tausend Plateaus* zu den Organen als Barrieren gegen das Leben auf den Einfluss Bergsons zurückführt (1999, 40, 42f). Leider lässt er sich von dieser Prägung so faszinieren, dass ihm nicht in den Sinn kommt, sie in Hinblick auf die beanspruchte Dialektiküberwindung kritisch auszuwerten. Das »Leben« ist bei Bergson als eine Art vitale Anti-Materie verstanden, ein Strom des Bewusstseins oder »Über-Bewusstseins«, der erst im Übergang vom Tierreich zum Menschen das Gefängnis der Materie verlässt, eine aufsteigende Flut, der die absteigende Bewegung der Materie entgegensteht.[39] Und wenn Bergson seine Intuitionen über die grundlegende Bedeutung dieser idealistischen Lebensströmung mitteilt, geht es bei weitem nicht so differentiell zu, wie man nach dem deleuzeschen Referat vermuten würde. Wo Deleuze bei Bergson die »vitale Differenz« und den »Unterschied im Lebendigen« am Werk sieht (*B1956b*, 92; *Bergsonisme*, 125/102), hebt Bergson die Fähigkeit seines Lebenstriebs hervor, die *Einheit* der organisierten Welt (l'unité du monde organisé, unité féconde) herzustellen (Bergson 1966/1907, 106). Die gewaltige Welle des Lebens verbreitet sich von »einem Zentrum aus« (se propage à partir d'un centre)[40]; wenn es so aussieht, als zerteilte es sich in verschiedene Individualitäten, dann liegt dies nur an der Materie, die es mitschleppt und in deren Zwischenräumen es sich einnistet – alle diese Differenzen sind bloße Anpassungsleistungen des Bewusstseins an die Materie (266, 270). Das Leben selbst ist eine »impulsion unique, inverse du mouvement de la matière, et, en elle-même, indivisible«, die Menschheit wird als eine »immense Armee« vorgestellt, die neben, vor und hinter einem jeden von uns galoppiert und alle Widerstände über den Haufen rennt (271).

»Flüssig wie das Leben, noch flüssiger will hier Denken sein. [...] Für den Bergson des Élan vital existieren keine Dinge, keine berechenbaren Ursachen, nicht einmal Zwecke, [...] sein Lauf [ist] beständiger Wechsel, beständige Neuigkeit des Werdens«, resümiert Bloch in der *Erbschaft dieser Zeit* (*GA* 4, 351f). Im *Prinzip Hoffnung* wird die Kritik präzisiert: Was sich bei Bergson als Novum gibt, »ist impressionistisch, auch liberal-anarchistisch, nicht antizipatorisch. [...] Wo alles immer wieder neu sein soll, bleibt ebenso alles beim alten« (*GA* 5, 159). An dialektischer Teleologie kritisiert Bergson nicht, dass das Ziel »bereits vereinbart wäre«, sondern eliminiert wird »jedes Voran, Wohin und offen betreibbare Ziel überhaupt« (ebd.). Weiterführend für eine Kritik vitalistischer Anti-Dialektik ist v.a. die blochsche Beobachtung, dass Bewegung, solcherart als »Prinzip« gefasst, in Bewegungslosigkeit umkippt, »zu jenem selber toten Gegensatz zur Wiederholung« erstarrt,

»der das Neue zu bloß ewigem, inhaltslosem Zickzack herabsetzt« (ebd.). Der Prozess bleibt leer, das Futurum endet in einem »l'art pour l'art der Vitalität«, der Bewusstseinsstrom enthält fast nichts mehr von einem wirklichen Strom, sondern wird »in sich selbst stationär« (231, 339): »Élan vital und nichts sonst ist und bleibt selber ein Kontemplations-Fixum.« (231f). Auch Adorno beobachtet, dass das zum Absoluten erhobene »reine Werden, der actus purus« in die gleiche Zeitlosigkeit umschlägt, die Bergson an der Metaphysik seit Platon und Aristoteles tadelt: »Das dialektische Salz wird im unterschiedslosen Fließen von Leben weggeschwemmt, [...] Hass gegen den starren Allgemeinbegriff stiftet einen Kultus irrrationaler Unmittelbarkeit, souveräner Freiheit inmitten des Unfreien« (1966, 20).

Bergsons Vitalismus gibt uns einen Hinweis auf einige Paradoxien der deleuzeschen Dialektik-Kritik. So wie dort das Bewegungsprinzip zur Bewegungslosigkeit erstarrt, kann auch hier mit dem Instrumentarium einer gegensatzlosen Differenzkultur ein Zusammenhang von qualitativen Veränderungen nicht gedacht werden. »Übrig bleibt eine Vielheit formal gleichberechtigter Partikularinteressen, von denen sich faktisch die ökonomisch und machtstaatlich stärksten durchsetzen« (Reitz 2001, 15). Während die dialektische Kritik aus der philosophischen Spekulation aussteigt, indem sie den Blick auf die gesellschaftlichen Real-Oppositionen richtet, geht die postmoderne Dialektikkritik den Weg wieder zurück in die philosophische Spekulation; wo die dialektische Kritik auf »reale Unterschiede« stößt, die sich der idealistischen Konstruktion entziehen, begnügt sich die Dialektikkritik mit der Beschwörung eines Differenz-Prinzips, von dem sie sich dazu verführen lässt, die wirklichen Unterschiede im Kritisierten zu übersehen und einzuebnen. Im Namen radikalster Metaphysikkritik wird nichts leidenschaftlicher betrieben als die Arbeit an einer neuen Metaphysik – »Ursprungsphilosophie im Gewand der Dekonstruktion« (Roth 2000, 134). Es ist dieses Spannungsverhältnis von Rhetorik und operativem Verfahren, das uns bei Deleuze und Foucault immer wieder begegnen wird.

2. Nietzsche als Anti-Dialektiker?

So gut wie alle Züge, die wir heute mit Postmoderne und Neostrukturalismus verbinden, von der Verabschiedung der Vermittlung bis zur Dezentrierung des Subjekts, »go back to Deleuze's resurrection of Nietzsche against Hegel«, bemerkt Cornel West (1999, 283). Es bietet sich an, diese weitreichende anti-hegelianische Wiedererweckung Nietzsches etwas genauer zu betrachten. Dass Nietzsche in den unterschiedlichen Phasen seines Werks sowohl die Dialektik im allgemeinen als auch die Philosophie Hegels im besonderen kritisiert hat, ist unbestritten, aber die Frage ist, ob dies in der Frontstellung erfolgte, die Deleuze ihm zuschreibt.

Der frühe Nietzsche von 1870 hatte Sokrates' bzw. Platos Anspruch, durch eine dialektisch-konsensuelle Wahrheitsfindung den politischen Streit und die rhetorische Streitkunst (Eristik) zu überwinden, als »Optimismus der Dialektik« gekennzeichnet und als identitätsphilosophische »Metaphysik der Logik« kritisiert (KSA 7/134). Wenn er die dialektische Philosophie als »imperativisch und aggressiv« ablehnt (388), dann nicht wegen ihrer »Negativität«, sondern wegen ihres idealistischen Wahrheits-Optimismus. Was Nietzsche zum Gegner der hegelschen Geschichtsteleologie werden lässt, ist zunächst keineswegs die eigene »Affirmation« des Lebens, sondern der schopenhauersche Pessimismus, der gegen Hegels »incurablen Optimismus« ganz am Platze sei (*UB I*, KSA 1/191f). Die Abgrenzung von Hegels »plattem« oder »kuhmäßigem« Optimismus ist eine Linie, die sich von nun an bei Nietzsche durch alle Phasen hindurchzieht.[41] Ich sah den Pessimismus als »Symptom einer höheren Kraft des Gedankens, einer siegreicheren Fülle des Lebens, als diese in der Philosophie Humes, Kants und Hegels zum Ausdruck gekommen war«, heißt es rückblickend in Nietzsches letzter veröffentlichter Schrift (*NW*, KSA 6/424f).

Aber tatsächlich ist Nietzsches Kritik des dialektischen »Optimismus« mit einer Kritik der dialektischen »Negation« gekreuzt, die als plebejische Infragestellung aristokratischer Herrschaft interpretiert wird. Wenn mit Sokrates der griechische Geschmack »zu Gunsten der Dialektik« umschlägt, bedeutet dies: »der Pöbel kommt mit der Dialektik obenauf«, und diese »kann nur *Notwehr* sein, in den Händen solcher, die keine andren Waffen mehr haben« (*GD*, KSA 6/69f). Insofern die Dialektik als Ausdruck von plebejischer »Rache« und »Pöbel-Ressentiment« attackiert wird (70), ist sie zugleich Bestandteil der »Umkehrung der Werte«, die von den »Juden« eingeleitet und von den Christen weitergeführt wurde[42]: »Der Jude ist Dialektiker: und auch Sokrates war es«, heißt es z.B. in einer Zweitfassung der Passage aus der *Götter-Dämmerung* (KSA 14/414).[43] Nietzsche arbeitet hier an der unmittelbaren Verschmelzung der beiden ideologischen Figuren, mit denen er die intellektuelle Kultur des »demokratischen Zeitalters« im Gefolge der Französischen Revolution bekämpft.[44] Gefährlich ist in dieser Frontstellung v.a. die Verbindung zwischen einem »plebejischen« Geist der Subversion und der Revolte und einem von der Dialektik erzeugten historischen »Optimismus«.

Nietzsches Auseinandersetzung mit Hegel geht in dieser Frontstellung nicht auf, sondern ist komplizierten Schwankungen unterworfen. Natürlich muss die nietzschesche Optimismuskritik sich auch gegen die hegelsche Teleologie richten (KSA 7/660f). Hegel ist derjenige, der den von ihm »durchsäuerten« Generationen die Bewunderung vor der »Macht der Geschichte« und dem Erfolg beigebracht hat, die Nietzsche als »Götzendienst des Tatsächlichen« schildert (*UB II*, KSA 1/309). Was hier in der Auseinandersetzung mit dem Hegel-Epigonentum als Entlarvung geistiger Mittelmäßigkeit artikuliert ist, erhält in anderen Frontstellungen eine etwas andere Färbung. In der scharfen Wendung des späten Nietzsche gegen die »Engländer« stehen Kant, Hegel, Schopenhauer und Goethe gemeinsam als Vertreter deutschen Tiefgangs gegen die »englisch-mechanistische Welt-Vertölpelung« durch Hobbes, Hume und Locke: In England fehlte es »an eigentlicher *Macht* der Geistigkeit, an eigentlicher *Tiefe* des geistigen Blicks, kurz: an Philosophie« (*JGB*, KSA 5/195). Mehrfach wird Hegels Philosophie als Verkörperung des »deutschen« Geistes, der »Widerspruchs-Natur der deutschen Seele« usw. angesprochen, wobei die Bedeutungen wiederum zwischen positiver Würdigung und ironischer Distanzierung schwanken.[45] Wieder anders ist die Bewertung, wenn es sich um den Vergleich mit Kant handelt. Während dieser ein jenseitiges Reich der moralischen Werte errichtet, zeigt Hegel »eine nachweisbare Entwicklung, Sichtbarwerdung des moralischen Reichs« (KSA 12/162). Auch wenn Nietzsche beide Moralphilosophien ablehnt, weil »wir« an die Moral nicht mehr glauben (163), notiert er aufmerksam die hegelsche Staatsorientierung als historische Leistung: Hegels Erfolg gegen die romantische Empfindsamkeit sei seinem Glauben an »die größere Vernunft auf Seiten der Siegreichen« sowie seiner »Rechtfertigung des wirklichen ›Staates‹ (an Stelle von ›Menschheit‹ usw.)« geschuldet (442). Demgegenüber sei Kant mit seinem »Moral-Fanatism« noch ganz 18. Jahrhundert, »ohne jeden Blick für die Wirklichkeit seiner Zeit, [...] Phantast des Pflichtbegriffs« (443). Die hegelsche Orientierung am Staat wird wiederum ambivalent wahrgenommen, insofern dieser einerseits die Erhaltung »so vieler Nieten« ermöglicht und andererseits dabei auch einige Genies schützen kann, »in denen die Menschheit kulminiert« (KSA 7/661).

Die Verschiedenartigkeit dieser und anderer Passagen lässt vermuten, dass es in Nietzsches Verhältnis zu Hegel selbst eine mehrschichtige Dialektik gibt, die man nicht gewaltsam in einen starren Gegensatz pressen sollte. Wenn Hegel für Nietzsche ein Antipode ist, dann auch und nicht zuletzt im Sinne eines zu überwindenden Rivalen, den er zugleich bewundert, beneidet und mit dessen eigenen Waffen zu bekämpfen versucht. Die *Geburt der Tragödie* sei eigentlich nicht von Schopenhauer beeinflusst, sondern rieche »anstößig Hegelisch«, meint Nietzsche im Rückblick (*EH*, KSA 6, 310): »Eine ›Idee‹ – der Gegensatz dionysisch und apollinisch – ins Metaphysische übersetzt; die Geschichte selbst als die Entwicklung dieser ›Idee‹; in der Tragödie der Gegensatz zur Einheit aufgehoben« (ebd.). Einen solchen Idealismus versucht Nietzsche dann im Übergang zur mittleren, »ideologiekritischen« Phase als »höheren Schwindel« und mit Rückgriff auf die Naturwissenschaften loszuwerden (vgl. 322ff). Aber als »grandiose Initiative« gilt auch noch dem späten Nietzsche Hegels philosophische

Überwindung des moralischen Gottes durch einen Pantheismus, »bei dem das Böse, der Irrtum und das Leid *nicht* als Argumente gegen Göttlichkeit empfunden wurden« (KSA 12/113; 126). Immerhin ist damit ein Hegel gewürdigt, der die Dichotomien einer moralischen Geschichtsphilosophie durch ein dialektisches Konzept sich gegenseitig bedingender und durchdringender Gegensätze ersetzt.Die Polemik gegen den Hegelianismus[46] hindert Nietzsche nicht, Bestandteile von dessen dialektischer Denkmethode in die eigene Geschichtskonzeption zu übernehmen. Deleuzes anti-dialektische Interpretation Nietzsches müsse dahingehend revidiert werden, dass dieser sehr wohl daran interessiert war, »to use all forms of dialectical incorporation when it suits his pleasure«, bemerkt Waite (1996, 108).

Dass Nietzsche »dialektischer« denkt, als Deleuze wahrhaben will, kann exemplarisch in der dritten Abteilung der *Genealogie der Moral* gezeigt werden, in der die asketische Lebensverneinung auf ihren »Selbstwiderspruch« hin analysiert wird (KSA 5, 363). Paradoxerweise entspringt das asketische Ideal seinem Gegenteil, argumentiert Nietzsche, nämlich »dem Schutz- und Heil-Instinkt« des Lebens; in der asketischen Lebensverneinung und mit ihrer Hilfe ringt das Leben gegen den Tod, sie ist ein »Kunstgriff in der Erhaltung des Lebens« (366). Insofern gehört der asketische Priester, »dieser anscheinende Feind des Lebens, dieser *Verneinende* [...] zu den ganz großen *konservierenden* und Ja-*schaffenden* Gewalten des Lebens. [...] Sein Nein, das er zum Leben spricht, bringt wie durch einen Zauber eine Fülle zarterer Ja's ans Licht; ja, wenn er sich *verwundet*, dieser Meister der Zerstörung, Selbstzerstörung – hinterdrein ist es die Wunde selbst, die ihn zwingt, *zu leben...*« (366f).

Diese spannungsvolle Gegensatzdynamik ist offensichtlich etwas anderes als das von Deleuze wahrgenommene Denken »pluraler« Differenzen. Und wie bei Hegel drängen die in Bewegung gesetzten Gegensätze einer »Selbstaufhebung« entgegen: zunächst dient der asketische Priester den Philosophen als »Erscheinungs-« bzw. »Raupenform«, ohne die sie gar nicht möglich wären (360f), aber zwischen Gehalt und Form kommt es zum Konflikt, der diese sprengt. Was über den christlichen Gott gesiegt hat, ist »die christliche Moralität selbst, der immer strenger genommene Begriff der Wahrhaftigkeit, die Beichtväter-Feinheit des christlichen Gewissens, übersetzt und sublimiert zum wissenschaftlichen Gewissen«, heißt es in der *Fröhlichen Wissenschaft* (*FW*, KSA 3, 600).[47] Die *Genealogie der Moral*, in der diese Passage aufgenommen ist, treibt den Gedanken weiter: wenn das Christentum als Dogma an seiner eigenen Moral zugrunde ging, muss nun auch die Moral zugrunde gehen, indem die von ihr freigesetzte Wahrhaftigkeit die Frage stellt, was der Wille zur Wahrheit eigentlich bedeutet (KSA 5, 410). Es ist nicht ohne Ironie, dass dieser Gedanke, von dem Foucault sein neonietzscheanisches Machtkonzept ableiten wird (s.u. III. 4 u. 5), bei Nietzsche mit einem dialektischen »Lebensgesetz« begründet wird: »Alle großen Dinge gehen an sich selbst zu Grunde, durch einen Akt der Selbstaufhebung: so will es das Gesetz des Lebens, das Gesetz der notwendigen ›Selbstüberwindung‹ im Wesen des Lebens« (ebd.).

Die Konstruktion, der zufolge der »Wille zur Macht« sich über sein Gegenteil der Askese und Moral durchsetzt, ist als eine naturalistische Variante der hegelschen »List der Vernunft« interpretiert worden (z.B. Schweppenhäuser 1988, 81). Der Aufruf zur »Umwertung aller Werte«, mit dem Nietzsche den *Antichristen* beendet (*AC*, KSA 6, 253), antwortet auf die zunächst »jüdische« und dann v.a. paulinische »Umwertung aller antiken Werte« auf eine Weise, die man mühelos auf die Formel einer Negation der Negation bringen kann.[48] Man könnte Deleuzes anti-dialektische Interpretation mit der Gegenthese konfrontieren, dass Nietzsches Texte ihre intellektuelle und ästhetische Attraktion gerade dort entfalten, wo und insofern es in ihnen zum kunstvollen Einsatz dialektischer Denkfiguren kommt. Es wäre interessant zu untersuchen, ob es hinsichtlich der dialektischen »Verflüssigung« verfestigter Handlungs- und Denkformen nicht auch Überschneidungen zwischen Nietzsche und Marx gibt, wenn auch mit verschiedenen Verfahren und von entgegengesetzten Standpunkten aus.

Deleuze resümiert dagegen seine Nietzsche-Lektüre in folgender Gegenüberstellung: »Das ›Ja‹ Nietzsches opponiert dem ›Nein‹ der Dialektik; die Bejahung der dialektischen Verneinung; die Differenz dem dialektischen Widerspruch; die Freude, der Genuss der dialektischen Arbeit; die Leichtigkeit, der Tanz der dialektischen Schwere; die schöne Unverantwortlichkeit (belle irresponsabilité) den dialektischen Verantwortlichkeiten. Das empirische Gefühl der Differenz, kurz die Rangfolge (hiérarchie), ist der wesentliche, wirksamere und tiefgründigere Antrieb des Begriffs als jedes Denken des Widerspruchs« (*NP*, 14/10; Übers. korr. JR).

Wir können dies als frühes Dokument eines postmodernen »Lorianismus«[49] betrachten, der sich als Spaßgesellschaft inszeniert und über die dialektische Anstrengung des Begriffs belustigt. Wie verfehlt es ist, die Dialektik als ein Unternehmen des Trübsinns darzustellen, zeigt allein schon das literarische Projekt Brechts, mit dem Theater die Dialektik »zum Genuss zu machen«: der Witz der Widersprüchlichkeiten erzeugt »Vergnügungen an der Lebendigkeit der Menschen, Dinge und Prozesse«, steigert die »Lebenskunst wie die Lebensfreudigkeit« (*GW* 16, 70). Deleuzes Anti-Dialektik erzeugt dagegen einfache, vor-dialektische Dichotomien, die auch das Nietzsche-Bild bis zur Karikatur verflachen.[50] Nicht nur die Briefe und die Biographien, sondern auch die veröffentlichten Texte und Nachlass-Schriften geben reichlich Zeugnis, wie verzweifelt das fatalistische »Ja« Nietzsches der Krankheit und dem Pessimismus abgetrotzt ist. Vor allem dem »großen Schmerz« verdanke er seinen ›Amor fati‹, heißt es z.B. im *Ecce Homo*, »jenem langen langsamen Schmerz, in dem wir gleichsam wie mit grünem Holz verbrannt werden« (KSA 6, 436). Anti-Dialektik muss hier übersehen, dass Nietzsches Affirmation von ihrem Gegenteil durchdrungen ist. Wenn Deleuze die Dichotomien affirmativ/negativ und aktiv/reaktiv mit der Dichotomie Genuss/Arbeit zusammenschließt, übernimmt er offenbar von Nietzsche die Herrenlinie einer antiken Sklavenhaltergesellschaft, bei der die Arbeit als menschenunwürdig gilt und die Philosophie auf der Muße der Kontemplation beruht. Den utopischen Aristokraten Nietzsches »müssen natürlich andere die Toga nähen, damit sie nicht als Landstreicher herumgehen. [...] Die Dionysos-Dithyramben verstummten da von selbst«, bemerkt Horkheimer (1934b, 248).

Und wie sollen wir es verstehen, dass Deleuze das »empirische Gefühl der Differenz«, das wir so gerne im Sinne einer sensiblen Wahrnehmung des Anderen als Gleichberechtigten verstehen möchten, mit dem der »Rangfolge« (hiérarchie) identifiziert? Wir müssen also offenbar noch einmal in den Text zurückgehen, um zu verstehen, wie Deleuze seine »Differenz« aus dem nietzscheschen Textkorpus herleitet.

3. Die Geburt der postmodernen »Differenz« aus dem »Pathos der Distanz«

Gleich am Anfang findet sich eine erste Fundstelle: Deleuze zufolge setzt Nietzsche an die Stelle einer transzendenten Wertebegründung im Sinne der kantischen Allgemeinheit oder einer »einfachen Kausalherleitung« im Sinne des Utilitarismus das »Gefühl der Differenz oder der Distanz« (*NP*, 6/2). Die Begriffe werden gleich darauf erneut zur Definition der *Genealogie* verwendet: »Differenz oder Distanz in der Herkunft« (6/3).[51] Weit mehr als die »Differenz« ist die »Distanz« ein bekannter Nietzsche-Term, mit dem in der *Genealogie der Moral* (*GM* I, Aph 2) die soziale Kluft der »Vornehmen« gegenüber den »Niedrigen« bezeichnet ist (KSA 5/259). Tatsächlich zitiert Deleuze aus diesem Text den Satz, aus dem »Pathos der Distanz« heraus hätten »sie« sich das Recht genommen, Werte zu schaffen (z.n. *NP*, 6/2). Freilich wird aus dem zitierten Textfragment nicht deutlich, wer mit »sie« eigentlich gemeint ist.

In Nietzsches Text sind dies die im vorausgehenden Satz genannten »Vornehmen, Mächtigen, Höhergestellten und Hochgesinnten«. Mit »Pathos der Vornehmheit und Distanz« meinte Nietzsche das »Grundgefühl« einer »höheren herrschenden Art im Verhältnis zu einer niederen Art, zu einem ›Unten‹« (*GM*, KSA 5/259). Die Spezifik der nietzscheschen Argumentation liegt darin, dass die Gegensatzbegriffe hoch-niedrig, vornehm-gemein, gut-schlecht nicht im »moralischen« Sinne zu verstehen sind, sondern einen sozialen, »ständischen« Gegensatz bezeichnen: »da fand ich«, heißt es im Aph 4, »dass überall ›vornehm‹, ›edel‹ *im ständischen Sinne* der Grundbegriff ist, aus dem sich ›gut‹ im Sinne von ›seelisch-vornehm‹, ›edel‹, von ›seelisch-hochgeartet‹, ›seelisch-privilegiert‹ mit Notwendigkeit heraus entwickelt« (261; Herv. JR). Die etymologischen Beobachtungen nennen nacheinander den griechisch-dorischen Adel der Theognis, über den Nietzsche schon als Gymnasiast 1864 seine Abschlussarbeit geschrieben hat[52], den römischen »Krieger« und die arische Eroberer-und Herren-Rasse (263f). Auf dem Grunde der vornehmen Rassen »ist das Raubtier, die prachtvolle nach Beute und Sieg lüstern schweifende *blonde Bestie* nicht zu verkennen« (275). Auch den Gegensatz »rein« und »unrein«, den dann eine priesterliche Aristokratie verschärfen und verinnerlichen wird, sollte man sich anfänglich ganz »unsymbolisch« vorstellen: »rein« ist »bloß ein Mensch, der sich wäscht«, keine ungesunden Speisen isst, »nicht mit den schmutzigen Weibern des niederen Volkes schläft, der einen Abscheu vor Blut hat« (265) – nicht ein »Mensch« also, sondern »bloß ein Mann«, müsste es genauer heißen, und zwar ein »vornehmer«.

Das ist nietzschescher Klartext im starken wie im äußerst anfechtbaren Sinne. Die Stärke besteht mehr im Anspruch als in der Durchführung, nämlich in der Absicht, aus der abstrakten Allgemeinheit des philosophischen Wertehimmels auszusteigen, die Historie der Moral nicht »ins Blaue« zu konzipieren, sondern im »Graue[n]«, »Urkundlichen«, »Wirklich-Feststellbaren«, »Wirklich-Dagewesenen« aufzusuchen (*GM*, KSA 5/254), d.h. in den sozialen Gegensätzen der Antike und ihrer Herren- bzw. Sklavenmoralen. Mit welchen Intentionen auch immer: Nietzsche betritt damit das Terrain einer sozialgeschichtlichen, um nicht zu sagen historisch-materialistischen Problemstellung, zu deren Bearbeitung er freilich ein analytisches Instrumentarium weder hat noch haben will. Seine Argumentation in *GM I* kann unter diesem Gesichtspunkt in folgenden Behauptungen zusammenfasst werden: 1) Die Entgegensetzung zunächst von »gut« und »schlecht«, dann von »gut« und »böse« hat ihre Herkunft in den sozialen Gegensätzen zwischen aristokratischen Herrschern und plebejischen Beherrschten; 2) hierbei ist die aristokratische Herrschaftsordnung als die ursprüngliche anzusehen und nicht, wie dies später z.B. Max Weber in *Wirtschaft und Gesellschaft* tun wird, aus vorstaatlichen Gesellschaften mit noch flüssigen Machtbeziehungen ohne festen »Verwaltungsstab« zu rekonstruieren (*WuG*, 133); 3) methodischer Ausgangspunkt einer »wirklichen Geschichte« der Moral sind deshalb die sozialen Distinktionen der herrschenden Aristokraten, auf die die Beherrschten dann mit ihrer umwertenden Sklaven- und Ressentimentmoral reagieren.

Sobald man Nietzsche auf das reklamierte Feld einer »wirklichen« Moralgenealogie folgt, wird auch das Ausgedachte und Imaginäre seiner Konstruktion deutlich. Hier wird eine aristokratische Herrschaft als Ursprung eingesetzt, wie sie sich Nietzsche vor dem Hintergrund seiner Studien zum klassischen und vor-klassischen Griechenland zurechtgelegt hat. Die herrschende Moral einer Gesellschaft wird nicht, wie es fast gleichzeitig (1888) der späte Engels mit seinem Begriff der »ideologischen Mächte« nahegelegt hat (MEW 21, 302), aus den Kräfteverhältnissen der sich herausbildenden Klassen erklärt, die zur Regulierung ihrer Gegensätze einer sozialtranszendenten Macht des Staates »über« der Gesellschaft mitsamt der entsprechenden religiösen und moralischen Kompromissbildungen bedürfen (vgl., 165). Stattdessen entwickelt Nietzsche die heroische Fiktion einer für sich selbst stehenden Aristokratie, die aus ihrem vornehmen Distanz-Pathos heraus die herrschenden Werte »schafft«.

Sie kann diese aber ebenso wenig »schaffen« wie die ökonomischen Werte, von denen sie zehrt. In den unterschiedlichsten ethnologischen Untersuchungen ist auf die große Bedeutung von Ethiken der »Reziprozität« in vor-staatlichen Gesellschaften verwiesen worden, die über Heiratsregeln, Potlatsch-Regulierungen von Gabe und Gegengabe und vielfältigen egalitären Sanktionen eine stabile Akkumulation von Reichtum und Macht über lange Zeit verhindert haben.[53] Offenbar gehört es zu den allgemeinsten Mustern der Klassen- und Staatsentstehung, dass solche Reziprozitäts-Ethiken als real funktionierende Institutionen weitgehend zerstört und zugleich imaginär in die neuen Herrschaftsverhältnisse transponiert werden. Meillassoux zufolge werden die Reziprozitätsnormen, die in der »häuslichen Produktionsweise« den vorrangig egalitären Zirkulationsformen entsprechen, in den aristokratischen Klassengesellschaften als »Ideologie der Reziprozität aufrechterhalten und dazu benutzt, die Ausbeutungsverhältnisse zu rechtfertigen« (Meillassoux 1983, 83). »Im allgemeinen sprechen Herrscher und herrschende Gruppen in Begriffen der Reziprozität [...], um *ihren* Beitrag zu den von ihnen geführten gesellschaftlichen Einheiten zu betonen und die darin enthaltenen Tugenden und Notwendigkeiten harmonischer gesellschaftlicher Beziehungen zu preisen«, beobachtet Barrington Moore (1987, 669). Indem sie zugleich von den Beherrschten in Anspruch genommen wird, um die Legitimation der Herrschaft in Frage zu stellen, fungiert sie als eine Art »universeller Kode«, um dessen Auslegung in den ideologischen Kämpfen gestritten wird: ihre Einhaltung definiert, was als »gerecht« empfunden wird, so wie ihre Verletzung das ausmacht, was als ungerecht gilt (50, 666ff). Dem »Projekt Ideologietheorie« (PIT) zufolge liegt die Dialektik des Ideologischen (und insofern auch der Moral) in einer »Kompromissbildung«, in der gegensätzliche Kräfte im Rahmen der Herrschaftsstruktur verdichtet sind. Ideologien, die eine organische, kohäsionsstiftende Funktion in der Gesellschaft haben, müssen »antagonistisch reklamierbar«, d.h. gegensätzlich auslegbar und anrufbar sein. Sie nähren sich von »horizontalen« Energien und müssen sich dazu – wie verschoben auch immer – auf ein übergreifendes Gemeinwesen beziehen.[54]

Nietzsches Moralherleitung verfehlt beide Seiten dieses widersprüchlichen Funktionszusammenhangs. Zum einen ist in seinem aristokratischen Ursprungsmythos die Wirksamkeit horizontaler, in der Kooperation gesellschaftlicher Arbeit wurzelnder Ethiken der Gegenseitigkeit undenkbar. Menschen als »kooperative Wesen«, von deren Kooperation z.B. Ernst Tugendhat sein Konzept der Ethik konzipiert, haben in Nietzsches Moralgenealogie keinen Platz.[55] Wo sollen in der Alternative von Sklaven- und Herrenmoral z.B. Hesiods *Werke und Tage* untergebracht werden, die den gabenfressenden Drohnen und faulen Prassern der Aristokratie ein selbstbewusstes (also nicht »sklavenmäßiges«) bäuerliches Arbeitsethos entgegensetzen?[56] Zum anderen sieht er nicht, dass die Kompromisshaftigkeit des Ideologischen eine notwendige Bedingung seiner Funktionsweise darstellt. Er lehnt sie ab, weil sie den Perspektivismus der »Schwachen« mit enthält und insofern einen (wenn auch immer prekären) Schutzraum für die Untereren bereitstellt. Paradoxerweise ist gerade deshalb seine radikal »herrschaftsbejahende Ideologiekritik« (Haug 1993, 18) keine realistische Anweisung für eine hegemoniegestützte Herrschafts-Reproduktion, sondern eignet sich v.a. für elitäre Binnenideologien. Aufgrund des Systembedarfs nach ideologischer Kompensation konnte Nietzsches Vorschlag, die Metaphysik aufzugeben, von der Bourgeoisie eben doch nicht angenommen werden, bemerkt Eagleton (1990, 375).

Wir können nun ermessen, was alles in Deleuzes Differenz-Übersetzung auf der Strecke geblieben ist: sowohl das sozialgeschichtliche Material der antiken Herrschaftsverhältnisse, das Nietzsche zu bearbeiten beansprucht, als auch die Unangemessenheit seiner Bearbeitung. Die Umkodierung beginnt damit, dass Deleuze bei seinem Nietzsche-Zitat die vornehmen Mächtigen als Subjekte weglässt, was ihm ermöglicht, deren Distanz-Pathos gegenüber den Niedrigen als »Differenz« auszugeben. Sie fährt fort mit einer kleinen Verschiebung, durch die die zuvor weggelassenen aristokratischen »Vornehmen« als »Vornehmheit« durch die Hintertür wieder eingeführt werden: »Genealogie meint Vornehmheit (noblesse) und Niedrigkeit (bassesse) [...] in der Herkunft« (*NP*, 6/3). Sie erst ermöglichen eine »aktive«, »positive«, »schöpferische« Handhabung des »differentiellen Elements« (7/3).

Aber was bedeutet vornehm und niedrig? Die Antworten sind erst weiter hinten im zweiten Kapitel zu finden: *Vornehm* sei bei Nietzsche die »Energie [...], die die Fähigkeit aufweist, sich umzuwandeln« (48/48). »Was Nietzsche *vornehm, hoch, Herr* nennt, meint bald die aktive Kraft, bald den bejahenden Willen. Was er *niedrig, gemein, Sklave* nennt, meint bald die reaktive Kraft, bald den verneinenden Willen.« (61/62, vgl., 64/65). Letztere zeichnen nicht etwa den weniger Starken aus, sondern denjenigen, »der, welche Kraft er auch immer haben mag, von dem getrennt ist, was er kann« (68/69); erstere bezeichnen einfach nur die Affinität der aktiven Kräfte zur Bejahung, die »innere Eigenschaft dessen, was man bejaht [...], was man in Tätigkeit versetzt [...], an dem man sich erfreut« (94/98, 131/137). Schließlich bedeutet auch die »Rangfolge« (hiérarchie) nicht mehr als die Überlegenheit der aktiven gegenüber den reaktiven Kräften oder aber den Triumph der letzteren über die ersteren (67f/68).

Blickt man von hier aus auf den Einstieg zurück, erweisen sich die nahezu unmerklichen Auslassungen und Verschiebungen als eine Basisoperation zur Entnennung dessen, worum es Nietzsche in der *Genealogie der Moral* zu tun war. Schon auf den ersten Seiten seiner Interpretation hat Deleuze die von Nietzsche als Moralursprung ausgelegten Herrschafts- und Geschlechterverhältnisse zum Verschwinden gebracht. Sobald an die Stelle der ständisch Vornehmen die »Vornehmheit« getreten ist, ist eine hermeneutische Grundschaltung eingerastet, in die sich der nietzschesche Herren-Diskurs wieder problemlos einspeisen lässt, aber nunmehr als Metapher. Während die materiale Stärke der nietzscheschen Herleitung preisgegeben ist, wird ihre Ideologiehaftigkeit noch undurchschaubarer: Bestand bei Nietzsche das Imaginäre v.a. darin, dass er die aristokratisch Herrschenden als die »Aktiven« verkleidete, obwohl sie, wie er selbst genau wusste, von der Beherrschung und Ausbeutung der Aktiven leben, die für sie die Arbeit machen, gibt es bei Deleuze im Ursprung nur noch »aktive« und »reaktive«, »bejahende« und »verneinende« Kräfte (62/63), die *allegorisch* als »vornehm« und »niedrig« bezeichnet werden. Entgegen der weitverbreiteten Angewohnheit, Deleuze als ›radikalen‹ Denker zu etikettieren, ist dies weder ein radikales noch überhaupt ein kritisches Verfahren, sondern bewegt sich im traditionellen Paradigma einer Re-Philosophisierung, mit deren Hilfe Außenseiter wie z.B. Feuerbach, Kierkegaard, Marx, Benjamin, Bloch, und eben auch Nietzsche abgeschliffen und in den entnennenden Diskurs der Institution Philosophie heimgeholt werden.[57]

Die Übersetzung des vornehmen Distanz-Pathos in »Differenz« und »Pluralität« erwies sich als außerordentlich zukunftsfähig. Sie wurde von den unterschiedlichsten Nietzsche-Interpretationen aufgegriffen, modifiziert und bestimmt das Nietzsche-Bild bis heute. Dabei wuchs gerade der »Differenz« die Funktion zu, die verschiedenen Diskurse der Postmoderne mit den Pluralismus-Konzepten des Neoliberalismus kompatibel zu machen. Es sollte zu denken geben, dass diese Verbindung ausgerechnet von einem Term geleistet wird, der – jedenfalls in seiner deleuzeschen Version – aus Nietzsches explizit anti-demokratischem Herrschaftsprojekt herausgelesen wurde. Auch in dem 1968 veröffentlichten *Différence et répétition*, das als eine der wichtigsten Grundlegungen der postmodernen Differenztheorie gilt, ist Nietzsche derjenige, der dem Term erst die Möglichkeit eines eigenen Begriffs eröffnet hat (*DW*, 64f/59f). Die Kategorie wird trotz aller metaphorischer Ausdünnung von dem aus ihr verdrängten Distanz-Pathos immer wieder eingeholt. Sicherlich bedeutet »Differenz« in unterschiedlichen Kontexten sehr Verschiedenes, aber als polemisches Gegenkonzept zur Dialektik und ihrer Arbeit an Gegensätzen fungiert sie nicht zuletzt als Deckwort für soziale Distinktion.

4. Die Debatte um den »Willen zur Macht«: metaphysisch oder plural?

Vermutlich gibt es keinen Nietzsche-Topos, an dem die Entdecker und Wiederentdecker des pluralen Nietzsche sich stärker abgearbeitet haben als an seinem »Willen zur Macht«. Hier schien der Widerstand des Materials am stärksten zu sein, da die bekannten Verwendungsweisen des Terms in die genau entgegengesetzte Richtung einer Metaphysik der Macht zu weisen schienen. Hatte Nietzsche den Willen zur Macht nicht als »Essenz« der Welt (*JGB*, KSA 5/107) bezeichnet? »Die Welt von innen gesehen, die Welt auf ihren ›intelligiblen Charakter‹ hin bestimmt und bezeichnet – sie wäre eben Wille zur Macht und nichts außerdem.«(55) Er ist »allem Geschehen inhäriert«, alle Zwecke, Ziele und Wertschätzungen sind nur seine »Ausdrucksweisen und Metamorphosen«, und wir folgen seinem »Gebote, weil wir dies Gebot sind« (KSA 13/44f).

Gestützt auf diese und ähnliche Textstellen hatte Heidegger in seinen Nietzsche-Vorlesungen den Willen zur Macht als »Wesenswillen« und als »Grundcharakter des Seienden als eines Solchen« gedeutet (*GA I.6.1.*, 57f; *GA I.6.2.*, 237). Die Verschiebung besteht u.a. darin, dass Heidegger auch in Nietzsches Machtkonzept Aspekte eines »Subjektivismus« feststellt, durch den der modernen »in-Szene-Setzung« des Menschen wider Willen Vorschub geleistet wird (*GA I.6.1.*, 426, 590f). Demgegenüber will er den Willen zur Macht von den Beimengungen jedes subjektiven Voluntarismus reinigen und mithilfe eines »ursprünglicheren Fragens« (422) in eine Ontologie des »Seins« umgießen.[58] Im Zusammenhang mit der beanspruchten »Drehung« vom »Seienden« zum »Sein« wird Nietzsches Philosophie als »die *Vollendung* der abendländischen Metaphysik« bezeichnet, die wiederum von Heideggers »Fundamentalontologie« sowohl weitergeführt als auch überwunden werden soll.[59] Wir werden uns mit dem Umsprung von Heideggers Metaphysikkritik zu seiner Verjenseitigung des Seins im nächsten Teil ausführlicher beschäftigen (s.u. II.3).

Jaspers kommt zu dem kritischen Befund, dass Nietzsches radikale Metaphysik-Kritik am Ende doch wieder in die Gedankenform der Metaphysik geraten ist, wodurch der »Öffner« schließlich wieder »zuzuschließen« scheint, indem er den Willen zur Macht zum eigentlichen Sein verabsolutiert (1950, 310, 317). Ihm zufolge werden die Widersprüche »hier lähmend und sind von einer toten Endgültigkeit, ohne einen neuen Ansatz zu bewirken, es sei denn den der Befreiung von dieser Metaphysik« (330). Es war vor allem dieser Aufweis des Selbstwiderspruchs in Nietzsches Denken, der der deutschen Nachkriegsphilosophie die Möglichkeit bot, Nietzsche immanent philosophisch kritisieren zu können, ohne unmittelbar über die Verstrickung seiner Philosophie in die Ideologien des Präfaschismus und Faschismus sprechen zu müssen.

Diese schmale, politisch entschärfte, philosophische Kritikmöglichkeit wird nun von den Nietzsche-Pluralisierern unter Feuer genommen. Gelingt es, an dieser Bastion des »alten« Paradigmas eine neue Lesart durchzusetzen, derzufolge es Nietzsche nicht um eine Metaphysik der Macht, sondern um einen »Willen-zur-Macht-Pluralismus« gegangen war, wie Müller-Lauter behauptet (1974, 54), ist der Einwand eines Selbstwiderspruchs hinfällig und die immanente Nietzschekritik der Philosophen delegitimiert. Bei Müller-Lauter ist der Nachweis verblüffend einfach: Wo immer er den Willen zur Macht in der grammatikalischen Pluralform erspäht (»die« Machtwillen u.ä.) oder auch nur in Verbindung mit den Pluralformen anderer Terme (Welten, Kräfte, Subjekte usw.), glaubt er den Beweis erbracht zu haben, dass Nietzsche immer »faktische Vielheiten von Willen zur Macht im Blick hat« (43), eine »Vielheit von miteinander im Streit liegenden Kräften« (40), plurale »Machtquanten« (47, 51). Wenn Nietzsche z.B. jedem Volk einen eigenen Willen zur Macht einräumt (*Za*, KSA 4/74), wenn er ihn als eine »Aufeinanderfolge von [...] mehr oder minder voneinander unabhängigen [...] Überwältigungsprozessen« kennzeichnet (*GM*, KSA 5/314), liest Müller-Lauter nichts anderes als *Plural*, als ließe sich der theoretische Status eines Begriffs an der grammatikalischen Form ablesen, in der das Wort artikuliert ist.

Müller-Lauter kann sich bei dem von ihm angestrengten Paradigmenwechsel u.a. auf Deleuzes pluralen Kraft- und Machtbegriff stützen (1974, 40, 61f). Dieser beruft sich wiederum auf Nietzsches Definition des Willens zur Macht als »inneren Willen« (vouloir *interne*) des Kraft-Begriffs (*NP*, 56/56). Das Zitat ist ungenau, da in dem entsprechenden Text des Nietzschenachlasses 36 [31] nicht von einem »inneren Willen«, sondern von der »inneren Welt« die Rede ist, durch die die Kraft ergänzt werde (KSA 11/563). Wie dem auch sei, auch Deleuze macht sich zusammen mit Nietzsche auf die Suche nach einem Movens der »Kräfte«, durch das diese *von innen* her erklärt werden können. Wille zur Macht ist »das genealogische Element der Kraft«, wobei »genealogisch« wiederum aus zwei Teilen besteht: er ist »differentiell«, insofern er die Quantitätsdifferenz der Kräfte hervortreibt, und »genetisch«, insofern er die »Qualität« jeder Kraft erzeugt (*NP*, 56/

56). Mit dem Term der *Quantitäts*differenz will Deleuze den Unterschied zwischen herrschenden und beherrschten Kräften bezeichnen (dominantes-dominées), die *Qualitäten*, auch »Urqualitäten« (qualités originelles) genannt, beziehen sich darauf, ob die entsprechende Kraft »aktiv« oder »reaktiv« ist (59f/60f).

Kurzum: Der Wille zur Macht ist das sowohl quantitativ wie qualitativ »determinierende Prinzip« der Beziehungen zwischen den Kräften (59/60) – eine eigentümliche Wendung, da der Begriff der Determination eigentlich durch den der Differenzierung abgelöst werden sollte.[60] Auch in Deleuzes Lesart gibt es nichts, was der Wille zur Macht nicht bestimmte. Wo immer »Kräfte« aufeinander wirken, agieren, reagieren, herrschen, beherrscht werden, sind sie von ihm angetrieben. Sind wir damit nicht doch wieder bei Schopenhauers Konzept einer den Aktivitäten zugrundeliegenen, als »Ding an sich« sozusagen »hinter« ihnen steckenden, metaphysischen Willens-Essenz angelangt?[61] Nein, antwortet Deleuze – und mit ihm der Mainstream der Nietzscheforschung[62] –, denn im Gegensatz zu Schopenhauer ist Nietzsches Wille zur Macht als »plastisches« Prinzip von den konkreten Kräften nie zu trennen und stellt daher einen »höheren Empirismus« dar, der »die Prinzipien mit dem Empirismus versöhnt« (*NP*, 57/57). Wir sehen hier, wie Deleuze die humesche Verlegenheitslösung des Natur-«Prinzips« mit Nietzsches Hilfe anzugehen versucht. Der Bruchpunkt mit Schopenhauer beziehe sich genau auf die Frage, »ob der Wille einzig oder vielfach ist« (une ou multiple), »alles weitere folgt daraus« (11f/8).

Dem liegt offenbar die Auffassung zugrunde, dass ein philosophisches Wesenspostulat schon dann nicht mehr »metaphysisch« ist, wenn man dieses Wesen a) als bewegliches und vielfältiges Prinzip definiert und b) nicht »hinter« den Kräften sucht, sondern als »internes Prinzip« bezeichnet (57/57). Aber auch Schopenhauer hatte seinen Willen als »das Innerste, de[n] Kern jedes Einzelnen und ebenso des Ganzen« angesehen.[63] Wer sagt uns denn, dass nicht auch der von Deleuze als Innenantrieb der Kraft behaupteter Machtwille eine ins Innere der Phänomene projizierte metaphysische Hinterwelt ist? Offenbar gerät Deleuze, um nicht selbst als Metaphysiker zu erscheinen, in die Schwierigkeit, wie er die Macht von der Kraft, von der er sie nicht »trennen« darf, überhaupt unterscheiden soll. Die Antwort knüpft am unterstellten »Inneren« der Kraft an: »Die Kraft kann, während der Wille zur Macht will.« (Ebd.) Mit dieser Definition hat Deleuze freilich das zu Erklärende, nämlich einen spezifischen Machtwillen, in bloßes Wollen schlechthin aufgelöst. Die Argumentation ist so angelegt, dass Deleuze überall dort, wo er jemanden etwas »wollen« sieht, auf die grundlegende Wirkung eines omnipräsenten Macht-Willens schließen kann. Diese Tautologie ist für Deleuze ausreichende Grundlage, um seine Qualitätsunterscheidung auf der Willens-Ebene neu zu formulieren: »*Aktiv* und *reaktiv* bezeichnen die Urqualitäten der Kraft, *bejahend* und *verneinend* (affirmativ und negativ) aber bezeichnen die primordialen Qualitäten des Willens zur Macht.« (60/60). Der Unterschied ist wichtig, um die Affirmation als »Macht zum Aktiv-Werden« (puissance du devenir actif) und damit als seine Voraussetzung zu befestigen (61/61).[64] Deleuze meint, hiermit eine Stufe der philosophischen Wesenserkenntnis erreicht zu haben, bei der Bejahung und Verneinung den (empirischen) aktiven und reaktiven Kräften nicht nur »immanent«, sondern auch »transzendent« sind: »Die Bejahung lässt uns in die ruhmvolle Welt des Dionysos treten, [...] die Verneinung stürzt uns in die besorgniserregende Tiefe, aus der die reaktiven Kräfte hervorbrechen« (ebd.).

Der Begriffsapparat spuckt wieder aus, was Deleuze zuvor in ihn hineingesteckt hat. Die Geisterwelt der »aktiven« und »reaktiven« Kräfte, die den Ausgangspunkt seiner Nietzsche-Interpretation darstellte, ist wieder da, nun freilich vertieft und erhöht um den Willen zur Macht, der sich in der bejahenden oder verneinenden Grundhaltung offenbart. Ausgezogen, um mit der Interpretation eines metaphysischen Willens zur Macht aufzuräumen, ist Deleuze dazu gelangt, ihn wieder als metaphysische »Transzendenz« der Kraft einzuführen. Freilich ist es nicht mehr der hegelsche Weltgeist, der die Geschichte vor sich hertreibt, sondern die »Affirmation«, aus der alles weitere, das Vornehme wie das Niedrige, das Herrschende wie das Beherrschte, abgeleitet ist. »Als einzige Qualität des Willens zur Macht bleibt die Bejahung», lautet der letzte Satz des Nietzschebuches (213/226).

Es wird Zeit, aus diesem Karussell von angetäuschter De-Metaphysizierung und tatsächlicher Re-Metaphysizierung auszusteigen und zu Nietzsche selbst zurückzugehen.

5. Nietzsches Kombination von Dezentrierung und Hierarchisierung

Tatsächlich gibt es bei Nietzsche mehrere Passagen zur Dezentralität des Subjekts und seiner Willens-Aktivität, die die Pluralisierungsthese stützen könnten. Eine der stärksten Belegstellen ist der Aphorismus 19 von *Jenseits von Gut und Böse*, in dem Nietzsche die metaphysische Einheit des schopenhauerschen Willensbegriffs zurückweist. Wollen ist etwas sehr Kompliziertes, wendet Nietzsche ein: die einen Gefühle richten sich auf den Zustand, von dem man wegwill, die anderen auf den, zu dem man hinwill. Hinzu kommt das Denken als »kommandierender Gedanke« mit einem spezifischen Affekt, nämlich einem »Überlegenheits-Affekt in Hinsicht auf den, der gehorchen muss: ›ich bin frei, *er* muss gehorchen‹.« – »Ein Mensch, der *will* –, befiehlt einem Etwas in sich, das gehorcht« (*JGB*, KSA 5/32). Das Komplizierte des Willens besteht nicht zuletzt darin, dass wir beim Wollen zugleich die Befehlenden und Gehorchenden sind, und über diese Zweiheit setzen wir uns vermöge des synthetischen Begriffs ›ich‹ hinweg (32f). Gerade diese Identifikation des Befehlenden mit dem (gehorchenden) Ausführenden erzeugt den vielfachen Lustzustand des Wollens, den man als ›Freiheit des Willens‹ bezeichnet (33). »Unser Leib ist ja nur ein Gesellschaftsbau vieler Seelen«, heißt es weiter, und der Wollende/ Befehlende eignet sich alle diese Unter-Seelen an: so vollzieht sich, »was sich in jedem gut gebauten und glücklichen Gemeinwesen begibt, dass die regierende Klasse sich mit den Erfolgen des Gemeinwesens identifiziert« (ebd.).

Tatsächlich scheint Nietzsche hier einige der späteren Dekonstruktionen traditioneller Subjektkonzepte vorwegzunehmen, von Freuds »topischem« Modell der Instanzen Es, Ich, Über-Ich, bei der das ›Ich‹ eine äußerst prekäre Mittelstellung einnimmt, bis hin zu dem, was Althusser mit Hilfe der lacanschen Psychoanalyse als Subjekt-Effekt bezeichnen wird, der durch die Spiegel-Imagination eines einheitlichen »Ichs« erzeugt wird.[65] Das Ego ist nicht ein einheitliches Wesen, heißt es in einer Nachlass-Notiz vom Herbst 1880, sondern »eine Mehrheit von personenartigen Kräften, von denen bald diese, bald jene im Vordergrund steht [...]. Das Subjekt springt herum [...] Wir behandeln uns als eine Mehrheit und tragen in diese ›socialen Beziehungen‹ alle die socialen Gewohnheiten, die wir gegen Menschen Thiere Gegenden Dinge haben« (KSA 9/211f). Und ein Jahr später: »Tatsächlich sind wir eine Vielheit, *welche sich eine Einheit eingebildet hat*. Der Intellekt als das Mittel der Täuschung mit seinen Zwangsformen ›Substanz‹ ›Gleichheit‹ ›Dauer‹ – *er* erst hat die Vielheit sich aus dem Sinne geschlagen.« (582) Nietzsches Subjekt ist ein »Organ der Verkennung, indem es sich für den Beherrscher des dunklen Lebens hält, dessen Beherrschtes es vielmehr ist« (Frank 1983, 263).

Allerdings gibt es hier weitaus mehr auszuwerten als eine bloße Dezentrierung des Subjekts und der Kräfte und Mächte, die es konstituieren. Die ›plurale‹ Interpretation bleibt auf halbem Wege stehen und fragt weder nach, was es bei Nietzsche mit der Seele als »Gesellschaftsbau« und als Ensemble »socialer Beziehungen« auf sich hat, noch, wie Nietzsche sich die Vereinheitlichung der disparaten Seelenkräfte vorstellt. Beide Fragen hängen unmittelbar zusammen.

Wie aus dem Zitatmaterial von *JGB*, Aph. 19 ersichtlich, bildet die Kennzeichnung des Leibs als »Gesellschaftsbau vieler Seelen« den Auftakt zu einer Analogie zwischen dem Wollen und der regierenden Klasse eines »glücklichen Gemeinwesens«, die sich dessen Erfolge aneignet und sich mit ihnen identifiziert (KSA 5/33). Was Nietzsche an diesem Vergleich interessiert, ist die Funktionsweise eines »*Herrschafts-Gebildes*, das Eins *bedeutet*, aber nicht eins *ist*«, bzw. bei dem die Einheit »nur als *Organisation und Zusammenspiel* Einheit [ist]« (KSA 12/104). Die Frage lautet, wie man eine Herrschaft denkt, die nicht einfach als einheitliche gegeben ist, sondern immer wieder neu hergestellt werden muss. An anderer Stelle bezeichnet Nietzsche die Vielheit des Subjekts als »eine Art *Aristokratie* von ›Zellen‹, in denen die Herrschaft ruht«, und bei denen die Aristokraten als »pares [...] miteinander ans Regieren gewöhnt sind und zu befehlen verstehen« (KSA 11/650). Das »Plurale« ist hier nach dem Paradigma der Aristokratenklasse konzipiert, die gelernt haben muss, trotz ihrer widerstreitenden Partialinteressen zusammen zu regieren. Nicht um »Vielheit« an sich geht es, sondern um »regierende Vielheit und Aristokratie« (578).

Die herrschaftliche Anordnung schlägt nun auch auf die Art und Weise durch, mit der Nietzsche sich die Vereinheitlichung des Subjekts vorstellt. Die postmoderne Interpretation ist so sehr von Nietzsches umherspringenden Subjekt fasziniert, dass sie die strikte Kommandostruktur übersieht, mit der es wieder eingefangen wird: das »Wollen« vollzieht sich als Befehlen der einen und Gehorchen der anderen Instanzen, und es entspringt lediglich einer synthetischen Illusion, diese polare Anordnung als eine kohärente Willensfreiheit wahrzunehmen (*JGB*, 5/32f). Die plurale Zusammensetzung des nietzscheschen Subjekts ist eigentümlich von einer binären Logik durchkreuzt. Es ist, als reproduzierte sich ein descartescher Dualismus zweier Substanzen, bei dem der Geist den Körper anweist, welche Bewegungen er zu vollziehen hat. Auch wenn Nietzsche dem Geist eine solche Position natürlich nicht zugestehen würde, bekräftigt er doch das dualistische Dispositiv selbst. In der anti-dualistischen Affektenlehre Spinozas wäre das Wollen nicht als ein solches Befehls-Gehorsamsverhältnis konzipierbar, und dies schon allein deshalb, weil hier ein Affekt nicht durch eine andersgeartete Instanz, sondern nur durch einen anderen stärkeren Affekt eingeschränkt werden kann (*Ethik* IV, Prop. 7). Hume wird hier anschließen und den Willen v.a. in seiner Abhängigkeit von Leidenschaften sowie von Lust- und Schmerzerfahrungen behandeln – als bloßer »innerer Eindruck« von Körperbewegungen und Wahrnehmungen wäre er als Befehlsinstanz ohnehin nicht geeignet.[66] Bei Freud ist der Wille als eine Ich-Funktion gefasst und wird als solche weitgehend von der Empfindungsreihe zwischen Lust und Unlust bestimmt (1915, *SA* III, 84, 96; vgl. 166).

Diese Ansätze thematisieren eine Einbettung des Wollens in Erfahrungen und Bedürfnisse, die in Nietzsches Bestimmung verlorengegangen ist. Klaus Holzkamp hat auf eine empirisch oft schwer zu unterscheidende Doppeldeutigkeit des Willens hingewiesen: er kann einerseits als Bestandteil motivierten Handelns auftreten und bezeichnet dort die Fähigkeit zum zeitweiligen Verzicht auf unmittelbare Bedürfnisbefriedigung um eines längerfristigen Bedürfnisziels willen. Ohne dass der Unterschied den Betroffenen bewusst sein muss, kann dieselbe menschliche Willensfähigkeit unter Bedingungen äußeren oder inneren Zwangs zu einem »von der Motivation abgespaltenen psychischen Funktionsaspekt« werden, durch den die Menschen gegen ihre Lebensinteressen handeln (Holzkamp 1985, 323f). Nur unter der Voraussetzung einer solchen Abspaltung ist es sinnvoll, den Willensakt nach dem Muster von Befehl und Gehorsam zu bestimmen. In Nietzsches Betrachtung ist der Wille von vornherein aus jeder Verbindung mit motivierter Handlungsfähigkeit herausgerissen, die im Rahmen der Kommandostruktur seines Willens auch nicht thematisierbar wäre. Diese Nicht-Thematisierbarkeit ist wiederum ein Symptom für die zwanghafte Verselbständigung des Willens, von der Holzkamp spricht. Es ist eine entfremdete Funktionsweise des Wollens, der Nietzsche philosophischen Ausdruck verleiht.[67]

Wie das Wollen auf die Sequenz Befehlen-Gehorchen reduziert ist, so ist Macht als ein »Überwältigen, Herrwerden« über weniger Mächtiges (*GM*, KSA 5/313f), Unterdrücken, Vergewaltigen und Ausbeuten (*JGB*, KSA 5/208; KSA 13/258) konzipiert. Die Bedeutung des Syntagmas »Willen zur Macht« besteht in diesem Zusammenhang darin, die Herrschafts- und Vergewaltigungsmacht zu naturalisieren und ins »Wesen des Lebens« überhaupt zu verlegen. Der Wille zur Macht erbt die Leistung des kantischen Subjekts, nämlich »Ordnung zu bringen ins sensuelle Chaos«, bemerkt Manfred Frank: »In dem Maße also, wie das Subjekt der neuzeitlichen Philosophie als eine bare ›Fiktion‹ abgewiesen wird, erbt das Subjekt des Machtwillens die vakant gewordene Funktion des Transzendentalsubjekts.« (Frank 1983, 264) Ausgestattet mit dieser philosophischen Transzendental-Kompetenz liegt die Leistung des Willens zur Macht in einer groß angelegten Identitätsstiftung: von gesellschaftlicher Herrschaft und Subjekt-Innerem, von »Geist« und Körper, von Mensch und Protoplasma, dessen Teilungen Nietzsche meint, in den Kategorien der Sklaverei und der Kasten beschreiben zu können[68], von organischer und unorganischer Natur überhaupt. Auf welcher Ebene auch immer: es ist allein »die herrschaftliche Rolle der höchsten Funktionäre [...], in denen der Lebenswille aktiv und formgebend erscheint« (*GM*, KSA 5/316). Das Aktive und Gestaltende ist dargestellt als Effekt der Herrschaft, die selbst wiederum als Lebensbejahung verkleidet ist.

Es ist erstaunlich, dass postmoderne Theorien, die angetreten sind, das Disperse und Zerstreute gegen den »Terror« der Wahrheit, der Vernunft, des Allgemeinen und der Repräsentation zur Geltung zu bringen, die philosophische Überhöhung des un-vernünftigen Kommandos und der unvermittelten Gewaltherrschaft durch Nietzsche mit Stillschweigen übergehen. Dabei hat dieser selbst sehr deutlich erklärt, dass und warum er dem organischen und unorganischen Leben eine tyrannische Herrschaftsmacht zugrundelegen will: die »demokratischen Instinkte der modernen Seele« berufen sich auf die »Gesetzmäßigkeit der Natur«, um damit ihre »pöbelmännische Feindschaft gegen alles Bevorrechtete und Selbstherrliche« zu legitimieren. Mit der gleichen Interpretationskunst könnte man aber auch aus der gleichen Natur »gerade die tyrannisch-rücksichtenlose und unerbittliche Durchsetzung von Machtansprüchen herauslesen«, so dass selbst das Wort Tyrannei für den Willen zur Macht allzu abmildernd erscheint (*JGB*, KSA 5/37; vgl., *GM*, KSA 5, 316). Welche naturgesetzliche Variante Nietzsche auch immer genau meinen mag (die Spannweite reicht vom mechanischen Materialismus über einen Volks-Darwinismus bis zu Dühring), er wendet sich jedenfalls gegen eine weit verbreitete populare Verknüpfung von Natur und Demokratie, die Gramsci mit der Feststellung bezeichnet hat, dass »wir alle nackt zur Welt gekommen sind« (*Gef* 6, H. 10.II, §35, 1291). Und er bekämpft sie – im Unterschied z.B. zu seinen neu-hegelianischen und neu-kantianischen Kollegen – nicht auf der Ebene einer Geistes-Hermeneutik (Dilthey) oder ewiger Wertbeziehungen (Windelband/Rickert), sondern auf dem Terrain der Natur selbst.[69]

Die Frage, ob Nietzsches Macht-Wille »metaphysisch« *oder* »plural« ist, kann nicht sinnvoll beantwortet werden, da er, wie Eagleton bemerkt, in beiderlei Gestalt auftritt: er ist »once the inward shape of all there is, yet nothing but local, strategic variations of force. As such, it can provide an absolute principle of [...] ontological foundation while being nothing of the sort, as fleeting and quicksilver as the Fichtean process of becoming« (Eagleton 1990, 248). Relevant ist in unserem Zusammenhang etwas anderes: Nietzsches Ineinssetzen von aktiver Handlungsmacht und Herrschaftsmacht ist das von den »metaphysischen« wie von den »pluralen« Nietzscheschulen gemeinsam Verdrängte. Wer den Willen zur Macht als »Trieb zur Machtergreifung« oder »Gier nach Gewalttätigkeit« auffasst, »verunstaltet« Heidegger zufolge die Metaphysik, der zufolge der Wille zur Macht der »Grundcharakter des Seienden als eines solchen« ist (1940, z.n. *GA I.6.2*, 236f). Auch in Deleuzes Lesart sind dem nietzscheschen Denken Begriffe wie Kampf, Krieg und Rivalität fremd, sie stellen nur das Mittel dar, »mit dem der Sklave die Rangordnung umkehrt« (*NP*, 90/93). Selbst wenn dies philologisch richtig wäre, was es freilich nicht ist[70], wäre es kein wirklicher Einwand, weil die Herrschaft ihre Macht in Zeiten der Stabilität nicht unbedingt in Kategorien des Kampfes und Krieges artikulieren muss. Wille zur Macht besage keineswegs, dass der Wille die Macht will, sondern: »Die Macht ist *das, was* im Willen will« (93/96). Es ist nicht ganz klar, welches Wollen dann für den Willen selbst noch übrig bleiben soll. Schließlich weiß man nicht einmal mehr, ob überhaupt noch etwas gewollt werden darf, denn der Wille zur Macht, der als »wesentlich schaffend und schenkend« vorgestellt wird, »strebt nicht, er sucht nicht, er begehrt nicht, vor allem begehrt er nicht die Macht. Er *gibt* [...], er ist gleichsam die ›schenkende Tugend‹« (94/97, vgl., 212/225). Die Kennzeichnungen sind unmittelbar aus dem dritten Teil des *Zarathustra* (1884) übernommen, aber auch hier wieder verstümmelt, da dieser nicht einfach den Willen zur Macht sondern die *Herrsch*sucht als »schenkende Tugend« besingt (*Za*, KSA 4/238). Kurz davor (1883) hatte Nietzsche deutlich vor einem solchen »Geschenk« gewarnt: »es handelt sich um mehr als Schenken: um *Schaffen*, um Vergewaltigen! [...] Unsere ›Geschenke‹ sind gefährlich!« (KSA 10/512). Es ist, als hätte Nietzsches herrschaftsbegeisterte Machtideologie sich unter Deleuzes geschmeidigen Händen in einen nachchristlichen Gnadenbegriff gewandelt, der ausgehend von der inneren Weltbejahung sein affirmatives Licht über das ganze Leben ausgießt.

Deleuze hat das gefährliche Geschenk Nietzsches angenommen und reicht es weiter. Sucht man nach den philosophischen Gründen dieses Vorgangs stößt man an strategischen Stellen seiner Argumentation auf die Behauptung, dass der Wille zur Macht im Wesentlichen auf Spinoza zurückgeht. Die These hat schon deshalb Gewicht, weil Deleuze mit mehreren Büchern über Spinoza (*S68*, *S70*, *S81*) als Experte gilt.

6. Spinoza und Nietzsche: Die Verwechslung von Handlungsmacht und Herrschaftsmacht

Deleuzes Überführung des nietzscheschen Machtbegriffs in den eines lebenszugewandten Handelns ist nur möglich, weil er ihn unter der Hand mit Spinozas Begriff der *potentia agendi* vertauscht hat. Wir wollen ihm bei diesem Tauschvorgang zusehen. Da das Verhältnis der Kräfte dadurch bestimmt ist, dass eine Kraft von einer anderen *affiziert* wird, könne man folgern, »dass der Wille zur Macht sich als ein Vermögen, affiziert zu werden, äußert«, meint Deleuze (*NP*, 69/70). Das kann man offensichtlich nur, wenn man den nietzscheschen Machtwillen zuvor auf ein Inneres der Kraft reduziert hat. Tatsächlich ist die Fähigkeit des Körpers, »auf viele Weisen affiziert zu werden und andere Körper zu affizieren«, ein wichtiges Kennzeichen des menschlichen Handlungsvermögens (*potentia agendi)* bei Spinoza (*Ethik* IV P38, 523). Dass auch Nietzsches Wille zur Macht sich durch eine solche sensible Empfindsamkeit auszeichnen soll, müsste Deleuze erst noch am Text zeigen. Stattdessen fährt er fort, hier lasse sich bei Nietzsche nur schwer eine Inspiration durch Spinoza leugnen, der die Kraft eines jeden Körpers durch seine Affizierbarkeit bestimmt hatte, die sowohl passiv als auch aktiv sein könne (*NP*, 69/70). Kunststück! Das angeblich durch Spinoza »inspirierte« Affiziert-Sein hatte Deleuze selbst gerade dem nietzscheschen Willen zur Macht untergeschoben. Nächster Schritt: »Bei Nietzsche ist es ebenso«, und dies zeige sich in den Passagen, in denen Nietzsche die Macht als »primitive Affektform« definiere, aus denen alle anderen Affekte hervorgingen. Daher manifestiere sich der Wille als »differentielle Sensibilität« der Kraft (69f/ 70f). Aber wieso sollte Nietzsches Behauptung, dass sein Wille zur Macht allen Affekten als »primitive Affektform« zugrunde liegt (KSA 13/300; vgl. *JGB*, KSA 5/54f), gleichbedeutend sein mit einer qualitativen Bestimmung des Willens zur Macht als Affizierbarkeit und Sensibilität?

Mit dieser Überführung des Willen zur Macht in die *potentia agendi* ist für Deleuze der Weg frei, das widersprüchliche, zwischen Faszination und Abstoßung schwankende Verhältnis Nietzsches zu Spinoza in eine einfache und bruchlose Kontinuitätslinie zu transformieren. Diese »Linie« bildet ein Kernstück sowohl seiner Spinoza-Bücher als auch der späteren Arbeiten mit Guattari; sie wird von Althusser geteilt und findet sich auch bei den »Spinozisten« Negri und Hardt.[71] In einem Großteil der Nietzscheforschung herrscht ungefähr folgende Auffassung vor: Nietzsche hat Spinozas Machtbegriff übernommen und dabei auf zweifache Weise philosophisch weiterentwickelt, nämlich zum einen, indem er ihn von der überholten Verbindung mit einer auf Gotteserkenntnis ausgerichteten Vernunft abtrennte, zum anderen dadurch, dass er ihn nicht mehr mit einem bloß statischen Trieb der Selbsterhaltung identifizierte.[72] Diesem weitreichenden Konsens in der Sekundärliteratur widerspricht allerdings, dass auch Spinoza seinen Machtbegriff keineswegs statisch angelegt hat, sondern sich für eine Erweiterung der *potentia agendi* interessierte (z.B. *Ethik* III, Def 3, 255 und P11, 279). Und Nietzsche weiß dies auch (vgl. das Exzerpt in KSA 12/ 261), was ihn freilich nicht daran hindert, mit seiner Polemik gegen die Spinozische »Selbsterhaltung« eine irreführende Fährte zu legen.

Um diesen Konsens aufzubrechen, müssen wir auch hier genauer nachsehen. Dass Nietzsche von Spinozas Kritik der Teleologie, der Moral und der »traurigen Gefühle« sich hat anregen lasen, geht schon aus der bekannten Postkarte an Overbeck 1881 hervor, in der er Spinoza als seinen »Vorgänger« bezeichnet: »er leugnet die Willensfreiheit -, die Zwecke -; die sittliche Weltordnung -; das Unegoistische -; das Böse« (*KGB III.1*, 111). Wie die ausführliche Untersuchung Wurzers zeigt (1975, 40-71), fällt Nietzsches positive Spinoza-Rezeption ziemlich genau mit der »mittleren« ideologiekritischen Periode zusammen, in der er in seinem Kampf gegen den (eigenen) Idealismus vom Typ »›Opiat‹ Wagner» auf das Instrumentarium eines naturalistischen Materialismus zurückgreift.[73] Die Gemeinsamkeiten mit Spinoza sind am größten, wo Nietzsche die der Moral zugrundeliegende Unterstellung eines »freien Willens« vom Gesichtspunkt eines naturgesetzlichen Determinismus aus kritisiert. Und hier beruft er sich auch auf einen »Trieb der Erhaltung« (*MA*, KSA 2/95), auf ein Konzept also, das er später vom Standpunkt seines Willens zur Macht auf Spinozas »Schwindsucht« zurückführen wird (*FW*, KSA 3/585).

Die meist impliziten Gemeinsamkeiten liegen in der Kritik des Idealismus, seiner Freiheitsillusionen und seiner Teleologie, aber gerade nicht im Willen zur Macht. Im Gegenteil. Sobald Nietzsche sich daranmacht, sein Material von diesem Allprinzip aus neu anzuordnen, wendet er sich nicht nur gegen Paul Rée und die »englischen« Moralgenealogen, sondern auch immer schärfer gegen Spinoza, dessen *conatus* der Selbsterhaltung er als eine plebejische »Grundlage des englischen Emipirismus« (KSA 11/24) attackiert. Zu begreifen wäre gerade die Vehemenz, mit der sich Nietzsche ab 1882 vom »schwindsüchtigen Spinoza« und seinem angeblich immer blasser werdenden Begriffs-»Geklapper« abstoßen muss, bis er ihn schließlich dem gegnerischen Lager der »raffinierten Rachsüchtigen und Giftmischer« zugeschlagen hat.[74] Dass auf ihn selbst zutrifft, was er Spinoza vorhält, nämlich ein Mensch »in Notlagen« zu sein (*FW*, KSA 3/585), gibt der Abgrenzung einen gespenstisch imaginären Charakter. Nachdem er noch in *Menschliches, Allzumenschliches* gemeint hat, den Juden verdankten wir Spinoza als den »reinsten Weisen« (*MA*, KSA 2/310), verfasst er im Herbst 1884 ein Spottgedicht, in dem er die spinozische Religionskritik als »jüdischen« Hass entlarvt: »Doch unter dieser Liebe fraß unheimlich glimmender Rachebrand: – am Judengott fraß Judenhass! – Einsiedler hab ich Dich erkannt?« (KSA 11/319)

Hier wäre also eine Wende im Verhältnis zwischen Nietzsche und Spinoza zu reflektieren, die, als dialektische verstanden, weitere Anleihen bei Spinoza in Nietzsches Spätphase keineswegs ausschließen würde. Aber trotz aller Betonung des Fragmentarischen und Nicht-Linearen sind in der postmodernen Spinoza-Nietzsche-Filiation Widersprüche und Brüche nicht zugelassen. Den verschiedenen »linearen« Interpretationen ist die Unterstellung gemeinsam, dass Nietzsche und Spinoza grundsätzlich das Gleiche meinen, wenn sie von der *Macht* sprechen. Dabei wird übersehen, dass Macht ein äußerst vieldeutiger oder in Max Webers Worten »soziologisch amorpher« Begriff ist (*WuG*, 28), dessen Bedeutung nur aus den jeweiligen Verwendungsweisen und Verknüpfungen rekonstruiert werden kann.

Schon die terminologische Übereinstimmung ist problematisch: Nietzsche hatte Spinoza vor allem über Kuno Fischers *Geschichte der neueren Philosophie* rezipiert, in der die *potentia agendi* in der Regel mit »Macht« schlechthin wiedergegeben wird.[75] In den neueren, auf Jakob Sterns Übersetzung gestützten Ausgaben der *Ethik* ist der Term meist mit »Tätigkeitsvermögen« wiedergegeben, im *Historisch-Kritischen Wörterbuch des Marxismus* wird er als »Handlungsfähigkeit« bezeichnet (vgl. Reeling Brower 2001) und auf diese Weise mit dem gleichlautenden Begriff der Kritischen Psychologie verbunden.

Freilich verweist auch der etymologische Ursprung der *Macht* (im gotischen *mahts* und *magan*) auf die Grundbedeutung von *können*, die noch im deutschen Verb *vermögen* sichtbar ist. Dass sich von diesem *Können/Vermögen* im Mittelhochdeutschen das Verb *mögen* im Sinne von *gern wol-*

len und *gern haben* abgezweigt hat, kann als Hinweis interpretiert werden, wie eng Handlungskompetenz und der Affekt eines zugewandten Wollens zusammengefühlt wurden; eine andere Abzweigung erfolgt zur *Möglichkeit.* Diese semantischen Verknüpfungen sind kein deutscher Sonderfall, sondern lassen sich ähnlich u.a. in den romanischen Sprachen nachweisen: so gehen z.B. im Französischen sowohl *pouvoir* als auch *puissance* auf das Verb *pouvoir* (können) zurück, das wiederum in die *possibilité* hineinreicht usw. In diesem allgemeinen Sinne konnte z.B. das Zedlersche Universallexikon von 1739 die Macht als Vermögen bezeichnen, »das Mögliche wirklich zu machen« (z.n. Röttgers 1980, 585).

Was dieses Vermögen wirklich vermag, hängt allerdings von der jeweiligen Position im gesellschaftlichen System der Machtverteilungen ab, so dass die Grundbedeutung des Könnens leicht hinübergleiten kann in die eines spezifischen Vermögens qua Herrschaftsmacht, ohne dass sich bei einem solchen fließenden Übergang das Wort unbedingt ändern muss. Von dieser inhärenten Zweideutigkeit ist die gesamte philosophische Begriffsgeschichte der Macht durchzogen, die selbst wiederum als ein Feld hegemonialer Machtkämpfe entziffert werden kann. Wie eine Ellipse kreist sie um die Pole einer allgemeinen Handlungsmacht und einer engeren Bedeutung, bei der die *dynamis* oder *potentia* des Machen-Könnens auf der Seite der Herrschaftsmacht verbucht und monopolisiert wird. Diese Engführung setzt bereits mit der sophistischen Machtlehre ein, wie sie in Thukydides' Melierdialog und in Platons *Politeia* und *Gorgias* übermittelt wird. Auch Nietzsche stellt seinen Willen zur Macht ausdrücklich in diese Linie der bei Thukydides zum Ausdruck kommenden »Sophisten-Cultur«, die dem »allerwärts losbrechenden Moral- und Idealschwindel der sokratischen Schulen« den strengen »Realismus« des alten »hellenischen Instinkts« entgegensetzte (*GD*, KSA 6/156ff).

Ein ganz anderes Bild ergibt sich bei Spinoza. Auffällig ist zunächst, dass er einen zweiten Macht-Begriff kennt, den der *potestas*, den er zwar nicht durchgängig, aber doch an strategisch entscheidenden Stellen im Sinne einer Subordinationsmacht von oben und damit als Gegenbegriff zur *potentia* benutzt.[76] Im Kapitel 16 des *Theologisch-Politischen Traktats* (im folgenden zitiert *Tractatus* dt./lat.) zu den »Grundlagen des Staates« wird *potestas* in der Bedeutung höherer staatlicher Gewalten (superiores potestates) verwendet, während die *potentia* die Macht-Kompetenzen bezeichnet, die die einzelnen auf eine solche höhere Regierungsmacht übertragen. Spinoza hält eine solche Machtübertragung für notwendig und befürwortet eine starke *potestas* des Staates, allein schon deshalb, um vor den *potestates* der ihn denunzierenden und verfolgenden jüdischen und christlichen Religionsgemeinschaften geschützt zu sein.[77] Dennoch hält er die *potestates* des Staates und die *potentiae* der Vielen begrifflich auf Distanz. Bei dem notwendigen Machttransfer ist die Demokratie die »natürlichste« Regierungsform, weil hier niemand sein Recht derart auf jemand anderen überträgt, »dass er selbst fortan nicht mehr zu Rate gezogen wird; vielmehr überträgt er es auf die Mehrheit der gesamten Gesellschaft, von der er selbst ein Teil ist. Auf diese Weise bleiben alle gleich« (*Tractatus* 240/195). Dies führt ihn bis zu der Vorstellung, »dass [...] die ganze Gesellschaft womöglich gemeinschaftlich die Regierung in der Hand behalten muss, so dass alle sich selbst und keiner seinesgleichen dienen muss« (85/74).

Tatsächlich wird die *potentia* nicht an die *potestas* ausgeliefert. Nie wird einer »seine Macht (potentia) [...] auf einen anderen übertragen können, dass er aufhörte Mensch zu sein, und niemals wird es eine höchste Gewalt (potestas) geben, die alles so ausführen könnte, wie sie will.« (248/201) Niemals haben die Menschen »so ihre Macht auf andere übertragen, dass sie nicht von denjenigen, die diese übertragene Macht akzeptiert haben, gefürchtet würden« (ebd.). Der letzte Zweck des Staates ist nicht »zu herrschen (non esse dominari) noch die Menschen in Furcht zu halten oder sie fremder Gewalt zu unterwerfen, sondern [...] die Freiheit.« (301/240f) Hegemonietheoretisch betrachtet geht es darum, dass die *potestas* nicht die Konsensgrundlage verliert, sondern an die *potentia* der Mehrheit zurückgebunden bleibt.

Im Kontext des »absolutistischen« 17. Jahrhunderts artikuliert Spinozas *potentia* ein weitreichendes demokratisches Gegengewicht. Im Gegensatz zu Hobbes' *Leviathan* ist der Machttransfer bei Spinoza jederzeit widerrufbar, und ausschlaggebend für die Herrschaftsmacht des Staates bleibt die *potentia* der Vielen. Diese verweist auf eine Kompetenz der Multitudo, die Nietzsche mit seinem Konzept einer unvermittelten und kompromisslosen Herrschaftsmacht gerade loswerden will.[78] Diesbezüglich gibt es keine »Linie« Spinoza-Nietzsche, eher schon eine Verbindung von Nietzsche zu Hobbes' Konzept einer »natürlichen« Aneignungs- und Herrschaftsmacht, »a perpetual and restless desire of Power, after Power, that ceaseth only in death« (*Works* 3, 85f). Nietzsche hat eine solche Verbindung schon 1873 in seiner Kritik an David Strauss gezogen: hätte dieser den »unerschrockenen Sinn« eines Hobbes gehabt, wäre er in der Lage gewesen, »aus dem bellum omnium contra omnes und dem Vorrechte des Stärkeren Moralvorschriften für das Leben ab[zu]leiten« (*UB I*, KSA 1/194; vgl. *GS*, 1/772).

In Spinozas *Ethik* taucht die *potentia* zunächst im Zentrum des Gottesbegriffs auf. Sie bezeichnet Gottes »unendliches Vermögen« zu existieren, sowie Unendliches hervorzubringen, und ist damit Gottes »tätiges Wesen« (Dei actuosa essentia) selbst (*Ethik*, I Def 7; I P 11 u. 34; II P3). Sie ist es, die die Gleichung Gott = Substanz = Natur (natura naturans) vermittelt und im Inneren zusammenhält. Gott selbst ist als universelles Produktionsvermögen verstanden, das zugleich im Innern jeder individuellen Realität wirkt. »Dieu, selon Spinoza, se confond avec l'auto-productivité interne de chaque réalité individuelle«, beobachtet Matheron (1969, 21, 23). Diese selbst-produktive Totalität ist der Ausgangspunkt für Negris Projekt, die *potentia* Spinozas mit dem marxschen Begriff der Produktivkräfte zu vermitteln und die spinozische Philosophie als »metafisica della forza produttiva« zu interpretieren (1998, 272). Der Begriff einer subjektlosen »Produktivkraft« Gottes ist zugleich Grundlage einer Religionskritik, die Althusser als die erste Theorie der Ideologie, des Imaginären und der Subjekt-Illusion würdigt (1974, 72f).

Untersucht man die Passagen zur *potentia agendi*, kann man feststellen, dass diese menschliche Handlungsfähigkeit an keiner Stelle als Herrschaftsmacht *über* andere behandelt wird. Wie jedes Ding ist sie von dem Bestreben (conatus) bestimmt, in ihrem Sein zu verharren (*Ethik*, III P6, 272). Von der göttlichen *potentia* unterscheidet sie sich v.a. dadurch, dass sie von der *potentia* der äußeren Ursachen unendlich übertroffen und beschränkt wird (IV P3, 451). Deshalb muss sich der Mensch notwendig an die Natur anpassen und ist den Leiden (passionibus) unterworfen (IV P4 Cor, 455). Leiden/Erleiden (passio/pati) meint bei Spinoza ein Geschehen, das wir nicht selbst »adäquat« verursachen, sondern dem wir ausgeliefert sind; ihm steht das *Handeln* (agere) entgegen, bei dem ausschließlich wir selbst die »adäquate Ursache« bilden (III Def 1 u. 2, 255). Auf diesen emphatischen Begriff eines selbst verursachten, selbst bestimmten, wenn auch de facto immer begrenzten Handelns bezieht sich Spinozas *potentia agendi*, die wiederum den Angelpunkt bildet, von dem aus in Teil III und IV der *Ethik* sowohl die Affekte als auch die ethischen Tugenden und Untugenden bestimmt und neu angeordnet werden.

Spinozas *Ethik* ist eine Moralkritik, insofern sie den transzendental begründeten Werten eine *Geometrie* der Gefühle und Tugenden entgegensetzt (III Pref, 253), die nach ihren handlungsfördernden oder -hemmenden Eigenschaften hin abgemessen werden. Gerade hier meint Deleuze, eine wesentliche Gemeinsamkeit mit Nietzsche ausmachen zu können (*S70*, 34f). Aber die »Macht«, von der aus Spinoza die Moral kritisiert, ist als kooperatives Vermögen gefasst. Der Gegensatz zu Nietzsches heroischem Einsamkeitskult wird schon darin sichtbar, dass die *potentiae* der Individuen sich in einer horizontal gedachten gesellschaftlichen Arbeitsteilung verwirklichen: die Gesellschaft ist nützlich und notwendig, um »bei vielen Dingen eine Ersparnis zu erzielen. Denn wollten die Menschen sich nicht gegenseitig Hilfe leisten, so würde es ihnen an Geschick und Zeit fehlen, sich nach Möglichkeit zu erhalten und zu ernähren. Denn nicht jeder ist in gleicher Weise zu allem befähigt. […] Kraft und Zeit […] würden dem einzelnen fehlen, wenn er allein ackern, säen, ernten, mahlen […] müsste.« (*Tractatus* 84/73) Auch wenn die Satiriker, Theologen, und Melancholiker die menschlichen Gemeinschaften schlecht reden, müssen sie sich doch der Definition des Menschen als geselliges Wesen (animal sociale) anschließen und die Erfahrung machen, dass die Menschen durch wechselseitige Hilfeleistung sich ihren Bedarf viel leichter verschaffen und nur mit vereinten Kräften die Gefahren, von denen sie überall bedroht sind, vermeiden können« (*Ethik* IV P35 S, 509).

Spinozas Handlungsmacht ist in diesem kooperativen Zusammenschluss verortet. Wenn der Mensch mit solchen Individuen lebt, die mit seiner Natur übereinstimmen, »wird dadurch seine *potentia agendi* gefördert oder genährt werden«, heißt es im Appendix von Teil IV (caput 7, 599; vgl. 601). Die *potentia* ist das Vermögen, das die Menschen miteinander übereinstimmen lässt, während Unvermögen (impotentia) und passives Erleiden sie voneinander trennen und einander entgegensetzen (IV P32-34, 499ff). Die aus dieser Handlungsfähigkeit abgeleitete *Tugend* ist auf Verallgemeinerbarkeit angelegt, indem man das Gut, das man für sich begehrt, auch den übrigen Menschen wünscht (IV P37, 511ff).

In Spinozas »Geometrie« der Affekte kommt alles auf den Nachweis an, dass die Affekte des Handelns, v.a. die der Seelenstärke (animositas) und des Großmuts (generosita) stärker als die des Erleidens sind. Eine Schlüsselstellung in der Umwandlung passiver in aktiver Affekte kommt einer *Vernunft* zu, die in der Lage ist, sich von den Täuschungen der sinnlichen Eindrücke zu lösen sowie mehrere Dinge zugleich und in ihrem notwendigen Zusammenhang zu betrachten, was für Spinoza zusammenfällt mit einem Denken »sub aeternitatis specie« (II P29S, 189; II P44, CorII, 221). Als ein solches Zusammenhangswissen kann sie auch dem Problem begegnen, dass die Bedürfnisse in der Regel kurzsichtig sind, und dass der Genuss des Augenblicks mächtiger ist als die Erkenntnis des Künftigen (IV P15-17).

Spinoza hat die Stellung der Vernunft gegenüber den Affekten gelegentlich als Herrschaft (imperium) oder Überwindung bezeichnet (z.B. V pref, 619) und damit der Deutung Nietzsches Nahrung gegeben, er wollte die Affekte durch Analysis und Vivisektion »zerstören« (*JGB*, KSA 5/118; vgl. 11/226, 13/269). Aber seine konkrete Ausführungen zeigen deutlich, dass das Verhältnis zwischen Vernunft und Affekten weitaus elastischer und »demokratischer« konzipiert ist als dies in Nietzsches Kommandostruktur des Machtwillens jemals denkbar wäre. Zunächst kann die Erkenntnis als solche, d.h. soweit sie »wahr« ist, überhaupt keinen Affekt einschränken, sondern nur, insofern sie selbst ein Affekt ist, und zwar ein stärkerer (*Ethik*, IV P7, 457, P14 u. D, 469/71). Sie muss, wie auch Nietzsche in seinem Spinoza-Exzerpt notiert, »Affekt sein, um Motiv zu sein« (KSA 9/517). Zum Zweiten ist das *imperium* über die Affekte als eine Aufklärung der Affekte über sich selbst erklärt, verbunden mit der optimistischen Erwartung, dass ein passiver Affekt zum aktiven wird, sobald er adäquat erkannt ist (*Ethik*, V P3-4, 629, 633). Statt an Unterdrückung der Triebe denkt Spinoza eher daran, im Triebleben die selbst verursachten Anteile gegenüber den erlittenen zu stärken. Schließlich geht es nicht um die »Überwindung« der Affekte, sondern darum, sie auf eine vernünftige Weise zu »ordnen und zu verketten« (ordinandi & concatenandi), übermäßige Dominanzen einzelner Begierden auszugleichen, eine Gleichmäßigkeit der Affizierbarkeit herzustellen, wie er sie z.B. in der Heiterkeit verwirklicht sieht (V P10, 643. P14, 651, III P42 D, 529). Spinozas Vernunft ist eine, die auf den Affekten zu ›surfen‹ versucht, statt sie in nietzschescher Manier zu befehligen; sie ist ein »intuitives Wissen« (II P40 SII, 209), nicht ein Herrenwort.

Versäumt man es, die operative Bedeutung der spinozischen *potentia agendi* aus ihren Verknüpfungen mit den kooperativen Produktionen und Beziehungen zu rekonstruieren, wird man auch nicht begreifen können, was bei ihrer Aneignung durch Nietzsche wirklich geschieht. Wenn die Perspektive des spinozischen Machtbegriffs darin liegt, durch die Verbindung mit anderen zu gemeinsamen Tätigkeiten eine »Macht-Akkumulation in einem jeden Teil eines Aggregats« zu bewerkstelligen (Röttgers 1980, 597f), ist dies das genaue Gegenteil zu Nietzsches esoterischen Machtbegriff, der auf die Entmächtigung der Vielen angelegt ist. Nietzsches terminologische Anleihen bei Spinoza sind Bestandteile einer feindlichen Übernahme, bei der die herausgebrochenen Elemente in eine entgegengesetzte Anordnung einmontiert werden. Der Gegensatz wird verdeckt durch Kuno Fischers Übersetzung von *potentia agendi* mit »Macht«. Wenn Spinoza die *Tugend* mit dem *Handlungsvermögen* (potentia) zusammenfallen lässt (z.B. *Ethik*, IV Def 8, 445), notiert Nietzsche in sein Spinoza-Exzerpt: »Tugend und Macht identisch. [...] Gut ist, was unsere Macht fördert: böse das Gegenteil« (KSA 12/261). Von hier aus entwickelt Nietzsche den Gedanken eigenständig weiter: »Was ist gut? Alles, was das Gefühl der Macht, den Willen zur Macht, die Macht selbst im Menschen erhöht«, und schlecht ist, »was aus der Schwäche stammt«. Demnach: »Die Schwachen und Missratenen sollen zu Grunde gehen: erster Satz *unsrer* Menschenliebe. Und man soll ihnen noch dazu helfen.« (*AC*, KSA 6, 170; vgl., KSA 13/192)

Nietzsche hat Spinozas Handlungsvermögen überwältigt und in seine Herrschaftsmacht einverleibt, die er konsequent bis zum Zugrunde-Gehen der »Schwachen« weiterspinnt. Was in den pluralen und postmodernen Konstruktionen einer homogenen Spinoza-Nietzsche-Linie ausgeblendet wird, ist letztlich nichts weniger als die »Differenz« zwischen gesellschaftlicher Kooperation und projizierter Massenvernichtung. Die Gemeinsamkeiten beider in der Moralkritik aufzulisten und die gegensätzlichen Machtperspektiven, von denen aus sie erfolgt, permanent zu »überlesen«, reproduziert die Umwertung Spinozas durch Nietzsche und setzt sie fort. Hier ist eine neue Dekonstruktion erforderlich, die die linearen Konstruktionen der Postmoderne aufbricht und Spinoza aus der nietzscheschen Entfremdung herauslöst. Spinoza war kein Proto-Nietzscheaner, argumentiert Geoff Waite, weil er die selbstzerstörerische Bereitschaft der Massen zur freiwilligen Unterordnung als »Aberglaube« zerstören wollte, während es Nietzsche darum ging, sie auszubeuten. »Hence a philosophically coherent and politically emancipatory project must forge its way *back* to Spinoza *past* the Nietzschean self and only then [...] *into* the future.« (Waite 1996, 14)

Die Verwechslung zwischen Nietzsche und dem von ihm absorbierten und überwältigten Spinoza bildet nun die Grundlage dafür, dass sich unter dem Eindruck der 68-er Bewegung und ihres Scheiterns das Nietzsche-Bild nach »links« verschiebt.

7. »Faire de la pensée une machine de guerre«

Deleuze kommt an einer Stelle auf Nietzsches Rolle in der Faschisierung der bürgerlichen Gesellschaft zu sprechen. Was machen wir mit den Texten, die eine faschistische oder antisemitische Resonanz haben?, fragt er 1973 in *Pensée Nomade*. Auch wenn Jean Wahl, Bataille und Klossowski klar gemacht hätten, wie sehr Nietzsche von den Nazis missverstanden und völlig deformiert wurde, lohnte es sich nicht zu bestreiten, dass er für viele junge Faschisten attraktiv war und ist. Aber Nietzsches Text ist ein »äußeres Feld«, auf dem faschistische, bourgeoise und revolutionäre Kräfte sich kreuzen, und es kommt darauf an, die externe revolutionäre Kraft zu finden, die den Text durchzieht und durchschneidet (*PN*, 145f). Dies ist etwas leicht dahergesagt, als hätte der Text überhaupt keine Eigenlogik, die den verschiedenen Rezeptionsweisen bestimmte Grenzen der Interpretation auferlegen könnte. Aber nicht das abstrakte Problem, *ob* eine »revolutionäre« Nietzsche-Aneignung im Prinzip möglich ist, soll hier diskutiert werden, sondern das konkretere Problem, *wie* Deleuze eine solche auffasst und bewerkstelligt.

Die Frage nach der »äußeren« revolutionären Kraft ist leichter zu verstehen, sobald man sie auf Deleuze selbst bezieht: er hat sie in der 68er-Bewegung gefunden, in deren Verlauf sich sein Nietzsche in eine Art »nomadischen« Befreiungskämpfer verwandelt. Die Verschiebung verläuft u.a. über die Verbindung des nietzscheschen Machtbegriffs mit den freudo-marxistischen Debatten in Frankreich. Schon im Nietzsche-Buch von 1962 zeichnete sich das Projekt ab, mithilfe des Willens zur Macht die freudsche Psychoanalyse zu kritisieren und ihre Fixierung auf die »reaktiven« Aspekte des Seelenlebens zu überwinden – hier noch unter Berufung auf Otto Rank und C.G. Jung.[79] Dagegen verlagert sich nun in den zusammen mit Félix Guattari verfassten *Anti-Oedipe* (1972; zit. *AÖ*, dt/frz) und *Mille*

Plateaux (1980; zit. *TP*, dt/frz) das Schwergewicht auf Wilhelm Reich und hier v.a. auf dessen späte »biogenetische« Orgon-Theorie (z.B. *AÖ*, 374f/345f). Deleuze arbeitet freilich nicht so sehr an einer freudo-marxistischen Synthese, die er als »sterilen Parallelismus« ablehnt (81/75), sondern »subsumes Marx and Freud within a Nietzschean framework« (Bogue 1989, 83). Im Zuge dieser Einarbeitung wird Nietzsches Machtwille in die Kategorie einer »Wunsch-Produktion« überführt, die wiederum die Grundlage für den marxschen Begriff der gesellschaftlichen Produktion abgeben soll. »Der Wille zur Macht schreibt sich hier als ein produktives Begehren«, meint Lange (1989, 63). Alan D. Schrift zufolge kann der Vorgang als eine »funktionalistische Übersetzung« verstanden werden: »Nietzsche's biologism becomes Deleuze's machinism; Nietzsche's ›everything is will to power‹ becomes Deleuze's ›everything is desire‹.« (Schrift 1995, 259f)[80]

Die deleuzesche Kritik an der freudschen Psychoanalyse kann hier nur in groben Umrissen dargestellt werden. Allgemein betrachtet ist sie Teil der vielfältigen Bemühungen dieser Zeit, die psychoanalytischen Grundbegriffe zu »vergesellschaften«, sei es durch eine Re-Interpretation des Unbewussten in Kategorien der ›Sprache‹ und der ›symbolischen Ordnung‹ (Lacan), sei es durch die Vermittlung mit der marxschen Basiskategorie der »Produktivkraft«.[81] Im Zentrum des *Anti-Ödipus* steht der Anspruch, das Unbewusste aus dem ödipalen Dreieck Papa-Mama-Ich herauszulösen, seine Ödipalisierung durch eine »Desödipalisierung« zu destruieren, die es aus dem »geborstenen Dreieck« des Ödipus wieder ins »offene gesellschaftliche Feld« versetzt (*AÖ*, 124/114, 145/133). In Wirklichkeit richtet das Kind den Wunsch sofort auf »die Realität außerhalb der Familie«, auf das gesellschaftliche Feld, und wird durch die hier auftretenden Frustrationen wieder auf die Familie zurückgeworfen, resümiert Theweleit: »Es darf also nicht heißen: weil er die Mutter nicht bekommen konnte, hat er sich die Erde untertan gemacht (wie bei Freud), sondern: weil er die Erde nicht benutzen und produzieren durfte, ging er zur Mutter *zurück*.« (Theweleit 1977, 266) Die Freisetzung des Begehrens aus dem ödipalen Familiarismus wird durch zwei methodische Operationen bewerkstelligt: zum einen wird es aus den Verfestigungen der Ich-Bildung sowie aus der damit zusammenhängenden Bedingung des Mangels (manque-à-être) befreit und mit einem freien Fluss anonymer Mannigfaltigkeiten identifiziert, der sich am »Umherschweifen des Schizophrenen« ablesen lässt (*AÖ*, 9/7, 31ff/29ff); zum anderen lassen Deleuze und Guattari das schizoid-multiforme Begehren unmittelbar mit der »gesellschaftlichen Produktion« zusammenfallen und erklären es damit zur »Infrastruktur« der Gesellschaft: »der Wunsch [...] gehört allemal der Basis an und nicht der Ideologie: [er] ist in der Produktion als gesellschaftliche Produktion, wie auch die Produktion im Wunsch als Wunschproduktion ist.« (450/416f, Übers. korrigiert JR; vgl.

81/75) Dementsprechend wird der »Produktionsprozess« des Begehrens durchgängig als »Werkstatt«, »Industrie«, Wunsch-Maschine, »Fabrik« u. ä. bezeichnet (9ff/7ff, 33/31, 47ff/43ff).[82]

Es ist zweifelhaft, ob durch eine solche metaphorische Ineinssetzung der Anspruch einer »wahrhaft materialistischen Psychiatrie« (*AÖ*, 31/29) eingelöst werden kann. Dies zeigt sich schon daran, dass Deleuze und Guattari zwischen gesellschaftlichen Arbeitsbedingungen und Wunschproduktionen nicht nach wirklichen Vermittlungen suchen, sondern jene durch diese substituieren: »In Wahrheit *ist die gesellschaftliche Produktion allein die Wunschproduktion selbst unter bestimmten Bedingungen.*« (39/36) In der Sprache eines radikalen »Materialismus« der Libido werden die gesellschaftlichen Verhältnisse radikal entwirklicht. In der Hypostasierung eines deterritorialisierten, »nomadischen« Begehrens wird z.B. sein historischer Charakter missachtet, beobachtet Loick (2000, 103). Nicht zuletzt auf Deleuze und Guattari zielt die Kritik des späten Foucault, die Behandlung des Begehrens als Konstante laufe darauf hinaus, es »aus dem Feld des Historischen zu verweisen« (*GdL*, 10/10). Frank hält die Rede vom wilden Wunsch und seiner ungebrochenen, negationsfreien Positivität für ein »reines Phantasma aus vorkritischen Jahrhunderten« (1983, 424). Der moderne Rousseauismus »a pris la forme de l'indétermination de la pulsion, de l'errance du désir et du nomadisme«, aber dies alles habe nirgendwo existiert außer »im Imaginären der herrschenden Ordnung«, bemerkt Baudrillard (1981, 203 Anm. 2).[83] Die Beschwörung des Fließenden schlechthin (egal ob Blut, Sperma oder Geld) und die Verklärung der decodierten, deterritorialisierten Ströme zur »revolutionären Wunschbesetzung« (z.B. *AÖ*, 491/454) weisen darauf hin, dass Deleuze und Guattari in freudo-marxistischer Rhetorik das vitalistische Konzept eines neo-bergsonschen *Elan vital* wiederauflegen. Herauskommt eine dionysisch verallgemeinerte Libido, die als Ur-Einheit von Lebenserhaltung, Sex und Willen zur Macht monistisch das Weltgeschehen durchdringt.

Im Anschluss an Nietzsche kritisieren Deleuze und Guattari den Psychoanalytiker als einen »neuen Typ von Priester«, einen »Pädagogen des schlechten Gewissens«, der die »alte Aufgabe eine asketischen Ideals wiederaufnimmt« (*AÖ*, 429/397). Eine spezifisch nietzscheanische Theorieanordnung zeigt sich v.a. in dem Verfahren, die damals gängigen »strukturalistischen« Ansätze zur Entstehung von Herrschaft und »Kultur« (v.a. die von P. Clastres, Lévi-Strauss und G. Dumézil) in den theoretischen Rahmen der *Genealogie der Moral* einzufügen. Nicht Marcel Mauss' *Die Gabe*, sondern Nietzsches *Genealogie der Moral* sei »das große Buch der modernen Ethnologie«, und zwar v.a. deshalb, weil sie in ihrem zweiten Teil die primitive Ökonomie nicht auf der Ebene des Tausches oder des Interesses »à l'anglaise«, sondern auf der Ebene des Schuldner-Gläubiger-Verhältnisses analysiert (244/224). Die Frontstellung gegen Mauss ist eigentümlich verschoben, denn dieser hatte keineswegs, wie von Deleuze suggeriert, einen bürgerlichen Warentausch »à l'anglaise« in die Frühzeit projiziert, sondern untersucht, wie segmentäre Gesellschaften sich mithilfe einer obligatorischen Reziprozität von Gabe und Gegengabe regulieren, die – kulminierend im festlich-verschwenderischen Potlatsch – gegen die Anhäufungen des Reichtums und damit gegen die Herausbildung einer Klassenherrschaft gerichtet ist. Nicht um einen anti-bürgerlichen Einsatz Nietzsches scheint es also zu gehen, sondern um den Versuch, mit seiner Hilfe eine der prominentesten Konzeptualisierungen vorstaatlicher und *herrschafts*freier, wenn auch keineswegs *macht*loser Regulationsweisen auszuhebeln.[84]

An ihre Stelle setzen Deleuze und Guattari das Bild einer »Urgesellschafts-Maschine« (185/170), die von einem Gläubiger-Schuldner-Verhältnis bestimmt ist. Was in Nietzsches Darstellung als urgeschichtlicher »Genuss des Leidenmachens«, des Einbrennens in die Haut des Schuldners, des Herunterschneidens der Schuld von seinem Leib beschrieben wurde (*GM*, KSA 5/295f, 300), ist nun mit der lacanschen Kategorie der »Einschreibung« vermittelt, einer »inscription sauvage«, die den Körper mit einer »Schrift«, einem »furchtbaren Alphabet« markiert (*AÖ*, 184f/169f, 237/218, 245/225). Erst im Zusammenspiel von »sprechender Stimme«, markiertem Körper und genießendem Auge brennt man dem vergesslichen Menschentier ein kollektives Gedächtnis ein, bestehend aus Worten und Zeichen, statt aus Dingen und Effekten, hier erst lernt es sprechen und wird allianzfähig.[85] Die Menschwerdung ist für Deleuze und Guattari wie schon für Nietzsche nur innerhalb dieses Gläubiger-Schuldner-Verhältnisses und seiner blutigen Einschreibungen denkbar, Vergesellschaftung und Sprache nur als Produkt unmittelbarer Gewalt.

Von dieser Urgesellschafts-Maschine unterscheiden Deleuze und Guattari die despotisch-imperiale »Maschine« des Staates. Sie stützen sich dabei auf Nietzsche, der in der *Genealogie der Moral* die Herausbildung des Staats als einen blitzartigen Gewaltakt beschreibt, mit dem eine kriegerische Eroberer- und Herrenrasse (ein »Rudel blonder Raubtiere«) eine vielleicht zahlenmäßig überlegene, aber »noch gestaltlose, noch schweifende Bevölkerung« überwältigt und mit furchtbarer Tyrannei unterdrückt (*GM* II, KSA 5/324). Erst »unter dem Druck ihrer Hammerschläge«, heißt es bei Nietzsche weiter, wird der Instinkt der Freiheit ins Innere zurückgedrängt und in ein »schlechtes Gewissen« verwandelt, das dann in einem späteren Moralisierungsschub auf Dauer gestellt wird, zunächst beim Schuldner, dann aber auch beim Gläubiger, der nunmehr mit einem Fluch behaftet wird (331). Deleuze und Guattari übertragen dies nun auf den despotischen Staat der »asiatischen Produktion«, der die Dorfgemeinschaften bestehen lässt und zugleich ausbeutet (*AÖ*, 251/231f). Die primitiven

Einschreibungen werden den staatlich-imperialen Einschreibungen eingefügt und von diesen »überkodiert« (surcodé); der bislang unkodierte Fluss des Begehrens wird auf die Herrschaft umgleitet und arbeitet von nun an destruktiv, z.B. als »Todestrieb«; in Gestalt des Despoten und seines zunehmend monotheistischen Gottes wird ein imperialer Signifikant errichtet, der die zuvor dezentralen und »rhizomatischen« Bewegungsformen monopolisiert; die Schuld, die in der vorstaatlichen Gesellschaft noch in der Gestalt »beweglicher, offener und endlicher Schuldblöcke« (blocs de dette mobiles, ouverts et finis) existierte, wird nun in unendliche Schuld verwandelt. Es sei Nietzsches Verdienst, aufgezeigt zu haben, wie der despotische Staat jede Perspektive einer Befreiung durch die »Verunendlichung« (infinitivation) der Schuld unmöglich gemacht hat (247/227; 251f/232, 256/236).

Deleuze und Guattari haben aus Nietzsches *Genealogie der Moral* einen grundlegenden Gegensatz zwischen einer primitiven und einer imperialen »Einschreibung« herausgelesen, den sie zum einen auf den »marxistischen« Gegensatz zwischen asiatischer Produktionsweise und segmentären Dorfgemeinschaften auftragen und zum anderen mit ihrem »schizo-analytischen« Gegensatz zwischen multipel-dezentrierten Wunschproduktionen und ihrer despotischer Überkodierung zusammendenken. Ein erster Effekt dieses Theoriemix ist, dass wir Nietzsche plötzlich auf Seiten einer dezentrierten Vorstaatlichkeit gegen einen totalitären Staatsdespotismus streiten sehen. Freilich ist diese Vorstaatlichkeit durch ein ursprüngliches Gläubiger-Schuldner-Verhältnis bestimmt, bei dem die Lustseite der rhizomatischen Begehrensströme wohl eher auf Seiten des genießenden Gläubigerauges als auf der des gequälten Schuldner-Körpers zu finden sein dürfte.

Deleuze und Guattari verschleiern diese Ver-Herrschaftlichung der vorstaatlichen Gesellschaften, indem sie Nietzsches primitives Gläubiger-Schuldner-Verhältnis einer bürgerlichen Rückprojektion des Warentauschs und des Interesses »à l'anglaise« entgegenstellen. Dagegen sieht es bei Nietzsche eher so aus, als sei das eine ohne das andere nicht zu haben: das »älteste und ursprünglichste Personenverhältnis« ist für ihn das »zwischen Käufer und Verkäufer, Gläubiger und Schuldner: hier trat zuerst Person gegen Person, hier *maß* sich zuerst Person an Person« (*GM*, KSA 5/305f). Was das »allererste« Denken des Menschen präoccupiert, ist »Preise machen, Werte abmessen, Äquivalente ausdenken, tauschen«, so dass der Mensch überhaupt definiert werden kann als »das Wesen, das Werte [...] wertet und misst« (ebd.). Statt anti-bürgerlich zu sein, projiziert Nietzsche hier eine Kombination aus homo oeconomicus und Menschenschinder in die Urzeit. Dabei überdreht er seinen Herrschaftsmythos auf eine ver-rückte Weise, die den Vorgang seiner Rückprojektion selbst wieder offenlegt: das aus Kauf und Verkauf bestehende »Personen-Recht« soll *älter* sein als alle gesellschaftlichen Anfänge. Die Eigenschaft, »Macht an Macht zu vergleichen, zu messen, zu berechnen« erhält den Status eines vor-gesellschaftlichen Apriori und wird von dort erst auf die »anfänglichsten Gemeinschafts-Complexe [...] *übertragen*« (306).

Falsch vereinseitigend ist auch das Bild eines staatskritischen Nietzsche. Was Deleuze und Guattari als Gegensatz zwischen segmentärer Gesellschaft und »asiatischem« Staat präsentieren, hat Nietzsche selbst als Gegensatz zwischen einem »unabhängigen Adel« und einem ihn überwältigenden staatlichen »Despotismus« benannt (329f). Dies ist die gleiche Entgegensetzung, die den Gräzisten seit seiner schulischen Abschlussarbeit von 1864 über die Theognis beschäftigt hat, nämlich diejenige zwischen einer vor-klassischen, aristokratischen Kastengesellschaft der »Dorier« und dem »idealen Staat« der attischen Demokratie und der klassischen Philosophie.[86] Wie die Untersuchungen von Cancik und v. Reibnitz zeigen, gehört die Konstruktion eines dorisch-aristokratischen Ur-Griechenlands in eine romantisch-reaktionäre Traditionslinie des deutschen Philhellenismus.[87] Wenn Nietzsche sich gegen den »Staat« wendet, dann insofern, als dieser die »Freiheit« aristokratischer Herrschaft durch soziale Kompromissbildungen beeinträchtigt. Dagegen hat er ein positives Interesse am Staat, sofern dieser nicht als »idealer Staat« auftritt sondern als »wilder« Eroberer- und Unterdrückungsstaat, der eine »chemische« Scheidung der Klassen erzwingt (*GS*, KSA 1/769).[88] Auch in der *GM* hat Nietzsche gegen die »Hammerschläge« des tyrannischen Staats nichts einzuwenden: Vom schlechten Gewissen darf man nicht gering denken, schärft er ein, denn es ist vom Willen zur Macht hervorgerufen und bringt als »*aktivisches* ›schlechtes Gewissen‹« erst die idealen und imaginativen Fähigkeiten der Schönheit und Bejahung hervor (KSA 5/325f; vgl. 323, 327). Deleuze und Guattari haben überlesen, dass Nietzsche dieses »aktivische« schlechte Gewissen deutlich vom schlechten Gewissen des »Ressentiment« unterscheidet, das erst durch die moralisierende Umwertung der Plebejer und ihrer »jüdischen« Priester erzeugt wird.[89]

In einem nächsten Schritt nehmen Deleuze und Guattari die bei Nietzsche nahegelegte Vorstellung einer zeitlichen Abfolge von (aristokratischer) Vorstaatlichkeit und Staatlichkeit[90] wieder zurück, indem sie die Kategorie des *Urstaats* (deutsch im Original) als »ewiges Modell« und »Horizont aller Geschichte« einführen: »Unter jedem Schwarzen und Juden ein Ägypter«.[91] In diesem Zusammenhang wenden sie sich gegen Pierre Clastres, der noch »evolutionistisch« von einem Nacheinander von vorstaatlichen Gesellschaften und Staatlichkeit ausging, und ersetzen es durch das Konzept einer synchronen Koexistenz von despotischem Staat im Zentrum und nomadisierend-kriegerischen Abspaltungen an der Peripherie: der Gegensatz vollzieht sich nur noch gleichzeitig, »dans un champ perpétuel d'interaction« (*TP*, 494/446).

Auf Grundlage dieses andauernden Wechselspiels von zentraler Staatsgewalt und peripherer Sezession kommt es nun zu einer letzten Verschiebung des Nietzsche-Bildes zu dem eines kriegerisch-nomadisierenden Rebellen. Nietzsches Schilderung der Staatsgründer, die schicksalhaft und »wie der Blitz« da sind (*GM*, KSA 5/325), soll nun auf eine »Kriegsmaschine« verweisen, die plötzlich »von außen« in den Dualismus zwischen den magisch-despotischen und priesterlich-juristischen Instanzen des Staates einbricht (*TP*, 485/437). Im Gegensatz zu Nietzsche fällt jetzt also nicht mehr der Staat »von außen« über eine schweifende Bevölkerung her, sondern das »Außen« bedeutet jetzt außerhalb des Staats. Nun gibt es für Deleuze und Guattari kein Halten mehr: Von der Annahme, dass die »Kriegsmaschine« nicht einfach auf den Staatsapparat reduziert werden kann, ziehen sie den Schluss, sie als »reine Form der Äußerlichkeit« (pure forme d'extériorité) zu definieren (485/438). Damit ist festgelegt, dass ihre Macht die segmentäre Gesellschaft zusammenhält und sich gegen die Souveräntität des Staats richtet. Der Krieg, mit dessen Hilfe die Eroberer bei Nietzsche eben noch ihren Staat gegründet haben, ist nun der sicherste Mechanismus gegen die Herausbildung der staatlichen Machtorgane (490/442). Erfunden von den »Nomaden«, ist die Kriegsmaschine dezentral, multipel, gewebeartig, »rhizomatisch« (491/443, 510/459f, 523f/471f). Ihr Intellektueller ist Nietzsche, weil er mit seinen Aphorismen aus dem Denken eine Kriegsmaschine macht: »faire de la pensée une machine de guerre« (518/467).

Romantik des Guerillakriegs, Pol-Pot-Terror oder Todesschwadronen? Wenn Manfred Frank von einer »Neigung zum ›Gefährlichdenken‹« schlechthin spricht, die für die wirkliche Herrschaft ungefährlich und zugleich von Links bis Rechts ausschlachtbar ist (Frank 1983, 435f), ist die Kritik hier durchaus plausibel. Tatsächlich haben Deleuze und Guattari sich für ihre Ästhetisierung des Pariser »Gauchismus« ausgerechnet dessen irrationalsten Bestandteile, seine aus der »Dritten Welt« importierte (und in sie projizierte) Kriegs- und Gewalt-Rhetorik ausgesucht, die zugleich einen festen Platz in der »revolutionären« Rhetorik rechtspopulistischer und faschistischer Bewegungen haben. Wie schnell und reibungslos der Übergang von ganz links nach ganz rechts sich vollziehen konnte, ist exemplarisch an der Überhöhung »revolutionärer« Gewalt durch den Bergson-Schüler Sorel zu beobachten (vgl. Sorel 1928/1908), der in kürzester Zeit vom proletarischen Generalstreik zur Unterstützung Mussolinis überwechselte. Es wäre unangebracht, Deleuze und Guattari die Disposition zu einem solchen Seitenwechsel zu unterstellen. Aber mit der philosophischen Überhöhung der »Kriegsmaschine« ist ein Diskursfeld konstruiert, in dem Linksradikalismus und neue Rechte sich grundsätzlich überschneiden können.

Wir stoßen hier auf die paradoxale Existenz des »Linksnietzschanismus« selbst, die Waite auf die außerordentliche Fähigkeit Nietzsches zurückgeführt hat, den Subalternen die »Wolle« über die Augen, Körper und nötigenfalls Leichname zu ziehen: »in pulling the wool over the eyes [...], then over the bodies and, if need be, over the corpses« (Waite 1996, 337). Ein solches Bild sagt uns noch nichts über die Attraktionen einer solchen Verblendung. Nietzsche hat – nicht zuletzt unter dem Einfluss von Spinoza – für die Artikulation aktiver und gestaltender Haltungen eine kraftvolle Sprache gefunden. Er hat diese Handlungsfähigkeiten zugleich auf die Seite der Herrschaft geschlagen, so dass diese in der Verkleidung freier und aktiver Lebensbejahung auftreten konnte. Der »Linksnietzscheanismus« nimmt v.a. die von Nietzsche absorbierten (und umgewendeten) »spinozischen« Artikulationen einer ›moralinfreien‹ Lebenszugewandtheit auf. Da er nicht in der Lage ist, sie analytisch von Nietzsches Herrenstandpunkt zu unterscheiden, schleppt er in der Sprache radikalster Befreiung unerkannt den entgegengesetzten Standpunkt naturalisierter Herrschaft mit.

Insofern kann der »Linksnietzscheschanismus« als Versuch verstanden werden, in oppositionelle und alternative Bewegungen ein widersprüchlich zusammengesetztes Ensemble aus fatalistischer Herrschaftsaffirmation und illusorischen und partikularistischen »Fluchtlinien« der Befreiung einzuführen: während Deleuze und Guattari die Parole ausgeben, Begehren und Produktion zusammenfallen zu lassen, degradieren sie das wirkliche Produzieren, seine Kompetenzlust, sein ›Gedächtnis‹, seine Kooperationsethik zum Einschreibungs-Effekt der Marter; ihre ›Linguistik‹ besteht u.a. darin, unter Berufung auf Spengler alles Sprechen auf die Grundeinheit des Kommandos (mot d'ordre) zurückzuführen, in dem wiederum ein kleines Todesurteil stecken soll: »dans tout mot d'ordre [...], il y a une petite sentence de mort« (*TP*, 107/96);[92] während sie vorgeben, sich gegen bürgerliche Rückprojektionen in die Frühzeit zu wenden, gehen sie daran, mithilfe von Nietzsches Gläubiger-Schuldner-Verhältnis und dem »Urstaat« die Denkmöglichkeiten einer nicht-herrschaftlich regulierten Vorstaatlichkeit wieder zu verschütten; schließlich liegt auch ihrer Dichotomie von Begehren und seinen Überkodierungen, die zugleich auch die zwischen »schizoid-revolutionärem« und »reaktionär-faschisierendem« Pol ist, die elitistische Entgegensetzung von »Einzelnem« und »Herde« zugrunde, die sie von Nietzsche übernommen haben[93]: aufgrund der »Gesetze der großen Zahlen« (*AÖ*, 370/342) steht überall, von der Ebene des Organismus bis zu der der Gesellschaft, das »Einzelne« gegen die »Masse«, das »Molekulare« gegen das »Molare«, die »Mikrophysik« gegen die »Makrophysik« der großen Gruppen (z.B. 360f/332f, 442/409f, 475/439f).

Wie Deleuze und Guattari selbst hervorheben, wird der Prozess der »Deterritorialisierung« und »Dekodierung« vom Kapitalismus selbst durchgeführt, wenn auch inkonsequent, wie sie meinen. Diese Entwicklung sollte man vorantreiben, bis die Erde so künstlich wird, dass die Deterritorialisierung aus sich heraus und »notwendig« eine neue Erde schafft.[94] Dies bestätigt die Kritik Baudrillards, der darauf hingewiesen hat, dass solche Deterritorialisierungskonzepte »n'expriment même pas un rêve inverse, ils traduisent directement les progrès ou les ravages de cette culture, ils anticipent même sur elle, car ils rêvent de déterritorialisation totale là où le système n'en imposent jamais qu'une relative« (1981, 204 Anm. 2). Soll die revolutionäre Haltung darin bestehen, sich zur Erde so zu verhalten, als hätten wir eine zweite im Kofferraum (oder im Internet)? Was als Befreiungsperspektive verkündet wird, liest sich wie ein neoliberales Flexibilisierungsprogramm, das darauf abzielt, mit den letzten »Territorien« der Natur, der Gesellschaft und der Subjektivität aufzuräumen. Entlang der anempfohlenen »Fluchtlinien« des Begehrens lassen sich die »dezentrierten« Subjekte von der digitalisierten Warenästhetik und Illusionsindustrie leicht auseinanderjagen und vereinzeln. Nietzsches Geschenke sind nicht ungefährlicher geworden.

Teil II
Der Tod des Menschen und die ewige Wiederkehr

1. Terrainbesichtigung: Postmoderne Nacherzählung, normative Kritik, linke Hilflosigkeit

Die von Foucault in Anspruch genommene Freiheit, die Philosophie Nietzsches ohne Bindung an eine »Treue« zum Text zu »benutzen, zu verzerren, zu misshandeln, zum Schreien zu bringen« (*MdM*, 47; *DE I*, Nr. 156, 1621), wird in der Literatur weitgehend respektiert: In der Regel stimmen Anhänger und Kritiker Foucaults darin überein, Nietzsche prima facie als denjenigen zu nehmen, als der er vorgestellt wird. Dies fällt naturgemäß denen am leichtesten, die Nietzsche ohnehin postmodern-nietzscheanisch als Vordenker einer »neuen Lebenskunst« verstehen wollen.

Prototyp dieser Interpretationslinie ist die unter dem Titel *Foucault* veröffentlichte Artikelsammlung von Deleuze von 1986 (zit. *F*, dt./frz), der Fink-Eitel das Verdienst zukommen lassen will, »Foucault philosophisch dort verortet zu haben, wo er hingehört, zwischen Nietzsche und Heidegger« (Fink-Eitel 1990, 381). Die Begegnung zwischen Foucault einerseits, Nietzsche und Heidegger andererseits sieht Deleuze vor allem in der gemeinsamen Kritik des »Subjekts« und der Auffassung des Menschen als einer »Falte des Seins« (*F*, 154ff/117ff; 182ff/136ff). Da Foucault sich aber letztlich nicht so sehr für Heideggers Ontologie als vielmehr für Nietzsches »Willen zur Macht« interessiere, handelte es sich doch um eine »histoire nietzschéenne plutôt que heideggerienne« (184/137, 159/120f). Diese Geschichte wird einfühlend, in einer hermetisch-esoterischen Schreibweise und ohne den geringsten analytischen Abstand nacherzählt: Foucaults omnipräsenter Machtbegriff – »un profond nietzschéisme« (100/78); die von Nietzsche übernommene Ankündigung des unmittelbar bevorstehenden »Todes des Menschen« und seine Überwindung durch den »Übermenschen« – Gleichnis einer Neu-Kombination der inneren Kräfte des Menschen mit neuartigen Kräften des Außen, vornehmlich des Siliziums und der Genetik (188/140, vgl.,122/93ff). Das Referat setzt Einverständnis voraus, erklärt nichts, stellt nichts in Frage.[95]

Da Deleuze selbst es war, der mit seinem Buch *Nietzsche et la philosophie* von 1962 Foucaults Nietzsche-Bild maßgeblich geprägt hat, schließt sich hier eine Kreisbewegung. Foucault nimmt das Nietzsche-Bild von Deleuze auf, das dieser ihm dann im Gegenzug attestiert. Zusammen übernehmen sie 1966 die Herausgabe der Kritischen Gesamtausgabe der Nietzsche-Werke in Frankreich. Tatsächlich vollzieht sich dort die Konstruktion des postmodernen Nietzscheanismus zu einem großen Teil in einem Zusammenspiel zwischen Deleuze und Foucault, das durch überschwängliche Rezensionen, Vorworte, Interviews usw. wirksame Verstärkereffekte hervorbringt. Das bekannteste und zugleich haltloseste Beispiel dieser überaus erfolgreichen Werbestrategie ist Foucaults Verkündung von 1970, eines Tages werde »das Jahrhundert vielleicht deleuzianisch sein« (*TPh*, 21).

Nach wie vor bewegt sich ein Großteil der Foucaultliteratur im Bann eines postmodernen Nietzscheanismus. Für Wilhelm Schmid z.B. ist Nietzsche einfach derjenige, »der die Frage nach dem Grund mit der Neubegründung der Ethik als Lebenskunst beantwortet« (1991, 219). Entsprechend will er vor allem zeigen, wie das Konzept einer »Ästhetik der Existenz», das der späte Foucault 1984 in den Bänden 2 und 3 seiner *Geschichte der Sexualität* entwickelt hat, »an das Denken Nietzsches anschließen kann« (159). Materialreich aber völlig kritiklos wird zusammengetragen, wo Foucault sich direkt oder indirekt auf Nietzsche und Heidegger bezog oder bezogen haben könnte. An Nietzsches Machtbegriff nimmt Schmid die »ethische« Dimension einer »Selbstkonstituierung des Individuums« wahr (196), ohne den radikal herrschaftlichen Perspektivismus des Konzepts zur Kenntnis zu nehmen. »Nietzsche war wesentlich ethischer Denker. Er entdeckt das Subjekt der Selbstpraktiken, die Selbstformung des Individuums« (186). Demnach bedeutet »nietzscheanisch« ein »postteleologisches Modell einer Ethik«, das dem Ethiktypus des kategorischen Imperativs diametral entgegengesetzt ist, und in dessen Zentrum die »persönliche Wahl« steht (307, 384). Überspielt ist, dass das Modell dieser »postteleologischen« Ethik sowohl bei Nietzsche wie auch beim späten Foucault aus der Männer-Elite der griechischen Sklavenhaltergesellschaft herausgelesen wurde.

Die Tendenz zur unbesehenen Übernahme eines postmodernen Nietzsche-Bildes findet sich paradoxerweise auch bei Habermas, dem wohl bekanntesten Postmoderne-Kritiker, der 1980 in seiner Rede zur Verleihung des Adorno-Preises eine »jungkonservative« Linie von Bataille über Foucault zu Derrida ausgemacht und die politische Zuordnung mit dem Geist des in den 70er Jahren wiedererweckten Nietzsche in Verbindung gebracht hat (z.n. 1992, 52). Die polemische Einordnung verspricht mehr als die theoretische Beweisführung halten kann, denn Habermas' Nietzsche ist nicht viel mehr als ein (allzu) radikaler Infragesteller der Moderne. Er habe einfach »vorgemacht, wie man die Kritik totalisiert«, durch seine »totalisierende Selbstüberbietung« der Ideologiekritik sei er das Vorbild für eine Modernitätskritik von rechts bis links, die die von Weber diagnostizierten »Errungenschaften des okzidentalen Rationalismus« infrage stellt (Habermas 1985, 121, 131, 145f, 152, 409 Anm. 8). Den postmodernen Nietzscheanern nicht unähnlich hat auch Habermas aus Nietzsches »Herren-Anarchismus« (Bernstein) den Herrn wieder entfernt, diesmal aber, um das ganze Pathos der Entrüstung gegen eine »radikale« Ideologiekritik richten zu können. Die eingeschränkte Sichtweise hängt nicht zuletzt mit dem eigenen wissenschaftspolitischen Vorhaben zusammen, Horkheimer und Adorno in die Nähe Nietzsches und dessen »totalisierender« Modernekritik zu stellen. Was Nietzsche mit den Postmodernen, mit Horkheimer/Adorno, Benjamin bis hin zu Peter Weiss verbindet, ist dann eine anarchistisch-surrealistische »Rebellion gegen alles Normative« (148).

Unter diesem flachen Nietzschebild hat auch die Foucaultkritik zu leiden, die immer wieder dazu tendiert, in eine abstrakt normative Argumentation abzugleiten: wenn als ausschlaggebender Vorwurf vorgebracht wird, dass Foucault mit seinem monistischen Machtbegriff der Bedeutung des verständigungsorientierten Handelns, seiner Normen und Werte nicht gerecht werde und den Zuwachs an Rechtssicherheit, subjektiver Freiheit und Autonomie in der Moderne nicht erfassen könne (335ff), kann Foucault leicht einwenden, dass die habermas'sche Unterstellung normengeleiteter Kommunikationsverhältnisse jenseits gesellschaftlicher Machtverhältnisse in den Bereich der »Utopie« gehöre (*DE II*, Nr. 356, 1545f). Daraufhin setzt die habermas'sche Kritik nach, dass Foucault seine Machtkritik nicht normativ begründen könne, worauf Foucault sich auf sein grundlegendes Anliegen berufen kann, gerade eine solche normative Kritik zu destruieren. Soweit die Debatte um die Entgegensetzungen von »Macht« und »Norm« kreiselt, und sie tut es in einem großen Ausmaß[96], scheint der Igel Foucault immer schon am Ziel zu sein, während der Hase Habermas noch weite Umwege läuft: War es nicht Foucault, der, statt an Normen zu appellieren, ein Konzept der Macht als »Normalisierung« entwickelte? Und hat nicht der späte Foucault durch seine »eigentümliche Wende« (Honneth 1990, 17) zur Ethik und zum Subjekt die habermas'schen Vorwürfe einer mangelnden normativen Fundierung seines Kritikansatzes erfolgreich abgefangen? Die Auseinandersetzung ist sicherlich komplexer und soll hier nicht weiter verfolgt werden. Aber als Streitinszenierung zwischen dem »Normen-Spießer« Habermas und dem »Anarchisten« Foucault ist sie theoretisch unergiebig und irreführend: sie geht an der wirklichen, auch ethischen, Problematik des foucaultschen Nietzscheanismus vorbei.[97]

Aber angesichts der unzähligen Bücher, in denen das postmoderne Nietzsche-Erbe zustimmend rezipiert und weitergereicht wird, haben die von der Habermas-Schule und auch die von der »hermeneutischen« Richtung um Manfred Frank inspirierten Foucaultkritiken das historische Verdienst, den foucaultschen Nietzscheanismus überhaupt als theoretisches Problem zu artikulieren. Dies wird deutlich, wenn man sie mit dem weitreichenden Schweigen des theoretischen Marxismus konfrontiert. Es waren gerade die Althusserianer, die meinten, auf der Grundlage einer von Nietzsche und Heidegger inspirierten Kritik des Subjekts, der

Anthropologie und des Humanismus zu einem Bündnis mit Foucault gelangen zu können. Wenn z.B. Dominique Lecourt zwischen Foucaults *Archäologie des Wissens* und dem historischen Materialismus wesentliche Gemeinsamkeiten sieht, dann wegen einer Auffassung der Geschichte, die diese als »processus sans sujet structuré par un système de lois« versteht, »radicalement antianthropologiste et antihumaniste« (Lecourt 1972, 101; dt., 1975, 80). Die Meinungsverschiedenheit entsteht dort, wo Foucault den althusserschen Ideologiebegriff ablehnt und durch das Konzept des Wissens ersetzt. Seine Beschränkung liege in seinem »archäologischen Zirkel«, d.h. in der Unfähigkeit, das spezifische »régime de matérialité« der Diskurse, ihre Verklammerung mit den »ideologischen Staatsapparaten« sowie ihre Determination durch die Klassenkämpfe zu denken.[98] Balibar blickt 1989 von einem »unumkehrbar postmarxistischen philosophischen Horizont« (1991, 61) auf die Debatte zurück, die er durch Rücknahme der meisten früheren Einwände wieder zu entschärfen versucht – hier ist kein Wunsch vorhanden, die Auseinandersetzung gerade auf dem prekären Terrain des foucaultschen Nietzscheanismus zu suchen. Es ist, als wäre die Kritikfähigkeit der Althusser-Schule hier durch einen »theoretischen Antihumanismus« gelähmt, der sich selbst einer fragwürdigen Kombination von Marx, Nietzsche und Heidegger verdankt.[99]

Dieser Ausfall marxistischer Kritik hat wesentlich dazu beigetragen, dass gerade die Linke dem postmodern aufgefrischten Nietzscheanismus theoretisch hilflos gegenübersteht. In der Foucault-Literatur zeigt sich dies in einer großen Anzahl von Arbeiten, die Foucaults Ansatz mit marxistisch inspirierten Theorien verbinden wollen, aber zugleich seinen Nietzscheanismus herunterspielen oder rein deskriptiv, gleichsam achselzuckend mitteilen.[100] Die Leerstelle der theoretischen Kritik wird wiederum von einer »neu-humanistischen« Gegenbewegung ausgefüllt, die in Frankreich v.a. von Luc Ferry und Alain Renaut angeführt wird. Ihre Kritik am postmodernen Nietzscheanismus, als dessen Hauptvertreter sie Foucault ansehen, wird zugleich als Abrechnung mit dem »Achtundsechziger-Denken« überhaupt vorgetragen, unter das sie u.a. Derrida, Althusser und Bourdieu subsumieren (1985, 107, 167, 199ff).

Diese Frontstellung ist freilich politisch überdeterminiert. Wäre es den Autoren um eine Analyse des Denkens der »Achtundsechziger« gegangen, hätten sie konsequenter Weise auch den starken Einfluss von Sartre hinzunehmen müssen, dessen existenzialistischer Humanismus ihnen freilich das »antihumanistische« Feindbild verdorben hätte. Ferry und Renaut praktizieren eine Überverallgemeinerung, die Foucaults Differenzen mit anderen »Achtundsechziger«-Richtungen allzu sehr einebnet und die Spezifik seines Nietzscheanismus eher verunklart als erhellt. Im Folgenden soll die Nietzsche-Rezeption des frühen Foucault exemplarisch am Beispiel eines seiner bekanntesten Bücher vor 1968, der *Ordnung der Dinge* von 1966 untersucht werden (zit. *OD*, dt/frz).

2. Das »Zeitalter der Geschichte« und der »anthropologische Schlaf«

Foucault hat die *Ordnung des Diskurses* als ein positives Gegenstück zu seiner Studie *Wahnsinn und Gesellschaft* (1961) konzipiert: unternahm diese eine »Geschichte des *Anderen*«, des aus der modernen Zivilisation Ausgeschlossenen, geht es jetzt um eine »Geschichte des *Gleichen*« (du Même) im Sinne einer archäologischen Analyse des Wissens unserer Moderne (*OD*, 27f/15f). Im Zentrum steht eine Kritik am »anthropologischen« und »historizistischen« Paradigma der Humanwissenschaften des 19. Jahrhunderts. Sie setzt ein mit der These, dass der Mensch erst eine junge Erfindung von ca. 200 Jahren ist, »nichts anderes als ein bestimmter Riss (déchirure) in der Ordnung der Dinge«, eine »einfache Falte (pli) in unserem Wissen«, und endet mit der Ankündigung seines bevorstehenden Todes, durch den er »verschwindet wie am Meeresufer ein Gesicht im Sand« (26f/15, 462/398). Was den Menschen als erkenntnistheoretisches Subjekt der Humanwissenschaften entstehen ließ, war der Zusammenbruch des »Repräsentationssystems« der Aufklärung gegen Ende des 18. Jahrhunderts. Was ihn verschwinden lässt, ist eine neue Wissenskonstellation, die sich v.a. in der strukturalistischen Ethnologie und der lacanschen Psychoanalyse abzeichnet. Die Möglichkeiten eines neuen Denkens »in der Leere des verschwundenen Menschen« (dans le vide de l'homme disparu) sind vor allem von Nietzsche eröffnet worden, und zwar insbesonders durch seine Lehre vom »Übermenschen« und der »ewigen Wiederkunft« (412/353).

Diese für die Ausprägung des »theoretischen Antihumanismus« in Frankreich einflussreiche Argumentation gilt es im Folgenden zu besichtigen. Dazu scheint es mir erforderlich, sie in unterschiedliche Schichten zu zerlegen, die uns wiederum auf unterschiedliche Ausprägungen des Nietzscheanismus verweisen: die Kritik der »Anthropologie« führt uns in eine vor allem über Heidegger vermittelte Kritik der kantischen Subjektphilosophie, der Einsatz der »ewigen Wiederkehr« und des »Übermenschen« unmittelbar zu Nietzsches Ausarbeitung einer neuen Religion, mit deren Hilfe er sowohl die christliche Moral als auch die idealistische Philosophie hinter sich lassen wollte. Um den Einsatz Nietzsches als Künder eines neuen Denkens verstehen zu können, müssen wir zunächst nachzuvollziehen versuchen, auf welche Weise Foucault das »anthropologische« Paradigma als eine homogene Einheit konstruiert und warum er es so problematisch findet, dass er es in Gänze und mithilfe des nietzscheschen »Übermenschen« überwunden sehen will.

Anders als andere Poststrukturalisten (z.B. Derrida) lässt Foucault das

Subjekt der Moderne nicht beim »Repräsentationssystem« der Aufklärung einsetzen, sondern erst bei dessen Zusammenbruch gegen Ende des 18. Jahrunderts.[101] Unterschieden werden drei unterschiedliche Epochen: Bis zum 17. Jahrhundert herrsche das Denksystem der Renaissance, in dem die Wörter und die Dinge durch ein System der Ähnlichkeiten miteinander verbunden sind (*OD*, 74/57); im Übergang zur Aufklärung werde dieses dreigliedrige (ternäre) System von signifiant, signifié und der vermittelnden »conjoncture« durch ein »binäres« System abgelöst, bei dem eine universelle Vernunft das Verhältnis zwischen Bezeichnetem und Bezeichnendem als eine transparente Repräsentationsbeziehung konstruiert: Die Wörter haben die Aufgabe und die Kraft (pouvoir), »das Denken zu repräsentieren« (114/92).[102] Schließlich wird die statische *Ordnung* des klassischen Repräsentationssystems in der Zeit zwischen 1775 und 1825 durch das Paradigma der »Geschichte« auf- und abgelöst, das von nun an den Raum des Wissens strukturiert (271/231). Die sich herausbildenden Humanwissenschaften zeichnen sich dadurch aus, dass sie ein irreduzibles Strukturelement *hinter* dem Sichtbaren zu entdecken suchen, nämlich die *Arbeit* in der Ökonomie, die *Organisation* in der Biologie und das grammatikalische *Flexionssystem* in der Sprachauffassung (292f/249f). Die Philosophie Kants markiert die »Schwelle unserer Modernität«, indem sie jenseits aller Erfahrung nach dem transzendentalen Apriori fragt, von dem aus die Repräsentationen erst möglich werden (299/255). Das »Zeitalter der Geschichte« ist von Foucault zugleich als das eines »anthropologischen Schlafes« konzipiert, bei dem der »Mensch« sich auf die Suche nach seinem verborgenen Wesen macht, dessen Wahrheit er in die Zukunft projiziert hat (410ff/351ff).

Es ist weitgehend anerkannt, dass Foucaults Kritik des »anthropologischen Zeitalters« über weite Strecken von Heideggers Auseinandersetzung mit dem Humanismus beeinflusst ist.[103] Dies gilt vor allem in Bezug auf dessen Untersuchung *Kant und das Problem der Metaphysik* von 1929, von der Ferry und Renaut behaupten konnten, die Übereinstimmungen reichten bis hin zum Wortlaut von *OD*, ohne dass Foucault dies kenntlich gemacht hätte (Ferry/Renaut 1985, 142f). Der »Tod des Menschen« müsse daher im Sinne Heideggers verstanden werden: »le thème de la mort de l'homme consiste purement et simplement à célébrer la victoire du *Dasein* sur la conscience de soi, sur le *Bewusstsein*.« (139)

Foucault selbst meint 1984 im Rückblick, ohne Heidegger hätte er Nietzsche vielleicht nicht gelesen: »Nietzsche allein sagte mir aber gar nichts! Wohingegen Nietzsche und Heidegger, das war der philosophische Schock.« (*RdM*, 141; *DE II*, Nr. 354, 1522) Der starke Einfluss Heideggers ist z.B. an der 1954 veröffentlichten Einleitung zu Binswangers *Traum und Existenz* sichtbar, in der Foucault das »Menschsein« als einen Gehalt dessen begreift, »was die Ontologie als die transzendentale Struktur des *Daseins*, des In-der-Welt-Seins analysiert«, und dem Buch Binswangers bescheinigt, es hätte den »Übergang von der Anthropologie zur Ontologie vollzogen, der uns anfangs das Hauptproblem der *Daseinsanalyse* zu sein schien« (*EB* 8, 90f). Dass Nietzsche das Übergewicht über Heidegger gewinnen wird (c'est Nietzsche qui l'a emporté), wie Foucault ebenfalls 1984 im Rückblick feststellt, ist zur Zeit der Abfassung von *OD* noch nicht festzustellen: So gut wie alle der zustimmenden Hinweise auf Heidegger in *Dits et écrits* stammen von 1966.[104] Eine erste Distanzierung erfolgt 1969, wenn Foucault fordert, die von Plato bis Heidegger reichende metaphysische »Figur des Gleichen« aufzugeben (*DE I*, Nr. 64, 798), und 1972 kritisiert er Husserl und Heidegger dafür, die Erkenntnisgrundlagen ausgehend von einem »Ursprung« infrage zu stellen (à partir de ce qui est originaire), statt wie Nietzsche mithilfe einer historischen Analyse »positivistischen« Typs (*DE I*, Nr. 109, 1240). Dass hier ein Spannungsverhältnis zwischen Nietzsche und Heidegger besteht, ist Foucault wahrscheinlich erst in Vorbereitung seines Aufsatzes *Nietzsche, die Genealogie, die Historie* (*NGH*) von 1971 klar geworden, dessen Kritik des »Ursprungs« auch als eine implizite Polemik gegen Heideggers Nietzsche-Interpretation zu verstehen ist.

3. Anleihen bei Heideggers Humanismuskritik

Heidegger will in seiner Kant-Kritik v.a. zweierlei nachweisen: zum einen, dass Kant die Möglichkeit einer Ontologie auf der Ebene des Subjekts, »der Subjektivität des Subjekts« und damit als eine Frage der Anthropologie begründen will, und zum zweiten, dass ein solches »Hineinfragen in die Subjektivität des Subjektes« nur ins Dunkel führen kann und damit als ontologische Grundlegung ungeeignet ist (*GA I.3*, 205, 214). Er versucht den Nachweis am Beispiel der »Einbildungskraft« (facultas imaginandi), die von Kant widersprüchlich bestimmt werde: einerseits erscheint sie in der *Kritik der reinen Vernunft* als eine »unentbehrliche Funktion der Seele, ohne die wir überall gar keine Erkenntnis haben würden« (*KrV*, B 103); nur durch die »reine Einbildungskraft *a priori*« kommt es zum Schema sinnlicher Begriffe (z.B. der Figuren im Raum), zur synthetischen Verbindung der mannigfaltigen Wahrnehmungen sowie zur Herausbildung der Verstandesbegriffe (162, 181); hier bildet sie »im vorhinein den Anblick des Horizontes von Gegenständlichkeit als solcher vor der Erfahrung des Seienden« und ohne auf die Anwesenheit eines Seienden angewiesen zu sein, resümiert (und übersetzt) Heidegger (*GA I.3*, 131). Andererseits zeigt Kant in der zehn Jahre später verfassten *Anthropologie in pragmatischer Hinsicht* (1798), dass auch die »produktive« Einbildungskraft nicht »schöpferisch« ist, »nämlich nicht vermögend, eine Sinnenvorstellung, die vorher unserem

Sinnesvermögen nie gegeben war, hervorzubringen« (*Anthrop*, §28, 168). Auch wenn sie eine noch so große Künstlerin, ja Zauberin ist, muss sie doch »den *Stoff* zu ihren Bildungen von den Sinnen hernehmen« (168f).

Heidegger wertet diese Diskrepanz dahingehend aus, dass die Einbildungskraft in der *Kritik der reinen Vernunft* »grundsätzlich ursprünglicher gefasst« ist, während die kantische *Anthropologie* nur »empirisch« auf das erfahrbare Seiende bezogen ist und der transzendentalen Problematik nicht genügt (*GA I.3*, 132, 206). Die transzendentale Einbildungskraft, die die ursprüngliche Einheit des Wahrnehmens und Denkens herstellen soll[105], bleibt selbst »heimatlos« bei Kant (136). Dieser habe kurz durch sie in eine »uns unbekannte Wurzel«, nämlich in die der »ursprünglichen Zeit« hineingeblickt, sei aber davor »zurückgewichen«, indem er in der 2. Auflage der *Kritik der reinen Vernunft* zu einer mehr »logischen« Betrachtung überwechselte.[106] Er konnte auch nicht anders als zurückweichen, weil er die ontologische Grundlegung im Rahmen einer Anthropologie versuchte, in der sie nicht möglich ist. Die drei philosophischen Grundfragen der *KrV* – Was kann ich wissen? Was soll ich tun? Was darf ich hoffen? (*KrV*, B 832f) – werden in Kants Einleitung zur Logikvorlesung in die vierte Frage »Was ist der Mensch?« aufgelöst (*Logik*, *WA* 6, 448). Damit artikuliere er die »Grundtendenz der heutigen Stellung des Menschen zu sich selbst«, nämlich die, sich ins »Zentrum des Seienden« zu setzen[107]: »Die Anthropologie sucht nicht nur die Wahrheit über den Menschen, sondern beansprucht jetzt die Entscheidung darüber, was Wahrheit überhaupt bedeuten kann.« (*GA I.3*, 209) Heidegger beansprucht, die von Kant aufgeworfene Ursprungsfrage zu lösen, wo dessen Anthropologie nicht »zulangen« kann, nämlich in einer »Metaphysik des Daseins« bzw. einer diese wiederum begründenden »Fundamentalontologie«, deren Aufgabe die »Enthüllung der Seinsverfassung des Daseins« ist« (230, 232, 234).

Foucault hat die gleiche Argumentation bereits 1961 in einer (unveröffentlichten) Einführung zu Kants *Anthropologie in pragmatischer Hinsicht* vorgetragen. In Frage gestellt werden die »philosophischen Anthropologien«, die sich als »natürlicher Zugang zum Fundamentalen« ausweisen. Hinsichtlich der vierten Frage des »anthropologischen Vierecks« (Was ist der Mensch?) heißt es abschließend, sie vollende sich »in der Antwort, die die Frage zurückweist und entwaffnet: *der Übermensch*«.[108] In der *Ordnung der Dinge* nimmt er diese Frontstellung wieder auf und fordert, Kants »anthropologisches ›Viereck‹ bis in seine Grundlagen hin zu zerstören« (*OD*, 411/352f). Man achte auf die Begründung: »um es [das Viereck] an seine ursprünglichsten Möglichkeiten zu erinnern«, um eine »gereinigte Ontologie« oder ein »radikales Denken des Seins« wiederzufinden (ebd.). Damit ist angezeigt, dass Foucault auch Heideggers »fundamentalontologische« Antwort übernommen hat. Ebenso ist die Datierung des »anthropologischen Zeitalters« auf die Epoche nach dem späten 18. Jahrhundert bereits von Heidegger vorgenommen worden.[109] Wenn Foucault meint, der Mensch werde wie ein Gesicht im Ufersand verschwinden (462/398), ist dies ein Echo der heideggerschen These, der Mensch könne vordenkend bedenken, »dass das Subjektsein des Menschentums weder die einzige Möglichkeit des anfangenden Wesens des geschichtlichen Menschen je gewesen, noch je sein wird«, sondern nicht mehr ist als ein »flüchtiger Wolkenschatten über einem verborgenen Land« (*GA I.5*, 111). Von Heidegger übernimmt Foucault die Sichtweise, dass das neuzeitliche Denken eine zunehmende Seins-Verdrängung durch »Selbstermächtigung des Subjekts« darstellt, und hier findet er eine Denkweise vorbereitet, Geschichte als eine Abfolge von Wissenskonfigurationen ganzer Epochen zu verstehen, bei der das Subjekt nur ein Effekt, eine »Falte« des Wissens ist.[110]

In der Foucault-Literatur werden die Anleihen bei Heideggers Fundamentalontologie nahezu übereinstimmend festgestellt, aber es gibt kaum Diskussionen darüber, ob und auf welche Weise sie die theoretische Anordnung Foucaults beeinträchtigen. Eine solche Fragestellung ist oft schon wegen der unkritischen Heideggerlektüre blockiert. So meinen z.B. die für die angloamerikanische Foucaultrezeption maßgeblichen Autoren Dreyfus und Rabinow, die Hermeneutik Heideggers mit der »Idee« beschreiben zu können, »that human subjects are formed by the historical cultural practices in which they develop« (1983, XXI). Mit einer solchen Darstellung, die Heidegger nahezu zum Vordenker der *Cultural Studies* mutieren lässt, ist das zentrale Anliegen seiner »Fundamentalontologie«, nämlich die transzendentale Stellung des »Seins« gegenüber den Kulturpraxen des »Seienden« schon im Ansatz unsichtbar gemacht. Kennzeichnend sind Zuordnungen wie folgende: Foucault »is clearly in a line of thinkers such as Nietzsche, Weber, late Heidegger, and Adorno« (ebd., XXVI). Es ist keineswegs so »klar«, dass es sich hier um eine »Linie« handelt, hat doch gerade Adorno gemeint, Heideggers Konzeption schicksalhafter Geworfenheit »war dem Faschismus gemäß« (Adorno 1964, 84). Im sog. »kritischen« Foucault-Reader lassen die Autoren sich dann zu der Plattitüde hinreißen, »like Heidegger, Foucault wants to change our world« (Dreyfus/Rabinow 1986, 117f), ohne dass ihnen dabei in den Sinn käme, dass Heidegger eine solche Weltveränderung v.a. im Sinne einer Unterstützung des NS-Staats verstanden hat. In einem ähnlich begriffslosen Rezeptionsmuster bewegt sich z.B. Forst, wenn er mitteilt, Foucault und Heidegger verbänden mit ihren Analysen »einen kritischen Anspruch« (Forst 1990, 147).

Auf solchem Niveau ist man weit davon entfernt, die widersprüchlichen Impulse von Heideggers Philosophie zu begreifen. Ihre Faszination auf kritische Intellektuelle liegt v.a. in dem metaphysik-kritischen Argument, dass das Wesen des Menschen aus seinem »In-der-Welt-Sein« zu erschließen ist. Die Verschiebung der Fragerichtung auf den menschlichen Weltbezug ist Heideggers stärkster Einwand gegen Kants Anthropologie: »Im Verhalten zum Seienden, das der Mensch nicht selbst ist, findet er das Seiende schon vor als das, wovon er getragen wird, worauf er angewiesen ist, dessen er im Grunde [...] nie Herr werden kann. Angewiesen auf das Seiende, das er nicht ist, ist er zugleich des Seienden, das er je selbst ist, nicht mächtig.« (*GA I.3*, 228) Die Individuen, so könnte man mithilfe des jungen Marx paraphrasieren, finden ihr »Wesen« nicht inwendig als »innere, stumme, [...] *natürlich* verbindende Allgemeinheit« (6. Feuerbachthese, MEW 3, 6), sie können es nur realisieren, indem sie sich in die »Welt«, die sie vorfinden und auf die sie angewiesen sind, hineinbegeben und sich einen Teil der in ihr enthaltenen Bedeutungen und Möglichkeiten aneignen. Dass dies als praktische Tätigkeit zu begreifen ist, findet sich streckenweise auch bei Heidegger, z.B. wenn er von der »Seinsart des *Besorgens*« spricht.[111] Dass wir als Individuen über das »Seiende« außer uns, also die vorgefundene Ding- und Werkzeugwelt – in Heideggers Jargon: das »Zeug«[112] – sowie die gesellschaftlichen Verhältnisse nicht willkürlich verfügen können, liegt auf der Hand; dass auch wir uns selbst allenfalls in einem eingeschränkten Sinne »mächtig« sind, ist z.B. angesichts der freudschen Entdeckung des Unbewussten kaum zu bestreiten. Wir sehen hier einen operativen Realismus am Werk, der Lucien Goldmann zu der Formulierung verführt hat, zwischen den Thesen Heideggers und den marxschen Feuerbach-Thesen gebe es »keinen grundsätzlichen Unterschied« (Goldmann 1975, 125).

Der grundsätzliche Unterschied liegt natürlich darin, dass Heidegger das In-der-Welt-Sein von den »Kontingenzen« der gegenständlichen Welt gereinigt und als »Transzendenz des Daseins« bestimmt hat (*GA I.3*, 235). Obwohl er die Abhängigkeit des Begriffs der ›Welt‹ oder des ›Zeuges‹ von der Praxis durchschaute, hat sein Dasein »weder einen *Leib*, noch *Hunger*, noch *Geschlecht*«, bemerkt Günther Anders (2001, 83, 280).[113] Die Fundamentalontologie will hinter die Subjekt-Objekt-Dichotomie zurückgehen, aber nicht, indem sie die Wirklichkeit unter dem Gesichtspunkt »sinnlich menschlicher Tätigkeit«, »subjektiver« Praxis untersucht, wie Marx in der 1. Feuerbachthese vorschlägt (MEW 3, 5), sondern indem sie vom »Seienden« mit seinem vielfältigen »Hantieren« ein »Sein« abspaltet und als ein neues Jenseits errichtet. »Sein« ist ein »transcendens«, ein »transzendental Allgemeines«, heißt es schon in den ersten Bestimmungen von *Sein und Zeit* (*SuZ*, 3).[114] Gegen diese Transzendentalisierung wendet sich Sartre, wenn er den Existenzialismus als Vorrang der Existenz vor der Essenz definiert (»l'existence précède l'essence«) und – nahe an der 1. Feuerbachthese – daraus ableitet, dass »von der Subjektivität ausgegangen werden muss« (Sartre 1958, 17). Im Humanismusbrief hatte Heidegger festgestellt, dass diese Ausprägung von Existenzialismus mit seiner Fundamentalontologie »nicht das geringste gemeinsam« hat (1947, 72f). Wo Sartre auf der Ebene philosophieren will, »où il y a seulement des hommes«, setzt ihm Heidegger die vermeintlich tiefere Ebene entgegen, »où il y a principalement l'Être«: der Mensch steht »ek-sistierend [...] im Geschick des Seins« (79f, 82).

Was das bedeutet, kann am besten am praxislosen Modus der »Geworfenheit« aufgezeigt werden, mit dem wir Heidegger zufolge im Sein existieren. Mit dieser Kategorie will er den »in seinem Woher und Wohin verhüllten [...] Seinscharakter des Daseins«, sein »Daß es ist und zu sein hat« ausdrücken (*SuZ*, 135). Es geht darum, dass die »Existenz [...] die Geworfenheit des eigenen Da illusionsfreier hinnehme« (391). In dieser Anordnung ist der »Entwurf« der »Geworfenheit« deutlich untergeordnet bzw. »überantwortet«, wie es bei Heidegger heißt (148), denn beim Dasein handelt es sich nicht um ein »freischwebendes Sichentwerfen«, sondern es ist »durch die Geworfenheit bestimmt als Faktum des Seienden, das es ist« (276). Im Humanismus-Brief ist schließlich auch der Entwurf selbst als ein »wesenhaft geworfener« ausgewiesen, denn »das Werfende im Entwerfen ist nicht der Mensch, sondern das Sein selbst, das den Menschen in die Ek-sistenz des Da-seins als sein Wesen schickt« (1947, 84). Wie Susanne Lettow (2001, 775ff) gezeigt hat, kann Heideggers Geworfenheit als eine passive Umwendung dessen verstanden werden, was Marx und Engels in der *Deutschen Ideologie* mit dem Verb »vorfinden« ansprechen, wenn sie schreiben: dass »jedes Individuum und jede Generation« eine »Summe von Produktionskräften, Kapitalien und sozialen Verkehrsformen [...] vorfindet« (MEW 3, 38). Hinzu kommt bei Heidegger der Gedanke, dass jedes Individuum auch sich selbst vorfindet. Die Umwendung ins Passive erfolgt dadurch, dass Heidegger das »vorgefundene« Ensemble der Produktion und Reproduktion im Konzept eines dahinterliegenden »Seins« zum Verschwinden bringt. Dies gilt auch für die Generations- und Geschlechterverhältnisse, in die hinein die Individuen geboren und sozialisiert und nicht einfach unorganisch »geworfen« werden. Da die Determiniertheit nicht in ihrer konkreten Widersprüchlichkeit gedacht wird, kann sie auch nicht aktiv angeeignet und praktisch transformiert, sondern nur als Schicksal übernommen werden.[115]

Wenn dies eine »praktische Philosophie« sein soll, dann ist es eine, »welche lediglich Anweisung zum Hinnehmen der Gesetztheit enthält, niemals zum Handeln«, bemerkt Bloch (*GA* 4, 308): »Unendlich fern, nicht einmal gestreift ist in dieser ›Ontologie des Subjekts‹ die Tendenz, in der Verzweiflung *Empörung* zu gründen, in der Empörung *Hoffnung* anzutreffen.« (310) Der junge Marcuse versucht, den inneren Widerspruch zwischen

Weltzuwendung und Verjenseitigung bei Heidegger zusammenzudenken: er schreibt ihm das Verdienst zu, den »konkreten Menschen in seiner konkreten geschichtlichen Situation« als den »Ansatz des Philosophierens« entdeckt zu haben, fügt aber gleich hinzu, dass es bei ihm nirgends auch nur die Andeutung eines »Durchbruchs« zu den Problemen der »materialen Konstitution der Geschichtlichkeit« gibt (Marcuse 1928, 60, 62). Stellt man solche Fragen für das »Dasein überhaupt«, sind sie »leer, d.h. ohne Bekenntnis und ohne Verpflichtung«, und damit keine wirklichen existenzialen Fragen (61). Adorno beobachtet in der *Negativen Dialektik*, dass bei Heidegger der »geschichtliche Primat unter den Händen zum ontologischen Vorrang des Seins schlechthin, vor allem Ontischen, Realen« wird (*GS* 6, 74). Was auftritt, als hätte es seinen Ort im Welttheater »vor dem Sündenfall subjektivierender wie vergegenständlichender Metaphysik, wird contre coeur zum krassen An Sich« (78). Wird das Sein vom Seienden losgelöst, »wird unvermerkt der Ausbruchsversuch aus dem Idealismus revoziert, die Lehre vom Sein zurückgebildet in eine vom Denken« (94). Habermas zufolge bestand Heideggers »Überwindung« der kantischen Subjektphilosophie im Wesentlichen darin, die in ihr enthaltene Transzendenz auf einen ontologischen Begriff des Seins zu übertragen, das dem »Seienden« entzogen ist (1985, 167, 171, 174). Dieses »Seiende«, das Habermas als einen Term für »Lebenswelt« versteht, enthält zwar auch Elemente instrumentaler Praxis des »Besorgens«, Herstellens, Hantierens, aber diese sind, soweit sie über den Einzelnen hinausgehen, als »uneigentliches« Dasein entwertet, das als alltägliches unter der Herrschaft des »Man« steht (178).[116] Das »eigentliche« Sein ist mit solchen uneigentlichen Attributen des Man nicht behaftet. Das Denken, das auf die Lichtung des Seins achtet, ist ein »Tun, das zugleich alle Praxis übertrifft«, heißt es z.B. im Humanismus-Brief (1947, 115).

Das Problem der foucaultschen Rezeption Heideggers liegt nicht darin, sich von dessen Infragestellung anthropologischer Transzendentalphilosophien anregen zu lassen. Vielmehr liegt es in einer unkritischen Übernahme, die den Umsprung der heideggerschen Metaphysikkritik in das Jenseits einer neuen Metaphysik ausblendet. Damit hat Foucault sich eine Grundlagentheorie eingehandelt, die den Gesichtspunkt gesellschaftlicher Praxis noch wirkungsvoller aus dem philosophischen Denken verdrängt als dies in Kants »Anthropologie« der Fall war. Auch für diese gilt, was Marx in der 1. Feuerbachthese zum Idealismus allgemein anmerkte, nämlich dass sie gegenüber einem bloß anschauenden Materialismus den Vorzug hat, die »tätige Seite«, wenn auch abstrakt, zu entwickeln (MEW 3,5). Darin ist das Projekt enthalten, das derart abstrakt Gefasste ins Konkret-Gesellschaftliche zu wenden und als »subjektive«, sowohl determinierte als auch transformierende Tätigkeit der gesellschaftlichen Individuen zu begreifen. Eine solche Übersetzung ist durch den Einsatz der heideggerschen Fundamentalontologie objektivistisch unterlaufen und blockiert. An ihre Stelle tritt der tote Raum eines »Kultus der Eigentlichkeit« (Adorno 1964, 8), in dem sich nichts Wirkliches mehr bewegt.

Von einer solchen Praxis- und Bewegungslosigkeit wird auch Foucaults Kritik des »anthropologischen Zeitalters« heimgesucht.

4. Die reduktionistische Konstruktion eines »anthropologischen« Zeitalters

Foucaults Periodisierung soll hier nicht empirisch überprüft, sondern als eine Theorie-Anordnung beobachtet werden, die durch ein widersprüchliches Konstruktionsprinzip geprägt ist: einerseits sind die Übergänge zwischen den verschiedenen Wissens-Paradigmen als Brüche dargestellt, deren gesellschaftliche Grundlagen im Dunkeln bleiben. Damit hat Foucault uns das Interessanteste vorenthalten, kritisierte Sartre, nämlich wie das Denken ausgehend von den jeweiligen gesellschaftlichen Bedingungen konstruiert wurde und wie die Menschen von einem Paradigma zum anderen gelangten. Hierzu hätte er den Begriff der Praxis und damit der Geschichte einführen müssen, und das ist genau das, was er im Rahmen seines anti-geschichtlichen Ansatzes ablehnen musste: »Il replace […] le mouvement par une succession d'immobilités.« (Sartre 1966, 87) Tatsächlich hat Foucault seine Kritik an der »anthropologischen« Wissenskonstellation auf einer philosophischen Abstraktionsebene angesetzt, die die an spezifischem Wissen interessierten sozialen Kräfte und Bewegungen, ihre Lebensbedingungen und Praxisformen zum Verschwinden bringt. Mit der Eliminierung gesellschaftlicher Praxen ist zudem die Verbindung zwischen den Gegenständen des Wissens und den durch Wissen und Denken zu lösenden praktischen Problemen verloren gegangen.

Im Kontrast zum Bruch *zwischen* den Perioden wird andererseits jede Periode für sich als ein homogener Raum präsentiert, in dem alle Denk-Gegensätze zu bloßen Varianten ein und desselben Wissensparadigmas abgeflacht sind. Im »klassischen Zeitalter« sind die verschiedenen Wissensgebiete »vollkommen kohärent und homogen«, behauptet Foucault, und dies dadurch, dass sie von der *Repräsentation* determiniert sind: Sie »befehligt« (commande) die Seinsweise der Sprache, der Einzelwesen, der Natur und des Bedürfnisses selbst, sie bildet den »ganzen gemeinsamen Boden, auf dem die Geschichte der Wissenschaften als eine Oberflächenwirkung figuriert«; sie hat damit einen »determinierenden Wert« (valeur déterminante) für alle empirischen Gebiete (*OD*, 260f/221). Diese determinierende Basisfunktion wird dann in der Moderne von der *Geschichte* übernommen: Mit *Histoire* (groß geschrieben) meint Foucault ausdrücklich nicht eine empirische Größe, sondern eine »fundamentale

Seinsweise«, die den Entstehungsort des Empirischen bestimmt und »allen empirischen Wesen und auch jenen eigenartigen Wesen, die wir sind, ihr Schicksal vorschreibt«; sie ist »der Grund (fond), von dem aus alle Wesen zu ihrer Existenz und zu ihrem unsicheren Aufleuchten gelangen«; sie wird »ihre Gesetze (!) allmählich der Produktionsanalyse, der Analyse der organisierten Wesen und schließlich der linguistischen Gruppen auferlegen« (271/231).

Dieses widersprüchliche Konstruktionsprinzip führt in die Argumentation eine Art *double binding* ein: Während Foucault in der Auseinandersetzung mit Hegelianismus, Marxismus und Existenzialismus immer wieder auf eine anti-deterministische und anti-reduktionistische Rhetorik zurückgreift, ist die eigene Untersuchungsweise von einem Determinismus geprägt, bei dem die verschiedenen Wissensfelder und Denkansätze auf ein einziges Prinzip reduziert werden. In der Grammatik, der Naturgeschichte und der Analyse der Reichtümer hat sich zu Beginn des 19. Jahrhunderts »ein Ereignis vollzogen, das überall vom gleichen Typ ist« (*OD*, 292/249), nämlich die Entdeckung einer Wahrheit *hinter* dem Sichtbaren. Wenn Adam Smith die *Arbeit* als Grundlage der Wertbildung entdeckt, Jussieu und Lamarck die Klassifizierung der Lebewesen nach einem nicht sichtbaren Prinzip der *Organisation* vornehmen und in der Sprachwissenschaft das grammatikalische Flexionssystem als innerer Mechanismus der Sprachen freigelegt wird, handelt es sich immer um den »gleichen Bruch«: es wird eine »Hinterwelt« geschaffen, von der aus die Repräsentationen verknüpft werden, gesucht wird nach einer »Spitze, die sich außerhalb unseres Blicks in die Richtung des Herzens der Dinge gräbt«, die Dinge geben sich ein eigenen »inneren Raum« und ziehen sich auf ihre eigene »Essenz« zurück (294/252).

Der Essenzialismus der Humanwissenschaften wird von Foucault selbst essenzialistisch konstruiert. Die Hauptanstrengung besteht darin, die heterogenen Denkansätze auf eine Weise unter Oberbegriffe zu bringen, dass ihre zeitlich-räumliche Koexistenz sich unter der Hand in eine Wesenseinheit verwandelt. So identifiziert Foucault z.B. jedes Auffinden nicht unmittelbar sichtbarer Strukturprinzipien als Metaphysik des Objekts und der »Tiefen«, ohne sich auf die jeweilige Gegenstandslogik der Wissenschaft einzulassen. Diesen Oberbegriff kann er nun über die Kategorie der »objektiven ›Transzendentalien‹« mit der ganz anders gelagerten Problematik des kantianischen transzendentalen Subjekts zusammenschließen: indem die *Arbeit*, die *Organisation* und das *Flexionssystem* als »Transzendentalien« auf der Seite des Objekts benannt sind, »entsprechen« sie der Entdeckung eines transzendentalen Feldes durch Kant (301f/257f). Auf ähnliche Weise wird die »Geschichte« dem Essenzialismus zugeschlagen, obwohl gerade Historisierungen die anti-essenzialistische Bedeutung erlangen können, apriorische Setzungen hinter den Phänomenen aufzulösen, verfestigte Identitäten zu verfremden und aufzulösen. Aus den objektiven wie subjektiven »Transzendentalien« wird schließlich die »Anthropologie« hergeleitet, die einem menschlichen »Wesen« hinterher jagt, um es aus der »Entfremdung« (Marx) oder dem »Unbewussten« (Freud) zurückzuholen (306/261, 394/338). In Foucaults Frontstellung gegen den »Menschen«, die man in seiner späteren Kritik an der »Repressionsthese« des Freudomarxismus wiederfinden wird, sind die Unterschiede zwischen passivierenden und aktivierenden Dispositiven, zwischen ideologischen Subjekteffekten und eingreifendem Handeln getilgt. Foucaults geschichtlich-essenzialistisch-anthropologisches Paradigma der Moderne ist ein homogenisiertes Kunstprodukt, das von allen Brüchen und Gegensätzen gereinigt ist.

Homogenisierend ist Foucaults Epochenaufteilung noch in einem anderen, über die *Ordnung der Dinge* hinausreichendem Sinn: sie wiederholt sich nahezu identisch sowohl in den vorangegangenen als auch in den darauf folgenden Untersuchungen. In *Wahnsinn und Gesellschaft* (1961) waren die Narren zur Zeit der Renaissance noch als dunkle und tragische Wahrheit des Lebens in dieses integriert, die Ausschließung der Verrückten setzt im Übergang zum »klassischen Zeitalter« ein (Stichdatum 1656: Gründung des Hôpital géneral in Paris), die Konstituierung des Wahnsinns als Geisteskrankheit erfolgt schließlich am Ende des 18. Jahrhunderts, eingeflochten in die Entstehung des »anthropologischen Denkens«.[117] Entsprechend lässt *Die Geburt der Klinik* (1963) die moderne Medizin »in den letzten Jahren des 18. Jahrhunderts« einsetzen und auch hier wird der Anthropologie die »fundierende Rolle des Ursprungs« zugeschrieben.[118] Die auswertenden theoretischen Überlegungen der *Archäologie des Wissens* (1969) beanspruchen, die Vorstellungen geschichtlicher Kontinuitäten durch eine radikale Dezentrierung der Geschichte, eine Vervielfachung der Brüche und Diskontinuitäten abzulösen, und Foucault führt hierzu einen umfangreichen Apparat differenzierender diskursanalytischer Kategorien ein. Aber sobald die diskursiven »Formationsregeln« auf Geschichte und v.a. Ideengeschichte bezogen werden, dienen sie dazu, die Epocheneinteilung Renaissance-Klassik-19. Jahrhundert theoretisch zu reproduzieren.[119] Das Ende des 18. Jahrhunderts, bzw. exakt der Zeitraum zwischen 1760 und 1840, ist dann der historische Moment, an dem in Foucaults *Überwachen und Strafen* (1975) das öffentliche Hinrichtungsschauspiel verschwindet und die »Geburt des Gefängnisses« mitsamt seiner neuen, die gesamte Gesellschaft durchdringenden Disziplinarmacht sich ereignen soll – auch hier in engem Zusammenhang mit dem »anthropologischen« Blick der Humanwissenschaften.[120] Zur gleichen Zeit fließen in Foucaults *Geschichte der Sexualität* (*WzW* 1976) die unterschiedlichen Strategien zur

Vermachtung des lustvollen Körpers zusammen und verfestigen sich zu einem neuzeitlichen »Sexualitäts-Dispositiv«, das mit seinen Sprech- und Gewissenszwängen eine »Wahrheit« des menschlichen Wesens konstruiert hat, in der die Psychoanalyse und der Freudomarxismus sich hilflos verfangen haben.[121] Und schließlich kommt es just in dieser Periode auch zur Vorrangstellung eines neuen, auf die Regulierung der Bevölkerung gerichteten Machttyps, den Foucault in unterschiedlichen Kontexten entweder als »Bio-Macht« oder als »Gouvernementalität« bezeichnet.[122]

Das schon beobachtete *double binding* zwischen einer Rhetorik der Differenzen und Diskontinuitäten einerseits und einer homogenisierenden und deterministischen Paradigmenkonstruktion andererseits wiederholt sich hier als Widerspruch zwischen der Inszenierung eines ständigen Theorie-Umbaus und einer gleichbleibenden Grundstruktur der wirklich durchgeführten Untersuchungen. Foucaults Kommentierungen in Interviews und Diskussionen erwecken den Eindruck einer permanenten, von öffentlicher Selbstkritik begleiteten Neuerfindung theoretischer Konzepte: von den Epistemen des Wissens zum Macht-Wissen, von der Macht als Ausschließungssystem zur »produktiven« und zur »Bio-Macht«, von der »Archäologie« zur »Genealogie« usw. – die präsentierte Fülle von Neuerungen hält heute noch die Foucaultforscher in Atem, das Werk angemessen in unterschiedliche Perioden zu unterteilen. Zugleich geht es in allen Büchern von 1961 bis 1976 immer um die gleiche historische Umbruchs-Sequenz, die eine Art Metaerzählung neuzeitlicher Vermachtung konstituiert. Foucaults diskursive Beweglichkeit ist auf ein unbewegliches Schema des Geschichtsablaufs aufgetragen. In ihm schreitet die Geschichte sicherlich nicht »voran«, aber umso mehr im Gleichschritt, ohne dass in den jeweiligen Wissens- und Denkformen Widersprüche der »Ungleichzeitigkeit« (Bloch 1932, *GA 4*, 104ff) festgestellt und reflektiert werden könnten. Gramscis Analyse der Heterogenität des Alltagsverstands, der aus verschiedenen historischen Schichten vom »Höhlenmenschen« zur fortgeschrittensten Wissenschaft zusammengesetzt ist, »Vorurteile aller vergangenen [...] geschichtlichen Phasen und Intuitionen einer künftigen Philosophie« enthält (*Gef* 6, H. 11, §12,, 1376), könnte trotz aller Beschwörungen geschichtlicher »Diskontinuität« in dieser Epochenabfolge keine Berücksichtigung finden.

5. Die Überwindung der marxschen Utopie durch den Übermenschen

Wie Smith und Ricardo gehört Marx dem »anthropologischen« Paradigma an, das um den Begriff der *Arbeit* als »irreduzibler, unüberschreitbarer und absoluter Maßeinheit« zentriert ist (*OD*, 275/235). Es ist vor allem die zuerst von Smith eingeführte Unterscheidung von Gebrauchswert und

Tauschwert, die die Arbeit mit der Bedürfnisstruktur des Menschen und damit mit der »Anthropologie« des 19. Jahrhunderts verbindet (274f/234). Ricardo hat dies dann konsequenter als Unterscheidung zwischen abstrakter und nützlicher Arbeit durchgeführt und damit die Arbeit als eine »Transzendentalie« konstituiert, die dem Zugriff der »Repräsentation« (d.h. der Warenzirkulation) entzogen ist (311ff/265f): nun erst sieht man »eine große lineare und homogene Folge entstehen, die die der Produktion ist« (313/267).

Foucault spricht hier einen Aspekt an, den Marx in der Einleitung zu den *Grundrissen* im Kontext des methodischen Status abstrakter Begriffe behandelt und am Beispiel des »modernen« Arbeitsbegriffs durchbuchstabiert hat: Einerseits erscheint die Arbeit als der abstrakte Ausdruck für die einfachste und urälteste Beziehung zwischen Mensch und Natur, andererseits setzt die in dieser Abstraktion vorausgesetzte Gleichgültigkeit gegenüber der jeweiligen Art der Arbeit eine sehr entwickelte Totalität wirklicher Arbeitsarten voraus. Das Beispiel zeige schlagend, »wie selbst die abstraktesten Kategorien, trotz ihrer Gültigkeit [...] für alle Epochen, doch in der Bestimmtheit dieser Abstraktion selbst ebenso sehr das Produkt historischer Verhältnisse sind und ihre Vollgültigkeit nur für und innerhalb dieser Verhältnisse besitzen« (MEW 13, 636; *Grundrisse* 75). Von hier aus gesehen beziehen sich Foucaults Beobachtungen auf einen Aspekt des Abstraktionsprozesses, durch den aus der Vielfalt konkreter Arbeiten ein Begriff der Arbeit als solcher herausdestilliert und zum Gegenstand der politischen Ökonomie konstituiert wird. Freilich thematisiert Foucault diesen Vorgang weder als eine begriffliche Abstraktion noch im Zusammenhang mit der Realabstraktion der bürgerlichen Warenproduktion. Suggeriert wird stattdessen eine diskursive Erzeugung der Tätigkeiten selbst, als ob Arbeiten und Produzieren tatsächlich jetzt erst neu geschaffen würden. Indem der Mensch im 18./19. Jahrhundert in eine »Dialektik der Produktion« geriet, »verlor [er] die Wahrheit seiner unmittelbaren Bedürfnisse in den Bewegungen (gestes) seiner Arbeit und in den Gegenständen, die er mit seiner Hand schuf«, heißt es z.B. 1963 in einem Nachruf auf Bataille.[123] Foucault erklärt nicht, wie die menschliche Bedürfnisbefriedigung ohne Arbeit vor diesem modernen Sündenfall möglich gewesen sein sollte. Der von Marx formulierte common sense, dass jede Nation, die auch nur für ein paar Wochen die Arbeit einstellte, »verrecken würde« (MEW 32, 552), wäre in seinem Konzept diskursiver Realitätserzeugung nur ein Beleg dafür, dass die Ökonomie nunmehr auf einer »Anthropologie der natürlichen Endlichkeit« des Menschen beruht (*OD*, 315f/269f).

Foucault hat über die Gebrauchswertseite der Arbeit sein Paradigma ökonomischen Wissens so ausgewählt, dass die Unterschiede zwischen Marx und seinen polit-ökonomischen Vorläufern nur noch »von geringer

Bedeutung« (*OD*, 320/273) sind. Ob Ricardo die Menschen ihren Mangel graduell über eine sich intensivierende Arbeit überwinden lässt oder ob Marx das Verhältnis zwischen Menschen und Arbeit als »Entfremdung« fasst, die dann revolutionär aufgehoben werden soll, sei unerheblich, denn es handelte sich nur um »die beiden möglichen Weisen, die Beziehungen der Anthropologie und der Geschichte zu durchlaufen, so wie die Ökonomie sie durch die Begriffe des Mangels und der Arbeit erstellt«: »In der Tiefe des abendländischen Wissens hat der Marxismus keinen wirklichen Einschnitt erbracht«, sondern sich als eine »volle, ruhige, komfortable [...] Figur« eingebracht. »Der Marxismus ruht im Denken des neunzehnten Jahrhunderts wie ein Fisch im Wasser. Das heißt: überall sonst hört er auf zu atmen«; die Kämpfe zwischen bürgerlicher und revolutionärer Ökonomie sind nur »Stürme im Wasserglas«; Foucault hat sie alle dem Typus »Utopien der Vollendung« zugeschlagen, die am verheißenen Abend die »anthropologische Wahrheit des Menschen in seiner felsartigen Immobilität« hervortreten lassen (320f/274f).

Diese Zuschreibung ist gerade in Bezug auf Marx absurd. Dieser hatte in den Feuerbachthesen das Programm skizziert, das »Wesen« des Menschen nicht mehr als immobiles, den Individuen »inwohnendes Abstraktum« zu fassen, sondern von den jeweiligen Verwirklichungsbedingungen im »ensemble der gesellschaftlichen Verhältnisse« her zu entschlüsseln (MEW 3, 6). Indem Marx dieses Wesen aus der Hinterwelt heraus- und in die Gesellschaft hineinstellt, wird das Subjekt als »Transzendentalie« destruiert, während es zugleich als eine Vielzahl gesellschaftlich-geschichtlicher Handlungssubjekte rekonstruiert wird. Vollzogen wird »ein Terrainwechsel von der Erkenntnistheorie zu einer *Epistemologie der Praxis*« (Haug 1999a, 409), der auch die von Foucault kritisierte Dichotomie von Subjekt und Objekt infrage stellt.

Trotz dieser möglichen Gemeinsamkeit wendet sich Foucaults Humanismus-Kritik mit besonderer Schärfe gegen eine konkurrierende, von Marx ausgehende Subjekt- und Ideologiekritik, die in der Perspektive gesellschaftlicher Handlungsfähigkeit formuliert ist. Besonders lächerlich findet er die »Formen linker und linkischer Reflexion« (gauches et gauchies), d.h. alle diejenigen, »die noch vom Menschen, von seiner Herrschaft oder seiner Befreiung sprechen wollen«, allen, »die nicht denken wollen, ohne zugleich zu denken, dass es der Mensch ist, der denkt« (*OD*, 412/354). Die Polemik will nicht zur Kenntnis nehmen, dass das in historischen Wissenskonfigurationen Gespeicherte irgendwann auch einmal von Menschen »gedacht« werden musste, und dass das durch Wissenskonfigurationen Vorgegebene irgendwie auch durch die Köpfe der denkenden Individuen hindurchmuss, wenn es »gedacht« werden soll. Mit der Verabschiedung des Menschen ist zugleich seine Verortung im System der Herrschaft delegitimiert, und wo immer Foucault von »Befreiung« reden hört, interpretiert er dies essenzialistisch als eine in die Zukunft verschobene Ursprungssuche (400ff/343ff). Infrage gestellt ist die Fähigkeit zur Antizipation eines besseren Lebens, ohne die keine tragfähige Widerstandskultur entstehen und überleben könnte (vgl. hierzu Rehmann 1994).

Mit Nietzsches »Ende des Menschen« hat Foucault den Angelpunkt gefunden, um die bewegungslose Homogenität des Wissensparadigmas in ihr abstraktes Gegenteil, in die Rhetorik eines totalen Bruchs umschlagen zu lassen:

> »[Nietzsche] hat das Ende der Zeiten wiederaufgenommen, um daraus den Tod Gottes und die Irrungen des letzten Menschen zu machen. Er hat die anthropologische Endlichkeit wiederaufgenommen, um daraus den gewaltigen Sprung des Übermenschen hervorbrechen zu lassen. Er hat die große kontinuierliche Kette der Geschichte wiederaufgenommen, aber um sie im Unendlichen der Wiederkehr zu beugen. […] Auf jeden Fall hat Nietzsche für uns […] die vermengten Verheißungen der Dialektik und der Anthropologie verbrannt.« (*OD*, 322/275)

Die Passage verdunkelt sich, sobald man sie zu verstehen versucht: mit dem »Ende der Zeiten« will Foucault die »Utopie eines kausalen Denkens« (321/275) treffen, die er zuvor auch Marx unterstellt hat, nämlich die Vorstellung, dass eines Tages das unbewegliche und zugleich unterdrückte »Wesen« des Menschen befreit wird. Aber wenn es ihm darum ginge, dieses »Wesen« durch eine radikale Historisierung zu dekonstruieren, wäre noch zu erklären, wie Nietzsches Figur des »letzten Menschen« ihm dabei helfen könnte. Warum will Foucault, um die Vorstellung einer geschichtlichen Kontinuität zu überwinden, sich auf die Idee einer unendlichen Wiederkehr stützen, bei der ja die »kontinuierliche Kette« nicht aufgebrochen, sondern, wie er selber sagt, nur »gebeugt« (courbé) wird? Warum will er mithilfe der »Unendlichkeit« der ewigen Wiederkehr ausgerechnet die »Endlichkeit« des Menschen überwinden? Ist er, wie Nietzsche, »nach der Ewigkeit brünstig« (vgl. *Za*, KSA 4/287f)? Wie passt das proklamierte »Ende des Menschen«, das Foucault als »absolute Zerstreuung« in der Sprache versteht (*OD*, 460/397), mit Nietzsches »Übermenschen« zusammen, der sich als »synthetischer Mensch« gerade dadurch auszeichnen soll, dass in ihm der »*vielfache* Mensch«, den wir heute haben, »zu *einem* Ziele unbedenklich ins Joch gespannt [ist]«? (KSA 12/404) Spätestens bei einem solchen Übermenschen, den Nietzsche als »Gleichnis« für einen stärkeren Menschentypus, für eine »höhere Form des Aristokratism« geschaffen hat (463), müsste der postmoderne Spaß mit der »Dezentrierung des Subjekts« aufhören. Und weiß Foucault nicht, dass Nietzsche sich den Übermenschen immer deutlicher als »Gesetzgeber« und »Arzt« der Zukunft ausmalt, der im Namen des aufsteigenden Lebens »das rücksichtsloseste Nieder- und Beiseite-Drängen des *entartenden* Lebens verlangt«?[124]

Hier nicht genau hinzusehen, gehört zum guten Ton der Foucault-Literatur, einschließlich der kritischen. Foucaults Duktus ist so esoterisch verstiegen, dass der Kritiker, der hier einhaken will, Gefahr läuft, sich als philologischer Pedant aufzuführen und durch unangemessenes Ernstnehmen lächerlich zu machen. Aber die Argumentation ist so typisch für Foucaults Schriften der 60er Jahre, dass sie nicht einfach überlesen werden kann.[125] Der vermeintlich spielerische Flirt mit dem Gestus der nietzscheschen Verkündigung ist selbst ein Gestus, der im Kontext seines epistemologischen Umfelds zu rekonstruieren ist.

Auffällig ist zunächst, dass der Einsatz Nietzsches gegen den »Menschen« als eine Art religiöses Ereignis zelebriert wird. Diese Beobachtung kann in zwei Fragen unterteilt werden, nämlich erstens, warum Foucault gerade da auf Nietzsche zurückgreift, wo dieser darangeht, seine Ideologiekritik mit der Lehre der ewigen Wiederkehr in eine eigene Religion umzugießen, und zweitens, warum er dies auf eine religionsförmige Weise und ohne den geringsten Versuch einer Religionskritik tut. Zu behandeln ist also zuerst die Wiederkunftslehre selbst, die Nietzsche als eine neue Ewigkeits-Religion zur Überwindung des Christentums *und* der philosophischen Religionskritik entworfen hat.

6. Nietzsches ewige Wiederkehr als Religion

Nietzsche hat den Gedanken einer ewigen Wiederkunft des Gleichen als eine religiöse Bekehrung beschrieben und nach dem Muster der Bekehrung des Paulus oder des lutherischen Turmerlebnisses ausgestaltet: ein plötzliches Erlebnis bei einer Bergwanderung in Sils-Maria im August 1881, »6000 Fuß über dem Meere und viel höher über allen menschlichen Dingen«, vor einem mächtigen pyramideförmigen Felsblock, von dem aus er sich die unendliche Zeit nach »zurück« und »vorwärts« vorzustellen versucht (*EH*, KSA 6/335; 9/494). Eine »Offenbarung« in dem Sinne, dass etwas hörbar wird, »das Einen im Tiefsten erschüttert und umwirft«, »wie ein Blitz leuchtet ein Gedanke auf, mit Notwendigkeit [...], – ich habe nie eine Wahl gehabt« (339). In verschiedenen Selbstbeschreibungen interpretiert Nietzsche das Ereignis, das sowohl in die Vorbereitungszeit der *Fröhlichen Wissenschaft* (1882) als auch des *Zarathustra* (ab 1883) fällt, als Ursache und Zeichen einer »Genesung« von Krankheit und Depression[126], die freilich nur vorübergehend ist und nach dem Abschluss des *Zarathustra* wieder durch Zusammenbrüche und langwierige Krankheiten abgelöst wird: »Man büßt es teuer, unsterblich zu sein: man stirbt dafür mehrere Male bei Lebzeiten.« (342)

Unter Berufung auf Heraklit und die griechischen Mysterienkulte[127] will Nietzsche einen religiösen Mythos schaffen, der zugleich das Christentum und die philosophische Religionskritik von Kant bis Feuerbach überwindet: geht es zum einen darum, die christliche Lehre, die den Ewigkeitswert vom Leben weg in ein Jenseits ableitet, so »umzulehren«, dass die Metaphysik »eben *dies* Leben mit dem *schwersten* Accent trifft« (KSA 9/515), soll zugleich der Tendenz zur »*Verweltlichung*« entgegengewirkt werden, die sich das Jenseits und jede »Hinterwelt« aus dem Sinn zu schlagen versucht. Frucht dieses »politischen Wahns« ist der Sozialismus, den Nietzsche dadurch definiert, dass die »*flüchtigen* Einzelnen« sich ihr Glück durch »Vergesellschaftung« erobern wollen (504). Günther Anders hat die Wiederkunftslehre als eine »übertriebene Reaktion auf den Progress-Begriff« bezeichnet (1982, 101). Wie Losurdo plausibel gemacht hat, systematisiert und radikalisiert sie in der Frontstellung gegen den demokratischen und sozialistischen »Fortschritt« ein weit verbreitetes Muster der antirevolutionären Kultur nach 1789 und dann besonders nach der Pariser Kommune von 1870/71 (Losurdo 2002, 509f).[128]

Um die doppelte Überwindung des Christentums und der Religionskritik bewerkstelligen zu können, arbeitet Nietzsche intensiv an einer Reihe ideologischer Subjekt-Effekte. Ihn interessiert v.a. eine praktische Auswirkung der neuen Lehre, die in der Literatur gemeinhin als »existenzielle Wirkung«, »ethischer Imperativ«, »hypothetischer Iterativ«, »ethisch motiviertes Ideal des Übermenschentums« u.ä. diskutiert wird.[129] Gemeint ist die Aufforderung, so zu leben, »dass wir nochmals leben wollen und in Ewigkeit *so* leben wollen«, zusammen mit der Erwartung, dass dies dem Leben ein neues »Schwergewicht« verleiht und die Person verwandelt (KSA 9/494, 496, 503). In der *Fröhlichen Wissenschaft* lässt Nietzsche einen Dämon auftreten, der den Menschen mit der (entweder niederwerfenden oder beglückenden) Frage der ewigen Wiederholung des Lebens konfrontiert: würdest du ihn dann verfluchen oder »hast du einmal einen ungeheuren Augenblick erlebt, wo du ihm antworten würdest: ›du bist ein Gott‹?« (*FW*, KSA 3/570). In Aussicht gestellt ist eine Aufwertung des eigenen Lebens durch Scheiden des Wichtigen und Unwichtigen nach dem Kriterium der gewünschten ewigen Wiederholung. Dies bedeutet zugleich das Versprechen, durch eine »Religion der Religion« den Ewigkeits-Effekt des Religiösen besser zum Tragen zu bringen als die bisherigen Religionen, und v.a. als die mit den Erlösungshoffnungen der Unteren erfüllte Jenseitsreligion des Christentums: »Drücken wir das Abbild der Ewigkeit auf *unser* Leben!« (KSA 9/503; vgl. 9/505, 513, 515; 11/488)

Das beanspruchte neue »Schwergewicht« auf das eigene Leben soll mit einer »Philosophie der Gleichgültigkeit« gegenüber den »Menschheits«-Problemen einhergehen (KSA 9/495). Was in universalistischen Moralen den »Ernst des Lebens« ausmachte, »wird nur noch als *Spiel* angesehen« und ästhetisch genossen (494). Ein weiterer Effekt der Wiederkunftslehre soll eine Aufladung des Augenblicks sein, da Nietzsche zufolge das Leben nur um bestimmter »höchster Augenblicke« willen ewig wiederholt werden will: »der Wert des Kürzesten und Vergänglichsten, das verführerische Goldaufblitzen am Bauch der Schlange vita« (KSA 12/348).

Deleuze hat dies als eine praktische Regel bezeichnet, »die nicht minder streng ist als der kantische Imperativ« (*NP*, 75f/77). Im postmodernen Flirt mit der ewigen Wiederkehr zeigt sich das Anliegen, die auf Verallgemeinerung angelegte, »universalistische« Moralphilosophie Kants durch Nietzsches partikularistische »Lebenskunst« zu ersetzen, statt sie ins Praktische zu wenden und, wie es z.B. Marx versucht hat, als kategorischen Imperativ des »Umwerfens« unmenschlicher und erniedrigender Verhältnisse zu konkretisieren (MEW 1, 385). Dabei stößt die Interpretation allerdings auf die Schwierigkeit, dass die von Nietzsche proklamierte ethische Auswirkung auf die Lebensführung im Widerstreit liegt mit der fatalistischen Grundstruktur der ewigen Wiederkehr, durch die ja auch die angezielte Verhaltensänderung schon vorher festgelegt sein müsste. Jaspers hat auf die Antinomie hingewiesen, »dass in dem Wollen die Freiheit spricht, die *noch hervorbringt, was wird* und dass es doch selber der Kreislauf ist, der *nur wiederholt, was war*« (1950, 358).[130] Deleuze geht diesem Widerspruch aus dem Wege, indem er die Wiederkunftslehre so verstehen will, dass nicht ein und dasselbe zurückkehren soll, sondern nur die Differenz schlechthin (*NP*, 53/52f, 55/54f). Mit einer solchen Metaphorisierung ist freilich nicht nur nichts gelöst (wie soll die Differenz schlechthin wiederkehren ohne das, was sich voneinander unterscheidet?), sondern auch der von Nietzsche angezielte Ewigkeitseffekt verflüchtigt und verspielt.

Schwerwiegender als die Frage logischer Konsistenz ist, dass die postmoderne Nietzschelektüre sich nicht in der Lage sieht, die Unterstellung einer grundlegenden Ewigkeits-Gier philosophisch infrage zu stellen. Die angezielten ethischen Effekte basieren ja auf der Annahme, dass das Glück grundsätzlich auf »ewige« Wiederholung drängt, weil die Lust »tiefe, tiefe Ewigkeit« will (*Za*, KSA 4/402ff). Religiöse Erlösungssehnsucht hat bei Nietzsche die Form einer »Brunst« nach Ewigkeit angenommen (287ff). Dagegen hat der junge Walter Benjamin des *Theologisch-politischen Fragments* den weitaus tragfähigeren Gedanken entwickelt, dass im Glück das Irdische auch »seinen Untergang« erstrebt (*GS II.1*, 204), d.h. sein Vergehen mit will. Indem Nietzsche in seinem Beharren auf Lust-Ewigkeit den Rhythmus des Vergehens auszuschließen versucht, bringt er wider Willen zum Ausdruck, dass das Erlösungsverlangen selbst »unerlöst« ist: »Der erfüllte Moment ist mit dem Vergehen versöhnt, auch wenn die Versöhnung immer wieder vergeht.« (Haug 1997, 1090) Günther Anders hat versucht, Nietzsches Wiederkunftslehre als einen in die Philosophie transponierten »Wiederholungszwang« zu erklären, »nur, dass in diesem Fall der Zwang kein ›Tu-Zwang‹ ist, sondern, in das Universum (als dessen Seinsweise) hineinprojiziert, ein ›*Geschehniszwang*‹« (Anders 1982, 100). Die gegen das religiöse Jenseits erhobene Forderung Nietzsches, der »Erde treu zu bleiben« und den Leib nicht zu verachten (*Za*, KSA 4/15), bleibt inkonsequent, wenn sie nicht die Endlichkeit des Leibs und der Erde mit bejaht, ohne nach der Ewigkeit zu schielen.

Zu beobachten ist schließlich ein immanenter Widerspruch der neuen Religion, der die Konstruktion des »Übermenschen« und seine immer stärkere Ausarbeitung als Herrschernatur strukturell notwendig macht: Da Nietzsche seine Ideologiekritik gegen eine christliche Moral richtet, die die Menschen in gut und böse und das Nachleben in Himmel und Hölle separiert, muss er seine Wiederkunftslehre – gegen starken Widerwillen – inklusiv anlegen in dem Sinne, dass alles ohne Abzug wiederkehrt und im *amor fati* auch so geliebt werden muss, »ohne Abzug, Ausnahme und Auswahl« (KSA 11/492).[131] Dadurch handelt er sich das Problem ein, dass er den »kleinen Menschen«, dessen Stellung in der christlichen Moralform er bekämpft, auch mit seiner Lehre nicht los wird. Denn die von ihm als »Überflüssige« und »Viel-zu-Viele« Verhöhnten, die man lieber mit dem ewigen Leben aus diesem Leben weglocken sollte (*Za*, KSA 4/55), müssen ja bei der ewigen Wiederkehr immer wieder mit auftauchen. Bei dieser Vorstellung wird Zarathustra vom »Überdruss am Menschen« ergriffen, alles Lebendige erscheint ihm wie ein »schmutziger Strom«, »Pöbel-Mischmasch«, »Menschen-Moder und Knochen und morsche Vergangenheit«: »Ach, Ekel! Ekel! Ekel!« (15, 274, 357f)

Es ist der idiosynkratische Druck dieses Menschen-Ekels, der Nietzsche die Kategorie des Übermenschen einführen lässt, dessen konkrete Ausgestaltung wiederum uneinheitlich ist: zuweilen wird er eher als freigeistiger Lebenskünstler geschildert, der die Anfrage des Dämons nach der Wünschbarkeit ewiger Wiederholung mit Ja beantworten kann, nach eigenen Gesetzen und getrennt vom Pöbel lebt wie ein »epikureischer Gott« und ausdrücklich nicht herrschen will (KSA 9/604; KSA 10/244). Wenn dieser Aspekt des Übermenschen attraktiv ist, dann nicht zuletzt dadurch, dass er ein privat-elitär vereinseitigtes Zerrbild befreiten Lebens darstellt. In diesen Kontext gehören z.B. auch die Fähigkeiten zu Perspektivenvielfalt und flexiblem Perspektivenwechsel: »aus *vielen* Augen in die Welt zu sehen«, »*zeitweilig* sich dem Leben [zu] überlassen, um hernach zeitweilig über ihm mit dem Auge zu ruhen« (KSA 9/494f). Aber dann reflektiert Nietzsche in der Vorbereitung zum 3. Teil des Zarathustra (Herbst 1883) den »*Übergang* vom *Freigeist* und Einsiedler zum *Herrschen-Müssen*« (KSA 10/514), und dies in dem Selbstverständnis, widerwillig eine Notwendigkeit zu exekutieren:

»Herrschen? Meinen Typus Anderen aufnötigen? Grässlich! Ist mein Glück nicht gerade das Anschauen vieler *Anderer*? Problem.« (529) [132] Aber erst mit dem Übermenschen als »Gesetzgeber« wird die Wiederkunftslehre für Zarathustra zum ersten Mal »erträglich« (530). Gerade die herrschaftliche »Aufnötigung« wird nun vom späten Nietzsche bis hin zur Phantasie einer »ärztlichen« Vernichtung des »*entartenden* Lebens« ausgearbeitet.[133] Höhepunkt sowohl der »Seligkeit« als auch der »Wollust« wird nun, »auf Jahrtausende seine Hand zu drücken wie auf Wachs, auf dem Willen von Jahrtausenden zu schreiben wie auf Erz« (KSA 10/637; *Za*, KSA 4/268). Der Übermensch wird zum »Gleichnis« für die »*Ausscheidung eines Luxus-Überschusses der Menschheit*«, der auf dem »Untergestell« einer hoch technologisierten »Wirtschafts-Gesamtverwaltung der Erde« eine »höhere Form des Aristokratism« entwickelt (KSA 12/462f).

Eine Religionskritik wird sich hier nicht mit dem Aufweis logischer Widersprüche oder einer moralischen Verurteilung der esoterischen und unmenschlichen Artikulationen begnügen. Weiterführender ist die Frage nach der lebenspraktischen »Selbstzerissenheit« (MEW 3, 6), die den ideologischen Bedarf nach spezifischen Ewigkeits-Effekten hervortreibt. Nietzsches biographische Einbettungen sind hier so dicht, dass es sich vom Material her geradezu aufdrängt, die Wiederkunftslehre zunächst mit einer wiederum nietzscheanischen Blickrichtung, nämlich vom *Körper* her, zu betrachten. Ihre widersprüchliche Zusammensetzung von vitalistischem Dezisionismus und Fatalismus, die auf der Ebene des philosophischen Gedankens als logisch unvereinbare »Antinomie« erscheint, ist vor dem Hintergrund des permanenten Wechsels von niederdrückender Krankheit und euphorischer »Genesung« leichter nachvollziehbar: Es ist nicht zuletzt eine ins Denken transponierte Krankengeschichte.

Vor diesem Hintergrund lässt sich insbesondere die »Entdeckung« des *amor fati* als eine zurückgeworfene Form der Hoffnung unter Bedingungen eines unabwendbaren Krankheitsschicksals erklären. Nietzsche selbst stellt sie als seinen »größten Wunsch« dar, das Notwendige als das Schöne sehen und lieben zu können: nicht mehr anklagen, sondern »irgendwann einmal nur noch ein Ja-sagender sein!« (*FW*, KSA 3/521). Gegen die Krankheit ist jedes Ressentiment verboten, schärft er in *Ecce Homo* ein, es hilft nur ein »russischer Fatalismus [...] ohne Revolte«, bei dem der Soldat sich in den Schnee legt: »Weil man zu schnell sich verbrauchen würde, *wenn* man überhaupt reagierte, reagiert man gar nicht mehr: dies ist die Logik. Und mit Nichts brennt man rascher ab, als mit den Ressentiment-Affekten.« (*EH*, KSA 6/272). Seine innerste Natur habe ihn gelehrt, »alles Notwendige, aus der Höhe gesehen und im Sinne einer *großen* Ökonomie«, nicht nur zu tragen, sondern auch zu lieben, heißt es schließlich in seiner letzten Schrift *Nietzsche contra Wagner* 1889. Gerade seinem langen Siechtum, den schwersten Jahren seines Lebens verdanke er seine »*höhere* Gesundheit«:

> »Erst der große, [...] langsame Schmerz, in dem wir gleichsam wie mit grünem Holze verbrannt werden, [...] zwingt uns Philosophen, in unsre letzte Tiefe zu steigen und alles Vertrauen [...], wohin wir vielleicht vordem unsre Menschlichkeit gesetzt haben, von uns zu tun.« (*NW*, KSA 6/436f)

Es gibt m.E. keinen vertretbaren Grund, die von Nietzsche selbst geschilderten Krankheitsimpulse seiner Philosophie als ›nur biographische‹ Faktoren oder ›Psychologismus‹ u.ä. aus der philosophischen Interpretation auszuschließen: Nietzsche braucht viel »Höhe«, um seine Krankheit (und mehrere andere Leiden) aushalten zu können. Seine Wiederkunftslehre ist durchaus auch Religion im Sinne eines »Seufzers der bedrängten Kreatur« (MEW 1, 378).[134] Freilich zeichnet sie sich dadurch aus, dass sie diesen Impuls direkt und mit aller Gewalt gegen die Bedrängten und Leidenden zurückwendet. Diese Rückwendung ist der Mechanismus, über den die persönliche Krankengeschichte Nietzsches aufs engste mit der ideologischen Dynamik entfremdeter Vergesellschaftung verkreuzt ist. Nietzsches Philosophen-Religion will weder eine »*Protestation* gegen das wirkliche Elend« sein, wie es bei Marx heißt (ebd.), da ein solcher Protest durch den *amor fati* ja gerade ausgehebelt werden soll, noch ein »*Opium* des Volks«, denn das ›Volk‹ ist nicht der Adressat der religiösen Anrufungen, sondern wird in der ewigen Kreisbewegung sozusagen zwangsläufig mitgeschleppt. Aber das schließt nicht aus, dass sie bei den vielen Vereinzelten einer entsolidarisierten Kultur, die aus subalternen Positionen heraus nach Höherem streben und sich als »Höhere« imaginieren, als Rauschmittel wirkt. Im Sinne dieser Vereinzelung ist Nietzsches Übermensch für Walter Benjamin der erste, der »die kapitalistische Religion erkennend zu erfüllen beginnt« (*GS VII.2*, 101). Großflächig eingesetzt wurde der *Zarathustra* erstmals im Ersten Weltkrieg, wo es ganz un-metaphorisch darum ging, die Bereitschaft zu erzeugen, »den Menschen zu überwinden«, nämlich sowohl den gegnerischen zu töten als auch vom eigenen, der voller Lebensangst sein Leben erhalten will, abzusehen.[135]

Will man die ideologische Funktionsweise der Wiederkunftslehre analysieren, statt sie unkritisch zu reproduzieren, muss man die widersprüchliche Dynamik zu begreifen versuchen, mit der sich Leiden in einen generalisierten Leidens-Hass verwandeln kann, der sich an den Schwachen austobt und den Menschen-Ekel bis zu den Projektionen des Exterminismus weitertreibt. Ein solches Krankheitsbild ist mit angesprochen, wenn Adorno 1950 den Schicksals-Verherrlicher Nietzsche als Gefangenen der bürgerlichen Gesellschaft beschreibt, der »nichts anderes vermag, als die Zelle zu lieben, in der er eingesperrt ist« (z.n. Horkheimer *GS* 13, 120).

7. Postmoderne Nietzsche-Lektüre als fromme Nacherzählung

In der postmodernen Rezeption ist die Krankengeschichte der »ewigen Wiederkehr« ausgeblendet, ihr entfremdeter Charakter übersehen, der zwanghafte Schub der Verherrschaftlichung ignoriert, die exterministische Wendung des Leidens gegen die Leidenden verdrängt.

In Foucaults Erzählung hat Nietzsche »den Punkt wiedergefunden, an dem Mensch und Gott sich gehören, an dem der Tod des zweiten synonym mit dem Verschwinden des ersten ist« (*OD*, 412/353). Hier kündigte sich der »Tod des Gottes-Mörders« an, die »absolute Zerstreuung des Menschen«. Der doppelte Tod Gottes und des Menschen wird in der religiösen Sprache eines eschatologischen Bruchs beschworen: beim Verschwinden des Menschen wühlten »neue Götter, die gleichen, [...] bereits den künftigen Ozean auf«, nun kommt es zum »Aufbrechen des Gesichts des Menschen im Lachen«; hier deutet sich vielleicht »das erste Leuchten« eines neuen Tages an, wo das Denken »sich in seiner Ganzheit erfasst«.[136] Das Denken wird nicht mehr aus bestimmten epistemischen Formationen erschlossen, sondern »auf eine selbst trans-archäologische Weise« bestimmt, beobachtet Manfred Frank (1983, 201), der seinen Einwand freilich nur sprachphilosophisch formuliert, statt ihn auch auf die Religionsförmigkeit der foucaultschen Argumentation zu beziehen. Foucault zelebriert eine »Überschreitung«, die »eine funkelnde und immer bejahte Welt ohne Schatten [...] auf der Seite des Göttlichen« eröffnen soll: Seit Nietzsche habe die Philosophie »die Erfahrung des Göttlichen wieder ins Herz des Denkens versetzt«, heißt es 1963 im Nachruf auf Bataille (*SdW*, 33f; *DE I*, Nr. 13, 267).

Fragwürdig ist schon die Behauptung, dass Nietzsches »Gott ist tot« als Tod des Menschen zu verstehen sei. Diese Interpretation, die zu einer Art Gemeinplatz im postmodernen Nietzscheanismus geworden ist, wurde vor allem von dem Schriftsteller und ehemaligen Dominikaner Pierre Klossowski entwickelt, der sie 1964 und 1972 auf zwei berühmten Nietzsche-Konferenzen in Frankreich bekannt gemacht hat.[137] In seinem Buch *Nietzsche et le Cercle Vicieux* (1969), von dem Foucault meint, dies sei »das größte Buch der Philosophie«, das er je gelesen habe (z.n. Schmid 1991, 325), referiert er Nietzsches ewige Wiederkehr als Auferweckung des Subjekts zu einer unendlichen Vervielfältigung seiner selbst. Da Gott die Identität des verantwortlichen Ichs garantiere, bringe sein Tod das Ich zum Erlöschen und öffne die Seele zu all den Identitäten, die ihr möglich sind.[138]

Die Argumentation ist eine Art umgedrehter und dennoch beibehaltener Theismus. Um den Humanismus auszuhebeln, greift sie auf die religiöse Erklärung zurück, die Identität des Menschen aus Gottes

Schöpfung und Ebenbildlichkeit abzuleiten. Die Herleitung ist sowohl religionsgeschichtlich als auch ideologietheoretisch unaufgeklärt. Zum einen ist die Vorstellung, Gott »garantiere« dem Menschen seine homogene Identität, eine theologische und zugleich essenzialistische Illusion. Sie blendet aus, dass Gott auch in seiner monotheistischen Gestalt eine umkämpfte Instanz antagonistischer Anrufungen darstellt und damit selbst von vielfältigen Differenzen und Gegensätzen durchzogen wird. Ton Veerkamp bringt diese Identitätsvielfalt zum Ausdruck, wenn er Gott als »eine Konzentration im ideologischen Gefüge« bezeichnet, »bei der die unterschiedlichsten gesellschaftlichen Loyalitätsstränge zusammenlaufen«: »Diese Konzentrationsstelle ist antagonistisch anrufbar. Sie wird als absoluter Garant herrschender Verhältnisse beschworen, aber sie kann auch angerufen werden als legitimierende Instanz für Versuche, Loyalität aufzukündigen« – im offenen Konflikt werden eine oder beide der Instanzen als »Götze« konstituiert (Veerkamp 2001, 917). Inwiefern religiöse Anrufungen homogenisierende oder antagonisierende Subjekt-Effekte hervorbringen, kann deshalb nicht ein für allemal festgelegt werden, sondern hängt von den hegemonialen Kräftekonstellationen ab. So war z.B. die von der englischen Aufklärung geforderte liberale Trennung von Religion und Politik nicht zuletzt deshalb erfolgreich, weil das in sich zerrissene religiöse Feld während und nach der Englischen Revolution nicht mehr in der Lage war, eine homogene »Identität« der Staatsbürger zu garantieren.[139]

Ähnlich unrealistisch ist auch Klossowskis komplementäre Vorstellung, beim »Tod Gottes« zerfielen die Identitäten: sie will ausschließen, dass Individuen um die Kohärenz ihrer unterschiedlichen Identitäten auch auf nicht-theistische Weise ringen, was sie aber alltäglich tun müssen, um handlungsfähig zu sein. Die beanspruchte postmoderne Überschreitung des Humanismus speist sich aus prä-modernen Klischees, die auch innerhalb der Theologie schon längst infrage gestellt worden sind.[140] Schließlich ist in der ganzen Spekuliererei verlorengegangen, dass es Nietzsche gar nicht um den Tod »Gottes« ging, sondern um den eines bestimmten jüdisch-christlichen Gottes, der auch von den Mühseligen und Beladenen angerufen werden kann: »die *Widerlegung* Gottes, eigentlich ist nur der moralische Gott widerlegt«, heißt es 1885 bei Nietzsche (KSA 11/624), der 1888 in sich selbst den »religiösen, d.h. gott*bildenden* Instinkt« wieder lebendig werden sieht: »Und wie viele neue Götter sind noch möglich!« (KSA 13/525f). Gegen einen Gott als »Culminations-Moment« und »Macht-Höhepunkt« des »Daseins« (KSA 12/343) hat Nietzsche nichts einzuwenden.

»The ›new‹, ›French‹, and ›leftist‹ Nietzsche has never really broken out of this Klossowskian aporia, this exitless labyrinth«, bemerkt Waite (1996, 275). »Worin könnte der Mensch angesichts der Abwesenheit Gottes den Garanten seiner Identität finden?«, fragt z.B. Deleuze (*F*, 185/138). Von ihm konnte Foucault wiederum die Interpretation übernehmen, dass Nietzsches »Gott-Ist-Tot-Konzeption« vor allem eine Überwindung der »dialektischen Geschichtsauffassung« darstellte: sie richte sich vor allem gegen einen anderen Gottes-Tod, bei dem man (hegelianisch) die Versöhnung von Mensch und Gott oder (feuerbachianisch) die Ersetzung Gottes durch den Menschen preist (*NP*, 170/180, 172/182). Gegen eine solche anthropologische Gottes-Überwindung wendet Deleuze ein, dass der Mensch noch der »reaktive Mensch« sei, »Sklave, der auch noch Sklave bleibt, wenn er sich als Gott präsentiert, [...] Subjekt eines schwachen und entwerteten Lebens« (172f/182). »In diesem Punkt scheint die ganze Dialektik in den Bahnen des reaktiven Lebens abzulaufen« (173/183).

Man muss hier einen Moment innehalten, um den gefährlichen Unfug und seine weitreichenden Konsequenzen nicht zu übersehen: Deleuze hat tatsächlich Nietzsches Standpunkt übernommen, sowohl die christliche Religion als auch ihre »dialektische« Kritik als »reaktives« Leben, Kleine-Leute-»Ressentiment« abzufertigen. Der »Mensch«, dessen postmodernen Tod Deleuze und Foucault ankündigen wollen, erhält seine ursprüngliche nietzschesche Bedeutung als »kleiner Mensch« zurück, der durch den »Übermenschen« zur Strecke zu bringen ist. Auch an diesem interessiert Deleuze vor allem, dass er nichts »mit dem Gattungswesen der Dialektiker« gemein hat (*NP*, 178/188). Gegen Heidegger, der den »Übermenschen« als Verwirklichung des menschlichen Wesens behandelt hat, kommt es ihm darauf an, ihn als den ganz Anderen vom Menschen, und zwar auch vom »höheren« Menschen abzuheben (178/188, 181f/190f).

Aber die Auseinandersetzung mit Heidegger ist auf gespenstische Weise nebensächlich: Deleuze belegt Heideggers Interpretation des Übermenschen mit dessen *Wer ist Nietzsches Zarathustra?* von 1953, in dem es z.B. heißt: »›Ewige Wiederkunft des Gleichen‹ ist der Name für das Sein des Seienden. ›Übermensch‹ ist der Name für das Menschenwesen, das diesem Sein entspricht.« (*GA I.7*, 122) Deleuze versäumt mitzuteilen, dass Heidegger diesen Gedanken schon in seinen Nietzsche-Vorlesungen von 1940, in *Der europäische Nihilismus* und in *Nietzsches Metaphysik* formuliert hat: nicht ein besonderer Typus Mensch sei in Nietzsches Übermenschen vorausgedacht, sondern »erstmals der Mensch in der Wesensgestalt des ›Typus‹« (*GA I.6.2.*, 128), und sein Großes besteht darin, dass er das Wesen des Willens zur Macht in den »Willen eines Menschentums legt, das sich selbst als den Herrn der Erde will«, ein »Schlag jenes Menschentums, das sich erstmals selbst *als Schlag will*« (281). Die Auslegung stellt sowohl den Macht-Willen als auch den Übermenschen in den Kontext von Weltherrschaft und imperialem »Raumbedürfnis« und ist deutlich auf die Erfordernisse des nazistischen Eroberungskriegs hin formuliert.[141]

Da Deleuze über den Kriegseinsatz Nietzsches durch Heidegger nicht sprechen will, reduziert sich die Debatte darauf, dass er den Übermenschen als ein Wesen versteht, das sich durch eine gegenüber dem Menschen ganz neue und andere Weise zu fühlen, zu denken und Werte zu schätzen definiert (*NP*, 178/188). Sowohl Heidegger als auch Deleuze nehmen die Kunstfigur »Übermensch« für bare Münze, statt sie zu dekonstruieren. Deshalb übersehen sie, worum es Nietzsche in seiner Darstellung des schwankenden Verhältnisses zwischen Zarathustra und den »höheren Menschen« geht: er wirbt um die »ideologischen Stände«[142], denen er lehren will, sich von jeder Rücksichtnahme auf die Unteren und den von ihnen mit-bestimmten Moralformen (v.a. Mitleiden und Nächstenliebe) loszumachen, und artikuliert zugleich seine Enttäuschung darüber, dass sie wieder in die alten Ideologien zurückfallen, fromm werden (den Esel anbeten), sich vom Pöbel anstecken lassen (schlecht riechen).[143] Nietzsches »Übermensch« ist beides, radikal-herrschaftliche Hoffnungsfigur mit Vorbildchrakter für antidemokratische Eliten und Enttäuschungsfigur für Zukurzgekommene mit Bildungsanspruch, Intellektuelle ohne Verbindung zu den Machtzentren und Esoteriker verschiedenster Art. Seine Wirksamkeit in den Ideologien des Protofaschismus liegt nicht zuletzt in der Kombination dieser Aspekte.

Im Vergleich zu Heidegger hat Deleuze sich lediglich auf eine entrücktere Übermenschen-Variante festgelegt, bei der das gesellschaftliche Machtsubjekt im Dunkeln bleibt. Diese Verdunkelung ist wiederum notwendige Bedingung für die Verbindung von Nietzscheanismus und Postmoderne. Deshalb kann die Interpretation sich nicht auf Nietzsches begeisterte Ausmalungen der »übermenschlichen« Herrennatur konzentrieren, sondern sucht den gemeinsamen Nenner im »Ende des Menschen«, den Nietzsche als »Hautkrankheit der Erde« bezeichnet hatte.[144] Die Geschichte zeigte immer das Gleiche, meint Deleuze mit Anschluss an Nietzsche, nämlich die durch den theoretischen Menschen ins Gegenteil verkehrte griechische Welt, das durch Judäa verkehrte Rom, die durch die Reformation verkehrte Renaissance, und deshalb sei es hoffnungslos, »die Starken gegen die Schwachen in Schutz zu nehmen«, denn unter dem Druck der Schwachen kann der Starke dem Schwachwerden nicht entkommen. Nietzsches tieferem Blick »offenbart sich das wahrhaft Gattungsspezifische als Reaktiv-werden aller Kräfte« (*NP*, 182f/193f). Wie Nietzsche lehnt Deleuze die menschliche »Gattung« ab, weil die »Schwachen« in ihr zu sehr das Sagen haben.

Für Nietzsche war klar, warum er gegen die »Gattung« Mensch war: Sie ist ein zentraler Bezugspunkt der bisherigen Moralen und der von ihnen abhängigen Wissenschaften, die sich darum bemühen, ein über die Individuen hinausgehendes, beharrendes Verhältnis festzuhalten und aus diesem eine »Gleichheit« der Menschen abzuleiten – ein »konstruiertes Phantom«, das Nietzsche damit erklärt, dass der »*Massen*instinkt« sich auch der Erkenntnis bemächtigt hat (KSA 9/500f). In Wirklichkeit »gibt es keine Gattung, sondern lauter verschiedene Einzelwesen« (508). Dagegen will »seine« Bewegung die »Beseitigung der Gleichheit, das Schaffen Über-Mächtiger«, die »über der ganzen Gattung ›Mensch‹ erhaben dastehen« (KSA 10/244). Auch wenn die Gleichheit in den bisherigen Moralen nur vor »Gott« galt, muss sie beseitigt werden: wenn Nietzsche im *Zarathustra* den Pöbel »blinzeln« lässt, es gebe keine höheren Menschen, denn »Mensch ist Mensch, vor Gott – sind wir Alle gleich«, lautet die Antwort: »Vor Gott! – Nun aber starb dieser Gott.« (*Za*, KSA 4/356)

Deleuze und Foucault übernehmen diese Argumentation und lassen zugleich die soziale Pointe weg. Alles ist wieder da, wenn es auch anders klingt: die Kritik am anthropologischen Fokus der »bisherigen Moralen« und der »Humanwissenschaften«, einschließlich der Frontstellung gegen die »Gleichheit« in der Moral, die der späte Foucault noch in seinen letzten veröffentlichten Interviews 1983 und 1984 als konformistischen Universalismus und Normalisierung im Namen der »individuellen Wahl« und der »Verschiedenheit« zurückweisen wird.[145] »Das große Spiel zu spielen – die Existenz der Menschheit dransetzen, um vielleicht etwas Höheres zu erreichen als die Erhaltung der Gattung«, notiert Nietzsche 1883 in einem Entwurf zu Zarathustras letzter Rede (KSA 10/372). Die postmoderne Ausrufung des »Tods des Menschen« scheint dieses Spiel nachspielen zu wollen.

Zu untersuchen ist im nächsten Teil, wie sich dieses theoretisch-politische Dispositiv ändert, wenn Foucault zu Beginn der siebziger Jahre den Begriff der Episteme sukzessive durch den der Macht ersetzt.

Teil III
Die Einführung eines neo-nietzscheanischen Machtbegriffs und ihre Folgen

1. Neue Koordinaten

Was sich ändert, sind zunächst einige der politischen Koordinaten. Foucault vollzieht unter dem Eindruck der 68er Bewegung einen Linksruck, der mehrere seiner Zeitgenossen völlig überrascht. Man muss sich vor Augen halten, dass seine bislang erfolgreichste Veröffentlichung, die *Ordnung der Dinge* von 1966, aufgrund der scharfen Abrechnung mit Marx von vielen als ein Buch der »Rechten« aufgefasst worden war – Sartre hatte es als »das letzte Bollwerk« bezeichnet, »das die Bourgeoisie noch gegen Marx errichten kann«.[146] Auch von Althusser, der seine bisherigen Lehrtätigkeiten und Veröffentlichungen maßgeblich unterstützt hatte, setzte sich Foucault zu dieser Zeit deutlich ab, indem er dessen Humanismus-Kritik vom »jungen« auf den gesamten Marx und auf die Dialektik schlechthin ausdehnte. Dieses Weiterdrehen der Humanismus-Kritik ist wiederum gemeint, wenn Althusser sich 1966 gegen Foucaults »interviews déconnantes sur Marx« wendet.[147] In den Jahren 1965/66 arbeitete er zudem am gaullistischen Projekt einer Universitätsreform (Réforme Fouchet) mit und wäre beinahe zum stellvertretenden Direktor des Universitätswesens im Erziehungsministerium ernannt worden, wenn er nicht wegen seiner Homosexualität abgelehnt worden wäre (vgl. Eribon 1999, 208ff).

Aber im März 1968 trifft er an der Universität von Tunis auf eine militante Studentenbewegung, deren Marxismus er als eine mobilisierende moralische Energie nach Art eines sorelschen Mythos wahrnimmt – mit neuem Interesse liest er Trotzki, Rosa Luxemburg, Che Guevara und die Schriften der Black Panther.[148] Nach Paris zurückgekehrt beteiligt er sich 1969 als Dekan des Fachbereichs Philosophie an der legendären »Schlacht um Vincennes« und engagiert sich im intellektuellen Umfeld der »Gauche prolétarienne«. Als die Organisation 1970 verboten wird und zahlreiche Vertreter des Gauchismus im Gefängnis einsitzen, gründet er mit anderen bekannten Intellektuellen die »Groupe d'information sur les prisons« (GIP), die die unmenschlichen Haftbedingungen und Lebensgeschichten der Gefangenen aufzeichnet und veröffentlicht. In kurzer Zeit gelingt es der Gruppe, ein Netzwerk von bis zu 2000-3000 Intellektuellen aufzubauen und die Revolten in den Gefängnissen mit einer gefängniskritischen Bewegung in der Gesellschaft öffentlichkeitswirksam zu unterstützen. Freilich ist der Erfolg nur kurzlebig: die Gefängnisrevolten 1971/1972 scheitern und werden teilweise – wie in Attica/USA – blutig niedergeschlagen, es kommt zu einer Welle von Selbstmorden, die Solidaritätsbewegung stößt auf die Ablehnung der Arbeiter und ihrer Organisationen, die neugegründete Selbstorganisation der Gefangenen (CAP) wendet sich gegen die »Anmaßung« der intellektuellen Wortführer, für sie zu sprechen, die GIP löst sich im Dezember 1972 auf.[149]

Die Gefängnisbewegung ist der Ausgangspunkt für die erste große Untersuchung zur Disziplinarmacht in Foucaults *Überwachen und Strafen* (*ÜS* 1975), seinem am stärksten an Marx angelehnten Werk. Sie bildet auch den Hintergrund für das, was Foucault 1976 als »Verbindung (couplage) von gelehrten Kenntnissen und lokalen Erinnerungen« bezeichnen wird (*VdG*, 17/9f). Diese soll einen »Aufstand der ›unterworfenen Wissen‹« (insurrection des savoirs assujettis) ermöglichen, der sich als »Anti-Wissenschaft« gegen die institutionalisierten Wissenschaften und hier insbesondere gegen die »totalitären« Theorien des Marxismus und der Psychoanalyse richtet (14f/7f, 17f/10). Foucault wird diese Frontstellung immer schärfer akzentuieren. Der im gleichen Jahr veröffentlichte *Wille zum Wissen* (*WzW* 1976) ist eine Abrechnung mit der »Repressionsthese« des Freudomarxismus. Ein Jahr später wird Foucault den »Totalitarismus« unmittelbar auf Marx beziehen, wenn er in einer begeisterten Rezension von Glucksmanns *Meisterdenkern* die Leichenberge des Stalinismus als die »enthäutete Wahrheit« der marxschen Theorie bezeichnet (*DdM*, 220; *DE II*, Nr. 204, 278f).[150]

Balibar hat den Kampf mit Marx als eine der wesentlichen Triebfedern der foucaultschen Produktivität bezeichnet (1991, 40). Sie zehrte von der Verbindung mit sowie vom Gegensatz zu einem ehemals mächtigen »Pariser Marxismus«, den es in dieser, v.a. althusserschen, Ausprägung heute nicht mehr gibt. Es ist nicht zuletzt dieser intime Gegensatz, der Foucaults Aufstieg in den Kanon des postmodernen Denkens ermöglichte.

2. Terrainbesichtigung: Die Überwindung der Ideologiekritik durch die »Vielfalt« und die »Produktivität« der Macht

In der Foucault-Literatur wird vor allem die »anti-totalitäre« Frontstellung rezipiert. Sie kann sich auf die Selbsteinschätzung Foucaults stützen, die marxistische Ökonomie- und Staatsfixierung durch die Entdeckung einer »Mikrophysik« der Macht (*ÜS*, 38/35) überwunden zu haben, die sich »von unzähligen Punkten aus und im Spiel ungleicher und beweglicher Beziehungen vollzieht« (*WzW*, 115/123f), so dass sich schließlich, wie es in einem Interview 1977 heißt, nicht mehr Proletariat und Bourgeoisie gegenüberstehen, sondern wir »alle gegen alle« kämpfen – »Und es gibt immer irgendetwas in uns, das etwas anderes in uns bekämpft« (*DdM*, 141; *DE II*, Nr. 206, 311).

Nehmen wir als Beispiel Michèle Barretts Buch *The Politics of Truth. From Marx to Foucault* (1991), das unterschiedliche Varianten der Marx-Verabschiedung kombiniert und bei Foucault zusammenlaufen lässt. Barrett will zeigen, dass die politische Lexik des Diskurses und der Macht derjenigen von »ideology, social formation, class and so on« vorzuziehen sei (1991, 126). Die Aufzählung mit ihrem hastigen »and so on« zeigt den Drang, den gesamten Block historisch-materialistischer Begriffe auf einmal erledigt zu sehen. Als glaubwürdiges Zeichen für die Überwindung des Marxismus gilt ihr vor allem die Verabschiedung des Ideologiebegriffs. Mit Foucault geht Barrett davon aus, dass Ideologie immer als Gegenbegriff zur Wahrheit fungiert, humanistisch auf ein Subjekt bezogen ist und von der deterministischen Basis-Überbaustruktur des Marxismus nicht losgelöst werden kann: »The implication of an ›infrastructure‹ is always there.« (123f, 168) Indem Foucault den Ideologiebegriff durch den Diskursbegriff ersetzt, kritisiert er für Barrett »the materialist mind-set that sees value only in the mute, grey world of the pre-discursive and treats with disregard the productive creations of discourse« (131). Die Nacherzählung unterschlägt, dass schon die marxschen Feuerbachthesen ein solches Ansetzen an einer »prädiskursiven«, stummen Außenwelt als einen Materialismus des »Objekts oder der Anschauung« kritisierten und ihm einen »neuen«, von »sinnlich menschlicher Tätigkeit«, ausgehenden Materialismus entgegenstellten (MEW 3, 5). Der nächste Schritt der Marx-Überwindung besteht dann im Rückgriff auf Nietzsche, der es ihm im Aufsatz *Nietzsche, die Genealogie, die Historie* (*NGH* 1971) erlaubt, die lineare, zwischen Ursprungssuche und teleologischem Ziel eingespannte Geschichtsauffassung durch eine dezentrierte, an den vielfältigen »Herkünften« interessierte »Genealogie« zu ersetzen – »to think of difference rather than resemblance, of beginnings rather than a beginning, of exterior accident rather than internal truth« (Barrett 1991, 132). Auf dieser Grundlage habe Foucault schließlich eine sozialtheoretische Begrifflichkeit entwickelt, die vollends mit dem Paradigma einer determinierenden Sozialstruktur bricht. Sein Machtkonzept »was truly in sympathy with his concern with the polymorphous play of dependencies«, einem Spiel, das nicht in Apparaten lokalisierbar ist, sondern sich in Mikro-Operationen vollzieht (131, 134).

Man muss in der Foucault-Literatur lange suchen, bevor man AutorInnen findet, die diese Lesart der foucaultschen Leistung im Grundsatz *nicht* teilen, was immer sie dann an Foucaults Konzeption kritisieren mögen. Dass die von Nietzsche übernommene Verknüpfung von Macht und Wissen »viel radikaler und weitreichender« ist als jede marxistische Analyse der Wissens-Bedingungen je sein könnte, versteht sich z.B. für Dreyfus und Rabinow von selbst (1983, 115). Es gilt als ausgemacht, dass Foucault damit eine irgendwie »tiefere« Realitätsebene erfasst als »bloße« Ideologietheorie, da diese angeblich doch nur Phänomene des Bewusstseins kennt. So begrüßt Mark Poster die Verabschiedung des Ideologiebegriffs durch die nietzschesche Einsicht in den Perspektivismus aller Diskurse, weil damit der universalistische Befreiungsanspruch des Marxismus durch eine »Tendenz zum Pluralismus« überwunden werden könne (1984, 84ff). Barry Smart begeistert sich v.a. dafür, dass man mit Foucaults »multiplen« Machtbegriff den gramscischen Hegemoniebegriff aus seiner noch marxistischen Problemstellung des Basis-Überbau-Verhältnisses und der Ideologiekritik herauslösen könnte (1986, 159ff). Lemke hält Foucaults Machtkonzept wiederum wegen seiner Körperzentrierung für »materialistischer« als die Ideologiefrage, weil er diese zuvor auf ein »Primat des Bewusstseins« festgelegt hat (1997, 92).

Es ist bezeichnend für die Anziehungskraft einer solchen Marx/Gramsci/«usw.«- Überwindung, dass Foucaults diesbezügliche Leistungen auch von Kritikern unterstellt werden, die ihm eine »monistische Konzeption der Macht« (Honneth 1985, 170) vorwerfen. Honneth liest die Mikrophysik der Macht zunächst als ein »handlungstheoretisches Bezugsmodell«, das trotz seiner Unklarheiten sowohl der althusserschen ISA-Theorie als auch der Fixierung von Horkheimer und Adorno auf den zentralen Verwaltungsapparat überlegen sei (174, 176ff). Die Kritik setzt erst da ein, wo Foucault die Verstetigung und Institutionalisierung der dezentralen Machtverhältnisse und der hierin erzielten Handlungserfolge nicht erklären kann, weil er die Bedeutung des »Normativen« verfehlt (180f, 194). Nancy Fraser, die Foucault ebenfalls das Fehlen einer konsistenten »normativen Perspektive« vorwirft, hebt sein Verdienst hervor, gegen die staatszentrierten und ökonomistischen Macht-Konzeptionen aufgezeigt zu haben, »dass die moderne Macht ›kapillar‹, das heißt schon auf niedrigster Ebene des sozialen Körpers in den alltäglichen sozialen Praktiken wirksam ist« (1994, 31). In beiden Fällen wird vorausgesetzt, was erst zu überprüfen wäre, nämlich dass Foucault sein Gebrauchswertversprechen, mit seinem Machtkonzept die Alltagspraktiken und ihre Kämpfe in ihrer Vielfalt denken zu können, wirklich einlösen kann.

Die Kritik an Foucaults Macht-Monismus greift zu kurz, wenn darunter nur eine Vernachlässigung des »Normativen« verstanden wird. Denn einerseits fixiert sie sich auf einen Aspekt, wo Foucaults Ansatz durchaus gewisse Stärken hat: es gibt gute Gründe dafür, auch die Konstruktion konsensfähiger Normen und Werte ideologie- und machttheoretisch hinsichtlich der ihr zugrundeliegenden gesellschaftlichen Kräfteverhältnisse zu analysieren, von denen ja auch ihre jeweiligen Auslegungen abhängen. Folgt man z.B. Bourdieu, dem zufolge die »symbolische Macht« sich dadurch auszeichnet, dass sie Bedeutungen als legitim durchsetzt, »indem sie die Kräfteverhältnisse verschleiert, die ihrer Kraft zugrundeliegen« (Bourdieu

1973, 12), dann ist die Berufung auf Normen nicht als ein Jenseits von Machtstrategien anzusehen sondern als ihr integraler Bestandteil.[151] Von Bourdieus Feld- und Habituskonzept aus betrachtet wäre der von Honneth vorgebrachte Einwand der Macht-Verstetigung nicht als Problem »normativer Verständigung« zu behandeln, sondern auf der Ebene von Strategien zu untersuchen, mit denen die sozialen Distinktionen der Macht materiell und symbolisch akkumuliert werden.[152] Und andererseits ist die Foucault-Kritik im Namen des Normativen halbherzig: das Problem des foucaultschen Machtbegriffs liegt bei weitem nicht nur darin, dass er die »normative« Institutionalisierung nicht denken kann, sondern auch, wie Honneth in anderem Zusammenhang bemerkt, in einem Funktionalismus, bei dem »die historischen Phänomene des Kampfes [...] insgesamt [...] hinter einem systematischen Prozess der stetigen Perfektionierung von Machttechniken verschwunden [sind]« (Honneth1985, 195).

Die theoretische Kritik sollte sich nicht hinter der Norm-Frage verschanzen, sondern sich auf die Konstruktion des foucaultschen Machtbegriffs selbst einlassen. Diese ist u.a. durch folgenden Widerspruch gekennzeichnet: Einerseits wird die Macht als reine Relationsgröße, »pouvoir relationnel« (*ÜS*, 229/208), bestimmt, bis hin zu der bekannten »nominalistischen« Definition, sie sei nur »der Name, den man einer komplexen strategischen Situation in einer Gesellschaft gibt« (*WzW*, 114/122f); andererseits taucht sie im gleichen Atemzug als ein Subjekt auf, dem eine bestimmte Eigenschaft zugewiesen wird – sei es die eines sublimierten »Kriegs« oder dann (in den 80er Jahren) eines beweglich-reziproken Kräfteverhältnisses, das durch die Qualität der »Freiheit« gekennzeichnet ist. Sie ist nicht nur »omnipräsent« (ebd.) sondern auch in der Lage, alle gesellschaftlichen Bereiche reibungslos bis ins Innerste zu durchdringen sowie ihre Gegenstandsbereiche und Subjektivitäten zu »produzieren«. Vor allem Poulantzas hat darauf hingewiesen, dass sich hinter der foucaultschen Vielfalts-Rhetorik ein Essenzialismus verbirgt, der das »relationale« Machtkonzept wieder in einen allmächtigen »Maître-Pouvoir« zurückverwandelt (Poulantzas 1978a, 165f; dt., 1978b, 137f).

Die schillernde Vokabel der Macht-Vielfalt ist in der Literatur häufig mit der nicht weniger schillernden der Macht-»Produktivität« verknüpft, mit deren Entdeckung Foucault die »bloße« Ausbeutungs-, Herrschafts- und Ideologiekritik des Marxismus überwunden habe. Als Beispiel möchte ich die materialreiche Studie von Thomas Lemke (1997) hinzuziehen, die sich dadurch auszeichnet, verschiedene Kritiken an Foucaults »Machtmonismus« einzubeziehen und sozusagen foucauldianisch, d.h. im Rahmen der von Foucault selbst gelieferten Selbstkritiken wegzuarbeiten. Die Strategie besteht darin, den Vorwurf eines einseitigen Macht-Funktionalismus auf die frühe Phase eines noch »repressiv« gefärbten Machtbegriffs zu beschränken, die dann durch die zunehmende Entdeckung der »Produktivität« der Macht sukzessive überwunden werde.

Das Bild sieht vereinfacht so aus, dass Foucault 1971 in der *Ordnung des Diskurses* die Macht noch primär als äußere »Ausschließung« und innere »Verknappung« thematisierte und damit ihr Verhältnis zum Diskurs noch als eine negative dachte (Lemke 1997, 51, 53). In *Überwachen und Strafen* gehe er dann einen entscheidenden Schritt über die »negative« Machtkonzeption hinaus, indem er zeige, wie die Disziplinarmacht die Unterwerfung und die ökonomische Nützlichkeit in einem »produktiven und sich verstärkenden Kreislauf« zusammenschließt (72). Der Mangel sei freilich, dass Foucaults »strategisch-positive Konzeption« der Macht noch an die »Hypothese Nietzsches« gebunden sei, der zufolge die Machtverhältnisse letztlich aus dem »Krieg« hervorgingen (104, 107). Der Term ist von Foucault selbst geprägt, der dieser »Hypothese Nietzsches« 1976 seine Vorlesung *In Verteidigung der Gesellschaft* widmete (*VdG*, 27/17). Lemke zufolge ist Foucault über die Kriegshypothese noch der »Repressionsthese« verhaftet, die er eigentlich überwinden wollte. Seine Genealogie verfolge noch ein »monokausales Erklärungsmodell«, lege den Akzent einseitig auf die Unterwerfungsprozesse und reduziere die Subjektivität auf einen Effekt der »Disziplin«, die trotz der Beschwörung ihres produktiven Charakters letztlich »negativ« bleibe (Lemke 1997, 109, 111, 114f).

Aber nach dieser Lesart hat Foucault 1976 im ersten Band von *Sexualität und Wahrheit* die »Hypothese Nietzsche« revidiert, indem er die Macht nicht mehr monokausal aus dem Krieg ableitete sondern davon ausging, »dass die Vielfältigkeit von Kräfteverhältnissen [...] entweder in der Form des ›Krieges‹ oder in der Form der ›Politik‹ codiert werden kann« (*WzW*, 114f/123). Lemke sieht darin einen entscheidenden Schritt zum Verständnis der »Produktivität und Positivität« der Macht, der in den folgenden Studien zur Gouvernementalität 1978 und 1979 weiter ausgebaut werde (Lemke 1997, 141, 143ff, 190f). »Produktiv« markiert bei Foucault bekanntlich den Gegensatz zur »Repression« und soll ausdrücken, dass Macht nicht ausschließt, unterdrückt oder verschleiert, sondern die Gegenstands- und Wissensbereiche (wie z.B. des »Menschen«, der »Sexualität« und des »Sexes«) sowie die entsprechenden Subjekte und ihre Haltungen erst hervorbringt. »Positiv« verweist darüber hinaus auf eine zunehmend positive Bewertung der Macht, die Foucault nun in den 80er Jahren von der Gewalt sowie der Herrschaft abgrenzt und der »Freiheit« und der »Ethik« annähert (310ff).

Lemkes erstaunlich lineares Bild eines immer »produktiveren« Machtbegriffs hat uns in die Spätphase Foucaults geführt, die Honneth als seine »eigentümliche Wende« zur Moral bezeichnet hat (1990, 17), und die in der Literatur kontrovers als Entdeckung eines »postteleologischen« Ethikmodells gefeiert (Schmid 1991, 307) oder als konservative Rückwendung zu einem »In-Group-Privatismus« (Kammler 1986, 203f) und privilegierten Ästhetizismus (Rochlitz 1989, 297) kritisiert wird.[153] Ich möchte mich in diesen Streit nicht direkt einmischen, weil m.E. in ihm das Entscheidende ausgeblendet ist, nämlich eine eigentümliche Abstraktion im foucaultschen Machtbegriff, die sowohl der »Kriegshypothese« als der »Freiheit/Ethik«-Hypothese zugrunde liegt und ihre Auswechslung erst ermöglicht. Wie lässt sich erklären, dass Foucault die moderne Macht jahrelang in Umkehrung des Spruchs von Clausewitz als »Fortsetzung des Kriegs mit anderen Mitteln« (*VdG*, 26/16) versteht und dann auf eine Reziprozität festlegt, in der es vornehmlich um die »relations mobiles, [...] réversibles et instables« geht, ohne die keine Gesellschaft leben kann, und in deren Zentrum die »intransitivité de la liberté« stehen soll?[154] Gegen einen grundsätzlich positiven, um die Frage der gesellschaftlichen Handlungsfähigkeit zentrierten Machtbegriff wäre im Prinzip nichts einzuwenden. Aber warum soll es an sich ein Erkenntnisfortschritt sein, die Macht immer »produktiver« zu bestimmen, wenn am Ende die strukturellen Herrschaftsverhältnisse mitsamt den sie einrahmenden Apparaten der Repression und der administrativen Gewalt aus der Machtanalyse herausgefallen sind? Damit soll nicht behauptet werden, die vom späten Foucault zum Paradigma erhobenen beweglich-reversiblen Beziehungen seien nicht als Machtbeziehungen zu analysieren. Aber es gibt keinen Grund für einen neuen Evolutionismus, der dies für angemessener hält, als wenn Foucault die offensichtlich nicht-reversiblen Beziehungen im Gefängnis »noch« als Disziplinarmacht untersucht. Warum soll es an sich besser sein, die Macht im ›produktiven‹ Paradigma eines reziproken Liebesspiels zu denken als im ›negativen‹ Paradigma des sublimierten »Kriegs«, wo es doch darauf ankäme, den »relationalen« Machtbegriff von den jeweiligen gesellschaftlichen Relationen her zu bestimmen?

Ein Vierteljahrhundert nach der Krise des »Pariser Marxismus« ist es an der Zeit, über den intellektuellen und politischen Preis der foucaultschen Marxismus-»Überwindung« nachzudenken. Im Folgenden soll die These entwickelt und belegt werden, dass der Widerspruch zwischen Vielfalts-Rhetorik und Essenzialismus damit zusammenhängt, dass Foucault sich seinen Machtbegriff von Nietzsche vorgeben lässt. Es ist unzureichend, wenn Lemke Foucaults Nietzscheanismus auf die Gestalt einer »Kriegshypothese« reduziert, die dann mithilfe eines »produktiveren« Machtbegriffs überwunden wird. Die »Produktivität« der Macht – genau das *ist* ja Nietzsche, insofern dieser seinen »Willen zur Macht« als die einzige und omnipräsente Produktivkraft in Natur, Individuum und Gesellschaft konzipierte.[155] Hier müsste man die Unterschiede jedenfalls trennschärfer bestimmen. Foucault selbst verortete Nietzsches Einfluss vor allem in der Verbindung von Macht und Wahrheit, in deren Namen er die marxistische Entfremdungs- und Ideologiekritik verabschiedet hat, und die bis zuletzt den Kern seines »produktiven« Machtbegriffs ausmachen wird. Auf ihr beruht nicht nur die Widerlegung der freudo-marxistischen »Repressionsthese« in der *Wille zum Wissen*, sondern auch die Untersuchungsanlage der Studien zu den polisgriechischen, stoischen und frühchristlichen Sexualdiskursen.[156] Foucaults Nietzscheanismus liegt in den 70er Jahren v.a. in der Ablösung der Ideologiekritik durch eine fiktionalistische Kritik der »Wahrheit« und in der Konstruktion eines Machtbegriffs, der den gesellschaftlichen Verhältnissen als eine »tiefere« Seins-Ebene unterlegt ist.

Die folgende Re-Lektüre konzentriert sich vor allem auf die Formationsphase dieser Konstellation zwischen 1969 und 1972. In dieser Zeit, die zugleich die Phase des linksradikalen Engagements ist, trifft Foucault sich mit einem frühen Ideologiebegriff Althussers und stößt sich zugleich von ihm ab, indem er ihn zunächst in die Kategorie des »Wissens« auflöst und dann über die nietzschesche Verbindung von Wahrheit und Macht-Willen in die Kategorie der Macht übergehen lässt.

3. Die Auflösung der Ideologie in das »Wissen«

In der von Barrett ins Feld geführten Passage resümiert Foucault seine Ablehnung des Ideologiebegriffs damit, dass der Term immer in einem potenziellen Gegensatz zur Wahrheit stünde, auf ein Subjekt bezogen und der Ökonomie untergeordnet sei (*DdM*, 34; *DE II*, Nr. 192, 148). Die Äußerung stammt vom Juni 1976. Sechs Jahre zuvor hatte Althusser 1970 in seinem Aufsatz *Idéologie et appareils idéologiques d'État* (im Folgenden zit. *ISA*, dt/frz) die drei Zuschreibungen Foucaults Punkt für Punkt zurückgewiesen: gegen ein traditionelles Konzept, die Ideologie als »falsches Bewusstsein« einer Wahrheit entgegenzusetzen, hatte Althusser ihre »materielle Existenz«, d.h. eine in die Praxen und Rituale eines materiellen ideologischen Apparats eingeschriebene Funktionsweise betont (*ISA*, 136ff/298ff), die von außen nach innen zu rekonstruieren ist: »Knie nieder, bewege die Lippen zum Gebet und Du wirst glauben« (139/301)[157]; Ideologie ist nach Althusser gerade nicht von einem »Subjekt« her zu begreifen, sondern zeichnet sich umgekehrt dadurch aus, die Individuen durch »Anrufung« (interpellation) zu »Subjekten«, d.h. zu Unterworfenen in der Form der Freiheit zu konstituieren (140/302f; 148/310f); und schließlich hat Althusser die Ideologie nicht mehr als ein der »Ökonomie« untergeordnetes, aus ihr abgeleitetes, sie widerspiegelndes Ideengebäude gefasst, sondern als materielle und eigengesetzliche Überbau-Formation zur Reproduktion der Produktionsverhältnisse und ihrer Arbeitskräfte (109ff/269ff).

Wir stoßen hier auf Foucaults durchgängige Strategie, den Ideologiebegriff weit hinter das Niveau der theoretischen Diskussion zurückzuversetzen, um den eigenen Machtbegriff besser profilieren zu können.[158] Tatsächlich hat er sich schon 1969 in der *Archäologie des Wissens* (zit. *AdW*, dt/frz) von einem frühen Ideologiebegriff Althussers abgestoßen, der den ersten Ansätzen einer geschichtsmaterialistischen Ideologietheorie vorausging. Auf das Ideologieproblem stößt Foucault bei seinem Versuch, »positiv [zu] zeigen, wie sich eine Wissenschaft ins Element des Wissens einreiht und funktioniert«. Das ideologische Funktionieren der Wissenschaft sei dort angesiedelt, »wo sich die Wissenschaft aus dem Wissen herausschält« (se découpe sur le savoir), wo sie sich in ihm »lokalisiert«, ihren Platz in einer »diskursiven Regelmäßigkeit« findet, in einem Feld diskursiver Praktiken funktioniert, kurzum: wo sie selbst als »diskursive Praxis« existiert (*AdW*, 263f/242).

Die Verortung der Ideologie ist freilich trügerisch. Dies zeigt bereits die Gegenfrage, wo denn die Wissenschaft *nicht* als »diskursive Praxis« existieren und *nicht* im »Wissen« lokalisiert sein soll. »Wissen« (savoir) bezeichnet bei Foucault – ähnlich wie das »Archiv« – nicht eine empirisch vorliegende Menge von Wissensbeständen, sondern eine tiefer liegende Determinationsebene, die als ein Set von »Regeln« bestimmt, »was gesagt werden [...] muss, damit es einen Diskurs geben kann«, und die damit erst konstituiert, »wovon ausgehend kohärente (oder nicht kohärente) Propositionen gebaut, [...] und Theorien entfaltet werden« (259f/237f). In dieser Problemstellung gibt es nicht einerseits Wissenschaft, andererseits Wissen und in ihrer Berührung ein Ideologieproblem, sondern die Wissenschaft ist selbst ein »Wissen«, das bestimmte Schwellen (z.B. der Epistemologisierung oder Formalisierung) überschritten hat (266/243f). Tatsächlich gibt es gute Gründe, eine Entgegensetzung von »Wissenschaft« und »Wissen« und damit von Epistemologie und Archäologie in Frage zu stellen (254/233). Aber wo ist in dieser Begriffsanordnung die Ideologie geblieben?

Foucault hat in den ersten einführenden Sätzen das Ideologieproblem verabschiedet, bevor er es überhaupt aufgeworfen hat. Es aufzuwerfen, würde heißen, nach spezifischen Formen und Funktionsweisen sowohl im »Wissen« als auch in der »Wissenschaft« zu fragen, die die Tendenzen zu einer freiwilligen Einordnung in die jeweiligen Herrschaftsverhältnisse stärken, die Dispositionen zum Widerstand schwächen, verallgemeinerbare Lösungen verstellen. Eine solche analytische Fragestellung, die die Diskursformationen einer Gesellschaft in unterschiedliche Dimensionen auseinanderlegen würde, ist freilich in Foucaults »Archäologie« nicht möglich, weil sie sich mit dem Erzeugerstatus seines Regelbegriffs nicht vereinbaren ließe.

Dominique Lecourt zufolge ist Foucaults Text eine Antwort auf »einige bereits alte Bücher« Althussers, in denen dieser eine Entgegensetzung von Wissenschaft und Ideologie auf der Grundlage von Bachelards Begriff einer *coupure* oder *rupture* vorgenommen hatte.[159] Gemeint sind *Pour Marx* und *Lire le Capital*, wo Althusser die Ideologie v.a. im Zusammenhang mit dem Humanismus des jungen Marx behandelt, den er ab ca. 1845 durch die Wissenschaft des Geschichtsmaterialismus ersetzt sieht. Ein Textvergleich zeigt allerdings nicht nur, wo Foucault sich gegen die althussersche Entgegensetzung wendet, sondern auch, dass er zunächst den Ideologiebegriff genau von dorther übernommen hat. In *Pour Marx* ist das Ideologische noch nicht als eine materielle Instanz der »ideologischen Staatsapparate« sondern allgemein als ein notwendig imaginäres, »gelebtes« Verhältnis zur Welt gefasst. Ideologie ist damit mit jeder sozialen Praxis verbunden und somit auch unabdingbar für jede Gesellschaft.[160] In dieser frühen Konzeption, die Althusser allerdings auch später nicht aufgeben wird, ist die Ideologie als eine ungesellschaftliche, anthropologische Natureigenschaft verstanden. Sie funktioniert als ein »System von Repräsentationen« (Bildern, Mythen, Vorstellungen) und unterscheidet sich dadurch von der Wissenschaft, »en ce que la fonction pratico-sociale l'emporte en elle sur la fonction théorique«.[161] Dass Althusser gerade die »praktisch-gesellschaftliche Funktion« dem Ideologischen zuschlägt, während für die Wissenschaft nur noch die »theoretische Praxis« übrig bleibt, gehört zu den Anachronismen eines »antihumanistischen« Begriffs der Ideologie, der durch ihre Identifizierung mit subjektiver Praxis schlechthin keine analytische Trennschärfe gewinnen kann.[162]

Vor diesem Hintergrund ist es von Bedeutung, Foucaults Einspruch nicht am falschen Punkt anzusetzen. Er richtet sich keineswegs gegen Althussers überallgemeine Ideologiekonzeption, sondern setzt diese voraus, indem er das ideologische Funktionieren der Wissenschaft mit ihrer Existenz als »diskursiver Praxis« identifiziert. Erst beim nächsten Schritt trennen sich die Wege. Althusser beruft sich auf eine Passage in Marx' *Einleitung zur Kritik der Politischen Ökonomie*, in der das wissenschaftliche Denken als eine gedankliche »Verarbeitung von Anschauung und Vorstellung in Begriffe« bezeichnet wird (MEW 13, 632). Er interpretiert diese »Anschauung und Vorstellung« als Ideologie (im Sinne eines praktisch gelebten Verhältnisses zur Welt), die als Rohstoff (généralité I) in den Prozess wissenschaftlicher Verarbeitung eingeht und dort durch die »theoretische Praxis« der Kritik weggearbeitet und durch ein wissenschaftliches »Gedankenkonkretum« ersetzt werden kann (*PM*, 186f; *FM*, 124f). Die Möglichkeit einer solchen ideologiekritischen »Reinigung« wird am Beispiel von Marx vorgeführt, der (in Althussers Lesart) die humanistischen Kategorien des »Menschen« und seiner »Entfremdung« usw. im Zuge einer »theoretischen Revolution«

als Ideologie erkannt und durch ein neues Set geschichtsmaterialistischer Begriffe (Produktionsverhältnisse, Basis, Überbau usw.) ersetzt hat (*PM*, 233ff).

Uns interessieren zunächst nicht die Schwächen der Entgegensetzung von Ideologie und Wissenschaft, die Althusser selbst in seiner *Selbstkritik* als »theorizistische Abweichung« kritisieren wird[163], sondern die der foucaultschen Antworten, die sich auf verschobene und unklare Weise gegen die Perspektive eines wissenschaftlichen Wegarbeitens ideologischer Überdeterminierungen überhaupt wenden. Dass die Ideologie »nicht außerhalb der Wissenschaftlichkeit« liegt (*AdW*, 264/242), ist kein wirklicher Einwand. Denn dass es keine »reine« Wissenschaft gibt, betont ja auch Althusser, der die ideologische Funktionsweise deshalb innerhalb der Wissenschaft aufspüren und mithilfe einer »materialistischen Dialektik« in Erkenntnisse transformieren will (*PM*, 171f; *FM*, 109f). Dass die Ideologie nicht durch die Korrektur wissenschaftlicher »Irrtümer« zu überwinden ist (*AdW*, 265/243), versteht sich bei Althussers psychoanalytisch gefärbten Ideologiebegriff von selbst.

Die Forderung, die ideologische Funktionsweise nicht durch Aufweis der Widersprüche, Lücken und Mängel sondern auf der Ebene der »Positivität« der Wissenschaftlichkeit aufzuweisen (ebd.), richtet sich implizit gegen Althussers Konzept einer »symptomalen Lektüre«. Aber auch hier wird die theoretische Problemstellung bis zur Unkenntlichkeit unterboten. Denn Althusser verwandte den Begriff, den er an Marx' Umgang mit der klassischen Ökonomie entwickelte, gerade nicht im Sinne einer Kritik, die von außen, ausgehend vom eigenen Reflexionsniveau die Mängel und Lücken registriert und mit den relativen Einsichten verrechnet (*LLC* 16f; *DKL*, *I*, 25f). Interessant ist erst ein zweiter Lektüre-Typus, bei dem Marx die »notwendige Verbindung« zwischen dem Feld des Erkannten und des Nicht-Erkannten ausfindig macht, das Nicht-Gesehene (bévue) im Gesehenen (vue) und als Form des Sehens entziffert, das Nicht-Gewusste in den stärksten Evidenzen, das Schweigen im Diskurs.[164] »Symptomal« meint hierbei das Verfahren, die Bruchstellen eines Textes (z.B. eine Antwort ohne entsprechende Frage) als Symptome eines latenten zweiten Textes zu lesen. Damit wird die Ideologiekritik den stärksten textanalytischen Anforderungen ausgesetzt: es geht um eine Kritik »von innen«, die den Text auf seine Standpunktlogik und Perspektive abklopft.[165] Gefordert ist die hohe Kunst, ihn von seinen besten Seiten her zu lesen, in seine Widersprüche zu verstricken und aus einer solchen Konfrontation die soziale Strukturierung der Problemanordnung und ihre inneren Grenzen zu rekonstruieren.

Foucault reduziert dieses Projekt einer immanenten Ideologiekritik auf einen Aufweis von »Lücken« und »Mängeln«, die er durch seine

Beschreibung der »Positivität« der Wissenschaftlichkeit ablösen will. Aber in einem solchen »glücklichen Positivismus«[166] ist der Aufweis der sozialen Standpunktlogik der Wissenschaft nicht mehr vorgesehen. Foucault verdeckt sein Aussetzen von Kritik durch den radikal klingenden Vorschlag, das ideologische Funktionieren einer Wissenschaft zu kritisieren, indem man sie »als diskursive Formation in Frage [stellt]« (*AdW*, 264/243). Aber damit hat er das Problem nur auf ein anderes Terrain verschoben. Denn sie als eine Diskurs- und Wissensformation »in Frage zu stellen«, hieße ja wiederum, sie als gegensätzlich strukturiertes Feld zu analysieren, auf dem (und um das) unterschiedliche gesellschaftliche Positionen miteinander ringen. Foucaults Vorschlag ist pseudokritisch, da er die Auseinandersetzungen im gesellschaftlichen Apparat der Wissenschaft zwischen den Dimensionen einer arbeitsförmig-»horizontalen« Erkenntnisproduktion und eines Herrschafts- und Verwertungswissens preisgegeben hat. Verabschiedet ist der Anspruch ideologiekritischer Wissenschaft selbst.

Der Vorgang gibt einen Hinweis auf die theoretische Hilflosigkeit des Althusserianismus, die sich u.a. in Lecourts Vorwurf äußert, sich dem historischen Materialismus nicht »anzuvertrauen«.[167] Die Schwäche liegt in einer inkonsequenten Kombination von Ideologiekritik und »neutralem« Ideologiebegriff. Bei Althusser stemmt sich die Wissenschaft gegen die omnihistorische und allgegenwärtige ›ideologische‹ Subjektform, »aber nur um den Preis der Loslösung vom menschlichen Lebensprozess«, hieß es in einer Kritik des *Projekts Ideologietheorie*: »Die Negation des Ideologischen durch die Wissenschaft bleibt abstrakt: ohne Standpunkt in der menschlichen Praxis selbst« (*PIT* 1979, 127).[168] Wenn Foucault diese Bastion einreißt, hat er den »gesunden Menschenverstand« auf seiner Seite. Dagegen wird der von Lacan entlehnte, herrschaftsunspezifische (»neutrale«) Ideologiebegriff von Foucault keineswegs zurückgewiesen. Er ermöglicht ihm stattdessen, die ideologiekritische Frage nach den herrschaftsreproduzierenden Funktionsweisen von Wissenschaft und Wissensformationen nicht stellen zu müssen. Insofern ist es nur konsequent, wenn Foucault den Term Ideologie in den der Diskursformation und später der Macht auflöst, während er zugleich seine zentralen Begriffsinhalte, z.B. die Omnihistorizität der Ideologie, ihre »Effekte«, die durch sie bewerkstelligte »Subjektkonstitution« usw. stillschweigend auf die eigene Machtkonzeption überschreibt. Die Althusserianer können (mit der wichtigen Ausnahme des eher gramscianischen Poulantzas) dieser Enteignung deshalb so wenig Widerstand entgegensetzen, weil Foucault selbst mit dem Instrumentarium eines halbseitigen und parasitären Althusserianismus operiert, den er gegen die Versuche einer materialistischen Verortung der Ideologie ausspielt.

Statt die althussersche Ideologietheorie überwunden zu haben, wie die Foucault-Literatur nahezu einmütig behauptet, hat Foucault sich lediglich von der frühen Fassung einer »Ideologie im Allgemeinen« abgezweigt, die der Ausarbeitung eines materialistischen und analytischen Ideologiebegriffs nicht nur vorausging, sondern ihr auch später im Wege stand. In seiner *Selbstkritik* hat Althusser seine Entgegensetzung von Wissenschaft und Ideologie als eine rationalistische Konstruktion bezeichnet, die die Bedeutung der gesellschaftlichen Kämpfe nicht berücksichtigte.[169] Der Gegensatz sei neu zu bearbeiten als eine komplexe Produktion von Erkenntnissen, »in dem die Klassenkonflikte der praktischen Ideologien, die theoretischen Ideologien, die bestehenden Wissenschaften und die Philosophie sich verbinden», wobei die Philosophie selbst wiederum als »theoretischer Klassenkampf« zu fassen sei.[170] Der Vorschlag ist trotz seiner klassenreduktionistischen Engführung insofern weiterführend, als er Foucaults Anliegen, das Verhältnis von Wissenschaft und Ideologie vom »Wissen« her zu denken, ein Stück weit aufnimmt. Vor allem aber versucht er, die Kritik-Rhetorik beim Wort zu nehmen, wo Foucault nicht daran denkt, sie einzulösen: das »Wissen« selbst nicht als tiefenstrukturelles Regelsystem, sondern als integralen Bestandteil gegensätzlich strukturierter gesellschaftlicher Produktionen zu verstehen.

Foucault wird sich mit dieser geschichtsmaterialistischen Ausarbeitung des Ideologiebegriffs nicht mehr auseinandersetzen. Weil er das Ideologische nicht als materielle Instanz denkt, verbleibt er, wie Lecourt gezeigt hat, in einem »archäologischen Zirkel« (1972, 122; dt., 1975, 96), der darin besteht, dass er auf der Suche nach den Verbindungen zwischen den Diskursformationen und ihrem institutionellen »régime de matérialité« immer wieder nur auf die Regelhaftigkeit der Diskurse selbst stößt. »*L'Archéologie* demeure elle-même une idéologie théorique.« (1972, 133; dt., 1975, 105) Ohne Lecourts Kritik zu erwähnen, haben auch Dreyfus und Rabinow auf ein »methodologisches Scheitern« der *Archäologie* verwiesen, das sie mit der Oszillation zwischen einem deskriptiven und einem präskriptiven Regelbegriff begründen: »He must locate the productive power revealed by discursive practices in the regularity of these same practices [...], regularities which regulate themselves« (Dreyfus/Rabinow 1983, 84). Ihrer Auffassung nach hätte Foucault sich lieber auf die Beschreibung diskursiver Praxen beschränken sollen, statt sich überhaupt um eine theoretische Erklärung ihrer Determination zu bemühen (ebd.). Dies ist freilich ein empiristischer Lösungsvorschlag, der zu der von Lecourt formulierten theoretischen Problemstellung einer Verbindung von Ideologie- und Diskurstheorie nichts beiträgt.[171]

Aber nun unternimmt Foucault – zeitgleich mit seiner linksradikalen Re-Politisierung in Vincennes – einen erneuten Rückgriff auf Nietzsche, der es ihm ermöglicht, dem »Wissen« einen »Willen zum Wissen« zugrundezulegen, den er dann über einen »Willen zur Wahrheit« in der »Macht« aufgehen lässt.

4. Die neo-nietzscheanische Alternative: »Alles ist Mache«

Zur gleichen Zeit, als Althusser sich daran macht, mit dem ISA-Aufsatz (geschrieben 1969/70, veröff. 1970) ein materialistisches Konzept des Ideologischen auszuarbeiten, nimmt Foucault seine Nietzsche-Lektüre wieder auf: 1969 gibt er in Vincennes einen Kurs »Nietzsche und die Genealogie«, aus dem dann der Aufsatz *Nietzsche, die Genealogie, die Historie* (*NGH* 1971) hervorgehen wird, im Wintersemester 1970/71 folgt am Collège de France ein weiterer Kurs mit dem Titel »La volonté de savoir«, der sich mit Nietzsches Konzept eines »Willens zum Wissen« befasst, und im Dezember 1970 hält er am Collège de France seine Inauguralvorlesung »Die Ordnung des Diskurses« (*Odis*), in der er zum ersten Mal den Machtbegriff einführt.

Den Grundgedanken formuliert er schon 1967 in einem Beitrag *Nietzsche, Freud, Marx*, in dem er sich mit dem von Nietzsche begründeten Primat der Interpretation vor dem Zeichen befasst: es »gibt nichts zu interpretieren« (im Sinne eines absoluten Ersten), weil alles immer schon Interpretation ist; »au-dessous de tout ce qui parle», also *unterhalb* alles Sprachhandelns verbirgt sich ein Verhältnis der Gewalt (*DE I*, Nr. 46, 600). Mit dieser unausgewiesenen Gleichsetzung von Primat der »Interpretation« und »Gewaltverhältnis« hat Foucault bereits eine essenzialistische Festlegung »alles Sprechens« vorgenommen, die im Kurs-Résumée von *La volonté de savoir* nur noch ausgebaut zu werden braucht. Der »Wille«, den er nun den Diskurspraktiken als »theoretische Rechtfertigung« unterlegen will (*DE I*, Nr. 101, 1110), ist »anonym« und »polymorph«, und doch weiß Foucault genau, womit er es hier zu tun hat. Denn Nietzsche hat entdeckt, dass die Erkenntnis eine »Erfindung« ist, hinter denen sich etwas ganz anderes verbirgt, nämlich ein Spiel der Triebe, des Begehrens und des Willens zur Aneignung. Nicht aus dem Gleichgewicht, sondern aus dem Hass zwischen diesen Trieben ist sie hervorgegangen; nicht an das Vergnügen und das Glück ist sie gebunden, wie Aristoteles angenommen hat, sondern »à la lutte, à la haine, à la méchanceté«; ihnen entspringt »die Unterscheidung des Wahren und des Falschen«; Wahrheit ist nichts als der »Effekt einer Falsifikation« (1111f).

In *NGH* ist Nietzsche derjenige, der erkannt hat, dass hinter der Wahrheit tausendfache und tausendjährige Irrtümer liegen. Damit erledigt sich auch die Anmaßung, in ihrem Namen den Irrtum zurückzuweisen und sich dem Schein entgegenzusetzen: gerade ein solcher Anspruch gehört zur »Geschichte des Irrtums, der Wahrheit heißt« (*NGH*, 72/1007). Denn befragt man die Leidenschaft zur Wahrheit genauer, stößt man auf den »Willen zum Wissen«, und dieser bedeutet wiederum »Instinkt, Leidenschaft, inquisitorische Wut, grausames Raffinement, Bosheit« (87/1023). Die historische Analyse dieses großen Wissen-Wollens (ce grand vouloir-savoir) der Menschheit mache deutlich, dass eine Begründung des Wahren nicht möglich ist, weil jede Erkenntnis auf »Ungerechtigkeit« beruht. Der Erkenntnisinstinkt selbst ist böse, mörderisch und kann für das Glück der Menschen nichts tun. Damit ist auch entschieden, dass das Wissen-Wollen, statt mit der Affirmation eines freien Subjekts verbunden zu sein, immer mehr Gewaltinstinkte in sich versammelt (ebd.).

Die Annahme, dass die »Wahrheit« nichts weiter als sublimierte Gewalt ist, und dass die Macht sich gerade durch den »Willen zum Wissen« bis in die Mikrostrukturen der Gesellschaft und der Subjekte ausbreitet, wird die foucaultschen Machtanalysen der 70er Jahre grundlegend bestimmen. Sie ist darüber hinaus zu einer Art Grundformel geworden, mit der es postmodernen Intellektuellen im Rückgriff auf Nietzsche gelungen ist, sowohl die marxistische Ideologiekritik als auch den Freudomarxismus einer traditionellen Fixierung auf eine unterdrückte und verschleierte Wahrheit zu überführen, die mithilfe wissenschaftlicher Kritik wieder ans Tageslicht gebracht werden könnte. Es wäre kurzschlüssig, diese erfolgreiche Verdrängung der Ideologiekritik normativ, also wiederum vom Standpunkt einer an sich guten »Wahrheit« aus zu kritisieren, wie sie Foucault der Ideologiekritik unterstellt hat. Denn hier, in der Infragestellung des Wahrheits-Idealismus der Philosophie liegt offenbar eine Stärke von Nietzsches Kritik, die die Gleichsetzung von Wahrheit und Macht plausibel erscheinen lässt. Ihr Wahrheits-Effekt scheint gerade in der Radikalität zu liegen, mit der die Frage nach der Standortgebundenheit des Denkens und Sprechens gestellt wird.

In Foucaults Referat sind – wie auch bei Nietzsche selbst – unterschiedliche Gedanken zusammengeschoben, die im Interesse einer theoretischen Auswertung getrennt besichtigt werden sollten. So hebt Foucault zu Recht Nietzsches Verdienst hervor, die »ideale Tiefe« eines wahren Bewusstseins als eine Philosophen-Erfindung erkannt zu haben (*DE I*, Nr. 46, 596). Die Annahme einer »Erkenntnis an sich« unterschlägt die aktiven und interpretierenden Kräfte, »durch die doch Sehen erst ein Etwas-Sehen wird«, argumentierte Nietzsche: »Es gibt *nur* ein perspektivisches Sehen [...]; und *je mehr* Affekte wir über eine Sache zu Worte kommen lassen, *je mehr* Augen, verschiedne Augen wir uns für dieselbe Sache einzusetzen wissen, umso vollständiger wird unser ›Begriff‹ dieser Sache, unsre ›Objektivität‹ sein.« (*GM*, KSA 5/365) Der Gedanke berührt sich überraschend mit Gramscis Kritik des Objektivismus, bei der er den Term »objektiv« als »menschlich objektiv« und damit zugleich als »geschichtlich subjektiv« re-interpretiert (*Gef*, H. 11, §17, 1411). Er berührt sich darüber hinaus mit einem zentralen Moment marxscher Ideologiekritik, die Produkte des menschlichen Denkens vom Standpunkt der zugrundeliegenden gesellschaftlichen Praxis her zu rekonstruieren. Nietzsches Insistieren, die Erkenntnis nicht von einer abstrakten Wahrheit her zu betrachten, sondern von ihrer »Einverleibtheit«, ihrem »Charakter als Lebensbedingung« her (*FW*, KSA 3/469), könnte z.B. fruchtbar vermittelt werden mit Brechts Vorschlag, die Wahrheit nicht so sehr als eine Kategorie der Moral, sondern vor allem als eine des »Könnens« aufzufassen: »Sie muss produziert werden. Es gibt also Produktionsweisen der Wahrheit.« (*GW* 20, 189)[172]

Foucault hat seine Verabschiedung der »symptomalen« Lektüre mit einem Verlust an Kritikfähigkeit bezahlt. Er übersieht, dass Nietzsches Betonung der Standortabhängigkeit des Denkens und Sprechens unvermittelt in eine ganz andere Gedankenreihe umspringt, nämlich zum einen in eine bestimmte »anthropologische« Interpretation des perspektivischen Wissen-Wollens als Aneignungswille, Gewalt, Hass, Bosheit usw., zum anderen in die Schlußfolgerung, die Wahrheit aufgrund ihres Perspektivismus als »Fiktion«, »Täuschung« und »Lüge« zu behandeln. Beide Folgerungen sind alles andere als denknotwendig, und eine ideologiekritische Textanalyse hätte die Aufgabe, die Bruchstelle ausfindig zu machen, an der sich der Umschlag vom einen zum anderen »Text« vollzieht.

Als Beispiel bietet sich der frühe Aufsatz *Über Wahrheit und Lüge im außermoralischen Sinne* von 1873 an, in dem Nietzsche die Wahrheit als ein »bewegliches Heer von Metaphern, Metonymien, Anthropomorphismen, kurz eine Summe von menschlichen Relationen« auffasst, die »nach langem Gebrauche einem Volke fest, canonisch und verbindlich dünken [...], Münzen, die ihr Bild verloren haben und nun als Metall, nicht mehr als Münzen, in Betracht kommen« (*WL*, KSA 1/880f). Diese operative Definition der Wahrheit wird häufig als ein frühes Dokument der modernen sprachanalytischen Wende in der Philosophie behandelt.[173] Der Ort der Wahrheit, so könnte man im Sinne von Wittgensteins »Sprachspiel« fortfahren, wäre nicht in einem nicht-verbalen Außerhalb zu suchen, sondern »im Ganzen: der Sprache und der Tätigkeiten, mit denen sie verwoben ist« (1945, §7, W 1, 241). Eine »Genealogie« der Wahrheit hätte dann die Aufgabe, die »menschlichen Relationen«, die im fertigen Produkt der »gültigen« Wahrheit verschwunden sind, wieder sichtbar machen. Dies setzte voraus, dass Nietzsche diese Relationen als gesellschaftliche Verhältnisse ins Auge fassen und als Produktionsbedingungen von »Wahrheit« untersuchen würde.

Dass dies für ihn nicht in Betracht kommt, zeigt sich exemplarisch an seinem Vergleich zwischen der Biene und dem menschlichen »Baugenie«: die Biene baut aus Wachs, das sie aus der Natur zusammenholt, der Mensch aber »aus dem weit zärteren Stoffe der Begriffe, die er erst aus sich fabrizieren muss« (*WL*, KSA 1/882). Dies ist, ähnlich wie der berühmte Biene-Baumeister-Vergleich im marxschen *Kapital*, eine Anspielung auf Kants *Kritik der Urteilskraft*, in der die spezifisch menschliche »Kunst«

als eine »Hervorbringung durch Freiheit, d.i. durch eine Willkür, die ihren Handlungen Vernunft zum Grunde legt« gekennzeichnet wird (*KU* I.1, 2. Buch, §43). Bei Marx zeichnet sich der Baumeister dadurch aus, »dass er die Zelle in seinem Kopf gebaut hat, bevor er sie in Wachs baut« (MEW 23, 193). Die Formulierung ist nicht unproblematisch, da die Antizipation des Arbeitsergebnisses hier nicht mit dem (von Marx in anderem Zusammenhang untersuchten) kooperativen Charakter der Arbeit vermittelt ist und daher, isoliert betrachtet, kopflastig erscheint.[174] Freilich enthält die Übertragung des Bildes auf die Arbeit auch eine implizite Kritik an der kantischen Entgegensetzung von »Freiheit« und »Natur«. Bei Marx ist der Naturgegenstand (das Wachs) ebenso wenig verschwunden wie der naturale Aspekt der Arbeit selbst, die Marx durch die Funktion bestimmt, den »Stoffwechsel zwischen Mensch und Natur zu vermitteln« (MEW 23, 57, 192f). Dagegen baut Nietzsches Baumeister nichts weiter als »Begriffe«, und diese »aus sich«, als wäre er nicht auf Naturstoffe, Nahrungsmittel, gesellschaftliche Arbeitsteilung und historisch-gesellschaftliches Kooperationswissen angewiesen. Die Kritik des Wahrheits-Idealismus verbleibt im Idealismus des ungesellschaftlichen Einzelwesens.

Hier haben wir die Einbruchstelle, an der der Perspektivismus in eine Entlarvung der Wahrheit als »Lüge« umspringt. Nietzsches Standpunkt ist der eines enttäuschten Wahrheits-Idealismus. Von diesem Standpunkt aus müssen sich ihm die »menschlichen Relationen« als eine Art Beschmutzung der immer noch heroisch-einzeln gedachten (bzw. solcherart gewünschten) Erkenntnis darstellen. Weil das Bewusstsein »nicht eigentlich zur Individual-Existenz des Menschen gehört, vielmehr zu dem, was an ihm Gemeinschafts- und Herden-Natur ist«, weil es »nur« ein Verbindungsnetz zwischen Mensch und Mensch bildet, wird es »flach, dünn, relativ-dumm, generell«, heißt es in der *Fröhlichen Wissenschaft* (*FW*, KSA 3/591ff). Im gleichen Passus, in dem Nietzsche in *Wahrheit und Lüge im außermoralischen Sinn* die Wahrheit als anthropomorphes Netzwerk eingeführt hat, dient ihm ihr menschlich Relationales dazu, sie der Illusion und Täuschung zu überführen. Als eine von der Gesellschaft aufgestellte Verpflichtung, nach einer festen Konvention und in einem für alle verbindlichen Stil zu »lügen« (*WL*, KSA 1/880f), wird sie zum Vehikel eines allgemein menschlichen Täuschungs- und Fiktions-Willens: »Der Mensch hat [...]einen unbesiegbaren Hang, sich täuschen zu lassen«, und er ist dabei »wie bezaubert vom Glück« (888).

Damit sind die Weichen gestellt, um die Wahrheiten als die »*unwiderlegbaren* Irrtümer des Menschen« (*FW*, KSA 3/518) zu entlarven, den Schein zur »wirklichen und einzigen Realität der Dinge« zu erklären (KSA 11/654; vgl. *JGB*, KSA 5/16f), den »Wille zum Schein« als tiefer und »metaphysischer« anzusehen als den zur »Wirklichkeit, zum Sein« (KSA 13/226), der

Blindheit und der Lüge einen göttlichen Ursprung und heiligen Charakter zuzusprechen (*FW*, KSA 3/577; *GM*, KSA 5/401f; *AC*, KSA 6/243). Die wahre Welt gilt Nietzsche als »bloße Fiktion, aus lauter fingierten Dingen gebildet« (13/270; vgl. 13/193). Foucault hat die Allgegenwart der Fiktion schon frühzeitig übernommen und durchgängig beibehalten. So schlägt er 1963 vor, alle »widersprüchlichen Worte« der Gegenüberstellung von subjektiv und objektiv, innen und außen, der Realität und des Imaginären zu streichen und durch eine »langage de fiction« zu ersetzen (*DE I*, Nr. 17, 308f). Fiktion ist die »Ordnung der Erzählung« selbst (régime du récit), das Raster (trame), das dem Verhältnis zwischen dem Sprechenden und dem Gesprochenen zugrunde liegt, heißt es 1966 (*DE I*, Nr. 36, 534). Und insofern hat auch er nichts anderes geschrieben als historische »Fiktionen«, von denen er sehr genau weiß, dass sie nicht wahr sind (1980, *DE II*, Nr. 280, 859; Nr. 281, 863).

»Was immer sich konstruktiven und korrelierenden, ordnenden und interpretierenden Operationen des Denkens verdankt, soll demnach als Fiktion gelten«, resümiert Haug, der diesen Vorgang als *Fiktionalismus*, d.h. als eine »negative Ontologie der Erkenntnis« kritisiert, mit deren Hilfe das Fiktive auf dessen Widerlager, die Wirklichkeit, ausgedehnt wird (Haug 1999b, 449, 459). Der Fiktionalismus stützt sich auf die Alltagserfahrung, dass jeder nur das sieht, woran er praktisch interessiert ist, und »dass das Wirkliche ohne fiktive Momente nicht zu haben ist« – auch nicht in der Wissenschaft, die die Grenzen des sicher Gewussten durch vorläufige Annahmen, methodische Abstraktionen, Idealtypen, Hypothesen, Extrapolationen, emphatische Übertreibungen usw. überschreiten muss. Aber statt die Bedeutung des Standorts und der Perspektive im Rahmen einer Analyse der gesellschaftlichen Verhältnisse herauszuarbeiten, begnügt er sich mit der Festschreibung des Perspektivischen als eines Un-Wahren. Auf die Ideologisierung des Wahrheit, die z.B. bei Plato darin besteht, nur das staatliche Ganze für wahr zu erklären, reagieren Nietzsche und Foucault nicht ideologiekritisch mit einer Analyse des organisierenden gesellschaftlichen Standpunkts, sondern totalisierend mit der Fiktionalisierung des Wahren überhaupt. Das Ideologische wird aufgelöst in die ontologische Fiktionalität des »Alles-ist-Mache« (449f, 459f).

Statt den Ideologiebegriff zu überwinden, fällt der neo-nietzscheanische Fiktionalismus auf Positionen zurück, die die unterschiedlichen Bemühungen einer geschichtsmaterialistischen Ideologietheorie in den 70er Jahren zu überwinden versuchten. Die Ideologie als »Fiktion«, »Schein« und »falsches Bewusstsein« u.ä. anzusehen gehörte zum Paradigma einer Ideologiekritik, das von Lukàcs bis zur Frankfurter Schule reichte und sich als unzureichend erwies, um die Stabilität bürgerlicher Hegemonie und die Kämpfe ums ideologische Material zu begreifen. Der nietzschesche

Fehlschluss, die Fiktion darüber hinaus als gewaltsame, bösartige und gehässige »Lüge« und »Täuschung« zu interpretieren, geht noch weiter zurück auf Priestertrugskonzepte der Aufklärung, die allerdings auch im Marxismus als »Manipulationsthese« noch lange weitergewirkt haben.[175]

»Die Metaphysik, die Moral, die Religion, die Wissenschaft – sie werden [...] nur als verschiedene Formen der Lüge in Betracht gezogen: mit ihrer Hilfe wird ans Leben *geglaubt*«, erklärt der späte Nietzsche (KSA 13/193). Eingeebnet sind nicht nur die Unterschiede zwischen Ideologie und Wissenschaft, sondern auch die innerhalb jeder der einzelnen Formationen. Wenn Kritik in ihrer Wortbedeutung (gr. *krineîn)* das Unterschiede-Machen bedeutet, läuft die fiktionalistische Einziehung jeder Unterscheidbarkeit auf die Zerstörung der Kritik selbst hinaus. »Fiktionalismus frisst [...] Erkenntnis insgesamt auf«, bemerkt Bloch (1950, *GA* 10, 24), er verwandelt die wissenschaftlichen Begriffe »höchst nützlich in Aktienpapiere, welche je nach der gegebenen Lage schwanken« und »macht den Zweifel am heute fassbaren Sein zu einem an allem und jedem. So durchzieht [er] große Teile des heutigen Denkens, leicht, bequem, treulos.« (1935, *GA* 4, 281f) Es ist, als antizipierte Bloch bereits den Postmodernismus-Effekt, im Gestus einer Radikalisierung der Kritik die Möglichkeit der Kritik selbst zu korrumpieren. Die Korruption besteht darin, ihr die Fähigkeit zur differenzierenden »bestimmten Negation« zu nehmen und damit leer laufen zu lassen.

5. Die Macht als Entnennungsmaschine

Der Übergang vom »Alles-ist-Mache« zum »Alles-ist-Macht« ist bereits in der Rückführung perspektivischer Erkenntnis auf Aneignung, Gewalt, Hass, und Bosheit angelegt. Fasziniert vom scheinradikalen Gestus übersieht Foucault, dass Nietzsche hier eine aggressive Variante des Privategoismus auf die menschliche Natur schlechthin projiziert hat. Er übergeht auch, dass Nietzsches herrschaftlicher Begriff der »Macht« das genaue Gegenteil von Spinozas kooperativ angelegter Handlungsmacht (*potentia agendi*) ist, deren Tätigkeitsvermögen er sich zugleich einzuverleiben versucht (s.o. Teil I/6). Der »Wille zur Macht«, den Nietzsche erstmals im November 1882 in Vorbereitung des *Zarathustra* erwähnt (KSA 10/187), löst den bis dahin benutzten spinozischen Term der »Selbsterhaltung« ab und leitet den Vertikalisierungsschub der nietzscheschen Spätphase ein.[176] Seine Funktion besteht darin, die Tendenzen des »Überwältigens, Herrwerdens« über weniger Mächtiges (*GM*, KSA 5/313f), des Unterdrückens, Vergewaltigens, Ausbeutens (208; 13/258) zusammenzufassen und ins »Wesen des Lebens« überhaupt zu verlegen. Wie später bei Foucault, ist der Wille zur Wahrheit ein zentrales Vehikel seiner Durchsetzung: »Auch du, Erkennender, bist nur ein Pfad und Fußstapfen« dieses Willens zur Macht, der wiederum »auf den Füßen deines Willens zur Wahrheit [wandelt]«, heißt es im *Zarathustra* (*Za*, KSA 4/148). Zahlreiche Gliederungsentwürfe des geplanten Buches zum »Willen zur Macht« deuten darauf hin, dass Nietzsche den »Willen zur Wahrheit« als das erste Kapitel konzipiert hat (z.B. KSA 13/ 515f, 537, 543).

Foucaults *Ordnung des Diskurses* von 1971 (*Odis*, zit. dt/frz) gibt uns einen ersten Aufschluss, wie Nietzsches Verkopplung von »Wille zur Wahrheit« und »Wille zur Macht« bei Foucault angekommen ist. Es gab einen Zustand vor der platonischen Dichotomie von wahr und falsch, wo der wahre Diskurs noch unmittelbar mit der Herrschaftsmacht zusammenfiel, berichtet Foucault. Bei den Sophisten des 6. Jahrhunderts war der wahre Diskurs noch »derjenige, der Recht sprach und jedem sein Teil zuwies«, der »kostbare und begehrenswerte Diskurs, der an die Ausübung von Macht gebunden ist«. Doch im 5. Jahrhundert wird der Sophist vertrieben, die Wahrheit wird vom befugten »Akt der Aussage weg und zur Aussage selbst hin verschoben«, und seither verläuft in der abendländischen Geschichte der »Wille zum Wissen« in der allgemeinen Form eines »Willens zur Wahrheit« (*Odis*, 14/17f). Dieser »Wille zur Wahrheit« entwickelt sich zum wichtigsten der drei großen Ausschließungssysteme (neben der Zensur und der Ausgrenzung des Wahnsinns), mit denen die Macht der Diskurse eingedämmt und unterworfen wird, und obwohl er seit seiner platonischen Idealisierung nicht mehr derjenige ist, »der dem Begehren antwortet und die Macht ausübt«, sind gerade das Begehren und die Macht in ihm am Werk (17/22).

Lemke verortet die Problematik an der falschen Stelle, wenn er behauptet, Foucault hätte die Macht hier noch »allein als äußere ›Ausschließung‹ und innere ›Verknappung‹ thematisiert« (1997, 51). Er folgt damit Foucault selbst, der 1977 seinem früheren Machtkonzept bescheinigte, in der »negativen« Vorstellungen eines untersagenden Gesetzes befangen zu sein (*DdM*, 104f; *DE II*, Nr. 197, 228f). Aber diese »Selbstkritik« ist irreführend oder zumindest missverständlich. Denn in *Ordnung des Diskurses* ist die Macht zugleich und vor allem das, was durch die »gewaltige Ausschließungsmaschinerie« der Wahrheit (*Odis*, 17/22) ausgeschlossen werden soll: die Verbote, die den Diskurs treffen, richten sich gerade gegen sein »Zusammenspiel mit der Macht und dem Begehren«, »er ist die Macht, deren man sich zu bemächtigen sucht« (le pouvoir dont on cherche à s'emparer) (11/12, 17/23). Die »Unterwerfung des Diskurses« soll sein »Wuchern« bändigen, insbesondere das, was es da »Gewalttätiges, Plötzliches, Kämpferisches, Ordnungsloses und Gefährliches gibt« (30/46, 33/52f). Als Gegenstrategie schlägt Foucault vor, unseren »Willen zur Wahrheit« in Frage zu stellen und dem Diskurs seinen »Ereignischarakter« zurückzugeben, d.h. ihn »als eine Gewalt begreifen, die wir den Dingen antun; jedenfalls als eine Praxis, die wir ihnen aufzwingen« (33/53, 34f/55).

Foucaults Übergang vom Diskurs zur Macht wird in der Foucault-Literatur gemeinhin als erfolgreiche Durchbrechung seines »archäologischen Zirkels« gewürdigt.[177] Sogar Habermas, der sich über den »völlig unsoziologischen« Machtbegriff Nietzsches im Klaren ist, bescheinigt Foucault, durch diesen Übergang eine »gesellschaftstheoretische« Fragestellung zu gewinnen.[178] Gerade dies ist fraglich, da Foucault mit dem von Nietzsche entlehnten Machtbegriff den geheimnisvollen Erzeugerstatus des diskursiven Regelsystems nicht gesellschaftstheoretisch überwindet, sondern in modifizierter Terminologie nur wiederholt. Die Macht tritt auf den verschiedenen Seiten der »Ausschließungsmaschinerie« auf, sowohl in der Gestalt der unterwerfenden »Wahrheit« als auch in der Gestalt der unterworfenen anarchischen (»ordnungslosen«), schöpferisch-gewalttätigen Potenz, die Foucault wiederum mit einer ursprünglichen »sophistischen« Identität von Wahrheit und Herrschaftsausübung verknüpft. Sie ist nicht als Instrument zur Analyse gesellschaftlicher Handlungs(un)fähigkeiten eingeführt, sondern wird als diffuse Eigenschaft einem »Willen zur Wahrheit« (egal zu welcher) bzw. einem Diskurs-»Wuchern« (egal wohin) zugeschrieben. Sie erscheint als eine rätselhafte Kraft, die ebenso die unmittelbare Herrschaftsmacht wie ihre Ideologisierung und schließlich auch den Widerstand durchströmt. Foucault hat seinem Konzept eines regelhaften »Wissens« ein noch fundamentaleres Konzept der Macht gleichsam untergeschnallt, ohne dass der so gewonnene Macht/Wissens-Komplex (pouvoir-savoir) aus den gesellschaftlichen Relationen entwickelt worden wäre. Seine Macht funktioniert wie bei Nietzsche als eine »Entnennungsmaschine für den gesamten Konkretionsbereich gesellschaftlicher Praxen« (Haug 2001b), die alles jeweilige Machen-Können verschwinden lässt.

Der Entnennungseffekt wird deutlich, wenn man sich die Komponenten des von der »Wahrheit« Ausgeschlossenen näher betrachtet. Foucaults Ausgangspunkt einer vor-philosophischen Konstellation, bei der Wahrheit und Machtausübung sich noch unmittelbar deckten, reproduziert die nietzschesche Urprungsidylle einer unsublimierten Herrschaftsmacht in der vor-klassischen Antike. Sie gehört zur Konstruktion eines dorisch-aristokratischen Urgriechenlands und ist, wie Cancik und v. Reibnitz materialreich gezeigt haben, Teil einer romantisch-reaktionären Traditionslinie im deutschen Philhellenismus, die mit dem Arier-Mythos verschmilzt und sich v.a. gegen die liberal-humanistischen Interpretationen der klassischen Antike richtete.[179] Nietzsche hat seinen Machtbegriff auf der Seite einer »Sophisten-Kultur« angesiedelt, die dem »allerwärts losbrechenden Moral- und Idealschwindel der sokratischen Schulen« den strengen Realismus der »älteren Hellenen«, ihren »agonalen Instinkt«, »Wert der Rasse« usw. entgegensetzte (*GD*, KSA 6/156f). Von hier aus will er in einer »Gesamtabrechnung des Altertums« (KSA 8/80) die utopischen Tendenzen im philosophischen Idealismus aufzeigen, die das Christentum und damit auch den modernen Sozialismus möglich machten.[180] Seine Ideologiekritik ist vom Standpunkt unvermittelter Herrschaft artikuliert. Sie wendet sich gegen den Werte-Universalismus des Ideologischen, weil er eine Kompromissbildung bedeutet, in deren Instanzen die unteren Klassen mit vertreten sind und sich auf sie berufen können.

Foucault knüpft an diese Rhetorik an und überführt sie in den Diskurs der studentischen Protestbewegungen. Auch bei ihm setzt die Kritik erst da ein, wo die »Geschäfte« »Spiele«, und »Paradoxien« der Sophisten verbannt sind (*Odis*, 31/48) und die Macht die Form der sie verschleiernden »Wahrheit« angenommen hat. Was ihn (wie Nietzsche) fasziniert, ist die unsublimierte und unverschleierte Gewalt-Macht, die als solche mit einer rebellischen, anti-ideologischen Potenz ausgestattet wird. Hier rächt sich, dass Foucault seinen Machtbegriff nicht von Spinoza, sondern von Nietzsche bezogen hat. Er reproduziert Nietzsches Verdrängung und Überwältigung der spinozischen *potentia agendi* und kann daher zwischen einer kooperativen Handlungsmacht von unten und einer Herrschaftsmacht von oben analytisch nicht differenzieren. Das sophistische Recht des Mächtigeren fließt ununterscheidbar mit dem Gewalttätig-Kämpferischen zusammen, das »wir« nun in unseren Diskursen wiederzufinden hätten.

Diese in der Schwebe gehaltene Unschärfe ist die Voraussetzung dafür, dass Foucault seinen Nietzscheanismus mit einem Gauchismus verbinden kann, in dem sich klassenreduktionistische Artikulationen der »Machtfrage« mit spontaneistischen Ansätzen neuer Subjekt-Erfahrungen kreuzen. Bevor wir diese Kombination untersuchen (s.u. III.7), wollen wir am Beispiel des Aufsatzes *Nietzsche, die Genealogie, die Historie* beobachten, wie Foucault mithilfe einer überaus fragwürdigen Philologie eine Umkodierung Nietzsches zum Vordenker einer alternativen und radikal dezentrierten Kultur organisiert.

6. Nietzsches »Genealogie«, oder: Die gewaltsame Konstruktion eines alternativen Nietzsche

Foucaults *Nietzsche, die Genealogie, die Historie* (zit. *NGH*, dt/frz nach *SdW* und *DE I*, Nr. 84) beruht auf dem philologischen Befund einer gegensätzlichen Bedeutung von *Ursprung* und *Herkunft* bei Nietzsche und lässt sich in der These zusammenfassen, dieser wandte sich vor allem gegen eine Geschichtsschreibung, die sich an der Aufdeckung eines *Ursprungs* von Moral und Wahrheit sowie an kontinuierlichen Entwicklungslinien orientierte. Dagegen zeichnete sich seine »Genealogie« dadurch aus, die *Herkünfte* und *Anfänge* des Moralischen in den »Niederungen«, im Lächerlichen und Diskontinuierlichen aufzuspüren (*NGH*, 71f/1007f). Indem sie sich für das

»Niedere«, das »Graue« des Lebens, für die »Zufälle« der Kämpfe und für den Leib interessierte, befreite sie die Historie vom metaphysischen und anthropologischen Modell und machte aus ihr ein »Gegen-Gedächtnis« (85/1021). Was immer an dieser Entgegensetzung unklar sein mag, klar ist jedenfalls, dass es hier darum geht, Nietzsches Ansatz mit relevanten Themen der Nach-68er-Bewegungen zu verknüpfen. Nietzsche, so scheint es, ist Vordenker einer Alltagsgeschichte von unten, die darangegangen ist, das von der traditionellen Geschichtsschreibung Verdrängte, Kleine, Lokale ans Tageslicht zu bringen.

Zu betrachten ist zunächst der philologische Befund einer gegensätzlichen Verwendung von *Ursprung* und *Herkunft* bei Nietzsche, von dem Foucaults Interpretation einen Großteil ihrer Glaubwürdigkeit bezieht. Denn Foucault argumentiert hier textbezogen, zitiert die Begriffe im deutschen Original, unterscheidet verschiedene Verwendungsweisen und liefert in den Fußnoten eine Menge Belegstellen. Die philologische Analyse erscheint präzise, differenziert und seriös. Hinzu kommt ein starkes Pathos wissenschaftlicher Präzision. Schon im ersten Abschnitt wird die »peinliche Genauigkeit des Wissens« und eine »strenge Methode« beschworen. Die Genealogie ist eine »mit erbitterter Konsequenz betriebene Gelehrsamkeit« (*NGH*, 69/1004). Der Anschein der Überprüfbarkeit scheint die Überprüfung selbst überflüssig zu machen.

Wo sie dennoch unternommen wurde, kam sie zu dem Ergebnis, dass Foucault seine eigene Begrifflichkeit auf Nietzsches Texte projiziert hat, statt sie aus ihnen zu entwickeln (vgl. Cook 1990; Pizer 1990). Doch dies ist ein Einwand, der in der Foucault-Literatur kaum Beachtung findet: entweder wird Foucaults Nietzsche-Interpretation unbefragt weitergereicht, oder man erklärt die Frage der philologischen Zuverlässigkeit für irrelevant. Zur ersten Variante gehören Interpretationen, die die Übereinstimmung von Foucault und Nietzsche summarisch mit der »kritischen« Funktion der Genealogie begründen, ohne nach Standpunkt und Perspektive der Kritik zu fragen.[181] Zur zweiten Variante gehört z.B. Brieler, der Pizers detaillierte philologische Widerlegung der foucaultschen Lesart mit dem Hinweis abbügelt: »Als ob philologische Anhänglichkeit an die Tradition das Anliegen Foucaults wäre!« (1998, 285f A 2) Als ob es ein ungeschriebenes Gesetz gäbe, sich auf eine einfühlende Darstellung des foucaultschen »Anliegens« zu beschränken und kritische Fragen nach seiner argumentativen Begründung zu unterlassen! Kein Historiker oder Soziologe könnte sich Foucaults souveränen Gestus leisten, Nietzsche nach Belieben deformieren zu können und auf eine »historisch-philologische Rekonstruktion« zu verzichten, bemerkt Losurdo (2002, 791, 1077). Zu einem Verzicht auf historisch-kritische Rekonstruktion bekennen sich auch Dreyfus und Rabinow: »We plead neutrality concerning the textual accuracy of Foucault's reading«

(1983, 106).[182] Es fragt sich, warum sie meinen, dies mit ihrer intellektuellen Sorgfaltspflicht vereinbaren zu können. Es gehört schließlich zu den rudimentärsten Minimalanforderungen einer kritischen Lektüre, Foucaults Interpretation mit den von ihm selbst ausgewählten Belegstellen zu vergleichen. Dies soll im folgenden getan werden.

6.1. ›Ursprung‹ versus ›Herkunft‹ bei Nietzsche?

Foucault macht zu Beginn deutlich, dass Nietzsches Entgegensetzung von *Ursprung* und *Herkunft* keineswegs durchgängig ist: in einer allgemeinen Begriffsverwendung gebrauche Nietzsche beide Termini synonym; aber in einer zweiten, »genau bestimmten« Verwendung sei ›Ursprung‹ der ›Herkunft‹ entgegengesetzt, nämlich im 1. Aph. von *Menschliches, Allzumenschliches* (*MA*), in einigen Passagen der *Morgenröthe* (*M*) und der *Fröhlichen Wissenschaft* (*FW*), und in der Vorrede zur *Genealogie der Moral* (*GM*). Es folgt die Einschränkung, dass Nietzsche in den letzten Paragraphen der Vorrede der *GM* wieder auf einen neutralen und unterschiedslosen Gebrauch zurückgehe, und eine Anmerkung ergänzt, dass Ursprung und Herkunft in der *GM* ohnehin »häufig unterschiedslos« (de manière à peu près équivalente) gebraucht werden.[183] Foucault hat also allen Grund, seine These darauf zu reduzieren, dass Nietzsche »zumindest gelegentlich« (au moins en certaines occasions) die Suche nach dem Ursprung ablehnte (*NGH* 71/1006). Zählt man die angeführten Textverweise zusammen, sieht man, dass nach Foucaults eigener Darstellung die meisten Nietzsche-Passagen für eine synonyme Verwendung sprechen, und dies gleichermaßen für den früheren Text *MA* von 1878 wie auch für den späteren Text *GM* von 1887.

Aber auch dieses »gelegentlich« wird zweifelhaft, wenn man sich die schmale Textbasis für einen Gegensatz von *Ursprung* und *Herkunft* genauer betrachtet. Nicht aussagekräftig sind zunächst alle diejenigen Textstellen, die Foucault für einen »ironischen« Umgang mit dem Ursprung anführt (*NGH*, 70/1005): wenn Nietzsche erklärt, der Ursprung der Moral bzw. der moralischen Verurteilung des anderen als »böse« liege in dem Fehlschluss, das mich Schädigende als eine dauernde Eigenschaft des anderen, als das Böse schlechthin auszugeben (*M*, KSA 3/90), ist natürlich nicht der Term »Ursprung« kritisiert, sondern der beschriebene Fehlschluss. Wenn er den traditionellen Erklärungen, der Ursprung der Religion liege in einer Offenbarung oder im metaphyischen Bedürfnis (Schopenhauer), die Behauptung entgegensetzt, die Religion sei in Wirklichkeit auf einen »Irrtum« oder eine »Erfindung« zurückzuführen (*M*, KSA 3/62; *FW*, KSA 3, 494f, 589), greift er wieder nur bestimmte theo-philosophische Ursprungsauslegungen an; an keiner dieser Stellen taucht der Begriff »Herkunft« auf, bei einigen nicht einmal der Term »Ursprung« selbst (*GM*,

KSA 5/281ff; *GD*, KSA 6/95f). »*Ursprung* is not itself the butt of the ironic and deceptive tone«, resümiert Cook (1990, 303). Es scheint im Übrigen zweifelhaft, die angeführten Textstellen für »ironisch« zu halten: wie wir gesehen haben (s.o. III.4), ist es eine durchgängige Tendenz bei Nietzsche, ideologische Phänomene mit Konzepten des falschen Bewusstseins (»Irrtum«) oder des Priestertrugs (Erfindung, Lüge) zu erklären.

Damit verengt sich die Textgrundlage auf *MA* Aph. 1 und auf die Vorrede zur *GM*. Im ersten Fall geht es Nietzsche nicht um den Gegensatz zwischen Ursprung und Herkunft, sondern um den zwischen einer »metaphysischen« und einer »historischen« Philosophie. Erstere ist dadurch gekennzeichnet, dass sie »für die höher gewerteten Dinge einen Wunder-Ursprung annahm, unmittelbar aus dem Kern und Wesen des ›Dinges an sich‹ heraus«, zweitere dadurch, dass sie in enger Verbindung mit der Naturwissenschaft die metaphysischen Vorstellungen eines unegoistischen und völlig interesselosen Handelns mithilfe einer »*Chemie* der moralischen, religiösen, ästhetischen Vorstellungen und Empfindungen« destruiert (*MA*, KSA 2/23f). Wie in der wirklichen Chemie käme auch diese moralische »Chemie« zu dem Ergebnis, dass die herrlichsten Farben aus »niedrigen, ja verachteten Stoffen« gewonnen sind. Der Aphorismus endet mit der Vermutung, nicht viele interessierten sich für solche Untersuchungen, wo doch die Menschheit es vorziehe, »die Fragen über Herkunft und Anfänge sich aus dem Sinn zu schlagen« (24). Diese Schlusspassage als Beleg für einen grundlegenden Gegensatz Herkunft-Ursprung zu benutzen, nur weil dort das Wort ›Herkunft‹ verwendet wird, ist zumindest weit hergeholt. Nicht nur hat Nietzsche auch hier kein Interesse gezeigt, die Termini zueinander in Beziehung zu setzen, er hat zudem auch nicht von Ursprung schlechthin, sondern vom »Wunder-Ursprung« gesprochen. Foucaults philologische These kommt also dadurch zustande, dass er Unverbundenes aneinanderrückt und Nietzsches Spezifizierung des Ursprungs als metaphysischen unter den Tisch fallen lässt.[184]

Am bedeutsamsten für seine These hält Foucault die Vorrede zur *GM*. Die Begründung ist etwas verwickelt: Als Gegenstand der *GM* bezeichne Nietzsche die *Herkunft* der moralischen Vorurteile, und die erste vorläufige Form sei (Nietzsche zufolge) in *MA* formuliert. Noch weiter zurückblickend erinnere Nietzsche an eine »erste philosophische Schreibübung« als 13-Jähriger, bei der er Gott als den Vater des Bösen nachgewiesen habe. Foucaults Nietzsche-Referat ist bis dahin zutreffend (vgl. *GM*, KSA 5/248f). Nun aber erfolgt eine erste eingreifende Deutung: Über diese jugendliche Argumentation lache Nietzsche nun, »eben weil es sich um eine Suche nach dem *Ursprung* handelte« (*NGH*, 70/1005). Das ist freilich nicht die Begründung Nietzsches, der darauf hinweist, dass er durch historische und philologische Schulung gelernt hätte, den Ursprung des Bösen nicht mehr

»*hinter* der Welt zu suchen« (*GM*, KSA 5/251). Statt zu belachen, dass das Böse einen Ursprung haben könnte, geht es Nietzsche also darum, ihn *in* der Welt zu suchen, und dies bedeutet für ihn, zu untersuchen, unter welchen Bedingungen die Menschen die gut-böse-Dichotomie »erfanden« (251f). Foucaults zweiter interpretativer Eingriff bezieht sich darauf, dass Nietzsche seine »Herkunfts-Hypothesen« schon in *MA* vorbereitet sieht, obwohl dort hinsichtlich der Vorgeschichte der Moral, der Askese, der Gerechtigkeit und der Strafe »immer von *Ursprung* die Rede [war]« (*NGH*, 70/1006).[185]

Aber warum soll der Umstand, dass Nietzsche mal von Ursprung und mal von Herkunft spricht, überhaupt von Bedeutung sein? Foucault scheint es, »als wollte Nietzsche nun (d.h. 1887 in der *GM*; JR) einen Gegensatz zwischen *Herkunft* und *Ursprung* zur Geltung bringen, der zehn Jahre zuvor noch keine Rolle spielte.« (Ebd.) Diese Vermutung ist aus mehreren Gründen abwegig: zum einen stammt Foucaults bisher einziges überhaupt erwägenswertes Argument für einen Gegensatz zwischen Herkunft/Anfängen und Wunder-Ursprung ja gerade aus *MA*, wo er nun plötzlich »keine Rolle« mehr spielen soll. Und andererseits hat Foucault selbst darauf hingewiesen, dass die *GM* Ursprung und Herkunft in der Regel synonym verwendet. Es gibt weder eine Weiterentwicklung zwischen einem früheren *Ursprung* und einer späteren *Herkunft* bei Nietzsche noch einen Bruch zwischen ihnen.[186] In keiner einzigen der von Foucault angeführten Textstellen interessiert sich Nietzsche für einen solchen terminologischen Gegensatz. Tatsächlich interessiert er sich für den Gegensatz zwischen einer metaphysischen und einer »wirklichen« Moral-Geschichte, die auf das »Graue, d.h. das Urkundliche, das Wirklich-Feststellbare, das Wirklich-Dagewesene« stützt (*GM*, KSA 5/254), aber dieser ist nicht an der terminologischen Verwendung *Ursprung* oder *Herkunft* aufgehängt – nicht einmal »gelegentlich«.

Was Foucault aus Nietzsche herauszulesen beansprucht, hat er in ihn hineingelesen. Aber während es einfach ist, seine philologische Irreführung aufzuzeigen, ist es einigermaßen schwierig, sie zu erklären. Es ist bekannt, dass Foucaults Terminologie schon feststeht, bevor er daran geht, sie mithilfe einer ausgeklügelten Philologie durch die Autorität Nietzsches zu legitimieren. Tatsächlich gelten »Ursprung« und »Utopie« schon in der *Ordnung der Dinge* als Kennzeichen eines anthropologischen Denkens, deren Überwindung durch Nietzsches »Tod des Menschen« eingeleitet wurde (*OD*, 321f/274f; 396ff/339ff). Entgegen der geläufigen Periodisierung »Archäologie-Genealogie« ist auch der Begriff der *Genealogie* nicht eine Neuentdeckung in *NGH*, sondern findet sich schon mitten in der »archäologischen« Periode – mitsamt ihrer Stoßrichtung gegen jede »ursprüngliche Fundierung« (*AdW*, 24/22).[187] Insofern hat Foucaults »Philologie«

in *NGH* die Funktion einer gewaltsamen Anpassung der nietzscheschen Terminologie an die eigene. Es ist, als wollte er praktisch vorführen, was er kurz davor in der Inauguralvorlesung am Collège de France theoretisch ausgeführt hat: den Diskurs als »Gewalt« zu begreifen, die wir den Dingen antun (*Odis*, 34f/55). Das Bedürfnis, eine nietzscheanische Traditionslinie zu konstruieren und in sie einzurücken, steht in einem eigenartigen Kontrast zum anti-autoritären Gestus seiner Genealogie. Die Entgegensetzung von Ursprung und Herkunft ist zugleich eine verschobene Abgrenzung zu Heidegger, der Nietzsches Willen zur Macht als einen ursprünglichen »Wesenswillen« interpretiert hat.[188]

Foucault hätte sich ebenso gut Walter Benjamin anschließen können, der in seinem *Trauerspielbuch* die »Entstehung« als Signifikanten einer linearen Geschichtsauffassung behandelt und ihr den »Ursprung« als diskontinuierlich »Entspringendes« entgegengestellt hat: als einen »Strudel«, der das »Entstehungsmaterial in seine Rhythmik hineinreißt« (*GS I/1*, 226). Tatsächlich polemisierte Nietzsche in der *Geburt der Tragödie*, auf die Benjamin sich hier bezieht, gegen die »rohe, unwissenschaftliche [...] Behauptung« einer *Entstehung* der Tragödie aus dem Chor und setzte ihr eine umfassendere Herleitung aus den »religiösen Ursprüngen« der dionysischen Musik entgegen (*GT*, KSA 1/52ff, 153f).[189] Freilich ist auch hier Vorsicht geboten, denn zum einen kennt Nietzsche auch den Gedanken einer »hybriden«, also nicht-linearen Entstehung (*GT*, KSA 1, 125f), zum anderen verwendet er auch Entstehung und Ursprung zuweilen synonym (z.B. und *M*, KSA 3, 62). Foucault hätte die Fehler seiner Konstruktion vermeiden können, wenn er zwischen Terminus und Begriff unterschieden hätte: Statt sich auf die falsche Entgegensetzung bestimmter Worte zu versteifen, wäre es angemessen gewesen, von der ›Sache‹ auszugehen und das nietzschesche Anliegen einer antimetaphysischen Moralherleitung durch wechselnde Terminologien hindurch zu verfolgen.

Dass er dies nicht getan hat, ist bedeutsam. Ich möchte im folgenden die These zu begründen versuchen, dass Foucault mithilfe seiner Entgegensetzung von »Ursprung« und »Herkunft« einen anderen Gegensatz verdrängt, der das von ihm benutzte nietzschesche Textmaterial durchzieht: Die mit dem hohen Pathos philologischer Präzision vorgetragene Fehlkonstruktion verdeckt einen Verherrschaftlichungsschub, der sich im Übergang vom »mittleren« zum »späten« Nietzsche vollzieht.

6.2. Stützpunkte der foucaultschen Interpretation im »mittleren« Nietzsche

Foucaults Bild eines Nietzsche, der die Anfänge (oder Ursprünge) des Moralischen in den »Niederungen« aufzufinden versucht, ist keineswegs gegenstandslos, sondern könnte sich v.a. auf die sog. »mittlere« Periode stützen, die in der Regel zwischen dem Bruch Nietzsches mit Wagner um

1876 und der Abfassung des *Zarathustra* um 1882/83 verortet wird. Sie ist durch die Verbindung von Ideologiekritik und einem naturalistischen Materialismus gekennzeichnet, den Nietzsche vor allem über die Lektüre von Friedrich Langes *Geschichte des Materialismus* (1866) bezogen hat.[190] Nietzsche selbst hat die Phase im Rückblick als Befreiung von einem »Idealismus« gekennzeichnet, in dessen Zentrum das »Opiat« Wagner stand (*EH*, KSA 6/322, 325). Dem autobiographischen Bericht zufolge verkündet schon der Titel von *MA* das Programm: »wo *ihr* ideale Dinge seht, sehe *ich* – Menschliches, ach nur Allzumenschliches!« Sein Kennzeichen sei ein »unbarmherziger Geist, der alle Schlupfwinkel kennt, wo das Ideal heimisch ist, – wo es seine Burgverließe und gleichsam seine letzte Sicherheit hat [...]. Mit einer schneidenden Helle wird in diese *Unterwelt* des Ideals hineingeleuchtet« (322f). Um den bei ihm eingeschleppten Idealismus des »höheren Schwindels« und des »schönen Gefühls« wieder loszuwerden, will er sich auf die Naturwissenschaft seiner Zeit stützen (325, 327). In diesen Kontext gehört auch die Passage, die Foucault als Belegstelle für seinen Gegensatz zwischen Ursprung und Herkunft verwendet: das Projekt einer Moral-»Chemie«, die »die herrlichsten Farben aus niedrigen, ja verachteten Stoffen« rekonstruieren soll (*MA*, KSA 2/24).

Hier, im »mittleren« Nietzsche, der neben *MA* auch *M* und die Bücher 1-4 von *FW* umfasst[191], stoßen wir tatsächlich auf eine Ideologiekritik, die dem von Foucault übermittelten Pathos eines »Wühlens in den Niederungen« am nächsten kommt. Den »beglückenden und blendenden Irrtümern« der metaphysischen Zeitalter sind die »kleinen, unscheinbaren Wahrheiten« entgegengesetzt, die »mit strenger Methode gefunden wurden« (*MA*, KSA 2/25). Dass die moralkritische Kunst der »psychologischen Zergliederung« die menschlichen Seelen einer »Verkleinerung und Verdächtigung« aussetzt, wird als ein Erfordernis der Wissenschaft gerechtfertigt (59f). Dem Menschen einen göttlichen Ursprung zu unterstellen, ist ein verbotener Weg geworden, »denn an seiner Türe steht der Affe, nebst anderem greulichen Gethier, und fletscht verständnisvoll die Zähne« (*M*, KSA 3/54). Der »Ursprung« (sic) der Moral ist in »abscheulichen kleinen Schlüssen« und »zufälligen Relationen« zu finden (90), die »Verherrlichung der Entstehung« (sic) wird als Effekt eines »metaphysischen Nachtriebs« erklärt (*MA*, KSA 2/540). Die Vielfalt der Herkünfte des Moralischen ist im Arbeitsprogramm der *FW* angesprochen, in dem Nietzsche nach den Verschiedenheiten des »moralischen Klimas« fragt: »*weshalb* leuchtet hier diese Sonne eines moralischen Grundurteils und Hauptwertmessers – und dort jene?« (*FW*, KSA 3/379).

In der Aufnahme dieser ideologiekritischen Stoßrichtung liegt der Realitätsgehalt der foucaultschen Intuition. Von dieser Stärke aus wird zugleich sichtbar, wie Foucault sich bereits im zweiten Satz seines Aufsatzes vom späten Nietzsche zu einer irreführenden Gegenüberstellung verführen lässt: »Paul Rée irrt, wenn er – wie die Engländer – lineare Genesen beschreiben möchte«, als hätte es nicht Invasionen, Kämpfe, Überlistungen gegeben (*NGH*, 69/1004). Erstaunlich ist nicht nur, wie distanzlos Foucault Nietzsches vielfach überdeterminierte Kollektivbezeichnung »die Engländer« weiterreicht, sondern auch die Zuordnung Rées. Denn der »mittlere« Nietzsche beruft sich in seiner Moralkritik gerade auf Rée, den er als einen »der kühnsten und kältesten Denker« preist und dem verehrten La Rochefoucauld und den anderen »französische[n] Meister[n] der Seelenprüfung« zur Seite stellt (*MA*, KSA 2/59, 61; vgl. 127).

Wir wollen hier etwas genauer hinsehen. Denn das Verhältnis zu Rée kann als eine Art Wegweiser benutzt werden, der uns sowohl durch Nietzsches »mittlere« Phase als auch durch den Paradigmenwechsel zur Spätphase hindurchführt. Rée war ein Freund Nietzsches, mit dem er den Herbst und Winter 1876/77 in Sorrent verbracht hatte. Aus dem intensiven Gedankenaustausch des gemeinsamen Aufenthalts sind zugleich Rées *Ursprung der moralischen Empfindungen* (1877) und Nietzsches *MA* (1878) hervorgegangen. Trotz des bis heute weit verbreiteten Bildes, dem zufolge Rée neben dem Genie Nietzsches als mittelmäßiger und flacher (»linearer«) Denker erscheint, ist sein intellektueller Einfluss auf Nietzsches ideologiekritische Phase kaum zu überschätzen: Über ihn ist Nietzsche offenbar zuerst auf die Philosophie Spinozas gestoßen, durch ihn und mit ihm zusammen macht er sich mit den französischen Moralkritikern (»Moralisten«) Montaigne, La Rochefoucauld, Vauvenarges, La Bruyère und Stendhal vertraut, und vieles spricht dafür, dass Nietzsche durch die Freundschaft mit dem jüdischen Intellektuellen auch ein Stück seiner früheren Judenphobie verliert, jedenfalls vorübergehend.[192] Dementsprechend führt nicht nur Wagner Nietzsches Abfall von ihm auf den schädlichen Einfluss Rées zurück, sondern auch andere Zeitgenossen, die die Kritik der Ideale in *MA* als eine befremdliche Verirrung wahrnehmen.[193] Rée ist, wie Losurdo feststellt, »l'amico e interlocutore privilegiato del periodo ›illuministico‹« (2002, 206). Bekanntlich wird die Freundschaft dadurch beeinträchtigt, dass beide sich in Lou Andreas-Salomé verlieben. Gegen Ende 1882 kommt es zum Bruch, der zugleich ein Bruch zwischen Nietzsche und Salomé ist. In den »besorgten« Briefen der Schwester und des Nietzsche-Freundeskreises verbinden sich antifeministische und antisemitische Stereotypen, die sich auch in zahlreichen Nietzsche-Biographien niedergeschlagen haben.[194] Die Krise der unglücklichen Liebe fällt mit der Abfassung des *Zarathustra* zusammen, durch die Nietzsche sich, wie er in einem Brief an Overbeck schreibt, »›senkrecht‹ aus dieser Tiefe in [s]eine *Höhe* erhoben [hat]« (KGB III, 1, 324).[195] Diese neue und prekäre »Höhe« wird die nietzschesche Spätphase bis zum Zusammenbruch kennzeichnen.

Man muss Rées biographische und intellektuelle Bedeutung für Nietzsches »mittlere« Phase berücksichtigen, um die Abgrenzungsdynamik in der Spätphase zu verstehen. In der *GM* taucht Rée als eine Chiffre im doppelten Sinne auf: zum einen steht er für eine Moralkritik, die Nietzsche unter der Rubrik »die Engländer« zusammenfasst, und die er als Gegenfolie zur Moral-Genealogie der *GM* benutzt, zum anderen gibt er Nietzsche die Möglichkeit, sich von seinen eigenen Moral-Erklärungen in der »mittleren« Phase abzusetzen, ohne dies deutlich machen zu müssen.

Betrachten wir die nietzschesche Argumentation in der Vorrede zur *GM*, auf die Foucault sich vornehmlich stützt. In Rées »altklugem Büchlein«, nämlich dem *Ursprung der moralischen Empfindungen* (1877), trat ihm eine »umgekehrte und perverse Art von genealogischen Hypothesen, ihre eigentlich *englische* Art« entgegen, heißt es hier, und vielleicht hätte er niemals etwas gelesen, zu dem er dermaßen Nein gesagt hätte (*GM*, KSA 5/250). Nietzsches Darstellung erweckt den Eindruck, als sei ihm der Gegensatz schon bei der ersten Begegnung klar gewesen, und schon in *MA* hätte er Rées »unwahrscheinliche« Erklärungen durch »wahrscheinlichere« ersetzt (250f). Es folgen Belegstellen aus *MA*, *VM*, *WS* und *M*, die den frühzeitigen Dissens mit Rée dokumentieren sollen (251) – es sind diejenigen, die Foucault irrtümlich als Belegstellen für den Gegensatz Ursprung-Herkunft anführt. Tatsächlich hat Nietzsche hier einige Aphorismen zusammengetragen, in denen er die Entstehung des moralisch »Guten« anders als Rée nicht als Problem der Genese »unegoistischer« Handlungen sondern als Übereinstimmung mit dem Gesetz der »Sitte« bzw. als Produkt entgegengesetzter »Wertetafeln« behandelt.[196] Die Darstellung solcher Unterschiede als Gegensatz steht freilich im Widerspruch mit anderen Passagen aus *MA* sowie aus den nachgelassenen Fragmenten, aus denen hervorgeht, dass der »mittlere« Nietzsche sich mit Rées Moralgenealogie einig glaubte, und eine Distanzierung frühestens im Frühjahr-Sommer 1883, also kurz nach dem Bruch der Freundschaft, einsetzte.[197] Nietzsche arbeitet angestrengt an einer Homogenisierung der eigenen Denkgeschichte, bei der die Rückprojektion eines theoretischen Gegensatzes mit Rée sozusagen die Rückseite der Konstruktion einer bruchlosen Kontinuität zwischen *GM* und *MA* darstellt. Ausdrücklich geht es ihm um den Nachweis, dass er damals schon »die gleichen Gedanken« gehabt hat, die von Anfang an in ihm »nicht einzeln, nicht beliebig, nicht sporadisch« entstanden sind, sondern aus einer »gemeinsamen Wurzel […], einem in der Tiefe gebietenden […] *Grundwillen* der Erkenntnis«: »So allein nämlich geziemt es sich bei einem Philosophen.« (*GM*, KSA 5/248)

6.3. Nietzsches Vertikalisierungsschub und seine Verdrängung durch Foucault

Bislang sieht es so aus, als sei der Drang nach »linearer Genese«, den Foucault Rée zuschreibt, vor allem bei Nietzsche selbst anzutreffen, noch dazu verbunden mit einem Konzept philosophischer »Tiefe«, gegen das die postmoderne Nietzsche-Interpretation gerade Sturm läuft. Schwerwiegender ist, dass Foucault die nietzschesche Kritik an Rée und den »Engländern« falsch wiedergibt. Denn Nietzsche kritisiert nicht so sehr die »Linearität« ihrer Moralgenese, sondern ihre Tendenz zur »Verkleinerung« und »Demütigung« des Menschen (*GM*, KSA 5/257, 259), also gerade das, was er selbst in *MA* als heroischen Auftrag der »Wissenschaft« propagiert hat (*MA*, KSA 2/59f). Unaufhörlich sind sie damit beschäftigt, die »partie honteuse unserer inneren Welt« wie z.B. den Nutzen, die Gewohnheit, die Vergesslichkeit in den Vordergrund zu stellen (*GM*, KSA 5/257). Damit soll der Stolz des »höheren Menschen« gedemütigt, seine Wertschätzung »entwertet« werden (259). Die Herleitung sei nicht nur »unhistorisch«, sondern selbst Ausdruck eines »*Plebejismus* des modernen Geistes, der englischer Abkunft ist«, sie entspringe dem »*Niedergang* aristokratischer Werturteile«, in ihm artikuliert sich der »Herdentrieb« und das »demokratische Vorurteil« der modernen Welt (260, 262).

Diese Abgrenzung führt uns in ein weitverzweigtes Netzwerk von Bezügen. Was Nietzsche als »englische« Moralherleitung referiert, ist v.a. eine Zusammenstellung aus Rées *Psychologischen Betrachtungen* (1875) und seinem *Ursprung der moralischen Empfindungen* (1877). Waren erstere nach dem Vorbild der *Maximes* von La Rochefoucauld modelliert, die auch in den Diskussionen zwischen Rée und Nietzsche in Sorrent eine wichtige Rolle spielten[198], beschäftigt sich Rée im *Ursprung* v.a. mit den »Engländern« Hutcheson, Hume, Mill, Darwin und Helvétius, der, obwohl eigentlich Franzose, von Nietzsche zum Vorläufer der »langweiligen Theorien« der englischen Utilitaristen erklärt wird.[199] Wie schon in den *Maximes* von La Rochefoucauld geht es in beiden Büchern vornehmlich um die Demonstration, dass sich hinter der Moral nur die privategoistische Un-Moral verbirgt.[200] Für die Moralgenealogie bedeutet dies die Annahme, dass der »egoistische Trieb [...] der ursprünglichere und stärkere, der unegoistische der spätere und schwächere [ist].« (Rée 1877, 13) Wäre es anders herum, »würde sogar der Kommunismus nicht bloß möglich, sondern unmittelbar vorhanden sein« (16). Auch die Moral hat ihren Ursprung im »Nutzen«, und zwar in dem für andere: man bezeichnete das unegoistische Verhalten als gut, »weil es gut für andere ist«, aber diesen praktischen Ursprung vergisst man dann, so dass die Meinung entsteht, das Unegoistische sei an und für sich gut (135f). Hinzu kommt die Illusion der Willensfreiheit, auf Grund derer man sich selbst und andere für die Handlungen moralisch verantwortlich macht (136f). Die Ableitung richtet sich gegen Kant und Schopenhauer, die das Moralische als »Offenbarung aus der transzendenten Welt« verstehen. Eine solche philosophische Erklärung sei »tiefer« als der zu erklärende Gegenstand, und einen Gegenstand »zu tief« zu erklären sei noch schlimmer, als ihn »zu flach« zu erklären (19). Die Metaphysikkritik ist skeptisch, insofern sie auch die Idee eines moralischen Fortschritts in Frage stellt: »Bemerkenswert ist, dass die Menschen, so lange sie handeln, egoistisch, selbstsüchtig und neidisch sind, sobald sie aber philosophieren, einen moralischen Fortschritt behaupten.« (140) Der junge Marx hat eine solche Diskrepanz als eine »Entfremdung« beschrieben, in der »jede Sphäre einen andren und entgegengesetzten Maßstab an mich legt, einen andren die Moral, einen andren die Nationalökonomie« (MEW 40, 551). Freilich hat Rée auf die Ebene des Menschen schlechthin transponiert, was Marx als spezifische Konstitution des bürgerlichen Privatmenschen verstanden hat.

Es ist im Kern diese bürgerliche Universalisierung des Privategoisten, die der späte Nietzsche zu Recht als »unhistorisch« zurückweist. Er attackiert sie als »englische«, demokratisch-plebejische »Verkleinerung« des höheren Menschen, weil er seine Kritik vom fiktiven Standpunkt einer ursprünglichen Aristokratie aus artikuliert. Die Abgrenzung von Rée ist zugleich eine verschobene und unkenntlich gemachte Selbstkritik. Dass die Motive der Menschen »nicht viel wert« sind, weil sie sich alle auf die »Selbstliebe« zurückführen lassen, hatte Nietzsche 1878 als eine (durch Rée angeregte) genussvolle Entdeckung beschrieben, die ihn aus seiner »metaphysischen Periode« befreit hat (KSA 8/555f). Auch in *MA* sind die Unmöglichkeit »unegoistischer« Handlungen und der illusionäre Charakter menschlicher Willensfreiheit durchgängige Themen.[201] Nahezu gleichlautend wie Rée leitet auch der mittlere Nietzsche die moralischen Empfindungen aus den nützlichen und schädlichen Handlungen ab, deren praktische Herkunft später vergessen und irrtümlich ins Wesen des Menschen verlagert wird (*MA*, KSA 2/62f) – also genau die Abfolge, die in der *GM* als »englische Psychologen-Idiosynkrasie« bezeichnet wird (*GM*, KSA 5/259). Diese Sequenz findet sich auch 1880 im Aph. 40 von *WS*, wo ausdrücklich festgestellt wird, die Moral sei »ursprünglich der Gesellschaftsnutzen, der große Mühe hatte, sich gegen alle die Privat-Nützlichkeiten durchzusetzen und in höheres Ansehen zu bringen« (*WS*, KSA 2/571). Auch die Erkenntnis entstand aus »Irrtümern«, von denen einige sich als »nützlich und arterhaltend« erwiesen, heißt es noch 1882 in der *FW* (KSA 3/469).

Nein, antwortet der späte Nietzsche, der Entstehungsherd des Begriffs »gut« liegt nicht in irgendeiner »Nützlichkeit« für andere, sondern es sind »die Guten«, d.h. die Vornehmen, Mächtigen, Höhergestellten gewesen, die »sich selbst und ihr Tun als gut, nämlich als ersten Ranges empfanden«: das

»Pathos der Distanz« gegenüber allem Niedrigen und Niedrig-Gesinnten – »*das* ist der Ursprung des Gegensatzes ›gut‹ und ›schlecht‹«, und auch der »Ursprung der Sprache« sei als »Machtäußerung der Herrschenden« zu fassen (*GM*, KSA 5/259f). Wie Stegmaier richtig beobachtet, versucht Nietzsche, das Moralische aus seiner Demütigung durch die Moralkritik aufzurichten und wieder als »Höheres« zu denken (1994, 99).[202] Allerdings ist es ein Höheres, das Nietzsche im Gegensatz zum Wertehimmel der religiösen und moralischen Ideologien unmittelbar »im ständischen Sinne« (*GM*, KSA 5/261) verstehen will.

Die Distanzierung von der »verkleinernden« Moralkritik der »Engländer« ist wiederum eng mit der Abstoßung von Spinoza verbunden, die wir in Teil I.6 als einen Indikator des Übergangs zur Spätphase untersucht haben. Denn der späte Nietzsche kritisiert Spinozas »Selbsterhaltung« nicht zuletzt wegen ihrer Verknüpfung mit dem »Nutzen« und damit als »Grundlage des englischen Utilitarismus« (KSA 11/224).[203] Sowohl sie als auch die darwinsche Kategorie des »Kampfs ums Dasein« erscheinen ihm nun als von »Menschen in Notlagen« entwickelt und daher außerstande, die ausgreifend-aggressive Dynamik des »Willens zur Macht« zu erfassen. Ihre starke Verbreitung erklärt er mit der Herkunft der meisten Naturwissenschaftler aus dem »Volk«, der »englischen Übervölkerungs-Stickluft«, dem »Kleine-Leute-Geruch von Not und Enge« (*FW*, KSA 3/585f).

Ironischer Weise kritisiert der späte Nietzsche an Rée (und an sich selbst) also genau das, was Foucault seinem Alternativ-Nietzsche zuschreiben will: in den »Niederungen« zu wühlen und das historische Beginnen im »Niedrigen« anzusetzen (*NGH* 71f/139f). Obwohl dasselbe Wort benutzt wird, ist der »Ursprung« nun nicht mehr der, den der mittlere Nietzsche in den alltäglichen Niederungen der »abscheulichen kleinen Schlüsse« und »zufälligen Relationen« gesucht hat (*M*, KSA 3/90). Dazwischen liegt ein spezifischer Vertikalisierungsschub, der in Foucaults Zuschneidung eines Alternativ-Nietzsche ausgelöscht ist. Nietzsche hat in seiner Imagination einer heroisch-ursprünglichen Aristokratenherrschaft den Angelpunkt gefunden, von dem aus er die verschiedenen Elemente der früheren Moralkritik neu anordnet. Wenn die Moral »zuerst Selbstverherrlichung des Mächtigen und der herrschenden Kaste« ist, argumentiert er in seiner Rée-Kritik 1883, wird es auch möglich, die moralkritisch gemeinte Entzifferung eines zugrundeliegenden »Egoismus« in eine positive Qualität des Moralischen zu überführen: »Ich bekämpfe den Gedanken, dass der Egoismus schädlich und verwerflich ist: ich will dem Egoismus das gute Gewissen schaffen.« (KSA 10/503, 505)

Die »Höhe« des neuen Standpunkts scheint auf Nietzsche einen enormen Kohäsionseffekt ausgeübt zu haben. Sie ermöglicht ihm, an seine idealistische Frühphase anzuschließen und zugleich das moralkritische

Instrumentarium der mittleren Phase zu integrieren. Die dort entwickelte Ideologiekritik wird nicht einfach fallengelassen, sondern vom Gesichtspunkt einer unsublimierten Herrschaftsmacht re-formuliert: sie wendet sich gegen den Werte-Universalismus des Ideologischen (der christlichen Religion, der Moral, der philosophischen Wahrheit usw.), nicht weil er die Herrschaftsverhältnisse reproduzieren hilft, sondern weil er eine Kompromissbildung bedeutet, in deren Instanzen die unteren Klassen mitvertreten sind und sich auf sie berufen können.

Der fehlkonstruierte Gegensatz von »Ursprung« und »Herkunft« ist wie ein Rauchvorhang, der Nietzsches Wendung zu einer radikal »herrschaftsbejahenden Ideologiekritik« (Haug 1993, 18) verdeckt. Foucault rühmt an Nietzsches Geschichtsauffassung den perspektivischen Blick, der »weiß [...], von wo er blickt und worauf er blickt« (*NGH*, 82/1018), aber er verschweigt uns, worin das Perspektivische beim späten Nietzsche besteht. Dieses Schweigen ist wiederum notwendig, um Nietzsche mit der radikalen Herrschaftskritik der Achtundsechziger-Bewegung zusammenschließen zu können. Foucault organisiert es mit einem Verfahren, das er selbst vehement denunziert, nämlich mithilfe einer Homogenisierung, die die Brüche im Nietzsche-Text unkenntlich macht. Herauskommt eine neonietzscheanische Einheitslinie, die vom leeren Pathos eines immer gleichen Diskontinuierlichen, Vielfältigen und Fragmentarischen zusammengehalten wird.

Mit dem in *NGH* entwickelten Konzept der Genealogie und dem in *Odis* eingeführten Machtbegriff hat Foucault sich die theoretischen Voraussetzungen geschaffen, um sein alternativ gewendetes Nietzschebild mit den Protestkulturen des französischen Gauchismus zu verbinden.

7. Der Anschluss an den Pariser Linksradikalismus

Ein erster praktisch-politischer Einsatz des Machtbegriffs erfolgt in einem Gespräch mit Oberschülern im November 1971, das unter dem (spät-)nietzscheschen Titel *Jenseits von Gut und Böse* veröffentlicht ist. Die Ausschließungsfunktion des in der Schule dargebotenen Wissens wird an dem Beispiel erklärt, dass die Volksbewegungen immer nur als vom Hunger getriebene dargestellt werden, aber nie als Bewegungen, die um die Macht kämpften (*SdW*, 92; *DE I*, Nr. 98, 1092). Die Verallgemeinerung lautet: Aus dem »Wissen« unserer Gesellschaft sind das Ereignis und die Macht ausgeschlossen (94/1094). Für diese Ausschließung gibt Foucault zwei Ebenen an: zum einen hat schon das römische Recht, indem es ein souveränes Recht auf Eigentum begründete, den »Willen zur Macht« unterworfen; zum anderen leistet dies der Humanismus, der für Foucault »all das« beinhaltet, »wodurch man im Abendland dem Verlangen nach Macht einen Riegel vorgeschoben hat« (94f/1094). Diesen Riegel gilt es nun zu sprengen, und zwar zum einen durch eine »Entunterwerfung (désassujettissement) des Willens zur Macht«, d.h. durch einen politischen Kampf, der als Klassenkampf geführt wird, und zum anderen durch eine kulturelle Destruktion des Subjekts, d.h. durch Aufhebung der sexuellen Tabus, durch gemeinschaftliches Leben und Aufhebung des Drogenverbots (95/1095).

Der Diskussionsverlauf zeigt, wie Foucaults linksradikal gewendeter Nietzscheanismus am Theoriebedarf der Schüler vorbei polemisiert. Was kann man an die Stelle dieses Systems setzen, fragt einer, und ein anderer wendet ein, die gegenwärtige Bewegung hätte doch eine Utopie und theoretische Reflexion nötig, um über die gelebten Erfahrungen, die immer nur Stückwerk sind, hinauszugehen. Im Gegenteil, antwortet Foucault, man müsse »auf die Theorie und den allgemeinen Diskurs verzichten«, da sie doch zu dem System gehörten, von dem man genug hat; stattdessen sei der Utopie die »Erfahrung, das Experiment« entgegenzusetzen (103/1102). Damit redet er freilich gerade über die reflektierte politische Erfahrung der Schüler hinweg, dass Erfahrung allein noch »Stückwerk« ist. Die Erfahrungen, aus denen Foucault eine künftige Gesellschaft hervorgehen lassen will, sind: »Drogen, Sex, gemeinschaftliches Leben, ein anderes Bewusstsein, ein anderer Typ von Individualität« (104/1102). Dass dies eine verantwortungslose Zusammenstellung ist, wissen die Schüler wiederum aus eigener realistischer Erfahrung: »Die politisierten Schüler setzen ihre Studien fort; diejenigen, die Drogen nehmen, steigen völlig aus« (98/1098). Ein anderer hakt weiter nach: er könne nicht glauben, dass die Bewegung bei dieser »vagen und unverbindlichen Underground-Ideologie« bleiben soll, die »nicht die mindeste gesellschaftliche Arbeit, nicht den mindesten sozialen Dienst leisten will, welche über die unmittelbare Umgebung hinausgehen. Sie bleibt doch unfähig, das Gesamte der Gesellschaft zu übernehmen, ja die Gesellschaft als ein Gesamtes zu begreifen.« (104/1103)

Dies ist für Foucault das Stichwort: die Idee einer *Gesamtgesellschaft* (l'ensemble de la societé) ist im Abendland und auf der historischen Linie entstanden, die zum Kapitalismus geführt hat, sie ist deshalb »dasjenige, dem nur insoweit Rechnung zu tragen ist, als es zerstört werden soll. Es ist zu hoffen, dass es nichts mehr geben wird, was der Gesamtgesellschaft gleicht.« (105/1103) Foucaults Nietzscheanismus äußert sich darin, dass er in die Protestbewegung einen partikularistischen Kritiktypus einzuführen versucht, der die Entwicklung einer Verantwortungsethik fürs Ganze unterminiert. Die Begründung folgt einer totalisierenden Logik, die eine historische »Linie« bzw. eine ganze Mega-Epoche (wie das »Abendland«) zur homogenen Einheit abschließt. Im Ergebnis nimmt Foucault mitten im linksradikalen Diskurs die neoliberale Zerstörung des gesellschaftlichen Gesamtzusammenhangs vorweg.[204]

Im gleichen Monat diskutiert Foucault im holländischen Fernsehen mit Noam Chomsky über die Frage, ob der Widerstand gegen die bürgerliche Gesellschaft auf eine Gerechtigkeitsnorm oder auf die Notwendigkeiten des Klassenkampfs zu gründen ist. Chomsky geht von einem Begriff von Gerechtigkeit aus, den er in einer »menschlichen Natur«, d.h. in grundlegenden Qualitäten menschlicher Kreativität verankert sieht. Von hier aus seien sowohl Maßstäbe zur Kritik herrschender Ungerechtigkeit als auch zur Entwicklung einer verantwortlichen linken Politik zu entwickeln. Ohne ein begründetes Ziel der Gerechtigkeit sei das Projekt sozialer Befreiung so inhaltslos und zerstörerisch wie der Kampf in den Schützengräben des 1. Weltkriegs (*DE I*, Nr. 132, 1362, 1366f, 1373f). Philosophisch bewegt sich Chomskys Argumentation also genau in dem Paradigma, das Foucault in der *Ordnung der Dinge* als das der transzendentalen »anthropologischen« und »humanistischen« Apriori beschrieben hat: legt er einerseits der Gerechtigkeit eine unhistorische Begründung zugrunde, bestimmt er andererseits die Ausarbeitung gerechter Maßstäbe der Kritik als eine historisch je zu leistende Aufgabe. Offenbar hängt die »anthropologische« Begründung des Gerechtigkeitsbegriffs mit dem Neo-Kantianismus seiner Grammatiktheorie zusammen.[205] Andererseits liegt die materiale Stärke seiner Orientierung auf Gerechtigkeits-Kriterien in der politischen Erfahrung, dass so gut wie alle ausgreifenden Volksbewegungen sich auf eine massenhafte Wahrnehmung von »Unrecht« stützen und eine »moralische Ökonomie« der Gerechtigkeit enthalten.[206] Hinzukommt die Verarbeitung staats-terroristischer Gewaltausübung im Stalinismus, die sich von fundamentalen Gerechtigkeitspostulaten gelöst hat.

Foucault antwortet mit einer linksradikalen Entlarvungsstrategie, die die widersprüchliche Funktionsweise des Gerechtigkeitsbegriffs und seine Bedeutung für eine hegemoniefähige Politik im Ansatz verfehlt. Seine Gegenposition besteht darin, die Gerechtigkeitsfrage im Namen einer »Machtfrage« zu delegitimieren, die er mit einer Mischung aus Klassenkampf-Rhetorik und Nietzsches Macht-Willen begründet: Wir leben in einer Klassendiktatur, »qui s'impose par la violence, même quand les instruments de cette violence sont institutionnels et constitutionels.« Diese auf Gewalt gegründete Klassenmacht muss man in den scheinbar unabhängigen Institutionen (Familie, Schule, Uni, Medizin) aufspüren (1363). Unter Berufung auf Nietzsche erklärt er, dass die Idee der Gerechtigkeit selbst als »Instrument einer bestimmten politischen und ökonomischen Macht« oder als Waffe gegen sie »erfunden« wurde (1372f). Jetzt aber erklärt das Proletariat der herrschenden Klasse nicht deshalb den »Krieg«, weil dieser gerecht sei, sondern »parce que, pour la première fois dans l'histoire, il veut prendre le pouvoir« (1371).

Chomsky spürt die Gefahr einer derart abstrakten, von gesellschaftlicher

Handlungsfähigkeit, Menschenrechten und Rechtsstaatlichkeit abgelösten Machtrhetorik: wenn er davon ausgehen müsste, dass eine proletarische Machtergreifung zu einem terroristischen Polizeistaat führte, würde er sie zu verhindern versuchen (ebd.). Foucault weist die reklamierte Bindung von Sozialismus und Menschenrechten zurück, indem er die Gewaltfrage in die »Klassenfrage« auflöst: gegen eine diktatorische, sogar blutige Machtausübung des Proletariats über die besiegten Klassen sei gar nichts einzuwenden, und wenn die Macht sich gegen die eigene Klasse richte, zeige dies nur, dass nicht das Proletariat die Macht ergriffen habe, sondern »une classe extérieure au prolétariat, ou un groupe de gens intérieur au prolétariat, une bureaucratie ou les restes de la petite-bourgeoisie« (ebd.). Dies aber ist selbst eine stalinistische Logik, die die Bewertung der richtigen Politik und letztlich die Frage von Leben und Tod der beteiligten Subjekte durch die Zuschreibung oder Aberkennung einer korrekten Klassenbasis reguliert.

Die Einführung des Machtbegriffs dient also keineswegs der Überwindung eines marxistischen Macht- und Klassenreduktionismus, sondern erfolgt *zunächst* im Zusammenhang mit einer seiner sektiererischsten und blindesten Varianten. Foucaults Argumentation beruht auf der Gleichung Klasse-Gewalt-Macht, wobei letztere sich nur dadurch auszeichnet, dass ihr wahrer Klassen- und Gewaltcharakter hinter dem Schein von Unabhängigkeit und Neutralität verborgen ist (1363). Das Verhältnis der Klassen zur Ideologie ist strikt instrumentalistisch konzipiert, so dass die eigentliche Leistung ideologischer »Sozialtranszendenz«, d.h. die klassenübergreifende Fähigkeit, gesellschaftliche Antagonismen kompromisshaft zu verdichten, im Ansatz verfehlt wird. Gramscis Unterscheidungen von Gewalt und Konsens, *società politica* und *società civile* bleiben ebenso unberücksichtigt wie Althussers modifizierende Unterscheidung zwischen repressiven und ideologischen Staatsapparaten. Die ML-Rhetorik der »Klassendiktatur« eliminiert die qualitative Differenz zwischen bürgerlicher Demokratie und faschistischer Diktatur. Schließlich offenbart Foucaults Ausführung zur nach-revolutionären Gewalt ein Sektierertum, das hinter das damalige Niveau der FKP-Diskussionen über Stalinismus, linke Bündnis- und demokratische Volksfrontpolitik weit zurückfällt.

Dieser frühe Einsatz des Machtbegriffs ist nicht nur von biographischem sondern v.a. von theoretischem Interesse. Blickt man z.B. in die Vorlesungen 1975/76 am Collège de France, die unter dem Titel *Il faut défendre la société* veröffentlich wurden (zit. *VdG*, dt/frz), kann man beobachten, dass Foucault die in seiner linksradikalen Phase entwickelte reduktionistische Behandlung des Ideologischen bruchlos weiterführt, nachdem er den *klassen*reduktionistischen Bezugsrahmen fallengelassen hat. »Das Recht ist im Abendland ein königliches Befehlsrecht«, heißt es dort z.B., es fungiert als »Instrument« der Herrschaft und setzt diese unmittelbar ins Werk (*VdG*, 33/23, 35/24). Damit wird instrumentalistisch kurzgeschlossen, dass in der Rechtsform soziale Kämpfe ausgefochten werden, wie asymmetrisch auch immer. Nachdem Foucault das Recht pauschal auf die Seite der »Souveränitätsmacht« geschlagen hat, lässt er auf der Gegenseite einen Diskurs des »Kriegs« und des »Rassenkampfes« auftreten, der im 16./17. Jahrhundert sowohl die hitzigen Racheakte des Volks als auch die Nostalgie der untergehenden Aristokratien umfassen soll, und dem er das Verdienst einer »Gegen-Geschichte« zuschreibt (70/49, 76f/57, 311/242). Dem Universalismus der Ideologie steht nun der Krieg als »nacktes Kräfteverhältnis« gegenüber sowie das »kriegerisches Subjekt«, dem es darum geht, »ein asymmetrisches Recht zu setzen« (56/40, 65/46). Wieder erhalten die »offene«, »ehrliche« Herrschaft und der Krieg im foucaultschen Diskurs das Charisma des Rebellischen schlechthin. Das »Unten«, das Foucault den universalistischen Ideologien entgegensetzt, ist eine Konstruktion, in der »rechte«, »linke« und z.T. auch einfach sadomasochistische Unmittelbarkeitsmythen zusammenfließen: »eine Serie von nackten Tatsachen, die man physikalisch-biologisch nennen könnte: physische Kraft, Stärke, Energie, Vermehrung einer Rasse, Schwäche einer anderen«, eine »Verschränkung von Körpern, Leidenschaften und Zufällen«, ein »dunkles und manchmal blutiges Gewimmel«, über dem sich eine brüchige Rationalität erhebt (66/47).[207] Foucault folgt dem nietzscheschen Schema, an der Ideologie nur den Wertehimmel des beanspruchten Universalismus und Humanismus als verschleierte Macht zu entlarven. Das übersieht zum einen, dass Gewalt und Krieg, die er fasziniert als Anti-Ideologie auftreten lässt, zum realen Funktionieren ideologischer Vergesellschaftung selbst dazugehören (sowohl auf der Grundlage der Verschränkung repressiver und ideologischer Apparate als auch wegen der ideologischen Faszinationen von Gewalt und Krieg), und zum anderen, dass in der Werthaftigkeit universalistischer Ideologien auch Aspirationen der Unteren eingebunden sind, die es herauszulösen und ins Praktische zu wenden gilt.

8. Die rätselhafte Sache der Macht und ihre Verankerung im Krieg

Habermas hat Foucault zusammen mit den *Nouveaux Philosophes* als enttäuschte Maoisten gekennzeichnet, die in den Machttheorien des bürgerlichen Pessimismus von Hobbes bis Nietzsche die »Auffangstellungen« ihres linken Renegatentums finden (1985, 302 A 26). Das trifft Foucault nicht so ganz, da sein Nietzscheanismus weitaus älter und beständiger ist als die kurze Periode seines linksradikalen Engagements. Dennoch verweist die politische Verortung auf eine Dynamik, die in der vorherrschenden Foucault-Rezeption wie eine niedere »Herkunft« verdrängt wird: Foucaults

Marxismus- »Überwindung« besteht 1970/71 zunächst darin, die jeweils konkrete Analyse der Kräfteverhältnisse in Staat und Zivilgesellschaft durch einen pathetischen »Kampfismus« zu ersetzen, in dem Nietzsches Macht-Wille und Mao Tse Tungs »Macht aus den Gewehrläufen« auf irreale Weise miteinander verschränkt sind. Man kann den politischen Kontext nicht überspringen, wenn man Foucaults anschließende Weiterentwicklung des Machtbegriffs verstehen will: es geht nicht so sehr um eine plurale Überwindung »des« Marxismus, sondern konkret um die Frage, wie Foucault machttheoretisch aus der Sackgasse des eigenen linksradikalen Paradigma wieder herauskommt.

In einem Gespräch mit Deleuze im März 1972 wird erstmals eine Modifikation sichtbar, die eine Herauslösung des Machtbegriffs aus dem Klassenreduktionismus ohne politischen Bruch ermöglicht: Marx habe im 19. Jahrhundert die »Ausbeutung« entdeckt, aber wir wissen bislang nicht, was »die Macht« ist, diese »so rätselhafte Sache, die zugleich sichtbar und unsichtbar, gegenwärtig und verborgen ist«, und die »überall ihre Hand im Spiel hat« (*SdW*, 112; *DE I*, Nr. 101, 1180). Begriffe wie »herrschende Klasse« und »Staatsapparat« reichten nicht aus, um zu verstehen, dass »unter dem alten Thema des Sinns, des Signifikats, des Signifikanten endlich die Frage der Macht, der Ungleichheit der Mächte und ihrer Kämpfe« liegt (113/1181). Neben der Klasse und ihrem Staat taucht nun eine Vielzahl neuer Machtzentren auf: der Hausmeister, Gefängnisdirektor, Richter, Gewerkschaftsvertreter, Chefredakteur (ebd.). Vorgeschlagen wird eine Art Arbeitsteilung zwischen proletarischer Klassenpolitik und Machtkritik: kämpft man gegen die Ausbeutung, muss man sich der Führung und der Ideologie »des Proletariats« anschließen, im Kampf gegen die Macht jedoch kann jeder vor Ort teilnehmen und tritt dadurch als Verbündeter des Proletariats in den revolutionären Prozess ein. »Die Allgemeinheit des Kampfes wird vom System der Macht, von den Vollzugs- und Anwendungsformen der Macht geschaffen.« (115/1183).

Der emphatische Bezug auf »das« Proletariat, auf seine »Führung« und »Ideologie« gehört zum gauchistischen Klassenkampf-Paradigma, von dem Foucault sich gerade abzulösen beginnt. Aber die Ablösung enthält zwei Merkmale, die seine Machtkonzeption von nun an bestimmen werden: 1) die »Macht« wird als eine eigene Realität eingeführt, die *neben* der von Marx analysierten »Ausbeutung« liegt, und deren Kritik ein Bündnis zwischen Intellektuellen und Arbeitern ermöglichen soll; 2) sie bezeichnet zugleich eine Realität, die *unter* dem menschlichen Sinnhandeln und seinen Signifikanten zu finden ist und aufgrund dieser Basis-Position (sous-sol) die »Allgemeinheit« des Kampfes ermöglicht.[208] Die »Vielfalt« des Machtbegriffs ist bei Foucault untrennbar mit dem machttheoretischen Anspruch verbunden, eine eigene Realitätsebene *neben* und *unter* den gesellschaftlichen Produktions-, Geschlechter- und Herrschaftsverhältnissen gefunden zu haben.

Es lohnt sich, diese methodische Abtrennung etwas genauer zu betrachten. Im Anschluss v.a. an Marx und Gramsci hat Poulantzas schon 1968, also *vor* der foucaultschen Einführung des Machtbegriffs, eine »relationale« Machtkonzeption vorgestellt: ihr zufolge ist die Macht einer Klasse nicht als fester Besitz oder Klassen-Essenz zu begreifen, sondern als eine Fähigkeit zur Durchsetzung der eigenen Interessen, die sich auf dem Feld sozialer Praxen konstituiert und von den jeweiligen Kräfteverhältnissen mit den anderen Klassen der Gesellschaftsformation bestimmt ist (Poulantzas 1968, 101ff; dt. 1975, 97ff). »Le champ du pouvoir est donc strictement relationnel.« (1978a, 161; dt. 1978b, 135) Die kapitalistischen Produktionsverhältnisse und die in ihnen organisierte Aneigung unbezahlter Mehrarbeit sind daher selbst als ein spezifisch dichtes »Mächte-Netz« (réseau de pouvoirs) der Gesellschaft zu untersuchen (40/32; Übers. korr. JR). Was Poulantzas hier explizit formuliert, kann schon bei Marx als implizites Verfahren aufgewiesen werden. Die *Kritik der Politischen Ökonomie* ist eine Kritik an der Akkumulation und Entfremdung gesellschaftlicher Macht.[209] Ihre genetisch-rekonstruktive Methode besteht darin, dass sie die bürgerliche »Ökonomie« nicht als »ewige Naturform gesellschaftlicher Produktion« auffasst, sondern – z.B. über die Analyse der Wertform – als eine historische Form sozialer Praxis rekonstruiert. Ökonomische Kategorien werden in gesellschaftliche Praxisformen und -verhältnisse rückübersetzt und von dort her funktional-historisch erklärt.[210] Die marxsche Analyse kapitalistischer Produktionsverhältnisse ist als spezifische Machtanalyse angelegt, die sich v.a. auf den bürgerlich-kapitalistischen Typus unpersönlich-sachlicher Mächte, den »stummen Zwang der ökonomischen Verhältnisse« konzentriert, der in der juridischen Form der Vertrags-Freiheit verläuft (MEW 3, 74; MEW 23, 765).

Wenn die »Ökonomie« selbst eine Kristallisationsform von Machtbeziehungen darstellt (freilich nicht die einzige), ist die foucaultsche Entgegensetzung von »Macht« und »Ausbeutung« gerade vom Gesichtspunkt eines »relationalen« Machtbegriffs schwer zu vertreten. Das »Neben« und »Unter« der Macht wird bis ca. 1976 mithilfe einer Kriegs-Ontologie abgesichert, die Foucault als »Hypothese Nietzsches« bezeichnet: die Machtverhältnisse gehen aus dem »Krieg« hervor, so dass man in Umkehrung des Clausewitz-Spruches sagen könnte, »dass die Politik die Fortsetzung des Kriegs mit anderen Mitteln ist« (*VdG*, 26f/16f). Foucault hat diese »These« 1971 in *NGH* aus Nietzsches Darstellungen des Herrenrechts der Gläubiger gegenüber dem Schuldner (*GM* II, KSA 5/300f) abgeleitet.[211] Wir finden sie 1973 als Alternative zur marxschen Analyse gesellschaftlicher Aneignungsverhältnisse: »Im Herzen der Macht ist ein kriegerisches Verhältnis und nicht eines der Aneignung« (*MdM*, 114f). Eine »immerwährende Schlacht« liegt auch der 1975 entwickelten »Mikrophysik der Macht«zugrunde, die deshalb nicht als »Aneignung« sondern als »Strategie« zu analysieren sei (*ÜS*, 38/35). Sie ist weder als »Übertragung«, »Vertrag« oder »Entfremdung« noch in funktionalen Kategorien der Erhaltung der Produktionsverhältnisse zu begreifen, sondern als »Kampf, Konflikt oder Krieg«, heißt es 1976 (*VdG*, 25f/16).

Der Kriegsdiskurs hat für Foucault die doppelte Funktion, mit dem »Kampfismus« der gauchistischen Milieus in Tuchfühlung zu bleiben und zugleich der marxschen Analyse von Aneignungs- und Entfremdungsverhältnissen eine vermeintlich »radikalere« Alternative entgegenzusetzen. Aber so berechtigt eine Erweiterung der Machtanalyse über die Aneignungs-Frage hinaus erscheint, so unsinnig ist ihre Entgegensetzung. Schon das von Nietzsche als ursprünglich gesetzte Gläubiger-Schuldner-Verhältnis, aus dem Foucault seine Kriegsthese ableitet, ist nicht zuletzt ein Verhältnis der »Aneignung«, die durch das beschriebene Einbrennen der Schuld-Merkmale in Körper und Seele repressiv-ideologisch abgesichert wird. Und ist die Aneignung des gesellschaftlichen Mehrprodukts nicht selbst auch ein Kampffeld, in dem die Beteiligten gegensätzliche »Strategien« entwickeln? Es gibt sowohl Strategien der Aneignung als auch Aneignungen von Strategien, die einen Großteil des Geschäfts der gegeneinander konkurrierenden Politiker ausmachen. Und will Foucault wirklich sagen, dass Kriege nur um des Kriegs willen geführt werden?

9. Ausblick: Die Ausblendung der strukturell verankerten Ohn/Macht-Verhältnisse

Hier zeichnet sich der intellektuelle Preis der foucaultschen Marx-Überwindung ab: der berechtigte Anspruch, die Machtanalyse über das Aneignungsparadigma hinaus zu erweitern, schlägt in einen Essenzialismus um, mit dem die Macht hinter den gesellschaftlichen Verhältnissen in Stellung gebracht wird.

Diese Essenzialisierung ist etwas anderes als das »negative« Machtkonzept, mit dem Lemke den foucaultschen Ansatz von 1971 bis 1975 charakterisiert, und das er mit einem immer »produktiveren« Machtbegriff ab 1976 überwunden glaubt. Gemeint ist vielmehr eine systematische Ausklammerung strukturell verankerter Ohn/Macht-Verhältnisse, die Foucaults Analyse auch dann kennzeichnet, wenn er 1976 seine »Kriegshypothese« aufgibt.

Die Tragweite dieser Weichenstellung kann hier nur angedeutet werden. Ein Beispiel aus *Der Wille zum Wissen* zeigt exemplarisch, dass die methodische Tabuisierung nicht nur die in der kapitalistischen ›Ökonomie‹ verankerten Machtbeziehungen betrifft, sondern auch die der ›Geschlechterverhältnisse‹.

Dieser Begriff ist in ethnologischen, sozialgeschichtlichen und feministischen Untersuchungen geläufig geworden, um »die Einspannung der Geschlechter in die gesellschaftlichen Gesamtverhältnisse kritisch zu untersuchen« (F. Haug 2001, 493). Dagegen legt Foucault in einer »Regel der stetigen Variationen« fest, dass die Frage »wer im Bereich der Sexualität die Macht hat (die Männer, die Erwachsenen, die Eltern, die Ärzte) und wer ihrer beraubt ist (die Frauen, [...] die Kinder, die Kranken)« für die Untersuchung keine Rolle spielt; stattdessen darf nur gefragt werden, welches »Schema der Modfikationen« die Kräfteverhältnisse »durch ihr Spiel selbst« (par leur jeu même) implizieren (*WzW*, 120/130f). Dadurch ist Foucaults vermeintlich »relationaler« Machtbegriff seiner Relationen beraubt. Denn die »Kräfteverhältnisse«, die »durch ihr Spiel selbst« die Macht konstituieren, dürfen mit den wirklichen Kräfteverhältnissen zwischen den Geschlechtern nichts zu tun haben. In diesem Paradigma kann weder die Vielfalt der ›sexuellen‹ Machtbeziehungen noch ihre Verfestigung zu strukturell asymmetrischen Herrschaftsformen der Geschlechterverhältnisse untersucht werden.[212]

Ähnlich wie schon bei den Wissenskonstellationen der *Ordnung der Dinge* stehen wir vor dem Phänomen eines eigenartigen double binding, bei dem Foucault in der Rhetorik der vielfältigsten Mikrostrukruren das essenzialistische Konzept eines allmächtigen »Maître-Pouvoir«[213] zugrundelegt. Der foucaultsche Machtbegriff zeichnet sich in seinen unterschiedlichen Perioden dadurch aus, dass er von den vielfältigen Verhältnissen, die er beschwört, abstrahiert. Es ist diese Abstraktion, die sowohl der »Kriegshypothese« als auch der späteren »Freiheit/Ethik«-Hypothese zu Grunde liegt und ihre Abfolge erst ermöglicht.

Teil IV
Vom Gefängnis zur modernen Seele – »Überwachen und Strafen« neu besichtigt

Die 1975 erschienene Untersuchung *Überwachen und Strafen* (*ÜS*, zit. dt/frz) ist die erste Studie, in der Foucault sein Projekt einer *Genealogie* der Macht und der Subjektivität an einem historischen Gegenstand verfolgt. Dieses Projekt hat er aus seiner Nietzsche-Lektüre in *Nietzsche, die Genealogie, die Historie* bezogen, und von dort stammt auch die Verbindung Körper-Macht-Wahrheit, die er nun als leitende Fragestellung an einen historischen Stoff anlegt. *Überwachen und Strafen* ist zugleich eine Studie, die sich streckenweise an die marxschen Untersuchungen zur Herausbildung kapitalistischer Produktionsverhältnisse anlehnt und sie zugleich mit einer Genealogie der »Disziplinarmacht« zu ergänzen und neu zu fundieren beansprucht.

Die vorherrschende Tendenz, das foucaultsche Diskurs- und Machtkonzept als erfolgreiche Überwindung marxistischer Gesellschaftstheorien zu präsentieren, lässt sich auch in den Kommentaren zu *Überwachen und Strafen* beobachten. Dreyfus und Rabinow sehen Foucaults Leistung darin, dass er Bestrafung und Gefängnis als eine »komplexe soziale Funktion« analysiert und damit ihre Betrachtung als Repressionsinstrumente oder Widerspiegelungen der Sozialstrukturen überwindet (1983, 143). Poster begrüßt, dass er im Rückgriff auf Nietzsches Konzept der Genealogie eine Perspektive entwickelt, bei der die Produktionsweise nicht mehr im Zentrum steht (1984, 95). Auch Michèle Barrett sieht die Errungenschaft der foucaultschen Disziplinarmacht darin, die marxistische Fixierung auf Gesellschaftsstrukturen hinter sich zu lassen (»to sideline the social structures«). Dabei ist ihr besonders wichtig, dass Foucault von vorneherein außerhalb des Basis-Überbau-Modells arbeitet, statt sich noch wie die Althusserianer damit abzumühen, es durch polymorphe Kausalitätskonzepte zu modifizieren (1991, 138). Ransom zufolge (1997, 21f) hat Foucault am Beispiel der Gefängnisinsassen mit der naiven Anthropologie marxistischer Theoretiker einschließlich der Frankfurter Schule aufgeräumt, trotz aller Deformierungen gäbe es noch eine bessere Welt »in the wings«. »The inmates' true selves are not repressed; rather, their ›true selves‹ are created, manufactured by one or several technologies of power.« Lemke meint, der »große Vorzug« von *Überwachen und Strafen* liege darin, die »relative Autonomie« der Machtbeziehungen ernstzunehmen und auf diese Weise die »reduktionistischen, essenzialistischen und ökonomistischen Erklärungsmodelle« durch eine »historisch-konkrete Analyse sozialer Verhältnisse« zu ersetzen (1997, 73).

Gerade diese Zuschreibungen des Anti-Reduktionismus und der historischen Konkretion erweisen sich bei näherer Untersuchung als unhaltbar. Damit soll nicht in Frage gestellt werden, dass Foucault für die Erforschung bürgerlicher Strafsysteme und Disziplinierungsprojekte im Einzelnen wertvolle Anregungen gegeben hat. Die Kritik richtet sich vielmehr auf eine theoretische Anordnung, die das historische Material entkonkretisiert und einer totalisierenden Zurichtung unterwirft. Ein solches Verfahren kann natürlich nicht an der foucaultschen Rhetorik der Macht-Vielfalt abgelesen werden, sondern zeigt sich an den operativen Strategien, mit denen er das Material anordnet.

Foucaults Argumentation ist auf eine Weise mit historischen Beispielen gesättigt, die es schwer macht, das Gemachte, gezielt Perspektivische der Auswahl und Anordnung freizulegen. Zur Verfremdung der historischen Evidenz bietet sich indes ein klassischer Text an, mit dem *Überwachen und Strafen* sich überschneidet und von dem es sich zugleich abhebt. Es ist eine Studie, die Foucault selbst als »großes Buch« bezeichnet hat (*ÜS*, 35/32), nämlich das 1939 veröffentlichte *Punishment and Social Structure* von Georg Rusche und Otto Kirchheimer.[214]

1. Eine (allzu) flüchtige Begegnung mit der »Kritischen Theorie«

Die theoretische Bedeutung eines Vergleichs mit der Studie von Rusche und Kirchheimer liegt u.a. darin, dass es sich hier um die erste Veröffentlichung des »Instituts für Sozialforschung« in den USA handelt. Beide Autoren gehören zum Umkreis der Frankfurter Schule, wenn auch in unterschiedlicher Weise. Der nach London emigrierte Rusche, der ein erstes Manuskript des Buches bis 1934 fertiggestellt hat, gerät in zunehmende Spannungen zu Horkheimer.[215] Da er für eine Überarbeitung »nicht verfügbar« war, wie Horkheimer in der Vorbemerkung zur Studie mitteilt (*R/K*, 8), wird das Buch von Kirchheimer, der ab 1937 zum Institut in New York gehört, überarbeitet, ergänzt und fertiggestellt. Die beiden Autoren haben nie zusammengearbeitet und kannten sich nicht. Rusche, aus dessen Veröffentlichungen 1930 und 1933 die Originalfassung in Umrissen rekonstruiert werden kann, zeigt sich vom Endergebnis enttäuscht.[216] Die Studie bleibt lange Zeit nahezu unbeachtet und wird dann gegen Ende der 1960er Jahre, als es zu einem Einbruch soziologischer Herangehensweisen in die Kriminologie kommt, zum Geheimtipp auf einschlägigen Konferenzen. Das Buch wird zum »Mythos« (Steinert 1981, 332), es gilt als »unerlässliche Voraussetzung für die Diskussion einer politischen Ökonomie des Strafrechts« (Rausch 1975, 218), das Namenspaar wird zur »lachenden

Sonne der Antikerkerbewegung« (Schumann 1981, 64). Steinert zufolge drückte dann Foucaults *Überwachen und Strafen* mit seiner »Eleganz und Wortgewalt« das Buch »für einige Zeit in den Hintergrund« und ließ es »trocken und pedantisch erscheinen, [...] phantasielos [...] in seinem ›Ökonomismus‹, der durch Foucaults Theorie der diffusen Macht überwunden schien« (1981, 332).

Betrachten wir zuerst die Berichterstattung in *Überwachen und Strafen* selbst. Foucault referiert von Rusche und Kirchheimer zunächst das methodische Prinzip, die Strafsysteme nicht unmittelbar aus den jeweiligen Verbrechen zu erklären, sondern selbst als eigenständige »soziale Phänomene« zu untersuchen (*ÜS*, 35/32; vgl. *R/K*, 12). Es folgt der Gedanke, dass die Strafmaßnahmen »nicht einfach ›negative‹ Mechanismen sind, die einschränken, verhindern, ausschließen, unterdrücken«, sondern an »positive und nutzbringende Effekte« geknüpft sind. Offensichtlich klingt hier die bekannte Abgrenzung von einer rein negativen »Repressionsthese« an, die Foucault dann v.a. in *Der Wille zum Wissen* ausarbeiten wird. Allerdings hätten Rusche und Kirchheimer die verschiedenen Strafsysteme unmittelbar mit den »Produktionssystemen« in Beziehung gesetzt, so dass der Sklavenhaltergesellschaft die Strafe der Versklavung, dem Feudalismus die körperliche Züchtigung, der merkantilistischen »Handelsgesellschaft«[217] das Zuchthaus und dem industriellen System die »Internierung zum Zweck der Besserung« entspräche. Als Alternative zu diesen »eindeutigen Zuordnungen« (*ÜS*, 36/33) schlägt Foucault vor, die Geschichte der Strafen auf der Grundlage einer »Mikrophysik der Macht« zu schreiben, die wiederum auf einer »›politischen Ökonomie‹ des Körpers« beruhen und sich v.a. auf die Konstitution von »Macht/Wissens-Komplexen« konzentrieren soll (36ff/33ff).

Dies also scheint der Punkt zu sein, an dem Foucault mit seinem Machtbegriff eines der von Lemke (1997, 73) angeführten »reduktionistischen, essenzialistischen und ökonomistischen Erklärungsmodelle« überwindet. Allerdings ist Foucaults Berichterstattung für ein Verständnis der methodischen Unterschiede kaum hilfreich. Dies ergibt sich schon daraus, dass er sich ausschließlich auf nicht mehr als fünf Seiten aus der von Kirchheimer verfassten Einführung bezieht (*R/K*, 9-14), deren explizite Theorie hinter der weitaus komplexeren impliziten Theorie der historischen Kapitel zur Herausbildung des bürgerlichen Strafsystems zurückbleibt. Gerade von diesen hat Foucault, ohne es kenntlich zu machen, Ergebnisse übernommen, die zu den interessantesten von *Überwachen und Strafen* gehören. Dieser fragwürdige Umgang mit dem »großen Buch« führt zu mehreren Unrichtigkeiten: Von einer »eindeutigen Zuordnung« zwischen Straf- und Produktionssystemen kann bei Rusche und Kirchheimer keine Rede sein. So wird z.B. der »Feudalismus« in ein »frühes« und »spätes«

Mittelalter unterteilt, denen wiederum völlig unterschiedliche Strafsysteme zugeordnet werden, und auch innerhalb des »industriellen Systems« des Kapitalismus differenzieren die Autoren verschiedene Strafarten – von der Einzelhaft über die »Gefängnisfabrik« bis zur Geldstrafe –, die sich teils ergänzen, teils miteinander konkurrieren. Dies liegt in erster Linie daran, dass sie als Bezugspunkt nicht die jeweilige Produktionsweise sondern v.a. die Fluktuationen des Arbeitsmarkts gewählt haben. Und schließlich ist es Foucault selbst, der seine Untersuchung auf eine »Internierung zum Zweck der Besserung« zulaufen lässt, aber nicht Rusche und Kirchheimer, die vielmehr zwischen ca. 1875 und 1932 einen allgemeinen Rückgang der Gefängnisstrafen und ihre Ersetzung durch Geldstrafen feststellen. In den von Kirchheimer neu verfassten Kapiteln wird diese »Kommerzialisierung des Strafvollzugswesens« als angemessener Ausdruck modern-kapitalistischer »Rationalität« und in diesem Sinne als »Rationalisierung« des bürgerlichen Strafsystems behandelt (*R/K*, 203ff, 242, 244, 287).[218] Damit hat Foucaults Referat die Studie von Rusche und Kirchheimer um ihre Pointe gebracht. Dies ist um so erstaunlicher, als auch er sein Buch als eine Untersuchung zur westlichen »Rationalität« versteht[219], so dass sich eine Debatte über die verschiedenen Rationalisierungskonzepte (Disziplinierung oder Kommerzialisierung) geradezu angeboten hätte.

Da das Referat nicht zuverlässig Auskunft gibt, müssen wir bei Rusche und Kirchheimer selbst nachlesen, um sowohl die Anleihen Foucaults als auch seine theoretische Umarbeitung feststellen zu können.

2. Der sozialgeschichtliche Ansatz von Georg Rusche und Otto Kirchheimer

Die »historisch-soziologische Analyse der Strafvollzugsmethoden« (*R/K*, 10) setzt ein im »frühen Mittelalter« (bis ca. Mitte des 14. Jahrhunderts), das als Periode geringer sozialer Spannungen und relativ günstiger Lebensverhältnisse der unteren Klassen beschrieben wird. Zur Eindämmung der Fehden und zur Aufrechterhaltung des Landfriedens konzentrierte sich die Strafjustiz auf die private Schlichtung durch Geldbußen, die bei den zahlungsunfähigen unteren Schichten durch körperliche Züchtigungen ersetzt wurden (15ff). Davon unterscheiden Rusche und Kirchheimer ein »spätes Mittelalter« ab dem 15. Jahrhundert, das sie (mit Tawney) als eine Periode der Einhegungen, des Vordringens des Kapitals und einer zunehmenden Verelendung der Volksklassen beschreiben (19ff). Zur Absicherung wird ein grausames System von Hinrichtungen und Verstümmelungen eingeführt, das sich v.a. gegen die Eigentumsdelikte der Besitzlosen richtete (23ff). Die Todesstrafe, die bis zum 15. Jahrhundert kaum angewandt wurde, wird im 16. und 17. Jahrundert zum »üblichsten Strafmittel«, die

Behörden lassen sich ständig neue Mittel einfallen, um die Hinrichtungen noch schmerzhafter zu gestalten: »So finden wir das Abschneiden von Händen, ganzen Fingern oder einzelnen Fingerstücken, Abschneiden oder Ausreißen der Zunge, Ausdrücken der Augen, Abschneiden der Ohren und Kastration.« (29f; vgl., 33).

Hier stoßen wir auf eine erste Überschneidung mit Foucault: Die Inszenierung der Hinrichtungen und Verstümmelungen, die Rusche und Kirchheimer im Zusammenhang mit der »ursprünglichen Akkumulation des Kapitals« (Marx) behandeln, entspricht den »Marter-Festen«, die im ersten Teil von *Überwachen und Strafen* ausführlich beschrieben werden. Allerdings ist in Foucaults Darstellung der sozialgeschichtliche Zusammenhang mit der frühkapitalistischen Abschreckung des Pauperismus, die Marx als »Blutgesetzgebung gegen die Expropriierten« beschrieben hat (MEW 23, 761ff), nicht mehr sichtbar. Die Folterungen erscheinen als Kennzeichen einer »Souveränitätsmacht«, die als eine ritualisierte Kriegsführung beschrieben wird (vgl. *ÜS*, 55f/51f, 64/59, 75/69). Foucault wird diese Souveränitätsmacht später als königliches »Zugriffsrecht« (droit de prise) auf die Körper der Untertanen definieren und den modernen Formen der »Disziplinar«- und »Biomacht« entgegensetzen (*WzW*, 162/178).

Allerdings konzentrieren sich Rusche und Kirchheimer auf eine Entwicklung, für die man bei Foucault keine Entsprechung findet, nämlich die Tendenz im Merkantilismus des 17. Jahrhunderts, die Arbeitskraft der Gefangenen durch Galeerensklaverei, Deportationen und Zwangsarbeit auszubeuten (*R/K*, 36). Bevölkerungsrückgang und Arbeitskräftemangel führten im 17. Jahrhundert zu hohen Reallöhnen und verhinderten die Ausbildung einer »Reservearmee«, die die anwachsenden Manufakturen dringend benötigten. Die merkantilistischen Staaten reagierten zum einen mit intensiven Maßnahmen zur Steigerung der Bevölkerungszahl (Populationismus) – ein Aspekt also, den Foucault später unter den Begriff der »Bio-Macht« subsumieren und ins späte 18. Jahrhundert verlegen wird (*WzW*, 166f/183f) –, zum anderen mit der sozialpolitischen Strategie, durch die Eingliederung der Armen in die Produktion den Arbeitermangel zu beheben, ohne gleichzeitig eine Erhöhung der Löhne zuzulassen (*R/K*, 53). In diesem Zusammenhang wird das »Zuchthaus« eingeführt. Das 1596 eröffnete *Rasphuis* in Amsterdam dient als Modell für zahlreiche Zuchthausgründungen. In Paris wird das erste ›Hôpital Général‹ 1656 gegründet, das dann auf Initiative der Jesuiten Charaud, Dunod und Guevarre in ganz Frankreich verbreitet wird (62 A84, 63). Durchgängig handelt es sich um eine Verbindung von Armenhaus, Arbeitshaus und Strafanstalt, die primär als Manufaktur und damit unmittelbar als Bestandteil kapitalistischer Entwicklung funktioniert; seine Insassen sind arbeitsfähige Bettler,

Landstreicher, Prostituierte und Diebe, seine Hauptaufgabe besteht darin, »die Arbeitskraft unwilliger Menschen sozial nutzbar zu machen« (63, 73f).

Vor diesem Hintergrund erklären Rusche und Kirchheimer die Herausbildung des Gefängnisses als eine Weiterentwicklung des merkantilistischen Zuchthauses: »Die frühe Form des modernen Gefängnisses war [...] mit den Zuchthäusern und ihren Produktionsstätten verbunden«, die nicht so sehr der »Besserung« dienten, als v.a. die Funktion hatten, die Arbeitskraft auszubeuten und neue Arbeiterreserven auszubilden (89, 91, 93f, 98). Davon unterscheiden sie eine zweite Genealogie des Gefängnisses, nämlich von der katholischen Kirche her, der es nicht erlaubt war, Todesurteile zu vollstrecken, und die daher, früher als der Staat, dazu überging, religiöse Abweichung und klerikale Kriminalität mit Freiheitsentzug zu bestrafen (100ff). Praktiziert wurde v.a. die Einzelhaft, die auf Reue und innere Bekehrung ausgerichtet war – die Ausbeutung der Arbeitskraft spielte hier kaum eine Rolle (101f).

Die Vermischung von Straftätern, Armen, Waisen, Prostituierten und Irren in den Zuchthäusern sowie die zunehmende Verelendung der Einrichtungen in der zweiten Hälfte des 18. Jahrhunderts werden nun von unterschiedlichen Vertretern einer aufgeklärten Strafrechtsreformbewegung als despotische Willkür kritisiert. Der Kritik liegt ein Gerechtigkeitsbegriff zugrunde, der die Berechenbarkeit zum Hauptinhalt hat und auf einer strikten Korrelation zwischen dem Verbrechen und der Strafe besteht (106ff). Reflektiert wird zudem die gefährliche Wirkung der öffentlichen Hinrichtungen, bei denen »die häufige und ungerechte Hinrichtung von Dienstboten für die geringsten Diebstähle zu gefährlichen Unruhen führte« (108). Die Milderung der Strafen dient somit auch der Revolutionsabwehr (108f) – ein Aspekt, den wir auch bei Foucault wiederfinden (*ÜS*, 75ff/69ff, 94/88).

Rusche und Kirchheimer zufolge ist die Kritik der Aufklärer erfolgreich, weil sie sich mit der Krise der merkantilistischen Zuchthausarbeit überkreuzt: zum einen kommt es in der zweiten Hälfte des 18. Jahrhunderts zu einem Überangebot an Arbeitskräften und damit zu einer Verelendung der Arbeiterschaft – die von den herrschenden Klassen gewünschte »relative Überbevölkerung« ist nun Wirklichkeit geworden (*R/K*, 121) –, zum anderen wird es aufgrund der Maschinisierung der Industrie »immer schwieriger, die arbeitsfähigen Insassen der Armenhäuser profitabel zu beschäftigen« (127). Gab es im Merkantilismus einen starken Bedarf an preiswerter Zuchthausarbeit, wird diese nun »seitens der Arbeiterklasse und der Unternehmer mit gleicher Vehemenz attackiert« (155). Damit rückt die »repressive, abschreckende Seite der Strafe in den Vordergrund«, die Gefängnisarbeit wird zu einer Foltermethode ohne produktiven Sinn: »Gefangene schleppten riesige Steine von einem Ort zum anderen und anschließend zurück. Sie betrieben Pumpen, aus denen das Wasser an seine

Quelle zurückfloss oder Mühlen, die keinen nützlichen Zweck erfüllten.« (157). Die Haftstrafe wird »genau in dem Augenblick, in welchem die ökonomische Grundlage des Zuchthauses durch industrielle Veränderungen zerstört worden war, zur hauptsächlichen Bestrafungsart der ganzen westlichen Welt« (143).

Die Verallgemeinerung der Haftstrafe bei gleichzeitiger Krise der Zuchthaus-Funktion ist es, was Foucault als »Geburt des Gefängnisses« fasst, wobei er freilich die Ablösung der Gefängnisstrafe von der »produktiven« Zuchthausarbeit gerade nicht behandelt. Während er auf ein umfassendes Kerkersystem schließt, das die gesamte Gesellschaft durchdringt und zur »Disziplinargesellschaft« konstituiert, zeichnen Rusche und Kirchheimer eine widersprüchliche Entwicklung nach, bei der – je nach Arbeitsmarktslage und sozialpolitischer Konstellation – unterschiedliche Strafmodelle miteinander konkurrieren.

Auffällig sind die Unterschiede zwischen der US-amerikanischen und der europäischen Entwicklung. In den USA wurde das von den Quäkern eingeführte Philadelphia-System, das eine strikte Einzelhaft vorsah, in den 1830er Jahren unter den Bedingungen eines akuten Arbeitskräftemangels zunehmend durch das »Auburn-System« ersetzt, das die Einzelhaft auf die Nächte beschränkte und mit gemeinsamer Arbeit in den Werkstätten am Tage kombinierte – mit guten Arbeitsleistungen konnten sich die Gefangenen eine Strafherabsetzung verdienen (178ff). Gestützt auf die Berechnungen von Beaumont und Tocqueville von 1833 zeigen Rusche und Kirchheimer, dass die Einnahmen aus der Gefängnisarbeit die Unterhaltskosten bald überstiegen (183).[220] »Die Gefängnisse wurden erneut zu lebhaften Fabriken, sie begannen Waren mit Profit zu produzieren« (182), bis der Druck der Arbeiterbewegung gegen Ende des 19. Jahrhunderts wieder zu einer weitgehenden Einschränkung der Gefängnisarbeit führte, »was sich sehr zum Leidwesen der Gefangenen auswirkte« (184).

Die Entwicklung in Europa vollzieht sich anders. Zwischen 1780 und 1830 verschärft sich die Pauperisierung, hinter der ansteigenden Verbrechensrate befürchtet man die soziale Revolution (133f). Dies führt v.a. unter der Herrschaft Napoleons und der Restauration zu einer zweifachen Modifikation des Strafsystems: zum einen versucht man, zu den grausamen Körperstrafen des Ancien Régime zurückzukehren, teilweise kommt es zu einer Wiedereinführung von Peitsche, Pranger, und Brandeisen (135, 138); zum anderen erfolgt ein forcierter Ausbau des Gefängnissystems mit entsprechendem Anstieg der Gefängnisstrafen. Anders als in den USA sprechen sich die europäischen Strafexperten auf dem internationalen Gefängniskongress 1846 in Frankfurt/Main mit großer Mehrheit für das Philadelphia-Modell aus. Die positiven Arbeitsanreize des Auburn-Systems werden als zu nachsichtig kritisiert, aus »disziplinarischen« Gründen bevorzugt man die Einzelhaft als Besserungsanstalt (183f, 188). Mit ihr konnte man »die ganze Gewalt der Autoritäten und sogar die Architektur des Gefängnisses auf den einzelnen Gefangenen konzentrieren« (187) – ein Gedanke, den Foucault in seiner Analyse des »Panoptismus« ausarbeiten wird. Unter diesen Bedingungen wird die Gefangenenarbeit unproduktiv und verwandelt sich zur reinen Strafarbeit, in England werden z.B. Hand- oder Tretmühlen (die »Kurbel«) eingeführt, die nichts antreiben, sondern nur aus Motiven der Grausamkeit eingesetzt werden (189f).

Für Rusche und Kirchheimer hängt der Vorrang der Abschreckung mit der Existenz einer großen industriellen Reservearmee in Europa und der damit zusammenhängenden Revolutionsfurcht zusammen: »Was die europäische Gesellschaft mit ihrer industriellen Reservearmee brauchte, war eine Strafe, die sogar verhungernden Menschen Angst einjagen würde« (185).[221] Es ist v.a. diese »europäische« Konstellation im frühen 19. Jahrhundert, in der Foucault seine »Geburt des Gefängnisses« ansetzt. Was bei ihm die Keimzelle darstellt, aus der sich die Disziplinargesellschaft entwickelt, ist bei Rusche und Kirchheimer freilich nur eine Phase des bürgerlichen Strafsystems. Davon heben sie eine »moderne Gefängnisreform« ab, die um ca. 1875 einsetzt und mit kurzen Unterbrechungen bis zur Weltwirtschaftskrise reicht: Aufgrund höherer Reallöhne und einer stärkeren Beteilung der Arbeiter am Massenkonsum kommt es allgemein zu einem Rückgang der Straftaten (193f), und angesichts der »maximalen Absorption von Arbeitskräften« wird die »sinnlose Einsperrung von Menschen [...] als unzeitgemäß empfunden« (195). Die Reformer (z.B. Liszt in Deutschland, Prins in Belgien) entwickeln einen »soziologischen« Ansatz, dem zufolge das Verbrechen v.a. sozialpolitisch zu bekämpfen ist (196, 200). Das Ziel sollte darin bestehen, durch Geldstrafen, Bewährungsstrafen und Beseitigung der sozialen Missstände möglichst viele Delinquenten aus den Gefängnissen herauszuhalten sowie Dauer und Schärfe der Haftstrafen abzumildern (203f). Tatsächlich werden die Zustände in den Gefängnissen erträglicher, die Selbstmord- und Sterblichkeitsrate geht zurück, von 1882-1932 ist eine Zunahme der Geldstrafen auf ca. 50% der Diebstahls- und Betrugsfälle zu verzeichnen (207f, 233).

Die differenzierte Untersuchung von Rusche und Kirchheimer hat u.a. den Vorzug, Besonderheiten des faschistischen Strafvollzugs hervortreten zu lassen. In der Wirtschaftskrise sind die Gefängnisse zum erstenmal wieder bis zu den Kapazitätsgrenzen belegt (247). Zur gleichen Zeit, als die NS-Regierung die rechtsstaatlichen Garantien aufhebt und die Todesstrafe wieder massiv einsetzt, nehmen die Freiheitsstrafen in Zahl und Dauer zu, die Lebensbedingungen in den Gefängnissen verschlechtern sich rapide, die Ansätze zu Berufsausbildung und Rehabilitierung werden fallengelassen, die materiellen Vergünstigungssysteme abgeschafft (260-69). Die

Nazi-Propaganda gegen das »Weimarer Gefängnisparadies« ist Bestandteil einer rassistischen Akzentuierung und Intensivierung des »moralischen« Gegensatzes zwischen dem »ehrlichen« Armen und dem Kriminellen – eine Intensivierung, die Rusche und Kirchheimer als »Ideologieschöpfung« bezeichnen (254f). Die Moralisierung geht mit der Eliminierung soziologischer Betrachtungsweisen aus dem Strafprozess einher: die »Gerichtshilfe«, die in der Weimarer Republik das Gericht mit Informationen über das soziale Milieu und die Persönlichkeitsgeschichte des Delinquenten versorgt hatte, wird teils unterdrückt, teils direkt der Staatsanwaltschaft unterstellt – die Delikte werden von ihrer sozialen Basis isoliert und als Verrat an der Gemeinschaft behandelt (255ff). Das straffällige Individuum soll nicht am Durchschnittsmenschen gemessen werden, sondern am »konstruierten Idealbild« des »willensstarken Volksgenossen« (258).[222]

Die von Rusche und Kirchheimer vorgenommene Phasenaufteilung wird in der sozialgeschichtlich orientierten Literatur zum Strafsystem im Großen und Ganzen bestätigt.[223] Allerdings entging den Autoren, ähnlich wie später auch Foucault, dass sich in den USA nach der Abschaffung der Sklaverei eine umfassende »racialization of prisons« (James 1996, 33) durchsetzte, bei der v.a. im Süden die weiße Gefängnispopulation durch eine überproportional schwarze abgelöst wurde.[224] Methodisch ist vor allem eingewandt worden, dass die Korrelation von Bestrafung und Arbeitsmarkt zur Erklärung der nicht-profitablen Gefängnissysteme untauglich sei und die Eigenständigkeit des Politischen unterschätze. Vorgeschlagen wurden v.a. staats- und ideologietheoretische Modifikationen des sozialgeschichtlichen Ansatzes, um die Funktion der Strafsysteme bei der disziplinären Produktion einer dem industriellen Kapitalismus entsprechenden Arbeitsmoral und Lebensweise besser erfassen zu können: der Zusammenhang von Arbeitsmarkt und Strafvollzug sei durch die jeweils angezielte Arbeitsmoral und damit durch die ideologische Konstellation vermittelt, zudem müssten die ökonomischen Interessen durch den staatlichen Apparat hindurch und damit »mit anderen (besonders auch den staatlichen Eigeninteressen) vermittelt werden« (Steinert 1981, 324, 328).[225]

Es wäre jedoch eine falsche Verallgemeinerung, den Ansatz von Rusche und Kirchheimer pauschal als »ökonomistisch« zu bezeichnen. Dies allein deshalb, weil er sich nicht auf eine »Arbeitsmarktthese« reduzieren lässt. Unter Einbeziehung der Aufsätze von Rusche hat Schumann zwischen einer »Verschlechterungsthese«, einer »Arbeitsmarktthese« und einer »Fiskalthese« unterschieden (1981, 66f). Letztere verweist auf die Verpflichtung der Strafanstalten, sich soweit wie möglich selbst zu finanzieren und die Unkosten durch optimalen Einsatz der Gefangenenarbeit (z.B. über ein privates Kontraktsystem) abzudecken. Die Verschlechterungsthese wird von Rusche als »formales« Prinzip beschrieben, dem zufolge das

Gefängnis die Lebensbedingungen der ärmsten proletarischen Schichten in der Gesellschaft noch unterschreiten muss, um abschreckend zu wirken (Rusche 1933, 301f). Dies ist selbst kein ökonomistischer Gedanke, sondern streckt sich einer ideologietheoretischen Ausarbeitung geradezu entgegen: die ideologische Produktion von Subjekten, die sich freiwillig-diszipliniert einer herrschenden Ordnung unterstellen, kann nur funktionieren, wenn sie eingerahmt ist von einer repressiv-abschreckenden Behandlung der »schlechten« Subjekte, die eine solche Unterstellung verweigern. Die Arbeitsmarktthese selbst besagt nicht mehr als dass hohe Arbeitslosigkeit ein überwiegend repressives Abschreckungssystem begünstigt, während Arbeitskräftemangel sich in Richtung einer ökonomischen Verwertung auswirkt (303f). Auch den Arbeitsmarkt selbst behandelt Rusche nicht ökonomistisch, sondern im Zusammenhang mit seiner sozialpolitischen Regulierung. So arbeitet er z.B. heraus, dass in Europa nach dem 1. Weltkrieg durch eine weitreichende Arbeitslosenfürsorge die Kriminalisierung der untersten Schichten abgebremst wurde, so dass die Gefängniszahlen nicht über das Niveau der Vorkriegszeit anstiegen; und umgekehrt war es das Fehlen einer solchen Sozialpolitik, das in den USA zur Zeit der Weltwirtschaftskrise einen »dramatischen Zusammenbruch des ›humanen‹ Strafvollzugs« mit einer rasanten Steigerung des Verbrechens, der Repression und der Gefängnisrevolten herbeiführte (310f, 312f).

Sobald man über die von Kirchheimer verfasste Einleitung, auf die Foucault sein gesamtes Referat gründet, hinausblickt, sieht man, dass die implizite Theorie der historischen Kapitel sowie der dazugehörigen Aufsätze Rusches trotz der Fokussierung auf Arbeitsmarkt und Sozialpolitik keineswegs reduktionistisch angelegt ist. Dies zeigt sich an der sorgfältigen Differenzierung sowohl der Genealogie des Gefängnisses (Zuchthaus *und* Kirche) als auch seiner widersprüchlichen Funktionen (Abschreckung, Ausbeutung, »Besserung«). Deutlich wird auch, in welchem Ausmaß die Stellung der Gefängnisarbeit vom politischen Gewicht der Arbeiterbewegung abhängig war, die in der Regel ihr Verbot verlangte. Jedenfalls besteht die Schwäche der Studie nicht darin, dass sie das Verhältnis von Produktionsweise und Strafsystem als »eindeutige Zuordnung« fasst, wie Foucault behauptet (*ÜS*, 36/33). Eher könnte man umgekehrt ihre Grenze so bestimmen, dass Arbeitsmarkt und Sozialpolitik nicht ausreichen, um die Stellung des Strafsystems in der Reproduktion der Gesellschaft zu begreifen, und dass den Autoren 1939 die analytischen Instrumentarien nicht zu Verfügung standen, um die staats- und ideologietheoretischen Implikationen ihres Ansatzes auszuarbeiten. Die Attraktivität des foucaultschen Ansatzes besteht nicht zuletzt darin, diese Lücke zu besetzen.

3. Weiterentwicklung oder Preisgabe einer Sozialgeschichte des Strafsystems?

3.1. Von der Funktion zu Aspekten des Funktionierens

Beginnen wir mit einigen Aspekten, die als fruchtbare Weiterführung einer Sozialgeschichte des Strafsystems verstanden werden können. Zunächst wird das Gefängnis als Teil einer gesellschaftlichen Disziplinierung thematisiert, die im Koordinatensystem von Rusche und Kirchheimer als eigener Gegenstand nicht auftaucht. Melossi und Pavarini, die beide Ansätze zu vermitteln versuchen, sehen Foucaults Verdienst darin, die Disziplin als »funktionale Verbindung« zwischen Gefängnis und Fabrik auszuarbeiten.[226] Eine weitere Stärke liegt im Interesse für die Formen und materiellen Anordnungen der Disziplinierung. Wo Rusche und Kirchheimer das Gefängnis nach seinen gesellschaftlichen *Funktionen* befragten, konzentriert sich Foucault auf Aspekte seines *Funktionierens*: öffentliche Inszenierungen, räumliche Anordnungen, Blick-Richtungen, zeitliche Strukturierungen, Dispositive der Unterwerfung und Subjektkonstitution. Das Gefängnis produziert auch etwas Eigenes, könnte man seine These resümieren, nämlich disziplinierte Subjekte, die durch eine spezifische Verschränkung von Nützlichkeit und Unterwerfung (docilité-utilité) geprägt sind (*ÜS*, 175/161). Und es produziert den Gegenstandsbereich einer »Delinquenz«, die das komplementäre Gegenstück zur Moralisierung der Volksklassen im 19. Jahrhundert darstellt, indem sie dazu beiträgt, die »anständigen« Arbeiter von »Sozialbanditentum« und Lumpenproletariat abzuspalten (327ff/295ff, 356f/323f, 365ff/330ff).

Verfolgt man diese Linie des Vergleichs weiter, gelangt man allerdings schnell an den Punkt, an dem die Stärken der foucaultschen Beobachtungen der Schwäche eines überallgemeinen Erklärungsanspruchs zum Opfer fallen. Geht es bei Rusche und Kirchheimer darum, das Gefängnis historisch-soziologisch im Zusammenhang mit den Kräfteverhältnissen in Arbeitsmarkt und Sozialpolitik zu rekonstruieren, erhält es bei Foucault den Stellenwert einer »Elementarform der Disziplinargesellschaft« (Breuer 1986, 61). Erklärt werden sollen nichts weniger als die umfassende Sozialdisziplinierung der neuzeitlichen »Körper«, die Herausbildung des modernen »Wissenschaft/Justiz-Komplexes« mit einem neuen universalistischen »Wahrheits-Regime«, die gemeinsame »Matrix« von Strafrecht und Humanwissenschaften, sowie »ein Stück der Genealogie […] der modernen ›Seele‹« (*ÜS*, 33f/30f, 41/38). Von der Geburt des Gefängnisses gelangen wir zur »Geburt des Menschen als Wissensgegenstand für einen ›wissenschaftlichen‹ Diskurs« (34f/32), die Foucault schon in *Ordnung der Dinge* für den gleichen Zeitraum vorgesehen hatte. Die Disziplin »fabriziert« unmittelbar

»Individuen« und eine »Individualität«, die zellenförmig, organisch, evolutiv und kombinatorisch ist (216/196, 220/200, 247f/225f).

Es ist vor allem dieser umfassende Erklärungsansatz, der dem Buch die Faszination eines »großen Wurfes« verliehen hat. Die Rezeption ist nicht ohne Paradoxien: Nachdem man im theoretischen Marxismus althusserscher Prägung angefangen hatte, die »Ableitungen« der (Staats-) Macht aus der Ökonomie als ein hegelianisierendes Denken der »expressiven Totalität« zu kritisieren und sich auf die relative Eigenständigkeit der ideologischen Instanzen zu konzentrieren, schien Foucault hier einen Ansatzpunkt gefunden zu haben, der es ermöglichte, die verschiedenen Funktionsebenen der Gesellschaft von der Architektur des »Panoptismus« bis zum vermeintlich »Innersten« des Individuums sozusagen auf einen Schlag miteinander zu verbinden. Es kommt hinzu, dass diese Ableitung mit der Rhetorik einer dezentral wirkenden »Mikrophysik der Macht« mit multipler Herkunft einherging, die jeden Verdacht eines neuen Reduktionismus zu entkräften schien.

3.2. Eine neo-nietzscheanische Theorieanordnung

Mit *Überwachen und Strafen* wollte er das Thema von Nietzsches *Genealogie der Moral* wieder aufnehmen, erklärt Foucault 1978 in einer Diskussion mit Historikern (*DE II*, Nr. 278, 840).[227] Dies hat ihm den Vorwurf eingetragen, er benutzte in dem »philosophischen Buch« das historische Material nur als Illustration, um Nietzsches Herleitung der Moral aus den Mnemotechniken der Körperstrafen an den Disziplinen weiterzuführen (Melossi/Pavarini 1981, 192). Nietzsche hatte im zweiten Teil der *Genealogie der Moral* die Herausbildung des Gewissens und der Schuld auf die Mnemotechniken der Foltermale gegründet, die dem zahlungsunfähigen Schuldner in den Leib gebrannt werden. Nur so war es möglich, dem »faseligen Augenblicks-Verstande« ein Gedächtnis einzuprägen (*GM*, KSA 5, 297). Die Herleitung der »moralischen Begriffswelt« aus der »Wollust« der Mächtigen, »de faire le mal par le plaisir de le faire«, ist, wie wir gesehen haben (s.o. Teil I.3), in einen aristokratischen Ursprungsmythos eingebunden, der das Verhältnis zwischen Gläubigern und Schuldnern als »ältestes und ursprünglichstes Personenverhältnis« ontologisiert (299f, 305f).

Auch in Foucaults Darstellung der »Marterfeste« zeichnet sich die Souveränitätsmacht durch das gewaltsame Einbrennen des »Mals« (la marque) aus; die Marter muss auf Seiten des Opfers »brandmarkend sein: durch die Narbe, die sie am Körper hinterlässt [...] muss sie ihr Opfer der Schande ausliefern; [...] sie gräbt [...] am Körper des Verurteilten Zeichen ein, die nicht verlöschen dürfen. Das Gedächtnis der Menschen wird in jedem Fall die Erinnerung an die Zurschaustellung [...] bewahren.« (*ÜS*, 47/44, 170/155)[228] Das Strafritual ist die Funktion einer Macht, die sich »unmittelbar an den Körpern aus[lässt]«, sich an ihren »physischen Manifestationen begeistert und steigert« und den »Krieg nicht völlig hinter sich gelassen hat« (74f/69). Wie wir gesehen haben, bezeichnet Foucault diese Herleitung der Macht aus dem Krieg als »Hypothese Nietzsche«, der er 1976 seine Vorlesungsreihe *In Verteidigung der Gesellschaft* widmet (*VdG*, 27/17). Durchgängig folgt er der nietzscheschen Argumentation, die Bestrafung sei weder aus aus irgendeiner Nützlichkeit (z.B. Abschreckung) noch aus der Rache, sondern aus einem »Willen zur Macht« und zur »größeren Macht« abzuleiten (*GM*, KSA 5/313ff).[229] Es geht weder um die Wiederherstellung eines Gleichgewichts noch um die Überlegenheit des Rechts, sondern um die der »physischen Kraft des Souveräns, der sich auf den Körper seines Gegners stürzt und ihn besiegt« (*ÜS*, 65/60). Dabei verweist die zentrale Rolle des Geständnisses auf die Verbindung von Macht und kunstvoll geregelter Wahrheitsfindung, die als eine Art »Zweikampf« (une sorte de joute) zwischen dem Henker und dem Gefolterten ausgetragen werde (55/51).

Tatsächlich kann Foucaults *Überwachen und Strafen* über weite Strecken als eine Übertragung und Anwendung der nietzscheschen Zivilisierungskritik auf ein modernes historisches Material gelesen werden. Auch Nietzsche ging es um eine Genealogie der »Seele«, die er dort verortet, wo der starke Mensch »in den Bann der Gesellschaft und des Friedens eingeschlossen« wird, seine Instinkte nicht mehr nach draußen entladen kann, sondern nach innen wenden muss (*GM*, KSA 5/321f). Die »Seele« ist, wie auch das sie begleitende schlechte Gewissen, ein Symptom des »in sich selbst zurückgescheuchten Tiermenschen« (332). Wo Nietzsche die »Seele« als Begleiterscheinung einer Zähmung des »starken« Menschen behandelt, erscheint die »moderne Seele« bei Foucault als Effekt seiner Unterwerfung unter die Disziplinen, die im 17. und 18. Jahrhundert zu »allgemeinen Herrschaftsformen« geworden sind (*ÜS*, 176/161). Die große Menschenzähmung, die bei Nietzsche sich sozusagen in grauer Vorzeit, beim Umbruch von einem aristokratisch konzipierten, souveränen Herrenursprung zur Staatlichkeit vollzog, findet sich jetzt in die Entstehungszeit der bürgerlichen Demokratien versetzt. Hier, im Übergang vom 18. zum 19. Jahrhundert, genauer zwischen 1760 und 1840, kommt es zur »großen Transformation« (24/22), in der das öffentliche Marterschauspiel verschwindet und durch eine Bestrafung abgelöst wird, die »zum verborgendsten Teil der Rechtssache« werden sollte (16/16, 19ff/18ff).

Für Nietzsche war das Leben »heiterer auf Erden«, als die »Menschheit« (d.h. die Minderheit der »Starken«) sich ihrer Grausamkeit noch nicht schämte, während mit dem Einzug des schlechten Gewissens die »krankhafte Verzärtlichung und Moralisierung« einsetzte, unter denen die moderne Gesellschaft bis heute leidet (*GM*, KSA 5, 302). Auch Foucault konzentriert seine Kritik auf eine humanistische Interpretation, die die Ablösung der Marterfeste als einen »Fortschritt« der Menschlichkeit interpretiert, wo es sich in seiner Sicht nur um eine Verfeinerung der Strafmacht handelt, die sich nun »tiefer im Gesellschaftskörper« verankern kann (*ÜS*, 99/93, 102ff/96ff).

Es ist vor allem das Projekt einer Aktualisierung der *GM*, das der historischen Untersuchung Foucaults eine strikte Zweiteilung auferlegt. Während Rusche und Kirchheimer unterschiedliche Phasen und Ausprägungen von Körperstrafen, Zwangsarbeit und Gefängnis differenzieren, zieht Foucault die auseinanderliegenden Umbrüche auf eine einzige »große Transformation« im Übergang vom 18. zum 19. Jahrhundert zusammen, die die Geschichte in eine Epoche davor (der Souveränitätsmacht) und eine danach (der Disziplinarmacht) zerfallen lässt. In beiden Strafsystemen steht der Körper im Zentrum. Zuvor wird er öffentlich gequält, danach einer »politischen Anatomie« der Körper-Disziplinierung unterworfen – die kurze Zwischenperiode der »Ideologen«, deren Reformvorschläge unmittelbar auf die »Seele« zielten, ist praktisch folgenlos und wird bald vom Gefängnissystem abgelöst (*ÜS*, 131/122).

Foucault zufolge haben Rusche und Kirchheimer nur die »allgemeinen und gewissermaßen äußeren Gründe« (des raisons en quelque sorte externes) der Veränderungen im Strafsystem behandelt, während er selbst die »Funktion« der Strafen von einer »politischen Ökonomie des Körpers« und einem damit zusammenhängenden Komplex Wahrheit/Macht behandelt, der »im Herzen aller Strafmechanismen« liegt (*ÜS*, 72f/66f; vgl. 36f/33f). Mit dieser Verbindung Körper/Wahrheit/Macht, die sich bereits in der Nietzsche-Schrift von 1971 abzeichnet[230], glaubt Foucault, den Ansatzpunkt gefunden zu haben, den er einer nur »äußeren« sozialgeschichtlichen Erklärung als »innere« Untersuchungsebene zugrundelegen kann. Im folgenden ist zu beobachten, wie sich die nietzscheanische Untersuchungsperspektive auf die Auswahl und Anordnung des sozialgeschichtlichen Materials auswirkt. Ich möchte mich auf einige ausgewählte Beispiele beschränken, zum einen, um die idealtypische Konstruktion des foucaultschen Gegenstands freizulegen, zum anderen, um die sozialökonomischen und ideologietheoretischen Bezüge, von denen er abstrahiert hat, gleichsam nachzutragen.

3.3. Die Abstraktion von der Zwangsarbeit

Fragwürdig ist bereits die Fixierung auf die Marterfeste der »Souveränitätsmacht«, die nicht mehr als einen demonstrativ sichtbaren und dem Umfang nach relativ kleinen Teil des absolutistischen Strafsystems darstellen. Foucault schildert den zur Abschreckung inszenierten Terror und erfasst dabei u.a. eine prekäre Ambivalenz der öffentlichen Gewaltanwendung, die in der Hegemoniekrise des Ancien Régime leicht zum Frontenwechsel der Zuschauer auf die Seite der Opfer führen konnte.[231] Aber die Darstellung lässt sich derart von den grausamen Marterfesten der »Souveränitätsmacht« und der in ihnen exponierten »physischen Kraft« faszinieren, dass sie darauf verzichtet, ihre Stellung im Gesamtsystem der angewandten Strafen zu bestimmen.[232] Ausgeklammert sind zunächst die Galeerenstrafen, die gerade im absolutistischen Frankreich weit verbreitet waren. Sie werden im 17. Jahrhundert unter Ludwig XIV und Colbert »royalisiert« und zentralstaatlich organisiert: durch forcierten Sklaveneinkauf rund ums Mittelmeer und am Schwarzen Meer (les »Turcs et Mores«), durch gezielte Verfolgungen der Salz- und Tabakschmuggler, als Strafe für desertierende Soldaten und Protestanten.[233] Die Galeerenstrafen werden 1748 abgeschafft, aber die Zwangsarbeit wird in den Straflagern (bagnes) weitergeführt, die in den großen Seestädten unter dem Kommando der Marine im Schiffsbau und in der Erweiterung der Hafenanlagen eingesetzt werden.[234]

Dass Foucault von der Organisation der Zwangsarbeit absieht, liegt vermutlich daran, dass sie gerade dort, wo er einen Einschnitt zwischen alter Souveränitäts- und neuer Disziplinarmacht ansetzt, eine Kontinuität im Strafsystem dokumentiert: Die *bagnes* werden 1791 von der Konstituante nicht aufgelöst, weil es der Marine durch intensive Lobbyarbeit gelungen ist, ihr Monopol ohne jede parlamentarische Kontrolle aufrechtzuerhalten. Aufgrund einer jakobinischen Amnestie für Schmuggler und kleine Verbrecher verringert sich kurzfristig die Zahl der Zwangsarbeiter, aber der Thermidor 1795 kehrt durch die Einbeziehung kleinerer Straftäter und Vagabunden den Trend wieder um.[235] Um die Mitte des 19. Jahrhunderts werden die *bagnes* durch die Einführung neuer Technologien im Schiffs- und Hafenbau unproduktiv, aber die Zwangsarbeit wird nun wiederum – ebenfalls unter dem Kommando der Marine – in der Form umfangreicher Deportationen v.a. nach Guyana und Neukaledonien weitergeführt – bis zu ihrer Abschaffung durch die *Front Populaire* 1938.[236]

Um den Übergang von den demonstrativen Martern zu den verschwiegenen Bestrafungen der Disziplinarmacht zu demonstrieren, kontrastiert Foucault die »Sträflingskette«, bei der die Häftlinge angekettet durch die Städte und Dörfer Frankreichs geführt wurden, mit dem verdeckten Zellenwagen, durch den sie um 1837 abgelöst wurde (*ÜS*, 340/308). Auf einer symbolischen Ebene mag es sinnvoll sein, diesen Unterschied verschiedenen »Ökonomien« der öffentlichen Darstellung von staatlicher Herrschaftsmacht zuzuordnen. Aber es wäre ein Trugschluss, die beobachteten Unterschiede in der Macht-Präsentation für solche der wirklichen Macht-Ausübung im Strafvollzug zu halten. Schließlich werden die

Gefangenen in beiden Transportvarianten zu den gleichen Hafenstädten gebracht, um dort in »Straflager-Werkstätten« (bagne-arsenal) zu arbeiten, die als integraler Bestandteil eines großen Staatsunternehmens funktionieren – unter durchaus rentablen Bedingungen und häufig zusammen mit freien Arbeitern.[237] Foucault hätte hier leicht außer den alten Strafinstrumenten (Ketten, Einbrennungen usw.) auch Technologien der Disziplinierung auffinden konnen, freilich nicht als Manifestationen einer sich diffus durchsetzenden neuen »Disziplinarmacht«, sondern organisiert durch einen zentralistischen Staats-, Militär-, und Wirtschaftsapparat, gewährleistet durch einen hierarchisch-militärischen Überwachungsstab, der v.a. in der Restauration neu aufgebaut wird, aufrechterhalten sowohl durch die physische Gewalt der Körperstrafen als auch durch »modernere« Mittel der Arbeitsprämie sowie der Leistungsdifferenzierung.[238]

3.4. *Eine genealogische Engführung des Gefängnisses*

Dass Foucault die Arbeits- und Zuchthäuser aus seiner Genealogie des Gefängnisses weggelassen hat, ist um so erstaunlicher, als er selbst 1961 in *Wahnsinn und Gesellschaft* das ›Hôpital Général‹ in Paris als eine der Antworten auf eine gesamteuropäische ökonomische Krise behandelt hatte (*WG*, 83ff/77ff). Ähnlich wie Rusche und Kirchheimer analysierte er dort die Bedeutung für den Arbeitsmarkt – »billige Arbeitskräfte in den Zeiten der Vollbeschäftigung und der hohen Löhne; in Zeiten der Arbeitslosigkeit jedoch Resorption der Müßiggänger und Schutz der Gesellschaft gegen Agitation und Aufstände« (85/79) – und zeigte, dass der Arbeitszwang zugleich in der Form einer »moralischen Reform« durchgeführt wurde (94/87). Das Zuchthaus als Kombination von Einsperrung, Zwangsarbeit und moralischer Einübung in eine Disziplin bürgerlicher Lohnarbeit zu analysieren, ist in der sozialgeschichtlichen Literatur nicht neu. Wenn z.B. Marx im Abschnitt über die sog. »ursprüngliche Akkumulation« die »Blutgesetze« gegen die Expropriierten seit dem 15. Jahrhundert zusammenstellt, nimmt das Zuchthaus – neben Auspeitschen, Brandmarkung, Galeerenarbeit und Hinrichtungen – einen festen Platz in der Gewaltapparatur zur Herausbildung frühkapitalistischer Produktionsverhältnisse ein (MEW 23, 762ff). Es trägt als exekutive Institution der »grotesk-terroristischen Gesetze« gegen Bettelei und Landstreicherei dazu bei, die pauperisierten ehemaligen Bauern an eine »dem System der Lohnarbeit notwendige Diszplin« anzupassen – man »zwingt sie, sich freiwillig zu verkaufen« (765).[239]

Indem Foucault die »Geburt« des Gefängnisses im Übergang zum 19. Jahrhundert ansetzte, hat er »entweder das Thema verfehlt oder dem Buch einen irreführenden Untertitel gegeben«, argumentieren Treiber und Steinert (1980, 82). Denn in Wirklichkeit ging es nicht um eine »Geburt«

des Gefängnisses, sondern um seine »Anerkennung durch die Justiz« (89f). Während die Arbeits- und Zuchthäuser eine heterogene Masse von Pauperisierten enthielten, werden nun Kriterien einer legalen Bestrafung durchgesetzt, bei der die Eingesperrten zuvor als Rechtssubjekte definert und verurteilt wurden. Ausgehend von dieser Unterscheidung, die auch von anderen AutorInnen vorgenommen wird[240], ließe sich Foucaults These einer »Geburt« des Gefängnisses im 19. Jahrhundert paradoxer Weise nur mit der juridischen Argumentation einer neuen »Legalität« begründen, die seit der Französischen Revolution – jedenfalls im Anspruch – an die Menschenrechtserklärung von 1791 gebunden ist. Gerade eine solche »legalistische« Unterscheidung würde Foucault aber zurückweisen, da er die Vorstellung eines Fortschritt im Bereich der Rechtsstaatlichkeit als humanistisches Missverständnis einer verfeinerten Machtstrategie betrachtet.[241] Wenn es ihm dagegen auf den Nachweis ankommt, dass die bürgerlichen Freiheiten auf den »Unterbau« (base) der Disziplinen angewiesen sind, die im »Untergeschoss« (sous-sol) der formellen Rechtsgleichheit die Unterwerfung der Körper garantieren (*ÜS*, 285/258f), müsste er die neue Qualität des Gefängnisses gegenüber dem Zuchthaus auf dieser für ihn grundlegenden Ebene der Disziplinierung zu begründen versuchen. Gerade dies tut er nicht, da ein solcher Vergleich sowohl seine »Geburts«-These als auch seine idealtypische Abfolge von Souveräntitäts- und Disziplinarmacht infrage stellen würde.

In Foucaults Darstellung sind sowohl die rechtsstaatlichen Unterschiede zwischen Gefängnis und Zuchthaus als auch ihre funktionalen Gemeinsamkeiten ausgeblendet und durch die Entgegensetzung von »Marterfest« und moderner Körper-Disziplinierung verdeckt. Hier zeigt sich die Schwäche eines von Nietzsche abgeleiteten Genealogie-Konzepts, das im Namen des »Zufälligen«, »Ereignishaften«, »Diskontinuierlichen« auf die genetische Rekonstruktion historischer Zusammenhänge verzichtet.[242] Es ist methodisch irreführend, das Gefängnis mit allen möglichen Strafinstitutionen in Beziehung zu setzen, nur nicht mit denjenigen, die seine Vorläufer und funktionalen Äquivalente darstellen.[243] Wie sähe z.B. Foucaults neue Macht-Technologie aus, wenn er die pädagogischen Diskurse der Gefängnisdirektoren mit den nicht weniger pädagogischen Diskursen der Zuchthaus-Direktoren verglichen hätte, statt sie den Folterungen des Henkers entgegenzusetzen?

Während Rusche und Kirchheimer die Herausbildung des Gefängnisses sowohl von den Disziplinierungsapparaten der Zwangsarbeit als auch von der Einzelhaftpraxis der katholischen Kirche her rekonstruierten, erweist sich Foucaults Gefängnisgenealogie als eine konstruierte Engführung, die besonders die beim Zuchthaus noch unübersehbaren Funktionen einer Einschüchterung der »gefährlichen Klassen« und des Hineinzwingens in eine neue Fabrikdisziplin aus der Untersuchung ausgeschlossen hat. Diese Dimensionen sind mit dem Niedergang des Zuchthauses keineswegs beendet, sondern durchziehen in unterschiedlichen Mischungsverhältnissen und Gewichtungen auch die Geschichte des modernen Gefängnisses bis hin zu den aktuellen Manifestationen des »Prison Industrial Complex«.

3.5. Verfahren der Widerspruchseliminierung

Das Problem liegt nicht darin, dass Foucault das Zuchthaus in *Überwachen und Strafen* nicht erwähnen würde, sondern dass er dies auf eine Weise tut, die die von Rusche und Kirchheimer herausgearbeiteten Unterscheidungen zwischen Zuchthausarbeit und Gefängnisstrafe zum Verschwinden bringt. So beginnt er z.B. seine Aufzählung erfolgreicher Strafhafts-Modelle mit dem 1596 eröffneten Zuchthaus Rasphuis in Amsterdam, das »vor allem für Bettler und junge Tunichtgute bestimmt [war]« und auf dem Prinzip gemeinschaftlicher Arbeit beruhte (*ÜS*, 155f/142). Es folgt das Zwangshaus von Gent, in dem die Arbeit nach »ökonomischen Imperativen« organisiert ist (156/143). Als nächstes behandelt er das »englische Modell« des Gefängnisses von Gloucester, das dem Arbeitsprinzip die Isolierung als wesentliche Bedingung »hinzufügt« (158/144). Der Ausdruck »hinzufügen« (ajouter) erweist sich freilich beim Weiterlesen als irreführend, denn das von Hanway formulierte zugrundeliegende Programm von 1775 wendet sich ausdrücklich gegen die gemeinschaftliche Arbeit, durch die das Gefängnis allzusehr einer Manufaktur gleichen würde, und proklamiert die Einzelzelle, die dann mit der ökonomisch unsinnigen Isolationshafts-Arbeit an der »Tretmühle« kombiniert werden wird (158f/145f). In dieser Linie liegt dann auch die »Gesinnungswandel-Maschine« des Philadelphia-Modells (162/148). Nachdem Foucault seine Aufzählung der unterschiedlichen Einsperrungs-Konzepte abgeschlossen hat, subsumiert er sie unterschiedslos unter den von Hanway geschaffenen Begriff des »Reformatoriums« bzw. des »Apparats der reformatorischen Besserungsstrafe« (164/150; 166/152). Eingeebnet ist damit nicht nur ein historischer Einschnitt, sondern auch ein funktionaler Widerspruch, der die weitere Entwicklung des Gefängnisses prägen wird.

In diesem Zusammenhang ist es von Interesse, wie Foucault die von Rusche und Kirchheimer ausgewerteten Gegensätze zwischen dem Einzelzellensystem des Philadelphiamodells und der Gefängnis-»Fabrik« (*R/K*, 182) des Auburnmodells diskutiert. Auffällig ist bereits, dass beide unter dem Gliederungspunkt »Prinzip der Isolierung« abgehandelt werden (*ÜS*, 302/274). Allein über die optimale Durchsetzung dieses Prinzips seien die Debatten um Auburn und Philadelphia geführt worden (304/275). Die Auskunft ist überraschend, weil Foucault im folgenden den Gegensatz streckenweise durchaus treffend – und in Übereinstimmmung mit Rusche und Kirchheimer – herausarbeitet: in Auburn gehe es um eine »Vereinigung der Individuen von oben« mit dem Ziel, »den Kriminellen wieder zu einem sozialen Individuum zu machen«, in der Einzelzelle von Pennsylvania »sind die einzigen Besserungsfaktoren das Gewissen und die stumme Architektur, an die jenes stößt«, hier werden die »Mythen der Auferstehung« wieder lebendig – »Auburn war die Gesellschaft in ihren Lebenskräften«, Pennsylvania »ist das vernichtete und neugewonnene Leben« (305f/276f).

Eine »Vereinigung von oben« ist freilich, trotz des beibehaltenen Sprechverbots im Auburn-System, nicht das Gleiche wie die Isolationshaft, die Rusche/Kirchheimer zufolge für die meisten Sträflinge »nichts als Krankheit, Irrsinn und Seelenqual« bedeutete (*R/K*, 191).[244] Ungeachtet der Debatten um die Rentabilität der Gefängnisse beendet Foucault den Abschnitt mit einem Resumée, das die Unterschiede wieder zuschüttet: »eigentliches Motiv« und »Hauptziel« sei die »zwanghafte Individualisierung durch den Abbruch jeder Beziehung, die nicht von der Macht kontrolliert oder hierarchisch geordnet war« (*ÜS*, 307/278). Dies ist eine überallgemeine Bestimmung, die wahrscheinlich auf alle Strafapparate und die meisten Erziehungsapparate des 19. Jahrhunderts zutreffen würde.

Zu beobachten ist eine eigentümliche Arbeitsweise, komplexe und widersprüchliche Felder in Gefängnis-»Prinzipien« zu verwandeln, die dann additiv aneinandergereiht werden. Als zweites Gefängnis-»Prinzip« fungiert nun, was in den Philadelphia-Auburn-Debatten umstritten war, nämlich die *Arbeit*, und zwar wiederum so, dass jede qualitative Bestimmung vermieden wird. »Ob es sich um Zwangsarbeit, Zuchthaus oder Gefängnishaft handelt: die Arbeit ist vom Gesetzgeber immer als wesentliche Notwendigkeit vorgesehen.« (308/278f) Hinter der Abstraktion von Arbeit an sich und ihrer »Notwendigkeit« verschwinden nicht nur die Funktionsunterschiede (z.B. Profit, Lohndumping, Abschreckung, Strafe, Rehabilitation) sondern auch die konkreten Charakteristika der Arbeit, die u.U. zwischen Leben und Tod entscheiden können: ob die Gefangenen z.B. beim Trockenlegen von Sümpfen zu Tode geschunden, ob sie durch sinnlose »Strafarbeit« an der Tretmühle stumpfsinnig werden, oder aber eine Berufsausbildung erhalten, die ihnen nach der Entlassung eine neue Existenz ermöglichen könnte, findet in Foucaults Argumentation keine Berücksichtigung.

Auch im Zusammenhang mit dem Prinzip der Arbeit ist das vorgestellte Material weitaus kräftiger als die theoretische Auswertung. So berichtet Foucault z.B. von einem Handschuhfabrikanten, der um 1845 im Gefängnis von Clairvaux eine Werkstatt errichten will, aber von den (freien) Arbeitern seiner Manufaktur gewaltsam daran gehindert wird; die Arbeiterzeitungen befürchten eine Rückverwandlung des Gefängnisses zum Zuchthaus (zum alten ›Hôpital Général‹), das mit dem Arbeitseinsatz von Bettlern und Arbeitslosen die Mindeststandards der freien Lohnarbeit unterminiert;

dagegen beteuern Regierung und Administration, die Gefängnisarbeit sei ökonomisch unproduktiv, ihr Nutzen bestehe darin, dass sie als Ordnungsfaktor »in die menschliche Mechanik eingreift, [...] sie unterwirft die Körper regelmäßigen Bewegungen, sie schließt Unruhe und Zerstreuung aus, sie erzwingt eine Hierarchie und eine Überwachung« (309f/280f).

Diese Interpretation übernimmt auch Foucault, und es ist bezeichnend für seine theoretische Produktionsweise, dass kaum unterschieden werden kann, wann die Darstellung der Argumentation der Gefängnisverwaltung endet und die eigene Argumentation beginnt. Das Gefängnis sei keine Werkstatt, fährt er fort, »sondern selber eine Maschine, deren Rädchen und deren Produkte die Arbeiter-Häftlinge sind«, der »ökonomische« Effekt sei eben der, »Individuen zu produzieren, die nach den allgemeinen Normen einer industriellen Gesellschaft mechanisiert sind« (311/281). Gestützt auf diese metaphorische Ausweitung des Produktionsbegriffs kommt er zu dem Schluss, dass die Arbeit im Gefängnis weder Gewinn noch eine »nützliche Fähigkeit« hervorbringe, sondern nur ein »Machtverhältnis« und »Schema individueller Unterwerfung« zur Anpassung an einen Produktionsapparat (312/ 282).

Mit dieser Festlegung hat Foucault die Widersprüche, die das Gefängnis durchziehen, an allen Fronten zugleich stillgestellt. Dies beginnt schon mit der übereilten Verabschiedung des Profitprinzips. Die Behauptung, im Gefängnis ginge es nicht mehr um Gewinne, verwechselt offenbar das Kalkül privatkapitalistischer Gefangenenausbeutung mit der anders gearteten Frage der allgemeinen volkswirtschaftlichen Produktivität des Gefängnisses. Natürlich kann Gefangenenarbeit durch den geringen Preis der Arbeitskraft auch dann Gewinne abwerfen, wenn sie hinter das durchschnittliche Produktivitätsniveau zurückfällt. Sonst wäre unbegreiflich, warum das private »contract system« im 19. Jahrhundert zur weitverbreitetsten Gefängnisform in den USA wurde, was nicht zuletzt bedeutete, dass die Disziplinierung der Gefangenen über den weitaus größten Teil des Tages unmittelbar vom privaten Kontraktor zum Zwecke maximaler Arbeitsleistung organisiert wurde. »The re-educative dimension [...] tended to be subordinated to the needs of production pure and simple, even to the point of the physical destruction of the labour force.« (Melossi/Pavarini 1981, 134)[245] Auch in Frankreich wird im 19. Jahrhundert die Gefängnisarbeit auf der Grundlage von staatlich-privaten Verträgen organisiert, die den Privatunternehmern die Ausbeutung der Arbeitskräfte zu Billigstlöhnen ermöglichen und ihnen die Durchsetzung einer entsprechenden Werksdisziplin überlassen.[246]

Dass Gefängnisarbeit in den betrefffenden Sektoren häufig zur Unterminierung der Standards freier Arbeit führt, ist ebenfalls ein wirkliches Problem, das mit der Betonung der im Gefängnis geleisteten Subjekt-»Produktion« nicht aus der Welt zu spekulieren ist. Foucault überspielt hier die Widersprüchlichkeit der gesellschaftlichen Frontstellungen, die z.B. darin besteht, dass der Arbeiterwiderstand gegen die Gefängnisarbeit durchaus reale Grundlagen hat und sich zugleich korporatistisch gegen die Interessen der Häftlinge richtet. Marx hat diese Problematik gespürt, als er in der *Kritik des Gothaer Programms* die sozialdemokratische Forderung nach einem Verbot der Gefängnisarbeit als »kleinlichen Konkurrenzneid« kritisierte (MEW 19, 32).[247]

Auch mit der zweiten Behauptung, nämlich dass das Gefängnis keine »nützliche Fähigkeit« hervorbringe, hat Foucault ein umkämpftes Terrain von vorneherein stillgestellt. Progressive Gefängnisreformansätze haben v.a. seit dem späten 19. Jahrhundert immer wieder versucht, gegen das Primat von Abschreckung und Vergeltung Rehabilitations- und Berufsausbildungsprojekte durchzusetzen, die für die Handlungskompetenzen der Häftlinge vor und nach der Entlassung tatsächlich von Nutzen sind. Auch wenn es Gründe geben mag, solche Reformansprüche für illusionär zu halten, müsste die Kritik aufzuzeigen versuchen, an welchen Konstellationen sie scheitern.[248]

Dass Foucault sich für solche Unterschiede nicht interessiert, liegt an einer begrifflichen Weichenstellung, mit der er die Gefängnis-»Reform« ohne qualitative Differenzierung dem Begriff der »Besserung« subsumiert, den er wiederum unmittelbar mit dem der »individuellen Unterwerfung« zusammenfallen lässt (*ÜS*, 299/271). Tatsächlich sind alle »Prinzipien«, mit denen Foucault das Gefängnis definiert, nach der gleichen Logik ausgerichtet. Ob Einzelzelle oder Gefängnisfabrik, Strafarbeit oder Berufsausbildung, Lohnsystem oder Psychoberatung – immer geht es nur um die »Besserung«, d.h. darum, »Transformationen an den Individuum vorzunehmen« (318/288). Hierzu sieht den Gefängnisapparat auf drei große Modelle zurückgreifen: »das politisch-moralische Modell der individuellen Isolierung und der Hierarchie; das ökonomische Modell der zu Zwangsarbeit eingesetzten Kraft; das technisch-medizinische Modell der Heilung und der Normalisierung. Zelle, Werkstatt, Spital« (ebd.). Das Verfahren eines systemtheoretischen Funktionalismus, das Foucault von so unterschiedlichen Kritikern wie z.B. Honneth und Poulantzas bescheinigt worden ist[249], kann hier im konkreten Vollzug beobachtet werden: Was immer im Bereich des Gefängnisses geschieht, wird von einem übergeordneten Gesichtspunkt der normalisierenden Subjekt-Produktion aus in ein »simultanes System« eingeordnet (349/316).

3.6. Die Fixierung der Kritik auf die Sozialpädagogisierung des Strafsystems

Der pädagogische Besserungsanspruch ist nicht nur der Aspekt, den Foucault allen »Prinzipien« zugrundelegt, sondern auch derjenige, den er am grundsätzlichsten und pauschalsten in Frage stellt. Hier vor allem sieht er die Ideologie des Humanismus verankert, die den Übergang vom

Marterschauspiel zur verborgenen Gefängnisstrafe als einen Fortschritt der »Menschlichkeit« interpretiert, und hier vor allem, in der Entlarvung des humanistischen Selbstmissverständnisses, bringt die Rhetorik ihre stärksten Radikalitäts-Effekte hervor. Zweifellos bezieht sie ihre Plausibilität von dem Spannungsverhältnis zwischen humanistischen Ideologien und den Realitäten des Strafvollzugs. Eine Kritik des Humanismus im Strafsystem findet sich auch bei Rusche und Kirchheimer, freilich eine, die an die humanistischen Versprechungen anknüpft und ihre Umsetzung in ein gesellschaftliches Reformprojekt integriert.[250]

Foucaults antihumanistische Polemik ist einerseits abstrakt radikal andererseits unkritisch: er hat die »Besserung«, an der er seine Kritik der Disziplinierung festmacht, zunächst einfühlend den ideologisierenden Texten der Strafapparate entnommen, die dazu tendieren, auch die repressivsten Strafmaßnahmen als geeignetes Mittel der Moralisierung zu legitimieren. Indem er darauf verzichtet, diese Kategorie mit den realen Gefängnispraxen zu konfrontieren, auf die sie sich bezieht, stellt er die Disziplinierung »aus der einseitigen Perspektive der Verwaltung von Gesellschaft« und damit »aus bürokratischer Sicht« dar (Treiber/Steinert 1980, 77, 87). Statt die Diskurse der Gefängnisideologen ideologiekritisch auseinanderzunehmen, schmiegt er den eigenen Diskurs an ihre Ideologien an; dafür ist dort, wo Foucault die »Besserung« kritisiert, der Kritikansatz zu allgemein gefasst, um die unterschiedlichen Bedeutungen des Terms in disziplinären und sozialpädagogischen Diskursen erfassen zu konnen. Es kann nicht unterschieden werden, ob die »Besserung« als Deckwort für die Subjekt-Zerstörungen in der Einzelhaft bzw. im Arbeitseinsatz fungiert oder vielmehr als Bezugspunkt, von dem aus eine solche Subjektzerstörung kritisiert werden könnte. Eine derartig aufgeblähte Kritik wird unkritisch. »›Criticize everything‹ is merely the flip side of ›Anything goes‹«. (Resch 1989, 518)

Bei näherem Hinsehen zeigt sich, dass Foucaults Kritik vor allem auf die potentiell progressiven sozialpädagogischen Aspekte fixiert ist, die in den Auseinandersetzungen um das Strafsystem als Kritik- und Einspruchsinstanz gegen die Abschreckungs- und Ausbeutungsfunktionen des Gefängnisses von Bedeutung sind. Dies wird deutlich, wenn man versucht, den »teleologischen« Anspruch einer »›nützlichen‹ Umformung« und Wiedereingliederung der Häftlinge, den Foucault zur wesentlichen Bestimmung des Gefängnisses überhaupt macht (*ÜS*, 313/283), historisch zu verorten. Schon bei Rusche/Kirchheimer kann man erfahren, dass sich eine solche »teleologisch« ausgerichteten Rehabilitation in Europa erst in der Zeit der Gefängnisreformen von ca. 1875 bis ca. 1932 gegen die bis dahin vorherrschende Äquivalenz-»Gerechtigkeit« des Abschreckungsprinzips durchsetzen konnte (*R/K*, 193ff, 200).[251] Dies ist zugleich die Zeit, in der die Gefängnisstrafen zurückgehen, die Zustände in den Gefängnissen sich verbessern, die Sterblichkeits- und Selbstmordraten sinken (209).

Wir verstehen nun auch, warum Foucault sich für die von Rusche und Kirchheimer herausgearbeiteten Gegensätze zwischen sozialpädagogisch orientierten Ansätzen einer Gefängnisreform und eugenischen und (proto-) faschistischen Orientierungen nicht interessiert: Die »sozialdemokratische« Konstellation, auf die er seine Normalisierungskritik konzentriert, ist zugleich diejenige, die in Deutschland von den Nazis als »Weimarer Gefängnisparadies« denunziert wurde (vgl., *R/K*, 249 A4). Aber eine Kritik, die das Feuer ihrer »radikalen« Entlarvung auf die sozialpädagogischen Rehabilitationsprojekte konzentriert und dabei deren faschistische Abschaffung und Ablösung durch Liquidierung der A-Normalen und Verelendung der Gefangenen übersieht, hat die Verbindung zu den historischen Frontstellungen verloren und läuft ins Leere.

3.7. Eine neue »politische Ökonomie des Körpers«?

Der Ertrag ist ambivalent. Durch die Thematisierung der materiellen Dispositive und Funktionsweisen von Disziplinierungsprozessen hat Foucault der Sache nach ideologietheoretische Fragestellungen einbezogen, die zu einer fruchtbaren Erweiterung einer kritischen Sozialgeschichte beitragen könnten. Er hat dies zugleich auf eine reduktionistische Weise getan, die hinter das sozialgeschichtliche Reflexions- und Differenzierungsniveau von Rusche und Kirchheimer wieder zurückfällt.

Seine Aufmerksamkeit für räumliche Anordnungen und zeitliche Strukturierungen kann den Blick schärfen für die Wahrnehmung der Vergesellschaftungsformen in repressiven und ideologischen Apparaten, die gegenüber den vermittelten ideellen Inhalten ein strukturelles Übergewicht haben. Wenn er an der Machtausübung die »physische Natur« der Körper-Formierung hervorhebt (*ÜS*, 37/34), erfasst er den auch von Bourdieu hervorgehobenen Aspekt, dass gesellschaftliche Handlungsmuster (Habitus) sich nicht primär auf der kognitiv-reflexiven Ebene der Klassen- und Geschlechtssubjekte sondern als *»einverleibte«* und damit permanente Dispositionen verankern (Bourdieu 1987, 129). Aber während Bourdieu damit die »Inkorporierung« gesellschaftlicher Strukturen zu analysieren versucht[252], ist bei Foucault die Tendenz zu beobachten, in der Rhetorik eines somatischen Materialismus die gesellschaftlichen Determinanten wieder auszublenden. Sein Ansatz ist deshalb als »versteckter Biologismus« (Pêcheux1984b, 65) und als »Vitalismus« kritisiert worden, der Foucault daran hindere, die Körper in ihrer Klassen-, Geschlechts- und Kultursingularität als »Verhältnisse« zu denken (Balibar 1991, 62f).

Deshalb setzt sein Versuch, die nur »äußere« Behandlung des Strafsystems durch Rusche und Kirchheimer mithilfe einer »politischen Ökonomie des Körpers« zu überwinden, zwar eine viel versprechende Rhetorik frei, bringt aber kaum neue Erkenntnisse hervor. Dies hängt wiederum v.a. damit zusammen, dass Foucault die »Körperlichkeit« von Bestrafung und Disziplinierung vornehmlich anhand von ideologischen Texten und Programmen und nicht anhand von wirklichen Bewegungsabläufen im Gefängnis, Ernährungsstatistiken, Arbeitsanforderungen, Sterberaten, Selbstmordzahlen oder Erfahrungsberichten der Gefangenen erörtert. Die physische Unmittelbarkeit des foucaultschen Körper-Dikurses verdeckt, dass es sich dabei meist um »Körper« handelt, soweit sie in Diskursen repräsentiert sind, so dass Joy James sagen kann, Foucault zeige, wie einfach es ist, den Körper zu verflüchtigen, während man seinen Diskurs auf ihn konzentriert (1996, 25). Dies erklärt das Paradox, dass man Foucaults Untersuchung einerseits einen »Biologismus« zuschreiben konnte, dessen Kategorien sich dem Gesellschaftlichen entziehen, und andererseits einen »heimlichen Idealismus«, der die wirklichen Praxen des Strafsystems verfehlt (z.B. Treiber/Steinert 1980, 77f). Eagleton spricht in diesem Zusammenhang von einer »bezaubernden Art von Materialismus« (1996, 70), der sich in einem elaborierten »body talk« erschöpft und die Realität schuftender und unterernährter Körper vornehm ausspart: »For the new somatics, not any old body will do. If the libidinal body is in, the labouring body is out. There are mutilated bodies galore, but few malnourished ones.« (71)

4. Die panoptische Keimzelle der Disziplinargesellschaft

4.1. Das Panopticon als Diagramm moderner Hegemonie

Die Bedeutung des benthamschen Panopticons für Foucaults Argumentation ist kaum zu überschätzen. Zum einen ist es die »architektonische Gestalt«, in der die analytischen und parzellierenden Machttechniken der Disziplinen, die Foucault aus den Pest-Quarantänen gegen Ende des 17. Jahrhunderts abgeleitet hat, sich verdichten und auf den »Raum der Ausschließung« angewandt werden (*ÜS*, 255f/232f). An die Stelle des dunklen Kerkers (cachot) mit seiner dicht gedrängten Masse von Gefangenen ist die Einzelzelle mit dem vereinzelten Gefangenen-Individuum getreten, das vom zentralen Turm aus vollständig gesehen werden kann, ohne seinen Beobachter zu sehen. Insofern vollendet und verkörpert das Panopticon den Prozess, in dem die sowohl individualisierenden als auch normalisierenden Disziplinen zu »allgemeinen Herrschaftsformen« (formules générales de domination) geworden sind (176/161).

Zum zweiten liefert es ein Funktionsmodell, das durch seinen »endlos verallgemeinerungsfähigen Mechanismus« die Disziplinen »entsperrt«

(désenfermer) und diffus, polyvalent im gesamten Gesellschaftskörper ausschwärmen lässt (263ff/239ff, 277/251). Es ist »das Diagramm eines auf seine ideale Form reduzierten Machtmechanismus« (264/239). In dieser Eigenschaft dient es Foucault als Verbindungsglied zwischen dem Gefängnis und einer »Disziplinargesellschaft«, die er als ein homogenes »großes Gefängnis-Kontinuum« konstruiert (269/244, 384f/348f).

Und schließlich stellt es das räumliche Dispositiv dar, in dem sich eine Übernahme der Machtbeziehungen durch die Häftlinge vollziehen soll, so dass das unterworfene Subjekt selbst zum »Prinzip seiner eigenen Unterwerfung« wird (260/236). Spätestens mit dieser Interpretation betritt Foucault den Bereich der Ideologietheorie. In der fortlaufenden aber impliziten Auseinandersetzung mit Althusser beansprucht das Panoptikon einen zentralen Platz in der Analyse selbsttätiger Unterstellung. Während das Gefängnis in Althussers Ideologietheorie als Bestandteil des »repressiven Staatsapparats« konzipiert ist, der den Gewaltpanzer für die Arbeiten der unterschiedlichen »ideologischen Staatsapparate« darstellt, wird es in Foucaults »panoptischem« Machtkonzept zu einem Modell moderner Hegemonie überhaupt.

Foucaults Behandlung des benthamschen Panopticons hat sicherlich das Verdienst, die Aufmerksamkeit auf die disziplinäre Unterseite eines als »demokratisch« und »radikal« angesehenen Philosophen und damit auch auf einen wichtigen Bestandteil des bürgerlichen Imaginären hinsichtlich der Kontrolle und Moralisierung der »gefährlichen Klassen« gelenkt zu haben. Aber ich möchte im folgenden zeigen, dass seine theoretische Auswertung durch eine falsche Verallgemeinerung beeinträchtigt ist, die die Unterschiede zwischen Gewalt und Ideologie sowie zwischen Subjektproduktion und Subjektzerstörung bis zur Unkenntlichkeit einebnet und sich zudem auf eine äußerst selektive Lektüre von Benthams Panopticonschriften stützt.

4.2. Die Einebnung von gewaltvermittelter und konsensueller Vergesellschaftung

Beginnen wir mit der Passage, in der Foucault die selbsttägige Machtübernahme durch die individualisierten Häftlinge erklärt. Demzufolge geht ihre Unterwerfung aus einer »fiktiven Beziehung« hervor, die darin besteht, dass sie permanent gesehen werden können, auch wenn sie gerade nicht überwacht werden. Deshalb könne man »auf Gewaltmittel verzichten«, die panoptischen Einrichtungen seien erstaunlich »zwanglos«, es gebe keine Gittertore, keine Ketten, keine »schweren Schlösser«, stattdessen eine »einfache Geometrie« mit »sauberen Trennungen« (séparations nettes) und »richtigen Öffnungen« (ouvertures bien disposées). Die Wirksamkeit der Macht ist auf die »Zielscheibe« übergegangen, indem die Subjekte sie übernehmen, interiorisieren, gegen sich selbst ausspielen und zum Prinzip der eigenen Unterwerfung machen (*ÜS*, 260/236). Nicht mehr »von außen, als strenger Zwang oder drückendes Gewicht« setzt sich diese Macht durch, sondern »automatisch und geräuschlos« (265/240f).

Dies ist also das »Diagramm« jener entindividualisierten und zugleich individualisierenden Macht, von dem aus Foucault die unterschiedlichsten Varianten von Herrschaftskritik als juridische und negative »Repressionsthese« desartikulieren wird, für die »der Kopf des Königs noch nicht gerollt« ist (*WZW*, 110/117). Die Frage ist, ob dieses Machtmuster einem solchen theoretischen Anspruch gerecht wird. Offenbar liegt dem foucaultschen Bemühen, die neue panoptische »Macht« von der Gewalt abzugrenzen, der denkbar engste Begriff unmittelbar physischer Gewaltanwendung zugrunde. Es ist nicht einzusehen, warum »Architektur und Geometrie« des Panopticons nicht in Stein gehauene, institutionelle *Gewalt* sein sollen, zumal es den Häftlingen ja tatsächlich nicht möglich ist, die Anlage nach freiem Willen zu verlassen. Foucault scheint vergessen zu haben, dass die Architektur zusätzlich zu ihrer »Geometrie« immer noch unüberwindliche Mauern, verschlossene Türen und auch wirkliche Schlösser hat. Seine These von der selbsttätigen Übernahme der Macht überspielt einen entscheidenden Unterschied zur ideologischen »Freiwilligkeit«, die Althusser im Modell einer subjekt-konstituierenden »Anrufung« zu denken versucht. Eine »Wiedererkennung« der auferlegten Unterwerfung als »eigene«, selbst gewollte, ist sicherlich nicht der primäre Effekt des benthamschen Panopticons, sondern würde von Mithäftlingen und Gefängnisverwaltung eher als eine pathologische Realitätsverkennung wahrgenommen werden. Über den Zwangscharakter ihrer Lage sind sich die Betroffenen in der Regel sehr wohl im Klaren, auch wenn sie über die Berechtigung des ihnen auferlegten Zwangs unterschiedlicher Aufassung sein mögen. Von einer ideologischen Unterstellung könnte man idealtypisch dann sprechen, wenn die Häftlinge Schlüssel hätten, um Zelle und Gefängnis zu verlassen, aber keine Motivation, dies zu tun, weil sie es vorziehen, »gute« Gefangenensubjekte zu sein.

Dass die panoptische Macht nicht als ein »drückendes Gewicht« von außen wahrgenommen wird, ist reine Erfindung. Dies zeigen die zahlreichen Erfahrungsberichte von Häftlingen, die gerade die Einzelhaft als schrecklichste Strafe beschreiben.[253] Foucaults Interpretation der panoptischen Anlage als Dispositiv moralischer Subjekt*produktion* übersieht, dass gerade die überwachte Einzelzelle den spezifischen Sinn hat, das (alte) Subjekt durch den Entzug sämtlicher sozialer Handlungs- und Sprachbezüge zu *zerstören*, ein Vorgang, der in der Literatur u.a. als »self-mortification«, »disculturation«, »desocialization« oder »role dispossession« beschrieben wird.[254] Durch die Enteignung der sozialen Einbettung und des subjektiven Eigenraums soll das Individuum auf ein bloßes Inneres zurückgeworfen werden, um in den ent-sozialisierten Leerraum hinein dann ein neues Subjekt durch Bibellektüre und seelsorgerliches Gespräch zu erzeugen. Diese Tabula-Rasa-Konzeption der Moralisierung ist keineswegs so modern, wie Foucault annimmt, sondern steht in einer langen religiösen Tradition. Sie ist auch in der Gefängnisliteratur des 19. Jahrhunderts umstritten, da die Einsamkeit anstelle des »Bösen« im Menschen häufig die subjektive Handlungsfähigkeit überhaupt zerstört (Wahnsinn oder Selbstmord).

Diese Präzisierungen sind wichtig, um sehen zu können, dass die foucaultsche Annahme einer Ausbreitung der panoptischen Disziplinarmacht über die ganze Gesellschaft wesentliche Unterschiede zwischen gewaltvermittelter und konsensueller Vergesellschaftung, Subjekt-Anrufung und Subjekt-Zerstörung gleichsam überrennt.

4.3. Das Realimaginäre des Panopticons

Foucault stützt seine Ausdehnungsthese unmittelbar auf Benthams Behauptung, seine »einfache architektonische Idee« sei von jeder konkreten Zielstellung unabhängig und auf alle gesellschaftlichen Institutionen übertragbar.[255] Aber dieser Anspruch zeigt zunächst nicht mehr als Benthams Werbestrategie, mit der er über 20 Jahre lang die englische Regierung davon zu überzeugen versucht, ihn selbst mit dem Bau und der Leitung eines panoptischen Gefängnisses zu betreuen. Seine Anträge werden schließlich 1813 abgelehnt.

Um Foucaults Argumentation diskutieren zu können, ist es sinnvoll, zwischen dem »Panoptismus« als allgemeinem Prinzip und Benthams spezifischem Projekt des Panopticons zu unterscheiden: die Utopie einer Anlage einseitiger Sichtbarkeit ist so alt wie die hierarchisierte Überwachung selbst, theologisch verdichtet im »deus absconditus«, der alles sieht, ohne jemals ein-gesehen werden zu können, als Technologie der Macht begehrt von Herrschaften aller Art.[256] Aber das spezifisch benthamsche Panopticon setzt sich nicht einmal im Gefängnisbau durch, bzw. wird dort allenfalls modifiziert in Teilaspekten umgesetzt. In diesem Zusammenhang ist es zumindest missverständlich, wenn Foucault behauptet, es sei »in den Jahren 1830-1840 zum architektonischen Programm der meisten Gefängnisprojekte geworden« (*ÜS*, 320/289). Dies stimmt allenfalls (und auch hier nur teilweise), soweit man darunter *theoretische* Projekte versteht: Einflussreich wird es in straftheoretischen Konzepten, Fachtagungen, Architektur-Zeitschriften, Regierungserlassen sowie bei einigen exemplarischen Musterbauten.[257] Wie vor allem J.-G. Petit materialreich nachgewiesen hat, hat es sich dagegen aus Kostengründen im wirklichen Gefängnisbau des 19. Jahrhunderts kaum niedergeschlagen: in Frankreich wird die Begeisterung für das panoptische

Zellengefängnis bald durch den Mythos des »gesunden« Arbeitseinsatzes in der Landwirtschaft abgelöst – ab ca. 1848 wird die »Erde« zum zentralen Bezugspunkt des Straf-Imaginären (Petit 1990, 248ff). Da die Gefängnisse nach der Französischen Revolution in säkularisierten Klöstern, ehemaligen Zuchthäusern u.ä. untergebracht wurden, ergab sich eine »architektonische Konfusion« aus neuen und alten Elementen, »un fouillis de murs, de cours, d'étages, un enchevêtrement de bâtiments anciens et nouveaux, où s'affirme la volonté d'occuper l'espace au maximum«, und hier bestand das Neue seit der Restauration v.a. in der zusätzlichen Errichtung der großen parallelen Linien der Werkstätten (Petit 1991, 127f). Vorherrschend ist ein Kompromiss zwischen zwei verschiedenen ökonomischen Strategien, nämlich einmal, sich der Gefangenen auf die preiswerteste Art zu entledigen, indem man die alten Gebäude überbelegt, zum anderen, Werkstätten anzubauen, um die Häftlinge möglichst rentabel beschäftigen zu können (128f). Der Direktor der Strafverwaltung muss 1885 eingestehen, dass das Einzelzellensystem rein theoretisch geblieben ist (133f).

Entgegen einem weitverbreiteten Vorurteil in der Foucaultliteratur liegt die Stärke der foucaultschen Thematisierung nicht so sehr in der »Materialität« des benthamschen Panopticons als in der *Idee* einer solchen Materialität.[258] Bemerkenswert ist v.a. die Bedeutung des Panopticons für das Imaginäre bestimmter Fraktionen des Bürgertums und ihrer Intellektuellen. Imaginär meint hier nicht un-wirklich, sondern bezeichnet ein Ensemble von Bildern und Projektionen, in denen Wirklichkeitsbedingungen wahrgenommen und Lösungen vorgestellt werden. Die Frage ist, ob Foucaults Auswertung das »Realimaginäre« des Panopticons wirklich trifft. Hierzu müssen wir die textimmanente Ebene der Kritik verlassen und die benthamschen Panopticon-Schriften zum Vergleich heranziehen.

4.4. »Economy ought to be the prevalent consideration« (Bentham)

Nachzutragen ist zunächst ein zentrales Merkmal, das in Foucaults Darstellung nicht ausgewertet ist: was Benthams System von den konkurrierenden Modellen seiner Zeit unterscheidet, sind v.a. das offen formulierte Prinzip einer nahezu unbegrenzten Gefangenenausbeutung im Kontrakt-System und die außerordentlichen Machtbefugnisse des privaten Kontraktors, um dessen Position Bentham sich selbst in seinen Anträgen an die Regierung bewirbt.[259] »To come to the point at once, I would do the whole by *contract*. I would farm out the profits [...] to him who [...] offered the best term« (Bentham IV, 47). Entsprechend soll der Kontraktor ausgestattet werden mit »all the *powers* that his interest could prompt him to wish for, in order to enable him to make the most of his bargain« (48). Vor allem an dieser Stelle wendet sich Bentham gegen die herrschende Gesetzgebung in England, die sich anmaße, die Strafarbeiten unter Missachtung aller »pecuniary productiveness« vorzuschreiben (51). Der Sinn der Strafe besteht doch gerade darin, wendet er ein, dass dem Gefangenen das Recht genommen wird, seine Arbeitskraft frei zu verkaufen: »The confinement [...], preventing his carrying the work to another market, subjects him to a monopoly, which the contractor, his master, like any other monopolist, makes, of course, as much of as he can« (54). Eine gesetzliche Höchstgrenze für die Gefängnisarbeit lehnt Bentham daher ab: 14 oder 15 Stunden wären nicht zu viel, da man die Essenszeiten auch als Ruhezeiten anrechnen könnte (163). Ökonomisch gesehen ist das System nur vorteilhaft, denn wo gibt es sonst einen Unternehmer, »that can reduce his workmen, if idle, to a situation next to starving, without suffering them to go elsewhere?« (56).

Man sieht also, welche Abstraktionen Foucault vornimmt, wenn er aus dem Panopticon ein neues Paradigma »normalisierender« Subjektion herausliest. Um moralische »Besserung« geht es nur in der Rhetorik. »Economy ought, in every point of management, to be the prevalent consideration«, heißt es bei Bentham unmissverständlich (123). Die Dominanz dieses Gesichtspunkt zeigt sich auch, wenn man die 1787 verfassten »Panopticon-Briefe« mit dem »Postscript« von 1791 vergleicht: in den Briefen meinte Bentham noch, das Kontrakt-System mit der Einzelzelle kombinieren zu können, auf deren Überwachung die panoptische Anlage ausgerichtet ist. »Solitude is in its nature subservient to the purpose of Reformation«, erklärt er (47), und dies hält auch Foucault fest, wenn er die Zelle als »kleines Theater« bezeichnet, »in dem jeder Akteur allein ist, vollkommen individualisiert und ständig sichtbar« (*ÜS*, 257/233). Aber Bentham hat im »Postscript« verstanden, dass die Einzelzellen nicht nur teurer sind sondern auch – trotz der perfektesten Überwachung – sich nachteilig auf die Arbeitsleistung auswirken, die eine Kooperation der Häftlinge erfordert (Bentham IV, 71, 74). Deshalb schlägt er nun vor, die Zellen so zu vergrößern, dass bis zu vier Häftlinge darin untergebracht werden können (71). Wo der ökonomische Vorteil auf der Hand liegt, lässt der Nachweis des moralischen Vorteils nicht lange auf sich warten: Bentham entdeckt nun, dass die Einzelhaft auf lange Zeit »barbarisch« ist und man stattdessen auf das Band der »Freundschaft, der Schwester der Tugenden« setzen muss (74). Um diese »Freundschafts«-Tugend unter Kontrolle zu halten, greift er auf das Spitzelsystem zurück: Natürlich wird der Inspektor die Häftlinge so zusammensetzen, »that there may be checks upon one another, not assistants, with regard to any forbidden enterprise« (76).

Allerdings läuft eine solche Erweiterung der Zellen zum Zwecke der Produktivitätssteigerung wiederum darauf hinaus, die von Foucault hervorgehobenen Vereinzelungseffekte des panoptischen Überwachungsdispositivs unwirksam zu machen. Selbst die Sichtbarkeit wäre nur noch eingeschränkt gewährleistet. Offenbar ist es in Benthams System nicht möglich, die widersprüchlichen Anforderungen von intensiver Kontrolle, moralischer »Besserung« und ökonomischer Produktivität zu kombinieren (vgl. Melossi/Pavarini 1981, 40f, 46). Diese von Foucault übersehene Inkonsistenz hat mit dazu beigetragen, dass Benthams Anträge an die englische und französische Regierung zum Bau eines Panopticons (und zur eigenen Berufung als »contractor«) schließlich scheiterten: Wo die religiöse Ideologie des Einzelzellensystems vorherrscht, wie z.B. in England, wird Benthams Projekts mit der Begründung abgelehnt, dass die private Gefangenenausbeutung der angestrebten moralischen Besserung widerspreche.[260] Wo man dagegen das private Kontrakt-System praktiziert, greift man lieber wieder auf die Peitsche zurück, die von Elam Lynds, einem einflussreichen Vertreter des Auburn-Systems, als »effizienteste«, »humanste« und »gesündeste« Bestrafung angepriesen wird.[261]

4.5. Bentham als Vordenker des »Prison Industrial Complex«

Entgegen der foucaultschen Interpretation scheint mir die Faszination des benthamschen Panopticons gerade in der Perfektion zu liegen, mit der es als eine »stumme« Gewaltapparatur zur profitablen Organisation privatkapitalistisch organisierter und zugleich intensiv überwachter Zwangsarbeit entworfen ist. Das Kontrakt-System war nicht nur typisch für das Arbeits- und Zuchthaus, sondern auch das gewöhnliche Verfahren, mit dem z.B. die Sklaventransporte in die USA organisiert wurden (Semple 1993, 135). Benthams Panopticon-Schriften selbst sind ursprünglich von einer Manufaktur inspiriert, die sein Bruder Samuel im südrussischen Ort Kricèv errichtet hat, und die der Fürst Potemkin zu einem Modell der Industrialisierung in Russland machen wollte. Das Problem der perfekten Überwachung, das Bentham mit seiner »architektonischen Idee« lösen will, entstand hier unmittelbar im Kontext der Weigerung der v.a. ländlichen Arbeiter, sich der verordneten industriellen Disziplin zu unterwerfen. Die Matrix des Panopticons ist ein »russisches Arbeitslager, realisiert durch einen englischen Ingenieur«, bemerkt Michelle Perrot (2001, 78).

Im Gegensatz zu der von Foucault problematisierten »teleologischen« Perspektive einer Wiedereingliederung in die Gesellschaft, hat Bentham ein ausgeklügeltes System entworfen, um die Häftlinge auch nach ihrer Entlassung in despotischen Verhältnissen festzuhalten: entweder können sie einen Platz in Armee oder Marine vorweisen oder sie finden einen Unternehmer, der eine jährliche Bürgschaft von 50 Pfund für »gutes Verhalten« hinterlegt (eine außerordentlich hohe Summe, die den ehemaligen Häftling in völlige Abhängigkeit bringt), oder sie werden von einer anderen »panoptischen« Einrichtung übernommen, die am günstigsten von demselben Kontraktor betrieben wird (Bentham IV,165f). »A man serving even a brief sentence would be, literally, in bondage for life«, bemerkt Himmelfarb (1968, 57).

Darüber hinaus entwickelt Bentham 1797 in seiner Schrift »Pauper Management Improved« einen umfassenden Plan zur Internierung von bis zu 500.000 Armen in 250 »industry houses«, die nach dem Vorbild der *East India Company* unter der Leitung einer einzigen Aktiengesellschaft, der »National Charity Company« stehen sollen (Bentham VIII, 369). Das unmittelbare Ziel ist »the extradition of labour to as great a value as may be« (383), darüber hinaus geht es um eine bessere Regulation des Arbeitsmarkts (397f) und um die Beseitigung der Bettelei (401f).[262] Interniert werden sollen alle Personen ohne Besitz und Auskommen (370). Jeder Bürger soll das Recht haben, Bettler bei einem Industrie-Haus abzuliefern, aus dem sie erst entlassen werden können, wenn ein wohlhabender Steuerzahler für sie bürgt (401f). Für alle Internierten (einschließlich der Kinder) gilt das »Selbstbefreiungsprinzip«, nach dem sie ihre Freiheit erst erlangen können, nachdem sie die Unterhaltskosten durch eigene Arbeit ausgeglichen haben (382).

Foucault hat die Faszination des benthamschen Panopticons sowohl gespürt als auch verkannt. Sie lag nicht in der Erfindung eines neuen, von Gewalt und Profitprinzip abgelösten Macht-Diagramms, sondern in dem Versprechen, das alte und immer wieder aktuelle Problem des massenhaften Pauperismus auf der Grundlage einer modernisierten Überwachungsarchitektur in den Griff zu bekommen und sowohl unauffällig wie auch gewinnbringend zu lösen. Bentham ist »Vorreiter einer freien Marktideologie« im Strafsystem, wie Semple (in apologetischer Absicht) hervorhebt (1993, 134). Seine Aktualität besteht nicht zuletzt darin, Privatisierungstendenzen vorwegzunehmen, wie sie gegenwärtig im neoliberalen Projekt eines radikalen Abbaus des Sozialstaats bei gleichzeitigem forcierten Ausbau eines »Prison Industrial Complex« unternommen werden.[263] Wie der unmittelbare Misserfolg von Benthams Gefängnis- und Arbeitshausplänen zeigt, war die angestrebte Verbindung von Überwachung und Arbeitsproduktivität im Rahmen seiner »architektonischen Idee« nicht überzeugend zu lösen. Aber der Panoptismus im weiteren Sinne spielt im »disziplinären Neoliberalismus« eine zentrale Rolle: durch die technologische Weiterentwicklung von Überwachungstechnologien mithilfe von Videokameras, Elektronik und Computertechnologien ist es möglich geworden, die Kontrollmacht von einer bestimmten architektonischen Form zu entkoppeln (vgl. hierzu Gill 2003, 22ff).

Zu beobachten ist nun, wie Foucaults selektive und falsch verallgemeinernde Auswertung des historischen Materials sich niederschlägt in der machttheoretischen Anlage, von der sie zugleich beeinflusst ist.

5. Die Disziplinarmacht im Doublebind zwischen vielfältiger »Mikrophysik« und allgegenwärtiger »Fresszelle« (Poulantzas)

5.1. Der verdeckte Widerspruch

Die in der Foucaultliteratur weit verbreitete Erfolgsgeschichte, Foucault habe den marxistischen »Reduktionismus« mithilfe eines multizentrischen und polyformen Machtkonzepts überwunden, vereindeutigt und verdeckt einen Widerspruch, der für seine Arbeitsweise kennzeichnend ist: Tatsächlich hat er seinen Machtbegriff v.a. in Abgrenzung zu Althussers »ideologischen Staatsapparaten« als eine »Mikrophysik« eingeführt, die kein Machtzentrum hat, nicht in staatlichen Instanzen lokalisierbar ist, sondern ein komplexes Netz vielgestaltiger Prozesse mit multipler Herkunft darstellt (*ÜS*, 37f/34f, 177/163, 276f/251f, 296/268). Dagegen ist in seiner Herleitung einer »von Disziplinarmechanismen vollständig durchsetzten Gesellschaft« (268/243) von der angekündigten Vielfalt nichts mehr zu sehen. Sobald das neue Disziplinar-Dispositiv sich – wie multipel auch immer – durchgesetzt hat, funktioniert seine Ausbreitung »einheitlich« und »kontinuierlich« (386/350), das »große Gefängnis-Kontinuum« erstreckt sich von den kompakten Institutionen über die Wohltätigkeitsvereine und Arbeitersiedlungen »bruchlos« (sans rupture) bis in die entlegensten Bereiche hinein und durchdringt den gesamten Gesellschaftskörper (384f/348f, 392/355). Die Formierung der Disziplinargesellschaft erschöpft sich in einer »Bewegung der Extension« (Breuer 1986, 61). Es ist, als setzte sich die historische Linearität, gegen die Foucault den nietzscheschen Begriff der *Genealogie* eingeführt hat, hinter seinem Rücken wieder durch.

Dieser Mehrdeutigkeit ist spiegelverkehrt auch die Kritik am foucaultschen Machtkonzept gefolgt, die sich entweder auf die theoretische Zusammenhangslosigkeit der multiplen »Mikrophysik« der Macht konzentrierte oder aber auf die Reibungslosigkeit, mit der sie sich gesamtgesellschaftlich durchsetzen soll.

5.2. Die Vielfalt der Macht und ihre herrschaftliche Akkumulation

Beginnen wir mit dem ersten Pol, einer Genealogie der Disziplinarmacht, die diese aus einer »Vielfalt von oft geringfügigen, verschiedenartigen und verstreuten Prozessen« ableitet (*ÜS*, 177/162). Foucault konzentriert sich v.a. auf die disziplinierende Detailarbeit am soldatischen Körper im späten 18. Jahrhundert und die »analytische« Überwachungsanlage bei der Pestbekämpfung gegen Ende des 17. Jahrhunderts (173ff/159ff, 251ff/228ff), aber seine Beispiele beziehen sich auch auf Schulen, Kollegs, Krankenhäuser, Betriebe und andere Institutionen.

Dass sich Disziplinen vielfältig und an den unterschiedlichsten Punkten der Gesellschaft herausbilden, ist zunächst eine durchaus plausible Annahme und hängt u.a. mit der Mehrdeutigkeit der Wortbedeutung »Disziplin« selbst zusammen (lat. *discere*, lernen: Erziehung, Bildung, Zucht, Lehrfach). Es gibt ja die unterschiedlichsten Disziplinen z.B. der Klöster, der Fürstenhöfe, der Zünfte sowie des Stadtbürgertums, aus dem sich dann das entwickeln wird, was sowohl Sombart als auch Max Weber (wiederum unterschiedlich) als »kapitalistischen Geist« bezeichneten; es gibt die verschiedensten Versuche einer »Disziplinierung« der Unterschichten sowie umgekehrt Versuche einer »Selbstdisziplinierung« in der Arbeiterbewegung zum Zwecke einer demokratischen Selbstvergesellschaftung, die wiederum häufig in despotisch-hierarchische Fremdherrschaft umgeschlagen sind. »Disziplin ist daher entgegengesetzt bestimmbar, vieldeutig und umkämpft. Disziplin kann ebenso revolutionär sein wie der Verstoß gegen Disziplin.« (F. Haug 1995, 789)

Vor dem Hintergrund einer solchen widersprüchlichen Vielfalt ist Foucaults Betonung des multiplen Ursprungs der Disziplinen ebenso unbestreitbar wie wenig ergiebig. Denn für die qualitativen Differenzen zwischen den Disziplinen (z.B. zwischen handwerklichem Gebrauchswertstandpunkt, kapitalistischer Tauschwert-Askese und der Selbstorganisation sozialer Bewegungen) interessiert Foucault sich gerade nicht. Das Unterscheidungskriterium von Fremd- und Selbstbestimmung ist in seinem Konzept anonymer, sich selbst reproduzierender »Macht« verlorengegangen. Dadurch wird die Vielfalt selbst zu einer rhetorischen Figur, die das Gegensatzfeld der Disziplinen nicht aufschließt, sondern eher verbirgt.

Zudem ist die Vielfaltsrhetorik unfähig, die proklamierte Entwicklung der Disziplinen zu »allgemeinen Herrschaftsformen« im 17. und 18. Jahrhundert zu erklären. Dies wird deutlich, wenn man Foucaults Genealogie der Disziplinen mit den v.a. von Max Weber und Gerhard Oestreich inspirierten Untersuchungen zur modernen »Sozialdisziplinierung« konfrontiert.[264] Entscheidend ist demnach der Übergang von der »Selbstdisziplinierung« bestimmter gesellschaftlicher Gruppen zu einer »Fremddisziplinierung«, die sich in zwei großen Schüben durchsetzt: beginnend bei den städtischen Bettel- und Armenordnungen des späten Mittelalters wird sie v.a. über die Herrschaftsstäbe des absolutistischen Staats (Heer und Verwaltung) erstmals zum Programm einer »Fundamentaldisziplinierung« (Oestreich 1969, 195) verallgemeinert. Die gesellschaftliche Durchsetzung erfolgt dann dadurch, dass kapitalistische Marktvergesellschaftung und große Industrie einen neuen tauschwertvermittelten Herrschaftstyp erzeugen, den Marx als »sachliches« Abhängigkeitsverhältnis bzw. »sachliche Mächte« über der Gesellschaft analysiert hat.[265] Breuer zufolge ist in der »Totalisierung der abstrakten Arbeit« und des damit einhergehenden Aufstiegs der abstrakt-linearen Zeit zur »Systemzeit« die strukturelle Voraussetzung der von Foucault beschriebenen Verallgemeinerung der Disziplin zu suchen (1987, 336).

Max Weber, der den Begriff der Disziplin sehr nah an den der Herrschaft herangerückt hat[266], fasst diese beiden Schübe unter der Überschrift »Disziplinierung und Versachlichung der Herrschaftsformen« zusammen (*WuG*, 681ff). Dabei arbeitet er heraus, dass die neuzeitliche Steigerung der Disziplin sich militärisch »auf der Basis einer zunehmenden Konzentration der Kriegsbetriebsmittel in den Händen des Kriegsherrn« und ökonomisch auf der Grundlage der »›Trennung‹ des Arbeiters von den sachlichen Betriebsmittel« durchsetzte (685f, 825f). Damit geht in den Bereichen des Heeres, des bürokratischen Staats überhaupt sowie des »ökonomischen Großbetriebs« die gesellschaftliche Durchsetzung der Disziplinen mit einer gewaltigen (und auch keineswegs gewaltlosen) Machtkonzentration einher.

In Foucaults Genealogie der Disziplinarmacht sind beide Seiten dieses herrschaftlichen Vermachtungsprozesses ausgeblendet. Ausgehend von Bourdieus Habitus- und Feldtheorie hat Schwingel (1993, 169f) angemerkt, Foucaults Machtkonzept lasse unberücksichtigt, dass die Macht materiell wie auch symbolisch »akkumulierbar« ist, so dass die Herrschenden, die das »Kapital« in einem Feld konvertieren, zumeist auch in anderen Feldern tendenziell herrschende Positionen einnehmen können. Stellt man die Frage der Machtakkumulation konkret, stößt man wieder auf die Instanzen des Ökonomischen, des Staats und des Ideologischen, aus deren Funktionszusammenhang Foucault seinen Machtbegriff herausgebrochen hat.

Dabei weisen die von Foucault angeführten Beispielen des neuen Macht-Diagramms durchaus in eine andere Richtung: Sowohl das »lückenlose Registrierungssystem« der Pestbekämpfung (*ÜS*, 252/229) als auch die Disziplinierung des soldatischen Körpers sind Organisationsleistungen, die mit der Herausbildung der modernen Territorialstaaten verbunden sind und daher von einer Analyse des Staatsapparats nicht isoliert werden können. Aus dem von Foucault präsentierten Material könnte sogar, wie Kalyvas gezeigt hat, auch die seiner Machttheorie diametral entgegengesetzte These herausgelesen werden, »that the new techniques of power did in effect come from one central strategic terrain, the state, to spread all over the social field during the creation of the modern bourgeois nation-state and the first phases of capital accumulation.« (Kalyvas 2002, 117f) Poulantzas hat beobachtet, dass Foucault, um seinen Macht-Begriff von dem des Staats absetzen und außerhalb seiner Reichweite ansiedeln zu können, wieder den engen Staatsbegriff zugrundelegt, den Gramsci überwunden hat: Krankenhäuser, Irrenanstalten, Sportapparate u.dgl., die Foucault außerhalb eines solchen Staates verortet, gehörten als »Gesundheits- und

Sozialfürsorgeapparat« (appareil santé-asiles) zum Konzept eines integralen Staats (1978a, 41; dt., 1978b, 33).[267] Einen ähnlichen Reduktionismus stellt er sowohl hinsichtlich des Ökonomischen als auch des Ideologischen fest: indem Foucault die »Macht« von der Ökonomie abtrennt, kann er diese selbst nicht mehr als ein dichtes »Mächte-Netzwerk« (réseau de pouvoirs), als Ensemble praktischer Macht/Ohnmachts-Verhältnisse begreifen, sondern rückverwandelt sie in die vor-marxsche Gestalt von Wirtschaftsfaktoren (1978a, 39f, 75, 163; 1978b, 32f, 60f, 137); die durchgängige Entgegensetzung von Disziplinierung/Normalisierung und Ideologie ist wiederum nur dadurch möglich, dass er diese doch wieder traditionell im Sinne von Ideen fasst, während er zugleich die Vergesellschaftungsleistungen ideologischer Praxen und Techniken auf seinen Machtbegriff überschreibt. Damit bleibt unberücksichtigt, wie praktische Formen und »Matrizen« herrschender Ideologie in den Prozess der Normalisierung eingehen (1978a, 73; 1978b, 59).

Foucaults »Mikrophysik« fasst also weder die wirkliche, antagonistisch reklamierte Vielfalt der Macht noch deren herrschaftliche Akkumulation. Dies führt zu dem Paradox, dass gerade die Ausblendung der gesellschaftlichen Machtkonzentration durch Kapital, Staat und ideologische Apparate schließlich in die Vorstellung einer »Disziplinarmacht« einmündet, die alle Vollmachten besitzt, sich bis in die »moderne Seele« hinein auszubreiten.

5.3. »Die Grenzen der Sozialdisziplinierung« (Peukert)

Damit sind wir am zweiten Pol des foucaultschen Machtkonzepts angelangt, bei seiner Totalisierungs-Potenz. Honneth wirft Foucault einen Funktionalismus vor, der »nach dem Modellvorbild totaler Institutionen« konzipiert ist und die sozialen Auseinandersetzungen nur als »alltägliche Niederungen« betrachtet, »über die hinweg der Systemprozess sich seinen Weg bahnt« (1985, 216). Habermas zufolge ist seine Genealogie reduktionistisch, indem sie »alle Züge von kommunikativen, in lebensweltliche Kontexte eingelassenen Handlungen« und damit den modernen Zuwachs an subjektiver Freiheit tilgt (1985, 336ff). Foucaults Machtkonzeption »verspricht eine neue, nicht-totalisierende Geschichte und totalisiert doch selbst, […], indem sie alle Differenzen in den allgemeinen Nebel der ›Macht‹ auflöst«, bemerkt Breuer, der diese Totalisierung mit einer zugrundeliegenden »Metaphysik der Macht« erklärt, die Foucault von Nietzsche übernommen habe (1987, 324).

Was dies für den Umgang mit dem historischen Material bedeutet, wird exemplarisch in der Kritik von Detlev Peukert deutlich, der in einer Untersuchung zur deutschen Jugendfürsorge 1878 bis 1932 die »Grenzen der Sozialdisziplinierung« (Peukert 1986) herausgearbeitet hat. Ihm zufolge tauchen schon auf der Ebene der Kontrolldiskurse relevante Unterschiede auf, die bei Foucault unberücksichtigt blieben, nämlich zum einen ein Normsetzungs- und Kontrolldiskurs der Juristen, zum anderen ein »Klassifizierungsdiskurs« der naturwissenschaftlich ausgerichteten Medizin und Psychologie, und drittens ein Diskurs der Pädagogen, »der selbst wieder zwischen einer autoritären traditionalistischen Sittlichkeitserziehung vor allem in kirchlichen Heimen und einer hermeneutisch-kulturkritischen geisteswissenschaftlichen Pädagogik aus dem Umfeld der Jugendbewegung gespalten war«– wer das Eigenrecht der betroffenen Jugendlichen mit einbeziehe, könne nicht sagen, dass die Differenzen zwischen diesen Ansätzen zu vernachlässigen seien (Peukert 1991, 326; vgl. 1986, 23f).

Hinzu kommt die Kluft zwischen dem Erfassungsanspruch der Kontrolldiskurse und einer Realität, die in der Regel durch ein »Regiment des Mangels, durch Improvisation und resignativem Verzicht auf die Durchsetzung des pädagogischen Projekts gekennzeichnet war«. Dies führte dazu, dass die Erfassungsutopien in nahezu allen Bereichen des Sozialstaats »ihren Standort im Nirgendwo« behielten (1991, 326).[268] Die Pädagogik selbst hat auch Ansätze einer »verstehenden Rekonstruktion der Andersartigkeit der lebensweltlichen Logik der Jugendlichen« hervorgebracht und damit aus sich heraus die Legitimität der Disziplinierungsdiskurse in Frage gestellt (326f). Solche alternativen Tendenzen aus dem Bild der Pädagogik zu entfernen, liefe auf »fatale Apologie der Macht aus kritischer Absicht« hinaus (327).

Schließlich entwickelten die Jugendlichen im Umgang mit den Disziplinartechniken ihre eigenen »Kalkulierungsmethoden«, z.B. wenn ein Jugendlicher jedes Frühjahr dem Erziehungsheim entflieht, um umherzuziehen, und sich bei Einbruch der Kälte im Herbst wieder einfangen lässt und »für einige Monate mit dem pädagogischen Zugriff die Vorzüge eines warmen Zimmers und ausreichender Nahrung genießt, bis im Frühling wieder die Freiheit der Landstraße lockt« (ebd.). »Jede Vorstadtkneipe, jede Clique und jedes Kino bestreiten den Pädagogen die Geltung ihres Allmachtswahns«, und man sollte sich hüten, »der Selbstüberhebung der gelehrten pädagogischen Textproduzenten auf den Leim zu gehen und das ›Leben‹ zu übersehen, das nicht nur in nietzscheanischer Emphase den trockenen Plänen der Gelehrtenwelt entgegensteht, sondern auch in schlichter quellengesättigter Vielfalt« (327f). Dementsprechend kam es Peukert zufolge im untersuchten Zeitraum (1878 –1932) nicht zu einer Ausdehnung der Sozialdisziplinierung, sondern am Ende der 1920er Jahre sah die »Zügellosigkeit« unangepasster Jugendsubkulturen »weitaus bedrohlicher« aus als 50 Jahre davor (328).[269]

Kurzum: Peukert hält Foucaults Ansatz für heuristisch fruchtbar, wenn es darum geht, hinter der »humanistischen Selbstdeutung« der Pädagogik die Disziplinar- und Kontrollfunktionen zu entziffern, wendet sich aber gegen eine »Methode der Analyse und Verallgemeinerung«, die den Gegenstand auf einen »globalen Diskurs der Disziplinierung« reduziert (325, 329f). Schon durch eine »philosophische« Methode der Quellenauswahl wird alles herausgefiltert, »was die tatsächliche Durchdringung des geschichtlichen Wirklichkeitsausschnitts [...] durch den Diskurs [...] in Frage stellt« (330). Hier dränge sich dem Historiker der Verdacht auf, dass Foucaults Darstellungsmethode und sein Gegenstand »eine merkwürdige Wahlverwandtschaft« eingegangen sind (ebd.).

5.4. Die Entfernung der »Topik« aus der Gesellschaftstheorie (Althusser)

Die beschriebenen Gegensätze im foucaultschen Machtbegriff stellen nicht einfach einen logischen Widerspruch dar, sondern hängen miteinander zusammen. Dies wird deutlich, wenn man die diskursiven Strategien betrachtet, die sie hervorbringen: Wir finden bei Foucault sowohl einen Entortungs-Diskurs, der nachzuweisen versucht, dass die Macht weder vom Staat und seinen ideologischen Apparaten noch von der Ökonomie und den Klassenverhältnissen gedacht werden kann, als auch gleichzeitig den Diskurs einer Re-Lokalisierung der Macht, der diese wegen ihrer Verbindung mit dem »Krieg«, dem »Wissen« und dem »Leib« in eine Basis-Position *unterhalb* der gesellschaftlichen Instanzen und Relationen verortet, aus denen sie zuvor herausabstrahiert wurde.[270] Beiden Diskursen ist gemeinsam, dass die Macht – entgegen dem Anspruch Foucaults – nicht als wirklicher Relationsbegriff, »pouvoir relationnel« (*ÜS*, 229/208), behandelt wird, sondern neo-nietzscheanisch als ein Subjekt mit nahezu unbegrenztem Erzeugerstatus.

Althusser hat in einer bedenkenswerten Umkehrung des an ihn gerichteten Reduktionismus-Vorwurfs die Behauptung aufgestellt, dass die Unterscheidung verschiedener »Instanzen« (Basis/Überbau bzw. Ökonomie/Politik/Ideologie) trotz der Probleme ihres Verhältnisses eine heuristische Voraussetzung darstellt, um gesellschaftliche Bereiche nicht-reduktionistisch und als real unterschiedliche denken zu können. Entfernt man die »Topik« aus der Gesellschaftstheorie, fällt man wieder auf das hegelsche Denken der »expressiven Totalität«, d.h. auf die Logik sich ausbreitender Sphären und Kreise zurück und landet schließlich beim »délire idéaliste de produire sa propre matière« (1974, 77ff; vgl., 1975, 79ff). Tatsächlich wäre Foucaults Machtbegriff ein gutes Beispiel, um diese These zu erhärten, da bei ihm gerade die »mikrophysische« Ent-Ortung der Macht, ihre Herauslösung aus dem Funktionszusammenhang der Instanzen, in jene Allmacht umschlägt, mit der sie sich an die Stelle jeder unterscheidenden »Topik« setzt, deren Instanzen sie nun reibungslos bis ins Innerste durchdringen und »produzieren« kann.

Auf andere Weise hat auch Poulantzas diesen paradoxalen Zusammenhang von Machtvielfalts-Rhetorik und Totalisierung thematisiert. Die Macht wird bei Foucault nicht mehr als Relation zwischen gesellschaftlichen Praxen betrachtet, sondern hat nur noch sich selbst als Grundlage, sie wird zur reinen »Situation«, in der es immer schon Macht gibt.[271] Auf diese Weise wird die qualitative Frage, um welche Macht es sich sich handelt, und um was zu tun, als illegitim aus der Analyse ausgeklammert (1978a, 163; 1978b, 137). Damit können die Widerstandspunkte, die Foucault beschwört, theoretisch nicht begründet werden. Weil es keine Grundlage für den Widerstand gibt, gibt es nichts, was die Macht begrenzen könnte.[272] So kommt es unter der Hand wieder zu einem allmächtigen »Maître-Pouvoir«, der den Kämpfen immer schon zugrunde liegt: Aus der Relation wird eine »substance qui attrape«, »une machine autoreproductible et dévoratrice«, eine »Fresszelle« (essence phagocyte), die alle Widerstände kontaminiert (1978a, 165f; 1978b, 139).

6. Die Metaphorisierung des Gefängnisses und der »Prison Industrial Complex«

Für Foucault hat das Gefängnis-Netz schließlich »kein Außen« mehr, weil in der panoptischen Gesellschaft die Einsperrung eine »allgegenwärtige Strategie« darstellt, bei der man die Strafgewalt von der »Heil- oder Erziehungsgewalt« kaum mehr unterscheiden kann (*ÜS*, 388/352, 391/354). Es bildet das »große Fundament der Normalisierungsmacht«, die von den unterschiedlichen Intellektuellen-Kategorien auf gleiche Weise hervorgebracht wird: »Wir leben in der Gesellschaft des Richter-Professors, des Richter-Arztes, des Richter-Pädagogen, des Richter-Sozialarbeiters; sie alle arbeiten für das Reich des Normativen.« (392f/356)

Diese Kurzschließung von Gewalt (Einsperrung), Ideologie (Normalisierung) sowie Heilung/Erziehung führt zu einem letzten Widerspruch der foucaultschen Argumentation: Das Gefängnisdispositiv, das zu einer die Gesamtgesellschaft durchdringenden Disziplin- und Normalisierungsmacht »ausgeschwärmt« (essaimage) ist (271/246), macht sich schließlich selbst überflüssig. Indem die »Normalisierungsnetze« der Medizin, Psychologie, Erziehung, Fürsorge, Sozialarbeit usw. immer dichter werden, verliert das Scharnier des Gefängnisses an Bedeutung (395/358). Der Widerspruch besteht darin, dass Foucault einen Teilaspekt des gesellschaftlichen Gewaltapparats zum Hegemoniemodell der modernen Gesellschaft schlechthin hochstilisiert und ihn dann zum »Normativen« sublimiert, als seien die Abschreckungsfunktion des Gefängnisses und mit ihr die Gewaltverhältnisse überhaupt aus der bürgerlichen Gesellschaft verschwunden. Schon in *Überwachen und Strafen* ist angelegt, was Foucault im Konzept der »Biomacht« weiterentwickeln wird: Die Überverallgemeinerung der Gewaltaspekts mündet in seine imaginäre Aufhebung.[273]

Foucault verdeckt den Widerspruch zwischen der Allgegenwart des Gefängnis-Dispositivs und seiner Auflösung ins Normative durch eine metaphorische Verwendung des Terms. Sie lässt sich exemplarisch an dem vieldiskutierten Passus beobachten, in dem Foucault die »Seele« als Produkt der Disziplinarmacht versteht und als »Gefängnis des Körpers« artikuliert (*ÜS*, 42/38). Vermutlich handelt es sich hier, wie Judith Butler nahe legt (2001, 87f; vgl. 1995, 60ff), um eine Anspielung auf das aristotelische Seelenkonzept als Form und Prinzip des Körpers. Butler diskutiert die foucaultsche Redeweise als Figur der Subjektivierung schlechthin, bei der »jede ›Identität‹ als totalisierende genau als eine solche ›den Körper einkerkernde Seele‹ zu fungieren [scheint]« (2001, 83). Man könnte dazwischenfragen, was denn von Foucaults Zelebration der Körper übrigbleiben würde, wenn man ihnen die »Seele«, hebräisch *ruah*, d.h. den Atem, das Leben entzöge. Butlers Interpretation steht für eine philosophische Rezeption, die sich einfühlend auf der Linie der foucaultschen Gefängnis-Metaphorisierung bewegt, statt deren Funktionalität selbst zu hinterfragen. Sie übersieht v.a., dass die Metaphorisierung selbst eine ideologische Anrufung enthält: wer immer sich in der Verwirklichung seiner Handlungsmöglichkeiten eingeengt sieht, ist eingeladen, sich als Opfer desselben normativen »Gefängnisses« zu fühlen wie die wirklich Eingesperrten. Es ist der Appell an ein politisches Selbstverständnis, das die Unterschiede zwischen denen »drinnen« und denen »draußen« imaginär aufhebt.

Dieser Widerspruch schlägt auch auf die Ebene der politischen Strategie durch. Einerseits ist *Überwachen und Strafen* als »Geschichte der Gegenwart« angelegt (*ÜS*, 43/40) und korrespondiert unmittelbar mit der politischen Erfahrung der Gefängnisrevolten im Nachklang der 68er Bewegung. Zugleich reagiert es in einer Weise auf die Niederlage der Gefangenenbewegung, die einem Rückzug aus diesem Bereich gleichkommt. Für Foucault geht es nicht darum, ob das Gefängnis bessernd wirkt oder nicht (dies wäre ein möglicher Einsatz reformerischer Vorschläge), auch nicht um die Frage, »ob es eine Alternative zum Gefängnis gibt« (dies liefe auf eine radikale, ›abolitionistische‹ Infragestellung hinaus), sondern um den »großen Aufstieg der Normalisierungsanlagen« schlechthin (395/358). In dem Maße, in dem Foucault das Gefängnis in die elastische »Norm« auflöst, gibt er die Kämpfe um (oder gegen) die Einsperrungssysteme der bürgerlichen Gesellschaft preis.

Foucaults Prognose einer normativen Ver(über)flüssigung des Gefängnisses wurde alsbald von den Tatsachen widerlegt: Kurz nach der Veröffentlichung von *Überwachen und Strafen* setzte sich in den USA beim Übergang vom sozialdemokratischen »Wohlfahrtsstaat« zum Neoliberalismus eine neue Strafpolitik durch, die die Zahl der Inhaftierungen sprunghaft ansteigen ließ. Nachdem die Zahl der Strafgefangenen bis 1975 auf 380.000 gefallen war, gab es 1985 bereits 740.000 Strafgefangene, 1995 waren es über 1,5 Millionen und Ende 1998 beinahe 2 Millionen, was einem jährlichen Wachstum von annähernd 8% während der 1990er Jahre gleichkommt (Wacquant 2000, 68f). Die Dimensionen dieser Wende werden deutlich, wenn man die Zahlen ins Verhältnis zu Europa setzt: sie entsprechen ungefähr dem Zehnfachen des Prozentsatzes in Dänemark und Schweden und dem Siebenfachen des Prozentsatzes in Deutschland und Frankreich.[274] Aber auch in Europa kommt es nach einer längeren Periode sinkender Gefängniszahlen ab 1975 wieder zu einem Anstieg, der sich in den 1980er Jahren deutlich beschleunigt (vgl. z.B. für Frankreich die Statistik von Faugeron in Petit 1991, 337).

Bereits die These vom Verschwinden der Marter-Schauspiele zu Beginn des 19. Jahrhunderts übersieht nicht nur die Strafpraxis in den europäischen Kolonien sondern auch die symbolische Bedeutung des verstümmelten Körpers in den Lynchmorden an Schwarzen nach dem amerikanischen Bürgerkrieg (James 1996, 29f). Das Gefängnis übt eine Gewaltfunktion zur Aufrechterhaltung der Rassenungleichheit aus (24; vgl. Angela Davis 1998, 98). Es konstituiert ein wirkliches »Außen«, mit dessen Hilfe das »Innen« der US-amerikanischen *civil society* zusammengehalten wird. Foucaults Normalisierungsthese »seems in need of revision«, meint Parenti (1999, 135), da die ritualisierte Zurschaustellung von polizeilicher Gewalt eine wichtige Rolle in der Kontrolle der »gefährlichen Klassen« spielt. Fixiert auf die sozialstaatlichen Integrations- und therapeutischen Rehabilitationsmodelle der späten 1960er Jahre hat er den anschließenden Umbau der Sozialkontrolle und insbesondere ihre Aufspaltung zwischen bourgeoiser Selbst-Regulierung und dem überwachten Ausschluss einer Heloten-Klasse nicht mehr zur Kenntnis genommen.

Foucault fehlen die analytischen Instrumentarien, um den neoliberalen Zusammenhang zwischen der »Atrophie des Sozialstaates« und der »Hypertrophie des Strafrechtsstaates« (Wacquant 2000, 68) zu erfassen. Gerade hier lagen, wie wir gesehen haben, die Stärken von Rusches und Kirchheimers »historisch-soziologischem« Ansatz. Foucaults Kritik richtete sich einseitig gegen eine Sozialpädagogisierung des Strafsystems, wie sie für das »sozialdemokratische« Zeitalter des fordistischen Wohlfahrtsstaats typisch war. Den Reformern, welche die Abschreckungsfunktion der Strafe durch ein humanistisches Projekt der »Besserung« zu ersetzen beanspruchten, wollte er nachweisen, dass sie nicht mehr als eine Verfeinerung der Sozialkontrolle durchsetzten. Diese Fixierung verleitete ihn dazu, die Stellung des Gefängnisses im »Gewaltpanzer« sowie in der Sozialpolitik der bürgerlichen Gesellschaft unberücksichtigt zu lassen. Sein Konzept einer im Selbstlauf ausschwärmenden Macht ist ein Erkenntnishindernis, wenn es darum geht, die Strafsysteme im Zusammenhang mit den jeweiligen Regulationsweisen des Kapitalismus zu begreifen.

Anmerkungen

EINLEITUNG

1 Vgl. die Gegenüberstellung in Deleuze/Guattaris *Mille Plateaux*, in der die Maxime als »organischer Staatsakt« bezeichnet wird (*TP* 518/467).

2 Z.B. Laclau/Mouffe (1985, 2, 69ff, 97ff); Barrett (1991, 131f, 134).

3 Vgl. hierzu Huyssen (1993, 28ff), Harvey (1990, 113), Zima (1997, 64ff).

4 Vgl. zur kontinentaleuropäischen Reaktion auf die Französische Revolution z.B. *Gef* 1, H 1, §150, 188; *Gef* 6, H. 10.II, §61, 1362. Zu neueren parlamentarischen und »syndikalen« Integrationsformen z.B. *Gef* 5, H. 8, §36, 966; *Gef* 7, H.13, §27, 1593ff; H. 15, §59, 1779.

5 Für Habermas ist Nietzsche die »Drehscheibe« der Postmoderne (1985, 104), Frank zufolge trennte sich der Neostrukturalismus vom linguistischen Strukturalismus »durch eine Rückbesinnung auf Nietzsches Metaphysik-Überwindung« (1983, 32). »The Nietzschean Left was a postmodernism *avant la lettre*.« (Resch 1989, 514) »Man kann mit Recht behaupten, dass die philosophische Postmoderne im Werk Nietzsches entsteht« (Vattimo 1990, 179). Zima lässt die Postmoderne mit Nietzsche einsetzen, weil dieser die Möglichkeit ins Auge gefasst habe, dass die dialektische »Ambivalenz als Einheit der Gegensätze [...] in die *Indifferenz als Austauschbarkeit der Werte* ausmündet« (1997, 25). »Poststructuralism must be defined as the *overwhelmingly positive, assimilative embrace of Nietzsche*. And it is as such that it persists today.« (Waite 1996, 108) Für Münker/Roesler besteht der poststrukturalistische Ansatz in Frankreich v.a. darin, »die nietzscheanische Perspektive auf unsere neuzeitlich-moderne Kultur fortzuschreiben« (2000, XII).

6 Vgl. hierzu Meier (1989, 1142), Welsch (1991, 12ff), Aschheim (1996, 21, 77ff), Zima (1997, 13).

7 Vgl. hierzu auch Frank (1983, 14f, 116, 180f, 189, 211f). Frank erläutert die moderne Selbstkritik des Idealismus am Beispiel von Fichtes Umdeutung von Hegels absolutem Selbstbewusstsein zu einer »Kraft, der ein Auge eingesetzt ist« und an Schleiermachers »Gefühl der schlechthinnigen Abhängigkeit« (119f).

8 Die deutsche Ausgabe übersetzt den Begriff der ›multitude‹ durchgängig mit ›Menge‹ und verfehlt damit die plurale Spezifik, auf die es den Autoren ankommt.

9 »Die Strukturen und Logiken der Macht in der heutigen Welt sind [...] völlig immun gegen die ›befreienden‹ Waffen der postmodernen Politik der Differenz« (Hardt/Negri 2002, 155). Diese korrespondieren vielmehr »mit der heutigen Ideologie des Unternehmenskapitals und des Weltmarkts« (163).

10 »The narrative of the death of metanarrative is itself grander than most of the narratives it would consign to oblivion« (Osborne 1995, 157).

11 »Was ist Wahrheit?« entgegnet Pontius Pilatus im Prozess gegen Jesus, der erklärt hatte, er sei in die Welt gekommen, um für die Wahrheit zu zeugen (Joh 18, 37f). Und Nietzsche kommentiert: »Einen Judenhandel *ernst* zu nehmen – dazu überredet er sich nicht. Ein Jude mehr oder weniger – was liegt daran? [...] Der vornehme Hohn eines Römers, vor dem ein unverschämter Missbrauch mit dem Wort ›Wahrheit‹ getrieben wird, hat das neue Testament mit dem einzigen Wort bereichert, *das Werth hat*, – das seine Kritik, seine *Vernichtung* selbst ist: ›was ist Wahrheit!‹« (*AC*, KSA 6, 225; vgl., KSA 11/100)

12 »Postmodernism, in short, scoops up something of the material logic of advanced capitalism and turns it aggressively against its spiritual foundations.« (Eagleton 1996, 133)

13 Vgl. Harvey 1990, 292, 302f.

14 Vgl. zur anglo-amerikanschen Nietzsche-Rezeption z.B. den Nietzsche-Reader von Sedgwick (1995), den Literaturüberblick bei Appel (1999, 1-15) und Ottmann (1999, 462ff).

15 Ein Beispiel unter vielen ist das Buch von Lange (1989), das im Untertitel verspricht, die »nietzscheanischen Aspekte im philosophischen Werk von Gilles Deleuze« zu entschlüsseln.

16 Vgl. Habermas (1985, 121, 131, 145f, 152, 409 Anm. 8).

17 Zur Unterscheidung zwischen den wertvollen »Intuitionen« Nietzsches und seiner »obsession hiérarchique« vgl. Boyer (1991, 14, 17).

18 Entsprechend der Reihenfolge der Foucault-Zitate – 1982: *DE II*, Nr. 362, 1599; 1963: *DE I*, Nr. 13, 267; 1978: *DE II*, Nr. 281, 862, 867-9; 1966: *DE I*, Nr. 34, 531; 1975: *MdM*, 47; *DE I*, Nr. 156, 1621; 1984: *RdM*, 140; *DE II*, Nr. 354, 1522.

19 *RdM*, 141; *DE II*, Nr. 354, 1522.

20 Siehe Lukács (1934) und (1955). Vgl. zur theoretischen Kritik des »Irrationalismus«-Ansatzes (Jehle 2004). Losurdo wendet gegen Lukács' Fixierung auf einen deutschen Sonderweg ein, dass die ideologische Konstellation im späten 19. Jahrhundert von der in den anderen westlichen Ländern noch nicht wesentlich abwich (Losurdo 2002, 659; vgl. 661, 791, 793).

21 Vgl. z.B. Aschheim (1996, 336ff), Zapata Galinda (1995, 34ff).

22 Beispielsweise unter Berufung auf Nietzsches Nachlassnotiz vom Oktober 1888, in der er es als ein »Gebot der Menschenliebe« bezeichnet, die entarteten Teile »aus[zu]schneiden« (KSA 13, 599f). Vgl. hierzu z.B. Klee (1983, 16f), Zapata Galindo (1995, 126f, 167ff), Aschheim (1996, 263, 265), Losurdo (2002, 626-648).

23 Zum Begriff des nietzscheschen »Protofaschismus« vgl. Taureck (1989, 11f, 22, 177)

24 Vgl. die Kritik Losurdos an den Verdrängungsleistungen der in der Nietzsche-Literatur vorherrschenden »ermeneutica dell'innocenza« (Losurdo 2002, 781ff, 793, 798ff).

TEIL I
DELEUZE UND DIE KONSTRUKTION EINES PLURAL-DIFFERENZIELLEN NIETZSCHEBILDES

25 *NP*, 210f/223f.

26 In seinem Vortrag »La différance« vor der *Société Française de philosophie* vom Januar 1968 bestimmt Derrida den Begriff als die »Aktivität der ›originären‹ Differenzen – l'activité de la différence ›originaire‹«, bzw. als »jene Spielbewegung, welche diese Differenzen, diese Effekte der Differenz, durch das ›produziert‹, was nicht einfach Tätigkeit ist -- le mouvement de jeu qui ›produit‹, par ce qui n'est pas simplement une activité, ces différences, ces effets de différence« (Derrida 1999, 40, 43; frz. 1972, 12, 15).

27 Heidegger (1929, 132; 1942/43, *GA* 54, 225); vgl. hierzu auch Muck (1972), Probst (1972), Knebel (2001).

28 Vgl. hierzu u.a. Haug (1994, 7ff); Franz (1995, 228ff). Nietzsche kritisiert den Ausschluss des genialen Künstlers aus dem platonischen Staat als »starre Konsequenz des [...] sokratischen Urteils über die Kunst« (KSA 7, 349).

29 »Alors que la représentation tente d'absorber la simulation en l'interprétant comme fausse représentation, la simulation enveloppe tout l'édifice de la représentation lui-même comme simulacre.« (Baudrillard 1981, 16)

30 Das Argument erinnert an Croces Vorschlag, die hegelsche Gegensatz-Dialektik durch eine »Dialektik der Unterschiedenen« zu ergänzen: »Ein gegensätzlicher Begriff wird von seinem Gegenteil aufgehoben; für sie gilt der Satz: mors tua, vita mea.« Aber ein »unterschiedener Begriff ist vorausgesetzt und lebt in dem anderen, welcher ihm, in der idealen Ordnung folgt.« (1909, 9) Vgl. hierzu die Kritik Gramscis (*Gef* 6, H. 10.II, §41.X, 1322f; vgl., H. 10.I, §6, 1236f).

31 Ähnliches schlägt Baecker mit dem Begriff der Negation vor: er bestimmt sie als eine »Unterscheidungstechnik einmal zustande gekommener Unterscheidungen« und als Verfahren zu ihrer »Markierung«. Hierzu muss man sie »auf die Unterscheidungspraxis zurückführen, die sie sichtbar macht« (1996, 98, 101f).

32 Eine solche »Gegenlinie« zu Hegel ließe sich auch in Hegels Schriften selbst auffinden, und zwar in dem Maße, in dem er seine Widerspruchsbildungen aus dem historischen Material entwickelt.

33 Ein zweiter Hinweis ist die Bemerkung im *Urtext*, die dialektische Form der Darstellung sei nur richtig, »wenn sie ihre Grenzen kennt« (MEGA II.1.1, 43, *Grundrisse* 1953, 945). Zur philologischen Auswertung der marxschen Textstellen zu den »Grenzen der Dialektik«, vgl. Haug (2001d).

34 In der *Phänomenologie des Geistes* ist die dialektische Darstellung »dieser sich selbst erzeugende, fortleitende und in sich zurückgehende Gang«, der »das ausmacht, was sonst der Beweis leisten sollte« (*W* 3, 61).

35 Impressions are associated »only by resemblance« (Treatise II.I.4).

36 »Whatever objects are separable are also distinguishable, and whatever objects are distinguishable are also different.« (I.I.7).

37 »Habit is nothing but one of the principles of nature, and derives all its force from that origin« (I.III.16).

38 Zum Verhältnis zwischen Dialektik und Intuition bzw. zwischen Intellekt und Intuition vgl. z.B. 239f, 267f. Die Philosophie hat schließlich die Aufgabe, die Intelligenz in die Intuition zurückzunehmen (réabsorber l'intelligence dans l'intuition) (271).

39 Bergson 1966/1907, 261, 264, 266f. »Un flot qui monte, et que contrarie le mouvement descendant de la matière« (269).

40 Bergsons Philosophie »führt die ganze Welt auf eine einzige ewige Wesenheit zurück«, beobachtet Horkheimer (1934a, *GS* 3, 233).

41 Vgl. z.B. KSA 7/595, 8/57, 13/536.

42 Vgl. z.B. *JGB*, KSA 5/116f; *GM*, KSA 5/267.

43 Ähnlich ist Plato der Philosoph, »der bereits *jüdisch-angemuckert* war (– in Ägypten?)« (KSA 12/580), »der Antihellene und Semit von Instinkt« (KSA 13/114), »vielleicht bei den Juden in die Schule gegangen« (264). »Als Sokrates und Plato die Partei der Tugend und der Gerechtigkeit nahmen, waren sie *Juden*« (KSA 13, 331).

44 »Dunque, nella ricostruzione di Nietzsche l'interminabile ciclo sovversivo e rivoluzinario per un verso prende le mosse della tradizione ebraico-cristiana [...], per un altro verso dalla filosofia socratico-platonica.« (Losurdo 2002, 496; vgl. 606f)

45 »Wir Deutsche sind Hegelianer, auch wenn es nie einen Hegel gegeben hätte, insofern wir dem [...] Werden, der Entwicklung instinktiv einen tieferen Sinn [...] zumessen als dem, was ›ist‹.« (*FW*, KSA 3/599). Vgl. *M*, KSA 3/166f und KSA 7/109.

46 Vgl. zu Hegels »Theologie«, »gothischer Himmelsstürmerei«, »pantheistischen Dämpfen«, »schwäbischen Gottvertrauen« usw., vgl. KSA 11/151f, 253, 262, 605; KSA 13, 536.

47 In diesem Buch werde der Moral das Vertrauen gekündigt, meint Nietzsche in der *Morgenröte*, und zwar »*aus Moralität!* [...] In uns vollzieht sich, gesetzt, dass ihr eine Formel wollt, – *die Selbstaufhebung der Moral.*« (*M*, KSA 3, 16)

48 Vgl. zur »jüdischen« Umwertung u.a. *GM* (KSA 5, 267), *AC* (192, 220); der christliche »Gott am Kreuze« – noch nie hatte es eine solche »Kühnheit im Umkehren, etwas gleich Furchtbares, Fragendes und Fragwürdiges gegeben wie diese Formel: sie verhieß die Umwertung aller antiken Werte« (*JGB*, KSA 5, 67).

49 Gramsci hatte als »Lorianismus« (abgeleitet von Achille Loria) eine verspielte Verantwortungslosigkeit der Intellektuellen bezeichnet (z.B. *Gef* 9, H. 28); vgl. hierzu auch Reitz (1997).

50 Rogozinski hat auf den Widerspruch zwischen der deleuzeschen Verwerfung von Gegensätzen im Namen der Differenz und der eigenen Konstruktion dichotomischer Gegensätze hingewiesen: »Die Dramatisierung der Denkbewegungen durch den Rekurs auf bipolare Gegensätze scheint [...] eine Konstante im Werk von Deleuze zu sein.« (1996, 84)

51 Im französischen Text ist hier von *origine* die Rede. Die deutsche Übersetzung als *Herkunft* ist an Foucaults spätere Entgegensetzung von »Ursprung« und »Herkunft« angepasst (siehe die Übersetzer-Anmerkung) und von dort rückwärts auf den Deleuze von 1962 projiziert, bei dem sie freilich noch keine Rolle spielt. Siehe hierzu meine textkritische Untersuchung in Teil III.6.

52 Zu Nietzsches Auswertung des Theognis-Textes im Sinne einer ursprünglichen »arischen« Kastenordnung in Griechenland siehe HKG/3, 16ff sowie die deutsche Zusammenfassung in 69-75. Vgl. hierzu auch v. Reibnitz (1992, 12ff), Cancik (1995, 9ff) und zur nietzscheschen Konstruktion einer urgriechischen »höheren Kaste« allgemein Cancik-Lindemaier u. Cancik (1999, 90ff).

53 Vgl. zur ethischen Funktionsweise des Potlatsch immer noch Mauss (1990/1950, 20ff), zur wirksamen Verhinderung von Reichtums- und Machtakkumulation z.B. Clastres (1976, 22ff, 201), Meillassoux (1983, 77ff), Mann (1990, 22ff, 96), Sigrist (1994, 169ff, 186ff), Böhm (1993, 230f), Haude/Wagner (1998, 372ff).

54 Vgl. zu dem von Freud übernommenen Begriff der »Kompromissbildung« (PIT 1979, 190f), zum notwendigen Bezug aufs Gemeinwesen (PIT 1980, 77), zur »antagonistischen Reklamation des Gemeinwesens« (Haug 1993, 84), als zusammenfassender Forschungsbericht (Rehmann 2004).

55 »Die Moral hat es ihrem Sinn nach mit der objektiven Vorzüglichkeit des Menschen als kooperativem Wesen überhaupt zu tun.« (Tugendhat 1997, 224)

56 Vgl. *Werke und Tage* (220-325). Nietzsche konzentriert seine Bemerkungen zu Hesiod v.a. auf die Stellung zum Wettkampf (z.B. KSA 1/785f, 3/45f) und die Bedeutung der Hoffnung (Elpis) in der Pandora-Sage (z.B. KSA 2/82; 3/46), ohne sich für das hesiodsche Arbeitsethos zu interessieren.

57 Philosophisch/unphilosophisch funktioniert als eine »binäre Schaltung«, mit deren Einstellung über Einschließung und Ausschließung von Diskursen in Bezug auf die Institution Philosophie entschieden wird. »Dabei gilt als ›philosophisch‹ oft ein spezifisch *entnennender*, als ›unphilosophisch‹ ein *benennender* Diskurs.« (Haug 1993,185)

58 Vgl. z.B.*GA I.6.1.*, 2, 15, 18, 22, 416.

59 Heidegger beschreibt seine »Drehung« gegenüber dem immer noch allzu »anthropomorphen« Nietzsche u.a. so: »Die Drehung: Seiendes – Sein, der Wendepunkt der Drehung: die Wahrheit des Seins. Die Drehung ist keine Umkehrung, sie ist: Eindrehen in den anderen Grund als Ab-Grund.« (*GA I.6.1.*, 590). Zu Nietzsches »Vollendung« der Metaphysik, vgl. *GA I.6.1.*, 429ff, 431; *GA I.6.2.*, 231ff.

60 »Tout se passe comme si la vie se confondait avec le mouvement même de la différenciation«, meint Deleuze in seiner Einführung zu Bergson (*Bergsonisme*, 119/96). Diese tritt an die Stelle der darwinistischen »Determinationen« (125/102). Im gleichen Kontext wird auch der Begriff des Möglichen durch den des Virtuellen ersetzt (123f/100f).

61 Vgl. Schopenhauer, *Die Welt als Wille und Vorstellung*, Buch II, §§ 21-23, z.B.: »Der *Wille* als Ding an sich ist von seiner Erscheinung gänzlich verschieden und völlig frei von allen Formen derselben« (§ 23).

62 Siehe z.B. die entsprechende Argumentation in Abel (1998, 59-71).

63 Vgl. *Die Welt als Wille und Vorstellung*, Buch II, § 21.

64 Deleuzes Nietzsche-Interpretation konzentriert sich »auf das Gegeneinander der aktiven und reaktiven Kräfte, das auf einer tieferen Ebene durch das Duell zwischen Bejahung und Verneinung verdoppelt wird« (Rogozinski 1996, 84).

65 Vgl. Freuds Vergleich des Ichs mit dem »Reiter, der die überlegene Kraft des Pferdes zügeln soll«, nun aber nicht mit eigenen Kräften, sondern mit den vom Es geborgten (*GW* XIII, 253). Zu Althussers Subjekt-Begriff vgl. Althusser 1976 und 1977, sowie die Kritik in PIT 1979, 116-125.

66 »By the *will*, I mean nothing but *the internal impression we feel and are conscious of, when we knowingly give rise to any new motion of our body, or new perceptionof our mind*« (*Treatise* II, III, 1). Zur Abhängigkeit des Willens von Lust und Schmerz, vgl. I.III, 10; II, III, 3.

67 Bloch hat dem militärisch-spartanischen Konzept des Willens, das »im Gehorchen den Beginn zum Befehlen übt« das Konzept des Paracelsus entgegengestellt, das den Willen bestimmt durch die wirkenden Bilder, die aus dem Herzen kommen (*Prinzip Hoffnung*, *GA* 5, 788, 799f).

68 Vgl. hierzu u.a. KSA 9/490ff, 12/92, 424, 13/360f.

69 Zu den geistes- und wert-philosophischen Frontstellungen dieser Zeit gegen die Verbindung von Demokratie und »Naturalismus« vgl. Rehmann (1998, 143ff).

70 Z.B. kritisiert Nietzsche an Spinozas Vernunftbegriff, dass in ihm der Kampf fehle (KSA 9/490, 517).

71 Zu Deleuzes Parallelführung von Spinoza und Nietzsche siehe z.B. *S70*, 5, 22, 34f. Nachweise für Althusser und Negri u.a. bei Waite (1996, 2f, 398 Anm. 8-10). Hardt/Negri glauben, ihr Konzept einer »expansiven Macht« der Multitude sowohl von Spinoza als auch von Nietzsche herleiten zu können (2002, 366f, 385).

72 Vgl. Deleuze (*NP*, 224 Anm. 71/70 Anm. 1), Wurzer (1975, 171f, 200ff), Abel (1998, 52f).

73 Vgl. zu dieser anti-idealistischen Frontstellung die rückblickende Darstellung in *Ecce Homo* (*EH*, KSA 6/325, 327).

74 Vgl. *FW*, KSA 3/ 585, 624; *JGB*, KSA 5/43; *GD*, KSA 6/126; *AC*, KSA 6, 184; KSA 10/340, 11/226, 13/504, 537.

75 Z.B. Fischer (1880, 490, 500, 507).

76 Das Verhältnis zwischen *potentia* und *potestas* bei Spinoza ist in der Literatur umstritten. Während Negri von einem durchgängigen und »absoluten Antagonismus« (antagonismo assoluto) spricht (1998, 283, 242), wird dies von Terpstra (1990, 4, 80ff, 396ff) und Reeling Brower (2001) relativiert. Die Debatte ist in unserem Zusammenhang nicht unmittelbar von Bedeutung, da der schwankende Sprachgebrauch sich v.a. auf den Begriff der *potestas* bezieht und nicht auf den der *potentia*.

77 Vgl. *Tractatus* 237/193, 240/195, 285/228, 295/236.

78 Vgl. zum »Gegenmacht«-Charakter der spinozischen *potentia* Negri (1998, 153), zur zentralen Bedeutung der Multitudo in Spinozas Machtbegriff z.B. Balibar (1997, 174ff, 184, 194) und Matheron (1997, 215).

79 Vgl. *NP*, 230f Anm. 6 u. 11; frz. 131 Anm. 2, 133 Anm 3.

80 Wenn Ansell Pearsons meint, dass Deleuzes und Guattaris libidinale Ströme des Wunsches dem nietzscheschen Willen zur Macht »nahe kämen« (1999, 172), unterstellt er eine Ähnlichkeit, die den Konstruktionscharakter der postmodernen Interpretation unsichtbar macht.

81 Z.B. Lyotard (1982, 47); vgl. ders. (1978, 63, 84).

82 Vgl. zum Maschinenkonzept bei Deleuze die Untersuchung von Schmidgen (1997).

83 Für besonders irreführend hält Baudrillard die Projektion des deterritorialisierten-nomadischen Ideals auf die Tiere, da deren Gesetz durch das Territorium bestimmt sei: »ils ne connaissent que des *territoires*, limités, marqués, qui sont des espaces de réciprocité infranchissables« (Baudrillard 1981, 204 Anm. 2).

84 Z.B. Mauss (1966, 70, 77, 84, 92f); zum Begriff der »Macht« in vorstaatlichen Gesellschaften und seiner analytischen Unterscheidung von dem der Herrschaft, siehe z.B. Haude/Wagner (1998).

85 »Une mémoire des paroles, et non plus des choses, une mémoire des signes et non plus des effets« (*AÖ* 184/169); »c'est ce système cruel des signes inscrits qui rend l'homme capable de langage« (184f/170), »les fers rouges et les procédés atroces n'ont que ce sens, *dresser* l'homme, le marquer dans sa chair, le rendre capable d'alliance« (244f/225).

86 Losurdo interpretiert die in Nietzsches Theognis-Arbeit herausgearbeiteten Stellungnahmen für die Sklaverei vor dem politischen Hintergrund des gleichzeitigen Sezessionskriegs in den USA (2002, 408f). Vgl. zur nietzscheschen Entgegensetzung von vor-klassischer und klassischer Antike die vor dem Hintergrund der Pariser Kommune geschriebene Schrift »Der griechische Staat« (*GS*, KSA 1/764ff), sowie z.B. die Passsagen in KSA 8/53, 58, 96, 101.

87 Geprägt u.a. durch Curtius, F. Creuzer, K.O. Müller und J.J. Bachofen, richtet sich diese Linie v.a. gegen Winckelmanns »freiheitliche« Orientierung am klassischen Griechenland (vgl. v. Reibnitz 1992, 62f, 98f, 106; Cancik 1995, 125f). Zu Nietzsches Kritik am »humanistischen« Griechenland-Bild, vgl. z.B. KSA 8/58.

88 Siehe auch KSA 8/91-95.

89 Vgl. *GM I*, Aph. 7 (KSA 5/266f) und den darauf implizit Bezug nehmenden Anfang von *GM* II Aph. 21 (KSA 5/330).

90 Z.B. Nietzsches Redeweise vom »Bruch« und »Sprung« der Staatsentstehung (*GM*, KSA 5/324) sowie vom »früheren Gesichtspunkt« des Gläubiger-Schuldner-Verhältnisses (327).

91 »L'*Urstaat* originel, éternel modèle [...[; c'est la formation de base, elle horizone toute l'histoire. [...] Sous chaque Noir et chaque Juif, un Égyptien, un Mycénien sous les Grecs, un Etrusque sous les Romains.« (*AÖ*, 279/257)

92 Die deutsche Übersetzung übersetzt schludrig »Todesdrohung«, wo das französische Original deutlich von »Todesurteil« (sentence de mort) spricht (*TP*, 107/96).

93 »Formations statistiques ou grégarités« (*AÖ*, 361/332), »forme de grégarité« (442/409), »ensemble grégaire« (476/439f).

94 »Nous nous écrions: Encore plus de perversion! Encore plus d'artifice! Jusqu'à ce que la terre devienne tellement artificielle que le mouvement de déterritorialisation crée nécessairement par lui-même une nouvelle terre.« (*AÖ*, 415/384).

TEIL II
DER TOD DES MENSCHEN UND DIE EWIGE WIEDERKEHR

95 »Deleuze argumentiert nicht, Deleuze behauptet. Deleuze stellt nicht dar, Deleuze dekretiert.« (Roth 2000, 136)

96 Vgl. hierzu z.B. den Überblick in Honneth (1990, 12ff); für die stark moralphilosophisch orientierte angelsächsische Diskussion siehe z.B. die Beiträge in Hoy (1986) und Ashenden/Owen (1999). Vgl. dagegen die stärker ins Politisch-Praktische gewendete moralphilosophische Argumentation von Nancy Fraser (1994, 56ff).

97 Kennzeichnend für die verschobene Debatte ist die Anekdote über ein offenbar missglücktes gemeinsames Abendessen 1983, bei dem Foucault ohne Vorwarnung Habermas mit einem breiten Grinsen seine Haifischzähne zeigte und in sarkastischem Tonfall sagte: »C'est peut-être que je suis un anarchiste?« (Veyne, z.n. Eribon 1994, 291f).

98 Lecourt 1972, 108f, 122, 127f; vgl., dt., 1975, 85f, 96, 100.

99 Vgl. hierzu Waite 1998, 2f, 398 Anm. 8-10, 419 Anm. 137. Zur Kritik des »theoretischen Antihumanismus«, vgl. PIT (1979, 118ff, 125).

100 Hierzu gehört u.a. der Versuch Lemkes, Foucaults Nietzscheanismus auf eine Kriegs-Hypothese zu reduzieren (der zufolge die Macht letztlich auf den Krieg zurückzuführen ist), die dann ungefähr ab 1976/77 durch die Herausarbeitung der »Produktivität« der Macht abgelöst werde (Lemke 1997, 89ff, 104, 109, 125, 129, 132, 141).

101 Vgl. hierzu u.a. Frank (1983, 177ff, 184ff, 191f, 194).

102 Dem entspricht Descartes' Utopie einer Universalsprache, bei der der repräsentative Wert der Wörter so genau fixiert ist, dass mit ihrer Hilfe die Bauern besser über die Wahrheit der Dinge urteilen könnten als heute die Philosophen (*OD*, 256/217; vgl., 98f/77f, 101f/80f, 115/93, 118ff/95ff, 258/219).

103 Vgl. Dreyfus/Rabinow (1983, XXI, XXVII, 11, 38), Frank (1983, 135, 137, 246, 259f), Fink-Eitel (1990, 377), Forst (1990, 161ff), Schmid (1991, 130ff).

104 Vgl. *DE I*, Nr. 39, 570; Nr. 40, 573; Nr. 41, 579; Nr. 42, 581.

105 Sie ist die »vermittelnde Mitte« von Sinnlichkeit und Verstand, ihre »ursprünglich einigende Mitte«, »Wurzel der beiden Stämme« (*GA I.3*, 177, 196).

106 *GA I.3*, 160ff, 170, 196, 202.

107 *GA I.3*, 207f, 209, 213.

108 Die Zitate sind aus dem Referat von Schmid (1991, 131, 136) übernommen, der wiederum auf das unveröffentlichte Typoskript (Bd. 1) des Foucault-Archivs (S. 106, 123, 128) verweist.

109 Seit dem Ende des 18. Jahrhunderts setze eine »immer ausschließlichere Verwurzelung der Weltauslegung in der Anthropologie« ein, heißt es z.B. 1938 in der *Zeit des Weltbildes* (*GA I.5*, 93; vgl. 99f).

110 Vgl. hierzu Frank (1983, 246ff).

111 Damit soll u.a. folgende Mannigfaltigkeit zusammengefasst werden: »zutunhaben mit etwas, herstellen von etwas, bestellen und pflegen von etwas, verwenden von etwas, [...] unternehmen, durchsetzen, erkunden, befragen, betrachten, besprechen, bestimmen« (*SuZ*, 56f).

112 Vgl. zu diesem Begriff *SuZ*, 68ff.

113 Anders hat 1948 die »Schein-Konkretheit« der heideggerschen »Welt« herausgearbeitet, deren Beispiele »aus der ländlichen Schusterwerkstatt [stammen]« (Anders 2001, 80): »Der Bereich von Heideggers Konkretheit beginnt hinter dem Hunger und hört vor der Wirtschaft und der Maschine auf: in der Mitte sitzt das ›Dasein‹ herum, hämmert sein ›Zeug‹ und beweist dadurch ›Sorge‹ und den Neubeginn der Ontologie.« (83) Die entscheidende theoretische Weichenstellung sieht Anders in der Verdrängung menschlicher Bedürftigkeit: »Das Dasein ist zwar sehr beschäftigt: es hämmert und schustert herum und ›versteht‹ in dieser Sorge seine Leisten. Aber *warum* es sich herumsorgt: die Quelle der Sorge erwähnt er höchstens beiläufig und ohne philosophische Konsequenzen daraus zu ziehen [...]. Denn in Wahrheit ist das Leben ›Sorge‹, weil es *Hunger* ist. [...] Der Mensch [ist] so ontisch, dass er sich Ontisches einverleiben muss, um ontologisch, nämlich ›da‹ zu sein.« (63)

114 Damit gelangt die »mundane Faktizität« des Daseins nicht wirklich zu ihrem Recht, sondern wird zugunsten des transzendentalen Weltentwurfs »abgedrängt«, bemerkt Pocai (2001, 51).

115 Dies unterscheidet Heideggers Bestimmung der »Geworfenheit« von progressiven Verwendungsweisen des Begriffs z.B. durch Sartre, Marcuse, Tillich, Hannah Arendt und Althusser. Hierzu und zur Kritik des Begriffs durch Bloch, Lukács, Adorno und O'Brien siehe Lettow (2001, 777ff).

116 Vgl. zum »Besorgen« die §§ 14-24 von *Sein und Zeit*; zum »Man« vgl. §§ 25-27. Das »Man« ist »›Subjekt‹ der Alltäglichkeit« (*SuZ*, 114) und bedingt mit seiner Durchschnittlichkeit eine »Einebnung aller Seinsmöglichkeiten« (127).

117 Vgl. *WG*, 46ff/37ff, 68ff/56ff, 548ff/541ff. Zur Kontroverse in Frankreich (v.a. mit Gauchet und Swain) vgl. Ferry/Renaut (1985, 129ff).

118 *GK*, 9f/VIII, 208/201.

119 Vgl. zur Bedeutung des Diskontinuierlichen u.a. *AdW*, 13/13, 17/16f, 23ff/22ff, 38ff/36ff, 241f/221f, zur Weiterführung der bereits feststehenden Epocheneinteilung ebd., 224ff/205ff, 236ff/216ff.

120 *ÜS*, 24/22, 33/30, 41/38, 246/224, 289f/262, 327ff/295ff, 356f/323, 382/346.

121 *WzW*, 125ff/136ff, 139ff/152ff.

122 Vgl. zur Bio-Macht *WzW*, 165ff/181ff, *VdG*, 279ff/216ff; Techniken der »Gouvernementalität« haben sich schon seit dem 16. Jahrhundert entwickelt, werden aber erst im 18. Jahrhundert ent-blockiert, vgl. hierzu die gleichnamige Vorlesung am Collège de France 1977-78 in Bröckling, Krasmann, Lemke (2000, 59ff, 64ff) und in *DE II*, Nr. 239, 650ff, 656ff.

123 *SdW*, 43; *DE I*, Nr. 13, 276 (Übers. korrigiert, JR).

124 *GD*, KSA 6/134, 174; vgl. KSA10/530, 372; KSA 11/542; 12/425f, 13/18.

125 Vgl. z.B. Foucaults Bataille-Nachruf *Vorrede zur Überschreitung* von 1963 (dt. *SdW*, 28ff; frz. *DE I*, Nr. 13, 261ff) oder die Rezension zu Klossowskis *La prose d'Actéon* von 1964 (*DE I*, Nr. 21, 354ff).

126 »Man hat mich oft tanzen sehn können«, heißt es z.B. in *Ecce Homo*, »ich konnte damals, ohne einen Begriff von Ermüdung, sieben, acht Stunden auf Bergen unterwegs sein« (*EH*, KSA 6/341). Die *Fröhliche Wissenschaft* scheine in der »Sprache des Tauwinds geschrieben«, schreibt Nietzsche in der Vorrede zur zweiten Auflage (1886), in der Dankbarkeit des Genesenden, der jetzt »mit einem Male« von der Hoffnung auf Gesundheit »angefallen wird« (*FW*, KSA 3/345).

127 Zu Heraklit z.B. *EH*, KSA 6, 313, zu den griechischen Mysterienkulten z.B. KSA 10/340. Cancik untersucht das auch bei Nietzsche-Kritikern verbreitete Bild eines »zyklischen« antiken Denkens und kommt zu dem Schluss: Die Wiederkunftslehre »ist in der antiken Kultur marginal, ein Gedankenexperiment einiger Philosophen und nicht, wie Nietzsche wünschte, Dogma einer verbreiteten Religion« (Cancik 1995, 114).

128 »Nel formulare la tesi dell'eterno ritorno dell'identico, [Nietzsche] radicalizza un motivo ampiamente difuso [...] nella cultura antirivoluzionaria« (Losurdo 2002, 510).

129 Z.B. Jaspers (1950, 356); Schmid (1991, 327); Müller-Lauter (1999, 188), Ottmann (1999, 369ff).

130 Als wissenschaftliche Theorie sei die Wiederkunftslehre heute »nur schwer verteidigbar«, und es sehe so aus, als bedeute sie einen »Determinismus, der den normativen und imperativischen Sinn« des Gedankens und hier v.a. das Moment der Wahl zunichte macht, meint auch Abel (1998, 256).

131 Der Widerwille gegen diese inklusive Version, zeigt sich daran, dass Nietzsche in einer früheren Fassung 1881 die Wiederkehr nur denjenigen zusagen will, die auch an sie glauben: »die nicht daran Glaubenden müssen ihrer Natur nach endlich *aussterben*. Nur wer sein Dasein für ewig wiederholungsfähig hält, bleibt *übrig*: unter *solchen* aber ist ein Zustand *möglich*, an den noch kein Utopist gereicht hat.« (KSA 9/573)

132 Ottmann sieht hier den »Punkt des Umschlags vom Ideal der Apolitie zur Herrschaftslehre« (1999, 239f).

133 Vgl. *GD*, KSA 6/134ff; *AC*, KSA 6, 174.

134 Losurdo zufolge zielt Nietzsches religiöse Sprache nicht nur auf die Rechtfertigung der Wirklichkeit, sondern auch auf die Erlösung von ihr: »Il linguaggio cui ricorre per annunciare la dottrina del'eterno ritorno è chiaramente religioso: essa mira non solo alla giustificazione, ma anche alla ›redenzione‹ della realtà nel suo complesso« (Losurdo 2002, 513).

135 Zusammen mit Goethes *Faust* und dem *Neuen Testament* war der *Zarathustra* »das populärste Werk, das gebildete Soldaten zu Trost und Anregung mit ins Feld nahmen. [...] Ungefähr 150 000 Exemplare einer besonders haltbaren Kriegsausgabe des *Zarathustra* wurden an die Truppe verteilt.« (Aschheim 1996, 138) Allerdings scheint sich seine ideologische Wirkung im Elend des Stellungskriegs besonders schnell verbraucht zu haben (139f). In den fünf Kriegsjahren zwischen 1914 und 1919 in Deutschland wurden 165 000 Exemplare des *Zarathustra* verkauft, während es in den vorhergehenden 22 Jahren nur 100.000 waren (Zapata Galinda 1995, 68).

136 *OD*, 460/396f; 371/317; vgl. 412/353.

137 Im Juli 1964 in Royaumont, im Juli 1972 in Cerisy-la-Salle mit prominenter Beteiligung von Deleuze, Derrida, Lyotard, Eugen Fink, Sarah Kofman, Jean-Luc Nancy, Philippe Lacoue-Labarthe, Karl Löwith, Bernard Pautrat (vgl. Waite 1996, 273f).

138 »Der ›Tod Gottes‹ (des Gottes, der die Identität des verantwortlichen Ich garantiert) verschafft der Seele den Zugang zu all den möglichen Identitäten – ouvre à l'âme toutes ses possibles identités« (Klossowski dt., 1986, 96; frz., 1969, 94). »Hier zeigt sich das Ich, das *selbe* ›Ich‹, das zu einer unendlichen Vervielfältigung *seiner selbst* und seines eigenen Lebens erwacht – qui s'éveille à une multiplication infinie de soi-même et de sa propre vie.« (108/104) Die Multiplizierung des Selbst ist zugleich seine Auslöschung: Ich »entaktualisiere« (désactualise) mein gegenwärtiges Ich, »um mich *in all den anderen Ichs* zu wollen, deren Folge durchlaufen werden muss – à me vouloir dans *tous les autres moi dont la série doit être parcourue*«, dabei »höre ich selber auf, *hic et nunc* zu sein, und bin bereit, zahllose andere zu werden«, und dies »bedeutet, darauf zu verzichten, *ein für allemal* Ichselber zu sein – à être soi-même *une fois pour toutes*« (97f/94f).

139 Vgl. hierzu Zaret (1989, 170, 172).

140 So ist z.B. in der »dialektischen Theologie« Karl Barths der Glaube an den biblischen Gott als Gegensatz zu einer homogenen Identität aufgefasst: er ist »Hohlraum«, »Stand in der Luft«, ein »erschüttertes Haltmachen« (Barth 1922, 14, 17, 32, 68). Vgl. zur ideologietheoretischen Auswertung Rehmann (1986 110ff) und ders. (2001c, 802f).

141 Vgl. zu Heideggers Nietzsche-Vorlesungen von 1940 z.B. Zapata Galindo (1995, 158ff), Farias (1989, 335ff), Losurdo (2001, 182ff).

142 Vgl. zu diesem Begriff Marx, z.B. in MEW 26.1., 274.

143 Z.B. *Za*, KSA 4/369, 388f, 405, 408.

144 *NP*, 183/194; vgl. *Za*, KSA 4/168.

145 An dem Umstand, dass die antike Moral sich nur an eine »sehr geringe Anzahl von Individuen« richtete, interessiert Foucault in erster Linie, dass sie nicht die Forderung aufstellte, »dass alle demselben Verhaltensschema gehorchten« (*RdM*, 135f, 144); »It was a personal choice for a small elite. The reason for making this choice was the will to live a beautiful life [...]. I don't think that we can say that this kind of ethics was an attempt to normalize the population.« (*GoE*, 230).

TEIL III
DIE EINFÜHRUNG EINES NEO-NIETZSCHEANISCHEN MACHTBEGRIFFS UND IHRE FOLGEN

146 »Derrière l'histoire, bien entendu, c'est le marxisme qui est visé. Il s'agit de constituer une idéologie nouvelle, le dernier barrage que la bourgeoisie puisse encore dresser contre Marx.« (Sartre 1966, 88)

147 Vgl. Eribon (1994, 333ff). Althusser bezieht sich vermutlich v.a. auf Foucaults Interview in *DE I*, Nr. 39, 569f; vgl. allgemein zum Verhältnis zwischen Althusser und Foucault Eribon 1994 (313-350) und 1999 (63ff, 97f, 99f, 116f, 202ff). Demzufolge war schon Foucaults Eintritt in die KPF 1950 maßgeblich von Althusser beeinflusst – Austritt 1953. Von Althusser gefördert oder vermittelt waren z.B. die erste Assistentenstelle in Besançon (1950), die Lehrtätigkeit in Lille (1951-1955) und die erste Buchveröffentlichung 1954 (*Maladie mentale et personnalité*).

148 Vgl. hierzu die Chronik in *DE I*, 42f und Miller (1993, 171).

149 Vgl. zur Geschichte der GIP u.a. Defert/Donzelot in *MdM*, 7-15, Eribon (1999, 318ff, 333), Miller (1993, 185ff), Lemke (1997, 62ff).

150 Nicht zuletzt an der Stellung zu den *Nouveaux Philosophes* trennen sich die Wege von Foucault und Deleuze, die sich seit Ende 1977/Anfang 1978 nicht mehr sehen (vgl. Eribon 1999, 373ff).

151 Vgl. hierzu auch z.B. Bourdieu (1982a, 36f, 68; 1982b, 279, 281; 1996, 16).

152 Vgl. hierzu die Argumentation von Schwingel, der Honneths Kritik zustimmt, dass Foucault aufgrund seines Nominalismus Schwierigkeiten hat, Verstetigungen der Macht zu erklären, aber Honneths Erklärungsansatz einer »Unterbrechung des Kampfes« durch »normativ motivierte Verständigung« (Honneth 1985, 194) als voreilig kritisiert und mit Bourdieus Konfliktmodell kontrastiert (Schwingel 1993, 169).

153 Renate Schlesier sieht in Foucaults *Der Gebrauch der Lüste* und *Die Sorge um sich* die Rückkehr zu einer traditionellen Ideengeschichte der Antike und die einverständige Zelebration einer partikularistischen Männermoral (1984, 819f, 823).

154 Vgl. die Interviews von 1982 (*DE II*, Nr. 306, 1056f, 1061) und von 1984 (Nr. 356, 1539, 1546).

155 Dass gerade das Konzept der Macht als »Produktivität« von Nietzsche herrührt, haben z.B. Honneth (1985, 184f) und Fink-Eitel (1980, 77 Anm. 62) deutlich gesehen.

156 »Kurz, die politische Frage ist nicht der Irrtum, die Illusion, das entfremdete Bewusstsein oder die Ideologie, sie ist die Wahrheit selbst. Daher die Bedeutung Nietzsches« heißt es z.B. 1977 (*DdM*, 54; *DE II*, Nr. 192, 160). Vgl. zur Bedeutung der Macht-Wahrheit-Verbindung z.B. *WzW*, 8, 21/19, 78/81, 97/101f, 128/140; *GdL*, 12ff/12ff; *SuS*, 92ff/92ff.

157 Frei nach Pascals *Pensées*, in: *Oeuvres complètes* (1954), Aph. 469 (=Edition Brunschvigg, Aph. 250).

158 Poulantzas hat gezeigt (1978a, 73; 1978b, 59), dass eine solche Rückversetzung des Ideologischen ins Reich der »Ideen« auch der Entgegensetzung von Ideologie und »Normalisierung« in *ÜS* zugrunde liegt. Einen ähnlichen Reduktionismus beobachtet er beim Staatsbegriff (1978a, 41; 1978b, 33).

159 Vgl., Lecourt 1972, 114f; dt., 1975, 90f.

160 *PM*, 239f, 242f; vgl. *FM*, 183f, 186f.

161 *PM*, 238; vgl., *FM*, 181.

162 Vgl. zur Kritik immer noch PIT (1979, 116-129).

163 vgl., Althusser 1975, 35; dt., 1974, 14f.

164 *LLC*, 18, 20, 26, 31; *DKL, I*, 27, 29f, 36, 41f.

165 vgl., *LLC*, 29f; *DKL, I*, 39f.

166 »Eh bien, je suis un positiviste heureux« (*AdW*, 182/164).

167 Lecourt 1975, 92; frz., 1972, 117.

168 Vgl. auch E.P. Thompsons Kritik an der intellektualistischen Reduktion von Erfahrungen zu einem unhistorischen und passiven »ideologischen« Rohstoff der theoretischen Produktion (1995, 9ff).

169 Althusser 1975, 36, 48, 54; frz., 1974, 14f, 32, 41f.

170 Althusser 1975, 92f; vgl., 85; frz., 1974, 96f; vgl., 86f.

171 Vor allem Paul Henry und Michel Pêcheux haben versucht, eine materialistische Diskurstheorie zu entwerfen. Sie sollte die Bereiche der Linguistik, der lacanschen Psychoanalyse und des althusserschen Anrufungsmodells zusammenführen, um die gesellschaftliche Produktion von Sinn-Evidenzen erklären zu können (vgl. Pêcheux 1975, 137).

172 Zu den Wahrheits-Konzepten Gramscis und Brechts vgl. Haug (2001a, 133f).

173 Dies tut z.B. Manfred Frank, der allerdings nur die »sprachphilosophische Uminterpretation des Transzendentalsubjekts« bemerkt und die darüber hinausgehende »anthropomorphische« Einbettung in die »menschlichen Relationen« übersieht (1983, 268f; vgl. 170f).

174 Vgl. die Kritik von Sève (1972, 10) und Neusüss (1985, 34ff, 132).

175 Vgl. zur Kritik des Bewusstseinsparadigmas sowie der marxistisch-leninistischen Manipulationsthese u.a. Stuart Hall (1984, 110f, 113, 115f; 1989, 181ff, 189) und den Überblick in Koivisto/Pietilä (1993, 233ff).

176 »Jedes Ding strebt, [...] in seinem Sein zu verharren« (in suo esse perseverare conatur) (*Ethik* III, Prop. 6). Nietzsche hat sich in seiner »mittleren«, ideologiekritischen Phase mehrfach auf das spinozische Selbsterhaltungsprinzip bezogen (z.B. *MA*, KSA 2/95, *FW*, KSA 3/471), das er dann im fünften Buch der *FW* auf Spinozas »Schwindsucht« zurückführen wird (*FW*, KSA 3/585).

177 Z.B. Dreyfus/Rabinow (1983, 104ff) und Lemke (1997, 49f).

178 Habermas (1985, 292, 316); vgl. Honneth (1985, 169).

179 Vgl. v. Reibnitz (1992, 106f, 149ff); Cancik (1995, 125f), Cancik/Cancik-Lindemaier (1999, 95ff). Angegriffen ist v.a. die »freiheitliche« Orientierung Winckelmanns am klassischen Griechenland. Das Bild eines dorisch-aristokratischen Urgriechenlands lässt sich beim Gräzisten Nietzsche bis in seine schulische Abschlussarbeit von 1864 (*Über Theognis von Megara*) zurückverfolgen. Nietzsche selbst erklärt, das Bündnis von Humanismus und Aufklärung mit dem Altertum aufsprengen zu wollen (KSA 8/58).

180 »Christentum ist Platonismus fürs ›Volk‹.« (*JGB*, KSA 5/12)

181 Edward Said begründet die Übereinstimmung zwischen Nietzsche und Foucault mit ihrer »antidynastischen« Kritik am Ursprung (1985, XIIf, 290, 301; vgl. 1988, 6). »Foucault's use of the term continues Nietzsche's«, heißt es ohne Beleg in der *Routledge Encyclopedia of Philosophy*, denn für beide sei Genealogie »a form of historical critique« (Hill 1998, 1). Auch für Cronin erübrigt sich eine philologische Überprüfung der Übereinstimmung, denn: »Foucault quite clearly adopts Nietzsche's claim to use history for critical purposes.« (Cronin 2001, 283) Dagegen findet sich in der Einführung von Prado immerhin ein kurzer Hinweis darauf, dass, obwohl *NGH* »exegetisch« ist, Foucault »effectively articulates the basic conception of his own genealogy in expounding Nietzsche's« (Prado 2000, 33). Mirjam Schaub erkennt zwar, dass es sich bei Foucaults *NGH* um eine »Umwertung des nietzscheanischen Genealogiebegriffs handelt«, kann aber nicht deutlich machen, worin sie besteht, weil sie ihrem eigenen Nietzsche-Referat schon die foucaultsche Interpretation unterschoben hat (Schaub 2001, 223f, 225).

182 Der Verzicht wiegt umso schwerer, als sie *NGH* die Bedeutung zumessen, alle Keime (all the seeds) der foucaultschen Arbeiten der 1970er Jahre zu enthalten (ebd.).

183 *NGH*, 70f u. 89 Anm. 9; *DE I*, Nr. 84, 1006 u. Anm. 2.

184 Zu Recht bemerkt Pizer, dass es Nietzsche nicht um den Gegensatz Ursprung-Herkunft sondern um den zwischen Wunderursprung und Ursprung geht: »›Wunder-Ursprung‹ is the antithesis of ›Ursprung‹.« (1990, 473). »Foucault's interpretation of this first section of *Human, All Too Human* [...] is, unfortunately, seriously flawed.« (Cook 1990, 301)

185 Auch diese Behauptung ist philologisch nicht zuverlässig. Überprüft man die Verweise, die Nietzsche in der Vorrede zur *GM* auf *MA*, *VM*, *WS* und *M* gibt (*GM*, KSA 5/251), ist das Resultat unterschiedlich. Der Aph. 45 zur doppelten Vorgeschichte von Gut und Böse verwendet den Term des Ursprungs nicht, sondern eben den der »Vorgeschichte« (*MA*, KSA 2/67), dafür findet sich »Ursprung« in den *MA*-Aphorismen 92, 96, 100 und *VM* Aph. 89 (ebd., 89f, 93, 97, 412), aber wiederum nicht in *MA* Aph. 136 (ebd., 130), nicht in *WS* Aph. 22, 26 u. 33 (ebd., 555ff, 560, 564ff) und auch nicht in der *Morgenröthe* Aph. 112 (*M*, KSA 3/100ff). »Out of the ten quotations Nietzsche makes of his own work in Section 4 of the ›Preface‹, the word ›*Ursprung*‹ is used only four times.« (Cook 1990, 307f)

186 »The contrast that Foucault attempts to demonstrate between the earlier use of ›*Ursprung*‹ and the later use of ›*Herkunft*‹ is ill-founded.« (Cook 1990, 307)

187 Vgl. auch Foucaults Hinweis von 1967, dass seine »Archäologie« in *OD* der nietzscheschen Genealogie mehr verdanke als dem eigentlichen Strukturalismus (*DE I*, Nr. 48, 627).

188 Vgl. Heidegger *GA I.6.1.*, 57f; *GA I.6.2.*, 237. Siehe oben den Teil I.4 sowie die Teile II.2 und II.3.

189 Vgl. hierzu detailliert und kritisch v. Reibnitz (1992, 179ff). Eine ähnliche Entgegensetzung findet sich in *MA*, KSA 2/540.

190 Die Bedeutung Langes für die mittlere Phase Nietzsches ist gründlich untersucht worden: vgl. zur Rezeption des antiken Materialismus über Lange Cancik (1995, 3f, 18, 67), zur Rezeption der französischen Moralisten über Lange Donellan (1982, 1ff), allgemein Salaquarda (1978) und Stack (1983).

191 Das fünfte Buch von *FW* sowie die Vorrede und die »Lieder des Prinzen Vogelfrei« werden erst in der zweiten Auflage von 1887 angefügt, gehören also in die Spätphase (vgl. z.B. KSA 14, 231; KSA 15, 162). Vgl. zur Datierung u.a. Donellan (1982, XI-XII), Ottmann, der für eine relativ späte Datierung auf den Herbst 1883 plädiert (1999, 239f), Losurdo, der den Übergang zur Spätphase mit Nietzsches Protest gegen Bismarcks Sozialpolitik verknüpft und deshalb zu einer früheren Datierung auf 1882 neigt (Losurdo 2002, 343f, 346ff, 353f). Diese Abweichungen sind für unseren Zweck nicht von Belang, zumal es ohnehin eine Illusion wäre, sich die Abfolge unterschiedlicher Perioden nach dem Muster plötzlicher und einmaliger Ereignisse vorzustellen.

192 Zu Rée und Spinoza vgl. Wurzer (1975, 53) und Ottmann (1999, 211), zur Vermittlung der französischen Moralkritiker vgl. u.a. Janz (I, 755) und Donellan (1982, 8), zur Wahrnehmung Rées als »Jude« vgl. Janz (I, 642f, 783) und Losurdo, der zu dem Schluss kommt: »Non c'è dubbio che il rapporto di stima e amicizia instauratosi col brillante intellettuale ebreo abbia contribuito a mettere in crisi la precedente guideofobia.« (Losurdo 2002, 272)

193 Vgl. Janz (I, 752, 819f, 826), Janz (II, 99), Losurdo (2002, 272, 280).

194 Viele Briefe aus dieser Zeit können zugleich als Kampf des ›Milieus‹ um Nietzsches Rückgewinnung aus der »ideologiekritischen« Periode gelesen werden: Schuld an Nietzsches Unglück ist der »rasende Egoismus« und die »Morallosigkeit« von Lou Salomé (Elisabeth Nietzsche) in Verbindung mit dem schädlichen Einfluss von Rées »zersetzendem Verstand«, der die Oberhand über Salomés »Idealität« gewonnen hat (v. Meysenburg): »Dahinter steht nun Dr. Rée [...], in der Tat etwas mephistophelisch, Alles zersetzend, alles begreifend.«(Ludwig Hüter; z.n. Pfeiffer 1970, 252, 286, 310).

195 »Wenn ich nicht das Alchimisten-Kunststück efinde, auch aus diesem – Kothe *Gold* zu machen, so bin ich verloren«, schreibt er am 25. Dezember 1882 (KGB III, 1, 312).

196 Vgl. v.a. *MA*, KSA 2, 67f, 92f.

197 Z.B. die mit Rée übereinstimmende Herleitung von gut und böse in Aph. 39 von *MA* (KSA 2, 62ff). »Die Freude über Rées psychologische Beobachtungen eine der allergrößten«, notiert Nietzsche im Sommer 1878 (KSA 8, 555). Eine erste Distanzierung erfolgt mit der Bemerkung vom Frühjahr-Sommer 1883, Rée wüsste von der Moral nicht viel und »das fast nur aus Hören-Sagen: und er meinte zuletzt am Ende, Moral selber sei Hören-Sagen« (KSA 10/243). Die Kritik wird dann in einer längeren Notiz vom Herbst unter der Überschrift »Meine Differenzen mit Rée« ausgearbeitet (KSA 10/503ff).

198 Vgl. hierzu Donellan (1982, 8).

199 Vgl. Rée (1877, VIIf, 1f, 5, , 23, 25ff). Zu Nietzsches Kommentar zu Helvétius vgl. *JGB*, KSA 5/164f, ähnlich in KSA 11/432, 500, 523f.

200 »Wer da hat, dem wird gegeben, weil er wiedergeben kann«, »wir verzeihen den Menschen ihre Fehler, aber nicht die Kenntnis unserer Fehler«, »die Zuchthäusler sind nicht schlechter, als andere Menschen: Sie haben nur schlechter gerechnet«, »die besten Handlungen haben oft unappetitliche Eingeweide« usw. (Rée 1875, 21, 28, 47, 64).

201 Vgl. zum Egoismus u.a. *MA*, KSA 2, 23, 60, 83, 84f, 127 und *FW*, KSA 3/387; zur Kritik der Willensfreiheit vgl. u.a. *MA*, KSA 2/63f, 96, 99, 102ff.

202 Stegmaier meint, er täte dies, indem er das Moralische »vom Einzelnen her denkt« (1994, 99), was freilich den Herrschaftskern der nietzscheschen Argumentation unkenntlich macht und apologetisch überspielt.

203 Vgl. zu Nietzsches Kritik am Selbsterhaltungsprinzip auch *JGB*, KSA 5/ 27f; KSA 9/518, 559; KSA 11/233; KSA 12/131; KSA 13/301.

204 Reitz spricht in diesem Zusammenhang von einer »Apotheose der Fragmentierung«, die sich faktisch nur »im Bündnis mit den Vertretern des freien Marktes und des schlanken Staats, des kreativen Leistungsethos und des optimierten Konsums« durchsetzen ließ (Reitz 2003, 83).

205 Chomsky denkt auch die Herausbildung des Gerechtigkeitsgefühls nach dem neo-kantianischen Modell eines »Schematismus« von angeborenen organisierenden Prinzipien (de principes organisateurs innés), die es dem Kind erlauben, aus zufällig gehörten Sprachsequenzen eine umfassende linguistische Kompetenz zu entwickeln (*DE I*, Nr. 132, 1340, 1343). Zur Kritik Chomskys vom Gesichtspunkt eines gramscianischen Grammatikkonzepts, vgl. Ives (2001, 935, 942f).

206 Der Begriff der »moralischen Ökonomie« stammt von E.P. Thompson (1979), zur historischen und theoretischen Ausarbeitung siehe v.a. Barrington Moore (1987).

207 Vgl. zur Bedeutung des Sadomasochismus für die foucaultsche Machtkonzeption das reichhaltige Material bei Miller (1993).

208 Die Macht funktioniert als »base« und »sous-sol« der bürgerlichen Rechtsgleichheit, heißt es z.B. in *Überwachen und Strafen* (*ÜS*, 285/258).

209 »Per Marx, in realtà, il rapporto di produzione è anche un rapporto di potere«, bemerkt Losurdo (2002, 1068).

210 Zu dem in der *Kritischen Psychologie* Holzkamps ausgearbeiteten Begriff der funktional-historischen Analyse vgl. Maiers (1999, 1133ff), zum Begriff der genetischen Rekonstruktion Haug (2001c, 264ff).

211 Die Regel ist das »kalkulierte Vergnügen der Wut, das geplante Vergießen von Blut: ständig erneuert sich das Spiel der Beherrschung (le jeu de la domination)«; statt dass die Menschheit zu einer »universellen Gegenseitigkeit« fortschreitet, verankert sie »alle ihre Gewaltsamkeiten in Regelsystemen und bewegt sich so von Herrschaft zu Herrschaft« (*NGH*, 77f/1013).

212 Frigga Haug schlägt vor, die Geschlechterverhältnisse im Anschluss an die *Deutsche Ideologie* als »Produktionsverhältnisse« im weiten Sinne, d.h. als Verhältnisse der »Produktion des Lebens« (MEW 3, 29f), unter Einschluss der gesellschaftlichen Organisation von Aufzucht und Pflege zu untersuchen (Haug 2001, 499ff, 526f; vgl. 2002, 45f).

213 Poulantzas 1978a, 165f; dt., 1978b, 137f.

TEIL IV
VOM GEFÄNGNIS ZUR MODERNEN SEELE – »ÜBERWACHEN UND STRAFEN« NEU BESICHTIGT

214 Im folgenden zit.n. der deutschen Ausgabe und mit dem Autorenkürzel *R/K*.

215 Vgl. hierzu Melossi (1980, 57) und Steinert (1981, 316). Der theoretische Konflikt zwischen Rusche und Horkheimer bezieht sich u.a. auf gegensätzliche Interpretationen des deutschen Faschismus: letztes Stadium des entwickelten Monopolkapitalismus oder Vollendung der reinen positivistischen Rationalität des Ökonomischen, manifestiert in einem autoritären Irrationalismus (vgl. Zander 1980, 206).

216 In einem Brief an Horkheimer vom 14.6. 1939 schreibt Rusche: »Es tut mir leid, sagen zu müssen, dass in der Arbeit Dr. Kirchheimers eine Menge von Schwächen sind, die nicht in das Buch gehört hätten und die ich hier bedauere« (z.n. Steinert 1981, 314). Zur komplizierten Entstehungsgeschichte und dem widersprüchlichen Charakter des Buches vgl. u.a. Zander (1980, 204ff) und Steinert (1981, 314ff).

217 »Société marchande« heißt es im französischen Text und nicht »Tauschwirtschaft«, wie die deutsche Ausgabe fälschlich übersetzt (*ÜS*, 36/33). Gemeint ist offenbar der Merkantilismus, der bei Rusche/Kirchheimer ausführlich behandelt wird (*R/K*, 36ff).

218 Es ist zu vermuten, dass Kirchheimer diese an Max Webers Moderne-Konzept angelehnte Rationalisierungsthese im Dissens zu Rusche formuliert hat, in dessen Schriften (Rusche 1930; 1933) der Begriff keine Rolle spielt. Von Kirchheimer stammen neben der Einführung die Kapitel IX-XIII (Schumann 1981, 66).

219 Gegenstand von *Überwachen und Strafen* sei nicht die Geschichte des Gefängnisses oder der Bestrafung schlechthin, sondern »la ratio qui a été mise en oeuvre dans la réforme du système pénal«, es gehe um eine historische Analyse »de la raison punitive« (*DE II*, Nr. 277, 832f).

220 »À Auburn, pendant les deux dernières années (also ab 1830; JR), les recettes provenant des traveaux ont excédé les dépenses d'entretient« (Beaumont/Tocqueville 1836a, 333).

221 Beaumont und Tocqueville hatten 1833 die Anwendung des produktiven US-Modells auf Europa wegen der Armut der Arbeiterklasse für problematisch gehalten: wegen des Arbeitskräftemangels und der hohen Löhne in den USA bestehe dort keine Gefahr, dass die Gefängnisarbeit die freie Arbeit bedroht; bei dem geringen Lohnniveau in Europa kommt es dagegen zu einer fatalen Konkurrenz, bei der die Gefängnisunternehmen den Vorteil haben, dass bei schlechterer wirtschaftlicher Lage der Staat für die Unterhaltung der Häftlinge aufkommt (Beaumont/Tocqueville 1836b, 108-111; vgl. *R/K*, 155).

222 Zur Bedeutung der intensiven Artikulation des Vor-Bilds im Faschismus, vgl. W.F. Haug (1986, 146ff).

223 Vgl. für Frankreich v.a. die Studie von J.-G. Petit (1990) sowie die von ihm herausgegebenen Sammelbände (1984 und 1991). Als Weiterführung des Ansatzes von Rusche und Kirchheimer verstehen sich u.a. die Studie von Melossi/Pavarini (1981) und in Deutschland die Arbeiten von Steinert und Treiber. Zu einzelnen historischen Einwänden siehe Steinert/Treiber (1978) und Schumann (1981, 68f).

224 Die »racialization of prisons« vollzieht sich z.B. durch Black Codes, die schon »Herumlungern« und Fernbleiben von der Arbeit mit Gefängnisstrafen belegte (ebd.). »The abolition of slavery [...] corresponded to the authorization of slavery as punishment.« (Angela Davis 1998, 99).

225 Vgl. Melossi/Pavarini (1981, 17), Schumann (1981, 72, 76).

226 »The functional connection between the prison and the factory is made in the concept of *discipline*«, meint Melossi, der Foucaults Verdienst darin sieht, die Produktion des Individuums zur Arbeitskraft als einen »körperlichen« Prozess aufgezeigt zu haben (Melossi 1979, 91f). Im Gefängnis gehe es nicht so sehr um die Produktion von Waren, sondern um die »production of subjects for an industrial society, [...] the production of *proletarians* by the enforced training of prisoners in factory discipline« (Melossi/Pavarini 1981, 144).

227 Ähnlich schon 1975 zur Veröffentlichung von *Überwachen und Strafen*: Wenn er anspruchsvoll wäre, würde er seine Arbeit unter den Titel *Genealogie der Moral* stellen (*MdM*, 46; *DE I*, Nr. 156, 1621).

228 Vgl. zu diesen und anderen Parallelführungen mit Nietzsches *Genealogie der Moral* z.B. Geiss (1993, 37ff).

229 Nietzsche polemisierte in diesem Zusammenhang v.a. gegen Dühring, der die Konzeptionen des Rechts einschließlich der Vorstellungen einer transzendenten Gerechtigkeit aus einem Vergeltungstrieb hervorgehen ließ, »der in seiner höheren Steigerung Rache heisst. Das Rechtsgefühl ist wesentlich ein Ressentiment, eine reactive Empfindung, d.h. es gehört mit der Rache in dieselbe Gefühlsgattung« (Dühring 1865, 219; vgl. 20, 71f).

230 Vgl. *NGH*, 74f/1010f, 78f/1014f.

231 Das öffentliche Marterschauspiel hat »schielende Verwandtschaften« (louches parentés) mit dem Verbrechen und wird zum Brennpunkt, »in welchem die Gewalt Feuer fängt« (*ÜS*, 16/16; vgl., 75ff/69ff, 94/88, 111/104). Zur Veranschaulichung kontrastiert Foucault eine gescheiterte Hinrichtung am Ende des 17. Jahrhunderts in Avignon, bei der die aufgebrachte Menge den Verurteilten befreit und den Henker erdrosselt, mit einer »sauberen« Hinrichtung 1775 in Paris, bei der der Charakter des Schauspiels verschwunden ist und das Volk durch Soldaten wirksam auf Distanz gehalten wird (83ff/76ff).

232 Miller zufolge ist Foucaults Schilderung selbst durch eine Faszination bestimmt, die den Leser dazu einlädt, »to contemplate with unwonted sympathy the cruel power at play in what Foucault calls ›*l'éclat des supplices*' – the splendor and explosive glory of death-by-torture« (1993, 213).

233 Vgl. hierzu Zysberg (in Petit 1991, 90ff, 96ff). Von 1680 bis 1715 wurden insgesamt 38.000 Gefangene nach Maseille geschickt (97f).

234 Vgl. Zysberg, in Petit (1991, 175ff, 199ff).

235 Zysberg zufolge steigt die Anzahl zwischen 1795 und 1812 von 4.000 bis mehr als 10.000 (in Petit 1991, 194).

236 Vgl. Pierre, in Petit (1991, 231ff, 256f).

237 Vgl. Zysberg in Petit (1991, 194, 201ff, 208ff).

238 vgl. Zysberg in Petit (1991, 201, 204f, 206, 208f).

239 An anderer Stelle vergleicht Marx das »ideal workhouse« für Pauper mit der Fabrik (MEW 23, 292f). Vgl. zur Verbindung von Arbeitszwang und Moralisierung u.a. Sachße/Tennstedt (1986, 20) und Stekl (1986, 119, 122ff).

240 Vgl. Nicole Castan in Petit (1991, 58f).

241 In diesem Zusammenhang kritisiert Habermas eine Reihe einseitiger Abstraktionen, durch die Foucault die Strafjustiz zunächst aus der Entwicklung des Rechtsstaats herauslöst, dann unter Absehung vom allgemeinen Strafprozessrecht auf den Strafvollzug einengt und auch bei diesem wiederum die Aspekte der Verrechtlichung ausblendet, so dass schließlich alle Tendenzen zunehmender Rechtssicherheit eliminiert sind (1985, 340).

242 Vgl. *NGH*, 74/1009, 79ff/1015ff, 85f/1020f.

243 »The penitentiary cannot be considered as the successor to public executions«, bemerkt Spierenburg (1984, 206), der auch Foucaults These zurückweist, die Marter und der öffentliche Charakter der Strafe seien in kurzer Zeit verschwunden: »Both elements slowly retreated in a long, drawn-out processs over several centuries.« (VIII)

244 In Paris wurde das große Einzelzellengefängnis Mazas wegen seiner hohen Selbstmordziffern gemeinhin als »prison-tombeau« bezeichnet (Petit 1991, 132f).

245 Das »contract system« wurde v.a. auf den Plantagen im Süden der USA durch das »leasing system« ergänzt, bei dem die meist schwarzen Häftlinge einem privaten »Contractor« für eine bestimmte Zeit ausgeliehen wurden (Melossi/Pavarini 1981, 134; vgl. Sullivan 1990, 38).

246 Vgl. hierzu exemplarisch Petit (1991, 121ff), der zu dem Schluss kommt: »L'État libéral et ses élites dirigeantes préféraient cette organisation basée sur le privé et ses contraintes économiques, plutôt que l'interventionnisme administratif« (126f).

247 Ein allgemeines Arbeiterprogramm müsste jedenfalls »klar aussprechen, dass man aus Konkurrenzneid die gemeinen Verbrecher nicht wie Vieh behandelt wissen und ihnen namentlich ihr einziges Besserungsmittel, produktive Arbeit, nicht abschneiden will. Das war doch das Geringste, was man von Sozialisten erwarten durfte« (MEW 19, 32).

248 Vgl. hierzu z.B. Sullivan (1990, 40), der zeigt, wie viele Berufsbildungsprojekte der 1970er Jahre u.a. an der mangelnden technischen Ausstattung der Gefängniswerkstätten scheiterten.

249 Vgl. z.B. Honneth (1985, 216), Poulantzas (1978a, 74; dt. 1978b, 60).

250 Dies zeigt sich z.B. an ihrer Perspektive, die Herstellung von ausreichendem Lebensstandard und Sicherheit für alle »von der Sphäre des Humanismus auf eine Ebene konstruktiver gesellschaftlicher Aktivität [zu heben]« (*R/K*, 288)

251 Auch in Frankreich setzten sich die progressiven Projekte einer »Besserung« durch Berufsbildung und Therapie erst in der 3. Republik (1875-1938) durch (vgl. Pierre, in Petit 1991, 264ff).

252 »Die von den sozialen Akteuren im praktischen Erkennen der sozialen Welt eingesetzten kognitiven Strukturen sind inkorporierte soziale Strukturen.« (Bourdieu 1982b, 730; vgl., 279). Vgl. auch Bourdieus Überlegungen zum Körper als »vergeschlechtlichter Wirklichkeit« (1997, 167) und ihre Auswertung bei Beate Krais (1993, 215ff) und Sünne Andresen (2001, 50ff).

253 »Le plus affreux supplice« (most horrid punishment) heißt es immmer wieder in den von Beaumont und Tocqueville gesammelten Interviews (1836b, 168ff; vgl. Melossi/Pavarini 1981, 166ff).

254 Vgl. Goffman (1961, 13f), der die Strategien der Subjekt-Zerstörung u.a. an den Aufnahmeritualen ins Gefängnis (Enteignung, nackt ausziehen, Sträflingskleidung, Kleiderwechsel, z.T. Namensverlust) analysiert: zerstört werden gerade die Handlungen, »that in civil society have the role of attesting to the actor and those in his presence that he has some command over his world, that he is a person with ›adult‹ self-determination, autonomy, and freedom of action« (43).

255 »Morals reformed, health preserved, industry invigorated, instruction diffused, public burthens lightened, economy seated as it were upon a rock, the gordian knot of the Poor-Laws not cut but untied – all by a simple idea in Architecture!« (Bentham IV, 39, vgl. 66)

256 Treiber und Steinert zufolge wurde die Utopie eines wissenden und strafenden Apparats, die Foucault in Benthams *Panopticon* verkörpert sieht, schon zu einem guten Teil in frühmittelalterlichen Klöstern umgesetzt, und dies nahezu ohne abgesonderten Überwachungsstab (1980, 61, 65).

257 Z.B. Joliet in Illinois, La Petite-Roquette in Frankreich. Vgl. hierzu z.B. Perrot (2001, 85, 89, 91), Petit (1990, 64, 242, 247f), Semple (1993, 312f).

258 Diesen Unterschied überspielt z.B. Lemke (1997, 92), der Foucaults Konzept der Macht für »materialistischer« hält als das der Ideologie. Auch bei Warren Montag sieht es so aus, als hätte Foucault Althussers These von der »Materialität« des Ideologischen besser verstanden als dieser selbst (1995, 75).

259 »The contractor was the key to Bentham's scheme« (Himmelfarb 1968, 58). Vgl. hierzu auch Ignatieff (1978, 109ff), Melossi/Pavarini (1981, 41ff), Semple (1993, 122ff, 134ff), Perrot (2001, 77f, 96, 98f).

260 Vgl. hierzu Ignatieff (1978, 112) und Perrot (2001, 84).

261 Vgl. Beaumont/Tocqueville (1836b, 191).

262 Wie Polanyi 1944 beobachtet, handelt es sich hier um ein gigantisches Projekt zum Ausgleich der kapitalistischen Wirtschaftszyklen: »Bentham's plan amounted to no less than the levelling out of the business cycle through the commercialization of unemployment on a gigantic scale« (Polanyi 1975, 107).

263 In den USA erlaubte der »Federal Prison Industries Enhancement Act« von 1979 die Bildung von staatlich-privaten »joint-ventures«, davon zu unterscheiden sind einerseits die staatlichen »prison industries«, die ihre Produkte nur an andere Regierungsstellen verkaufen dürfen, andererseits die schnell anwachsende rein private Gefängnisindustrie, die 1999 bereits 7% der Haftpopulation umfasste (vgl. Parenti 1999, 217ff, 230ff; Wacquant 2001, 68ff, 80).

264 Vgl. hierzu als Überblick immer noch der Sammelband von Sachße/Tennstedt (1986,13ff), zudem in kritischer Auseinandersetzung mit Foucault Treiber/Steinert (1980, 90ff) sowie die Arbeiten von Stefan Breuer (1978, 411, 430ff; 1983, 261ff; 1986, 52ff, 55f; 1987, 324ff, 336f).

265 Vgl. die *Deutsche Ideologie* (MEW 3, 74) und *Grundrisse* (81f). Was den bürgerlichen Herrschaftstyp von vor-bürgerlichen unterscheidet, ist der »stumme Zwang der ökonomischen Verhältnisse«, heißt es im *Kapital*, Band 1 (MEW 23, 765). Vor allem die Abhängigkeit der Arbeiter von der gleichförmigen Bewegung der Maschine rufe die »strengste Disziplin« hervor (433; vgl. 390, 446f).

266 Weber führt die Disziplin nicht im Zusammenhang mit der »soziologisch amorphen« Macht sondern der Herrschaft ein. Die Disziplin soll die Chance bezeichnen, »kraft eingeübter Einstellung für einen Befehl prompten, automatischen und schematischen Gehorsam bei einer angebbaren Vielheit von Menschen zu finden« (*WuG*, 28).

267 »Indeed, as Poulantzas correctly saw, all of Foucault's examples of the sites of the new power relations were in fact an integral part of the strategic field of the capitalist-liberal state: prisons, national armies, public education, and public health.« (Kalyvas 2002, 117)

268 Ähnlich argumentierte schon Léonard: »M. Foucault exagère la rationalisation de la société française dans la première moitié du XIXe siècle. Il minimise, en plusieurs domaines, la résistance des habitudes du passé, et il sous-estime l'importance du désordre, du laisser-aller, de la jungle, de la pagaille en somme.« (Léonard 1978, 166) Vgl. auch die Hinweise von Michelle Perrot in *DE II* (Nr. 195, 205f).

269 »Vielmehr produzierte die kapitalistische freie Lohnarbeit neben allen disziplinierenden Elementen auch jenes historisch neue Ausmaß an ›Zuchtlosigkeit‹, auf das die Sozialpolitik mit dem Ruf nach neuen Kontrollsystemen reagierte.« (Peukert 1986, 67)

270 Sie funktioniert als »base« und »sous-sol« der bürgerlichen Rechtsgleichheit (*ÜS*, 285/258), bewegt sich unterhalb der Ideologien und Apparate (*VdG*, 43/30) und kommt »von unten«, vom »bebenden Sockel der Kräfteverhältnisse« her (*WzW*, 114/122, 116/124).

271 Die Macht wird nicht besessen oder angeeignet, sondern ist etwas, »was sich entfaltet«(s'exerce) (*ÜS*, 38/35), sie existiert nur »im Vollzug« (il n'existe qu'en acte), dient nicht der Reproduktion der ökonomischen Verhältnisse, sondern ist ein »Kräfteverhältnis in sich selbst« (*VdG*, 25/15), etwas, »was sich von unzähligen Punkten aus [...] vollzieht« (*WzW*, 115/123f).

272 »For Foucault, the danger is that the specificity of different social relations is dissolved through their common use of the same technique of power«, bemerkt Jessop (1990, 231).

273 Bei der »Biomacht« gehe es darum, »Kräfte hervorzubringen, wachsen zu lassen und zu ordnen«, während das Recht »sterben zu machen« der vergangenen »Souveränitätsmacht« zugeordnet wird (*WzW*, 162f/178f). Statt Repression und Macht-«Produktivität« in ihren wechselseitigen Beziehungen zu analysieren, werden sie contrafaktisch in eine zeitliche Abfolge gebracht.

274 Vgl. hierzu Wacquant (2000, 68ff), und hier insbesondere die Tabelle von 1997, bei der die USA auf 100.000 Einwohner 648 Inhaftierungen aufweisen, gegenüber 90 in Deutschland und Frankreich, die Niederlande 87, Dänemark 62, Schweden 59 und Griechenland 54 (70).

Siglen der häufig zitierten Werke

Siglen zu Gilles Deleuze

B1956a	»Bergson: 1859-1941«, in: M. Merleau-Ponty (Hg.): *Les philosophes célèbres*, Paris 1956, 292-299
B1956b	»La conception de la différence chez Bergson«, in: *Les Études Bergsoniennes*, 4, Paris, 1956, 77-113
Bergsonisme	*Bergson zur Einführung*, Hamburg 1989; – *Le Bergsonisme*, Paris 1968 (1966) (zit. dt/frz)
DW	*Differenz und Wiederholung*, München 1992; – *Différence et répétition*, Paris 1968 (zit. dt/frz)
F	*Foucault*, Frankfurt/Main 1987; – *Foucault*, Paris 1986 (zit. dt/frz)
Hume	*David Hume*, Frankfurt/M u. New York 1997; – *Empirisme et subjectivité. Essai sur la nature humaine selon Hume*, Paris 1953 (zit. dt/frz)
NP	*Nietzsche und die Philosophie*, Hamburg 1991; – *Nietzsche et la philosophie*, Paris 1962 (zit.: dt/frz)
PN	»Pensée nomade«, in: *Nietzsche aujourd'hui*, Paris 1973, zit. n. Allison, David B. (Hg.), 1995 (1977): *The New Nietzsche. Contemporary Styles of Interpretation*, Cambridge, London, 142-149
S68	*Spinoza et le problème de l'expression*, Paris 1968
S70	*Spinoza*, Paris 1970
S81	*Spinoza: Philosophie pratique*, Paris 1981

Siglen zu Deleuze/Guattari

AÖ	*Anti-Ödipus. Kapitalismus und Schizophrenie I*, Frankfurt/Main 1977; – *L'Anti-Oedipe, capitalisme et schizophrénie*, vol. 1, nouvelle édition augmentée, Paris 1972 (zit. dt/frz)
TP	*Tausend Plateaus. Kapitalismus und Schizophrenie II*, Berlin 1992; – *Milles Plateaux, capitalisme et schizophrénie*, vol. 2, Paris 1980 (zit. dt/frz)

Siglen zu Michel Foucault

AdW	*Archäologie des Wissens*, Frankfurt/Main 1973; – *L'archéologie du savoir*, Paris 1969 (zit. dt/frz)
DE I-II	*Dits et écrits 1954-1988*, 2 Bände, Paris 2001
DdM	*Dispositive der Macht. Michel Foucault über Sexualität, Wissen und Wahrheit*, Berlin 1978
EB	Einleitung zu Binswanger, in: Binswanger, Ludwig 1992 (1954): *Traum und Existenz*, Bern, Berlin
GdL	*Der Gebrauch der Lüste. Sexualität und Wahrheit 2*, Frankfurt/Main 1989; – *Histoire de la sexualité II. L'usage des plaisirs*, Paris 1984 (zit. dt/frz)
GK	*Die Geburt der Klinik. Eine Archäologie des ärztlichen Blicks*, Frankfurt/Main, Berlin, Wien 1976; – *Naissance de la clinique*, Paris 1963 (zit. dt/frz)
GoE	»On the Genealogy of Ethics: An Overview of Work in Progress«, in: Dreyfus/Rabinow, 1983, 229-252
MdM	*Mikrophysik der Macht. Michel Foucault. Über Strafjustiz, Psychiatrie und Medizin*, Berlin 1976
NGH	»Nietzsche, die Genealogie, die Historie«, in: *SdW* 69-90; – »Nietzsche, la généalogie, l'histoire« (1971), in: *DE I*, Nr. 84, 1004-1024 (zit. dt/frz)
OD	*Die Ordnung der Dinge. Eine Archäologie der Humanwissenschaften*, Frankfurt/Main 1971; – *Les mots et les choses. Une archéologie des sciences humaines*, Paris 1966 (zit. dt./frz.)
Odis	*Die Ordnung des Diskurses*, Frankfurt/Main 1991; – *L'ordre du discours*. Leçon inaugurale au Collège de France prononcée le 2 décembre 1970, Paris 1971 (zit. dt/frz)
RdM	»Die Rückkehr der Moral. Interview mit Michel Foucault vom 29. Mai 1984«, in: Erdmann/Forst/Honneth (Hg.), 1990, 133-145
SdW	*Von der Subversion des Wissens*, Frankfurt/Main 1987
SuS	*Die Sorge um sich. Sexualität und Wahrheit 3*, Frankfurt/Main 1989; – *Histoire de la sexualité III. Le souci de soi*, Paris 1984 (zit. dt/frz)
TPh	»Theatrum Philosophicum« (1970), in: Deleuze, Gilles u. Michel Foucault, 1977: *Der Faden ist gerissen*, Berlin
ÜS	*Überwachen und Strafen. Die Geburt des Gefängnisses*, Frankfurt Main1976; – *Surveiller et punir. Naissance de la prison*, Paris 1975 (zit. dt/frz)

VdG — *In Verteidigung der Gesellschaft.* Vorlesungen am Collège de France (1975-76), Frankfurt/Main 1999; – »*Il faut défendre la société*«. Cours au Collège de France (1975-1976), Paris 1997 (zit. dt/frz)

WG — *Wahnsinn und Gesellschaft. Eine Geschichte des Wahns im Zeitalter der Vernunft*, Frankfurt/Main; – *Histoire de la folie à l'âge classique* (1961), suivi de *Mon corps, ce papier, ce feu* et *La folie, l'absence d'oeuvre*, Paris 1972 (zit. dt/frz);

WzW — *Der Wille zum Wissen. Sexualität und Wahrheit 1*, Frankfurt/Main 1983; – *Histoire de la sexualité*, tome 1: *La volonté de savoir*, Paris 1976 (zit.dt./frz.)

Siglen zu Friedrich Nietzsche

AC — *Der Antichrist. Fluch auf das Christentum* (1889), in: KSA 6

EH — *Ecce Homo. Wie man wird, was man ist* (1889), in: KSA 6

FW — *Die fröhliche Wissenschaft* (1882), in: KSA 2

GD — *Götzen-Dämmerung oder Wie man mit dem Hammer philosophiert* (1889), in: KSA 6

GM — *Zur Genealogie der Moral. Eine Streitschrift* (1887), in: KSA 5

GS — *Der griechische Staat* (1872), in: KSA 1

GT — *Die Geburt der Tragödie aus dem Geiste der Musik* (1872), in: KSA 1

HKG — *Historisch-kritische Gesamtausgabe der Werke und Briefe Nietzsches*, hgg. vom Nietzsche-Archiv, München 1933ff

JGB — *Jenseits von Gut und Böse. Vorspiel einer Philosophie der Zukunft* (1886), in: KSA 5

KGB — *Briefwechsel. Kritische Gesamtausgabe*, hgg. v. Giorgio Colli und Mazino Montinari, Berlin/New York, 1975ff

KSA — *Kritische Studienausgabe*, hgg. v. Giorgio Colli und Mazino Montinari, München 1999 (1980)

M — *Morgenröthe. Gedanken über die moralischen Vorurteile* (1881), in: KSA 3

MA — *Menschliches, Allzumenschliches. Ein Buch für freie Geister* (1878), in: KSA 2

NW — *Nietzsche contra Wagner. Aktenstücke eines Psychologen* (1889), in: KSA 6

VM — *Vermischte Meinungen und Sprüche* (1879), in: KSA 2

WL	*Über Wahrheit und Lüge im außermoralischen Sinne* (1873), in: KSA 1
WS	*Der Wanderer und sein Schatten* (1880), in: KSA 2
UB I-IV	*Unzeitgemäße Betrachtungen I-IV* (1873-76), in: KSA 1
Za	*Also sprach Zarathustra* (1883-85), in: KSA 4

Literaturverzeichnis

Abel, Günter, 1998 (1984): *Nietzsche. Die Dynamik der Willen zur Macht und die ewige Wiederkehr*, 2. Auflage, Berlin, New York;

Adorno, Theodor, 1951: *Minima Moralia. Reflexionen aus dem beschädigten Leben*, Gesammelte Schriften, Band 4, Frankfurt (zit. *GS* 4);

ders., 1964: *Jargon der Eigentlichkeit. Zur deutschen Ideologie*, Frankfurt/Main;

ders., 1966: *Negative Dialektik*, Gesammelte Schriften, Band 6, Frankfurt (zit. *GS* 6);

Allison, David B. (Hg.), 1995 (1977): *The New Nietzsche. Contemporary Styles of Interpretation*, Cambridge and London;

Althusser, Louis, 1966: *Pour Marx*, Paris (zit. *PM*);

ders., 1968: *Für Marx*, a.d. Französischen v. K. Brachmann u. G. Sprigath, Frankfurt/Main (zit. *FM*);

ders., 1970: »Idéologie et appareils idéologiques d'Etat«, in: ders., 1995: *Sur la reproduction*, introduction de Jacques Bidet, Paris, 269-314 (zit. *ISA*, dt/frz);

ders., 1974: *Éléments d'autocritique*, Paris;

ders., 1975: *Elemente der Selbstkritik*, Berlin/West;

ders., 1976: *Freud und Lacan*, Berlin/West;

ders., 1977: *Ideologie und ideologische Staatsapparate*, Hamburg, Berlin/West (zit. *ISA*, dt/frz);

Althusser, Louis u. Étienne Balibar, 1971: *Lire le capital 1*, Paris (zit. *LLC*);

dies., 1972: *Das Kapital lesen*, 2 Bde., a.d. Fanzösischen v. K.-D. Thieme, Hamburg (zit. *DKL*);

Anders, Günther, 1982: *Ketzereien*, München;

ders., 2001: *Über Heidegger*, hgg. v. Gerhard Oberschlick in Verbindung mit Werner Reimann als Übersetzer. Mit einem Nachwort von Dieter Thomä, München;

Andresen, Sünne, 2001: *Der Preis der Anerkennung. Frauenforscherinnen im Konkurrenzfeld Hochschule*, Münster;

Ansell Pearson, Keith, 1999: *Germinal Life. The difference and repetition of Deleuze*, London and New York;

Appel, Fredrick, 1999: *Nietzsche contra Democracy*, Ithaca, London;

Arac, Joathan (Hg.), 1988: *After Foucault. Humanistic Knowledge, Postmodern Challenges*, New Brunswick and London;

Aronowitz, Stanley, Peter Bratsis (Hg.), 2002: *State Theory Reconsidered*, London;

Aschheim, Steven E., 1996 (1992): *Nietzsche und die Deutschen. Karriere eines Kults*, Stuttgart, Weimar;

Ashenden, Samantha, David Owen (Hg.), 1999: *Focault contra Habermas. Recasting the Dialogue between Genealogy and Critical Theory*, London, Thousand Oaks, New Dehli;

Baecker, Dirk, 1996: »Was leistet die Negation?«, in: Balke/Vogel (Hg.), 1996, 93-102;

Balibar, Étienne, 1991 (1989): »Foucault und Marx. Der Einsatz des Nominalismus«, in: Ewald/Waldenfels (Hg.), 1991, 39-65;

ders., 1997 (1985): »Jus-Pactum-Lex: On the Constitution of the Subject in the Theologico-Political Treatise«, in: Montag/Stolze (Hg.), 1997, 171-204;

Balke, Friedrich u. Joseph Vogel (Hg.), 1996: *Gilles Deleuze – Fluchtlinien der Philosophie*, München;

Barrett, Michèle, 1991: *The Politics of Truth. From Marx to Foucault*, Cambridge 1991;

Barth, Karl, 1967 (1922): *Der Römerbrief*, 10. Auflage, Zürich;

Baudrillard, Jean, 1981: *Simulacres et simulation*, Paris;

Beaumont, Gustave de, u. Alexis de Tocqueville, 1836a (1833): *Du système pénitentiaire aux États-Unis*, Tome 1, Paris;
dies., 1836b (1833): *Du système pénitentiaire aux États-Unis*, Tome 2, Paris;
Beck, Ulrich, Anthony Giddens, Scott Lash, 1996 (1994): *Reflexive Modernisierung. Eine Kontroverse*, Frankfurt/Main;
Benjamin, Walter, 1920/22: *Theologisch-politisches Fragment*, Gesammelte Schriften, 7 Bde., hgg. v. R. Tiedemann u. H. Schweppenhäuser, Bd. II.1, Frankfurt/M (zit. *GS II.1*);
ders., 1921: *Kapitalismus als Religion*, Gesammelte Schriften, 7 Bde., hgg. v. R. Tiedemann u. H. Schweppenhäuser, Bd. VII.2, Frankfurt/Main (zit. *GS VII.2*);
ders., 1928: *Ursprung des deutschen Trauerspiels*, Gesammelte Schriften, 7 Bde., hgg. v. R. Tiedemann u. H. Schweppenhäuser, Bd. I./1, Frankfurt/M (zit. *GS I/1*);
Bentham, Jeremy, 1787: »Panopticon, or The Inspection-House: Letters«, in: *The Works of Jeremy Bentham*, ed. J. Bowring, Wedingburgh 1838-1843, Volume IV, 39-66 (zit. Bentham IV);
ders., 1791: »Panopticon: Postscript«, in: *The Works of Jeremy Bentham*, ed. J. Bowring, Wedingburgh 1838-1843, Volume IV, 67-172 (zit. Bentham IV);
ders., 1797: »Outline of a Work entitled Pauper Management Improved«, in: *The Works of Jeremy Bentham*, ed. J. Bowring, Wedingburgh 1838-1843, Volume VIII, 369-439 (zit. Bentham VIII);
Bergson, Henri, 1966 (1907): *L'évolution créatrice*, Paris;
Bloch, Ernst, 1935: *Erbschaft dieser Zeit*, Gesamtausgabe Band 4, Frankfurt/Main (zit. *GA* 4);
ders., 1950: »Über Fiktion und Hypothese«, in: *Philosophische Aufsätze zur objektiven Phantasie*, Gesamtausgabe, Band 10, Frankfurt/M (zit. *GA* 10);
ders., 1959: *Das Prinzip Hoffnung*, Gesamtausgabe Band 5, Frankfurt/Main (zit. *GA* 5)
Bogue, Ronald, 1989: *Deleuze and Guattari*, London and New York;
Böhm, C., 1993: »Egalitarian Behavior and Reserve Dominance Hierarchy«, in: *Current Anthropology*, Vol. 34, Nr. 3, 227-54;
Bourdieu, Pierre, 1973: *Grundlagen einer Theorie symbolischer Gewalt*, Frankfurt/Main;
ders., 1982a: *Ce que parler veut dire. L'économie des échanges linguistiques*, Paris;
ders., 1982b (1979): *Die feinen Unterschiede. Kritik der gesellschaftlichen Urteilskraft*, Frankfurt/Main;
ders., 1987 (1980): *Sozialer Sinn. Kritik der theoretischen Vernunft*, Frankfurt/Main;
ders., 1996: *Sur la télévision*, Paris;
ders., 1997: »Die männliche Herrschaft« (1990), in: Dölling/Krais (Hg.), 1997, 153-217;
Boyer, Alain, 1991: »Hiérarchie et verité«, in: Ferry/Renaut (Hg.), 1991, 9-35;
Boyne, Roy und Ali Rattansi (Hg.), 1990: *Postmodernism and Society*, London;
Brecht, Bertolt: *Gesammelte Werke*, 20 Bde., Frankfurt/Main (zit. *GW*);
Breuer, Stefan, 1978: »Die Evolution der Disziplin. Zum Verhältnis von Rationalität und Herrschaft in Max Webers Theorie der vorrationalen Welt«, in *Kölner Zeitschrift für Soziologie und Sozialpsychologie*, 30. Jg., 1978, 409-437;
ders., 1983: »Die Formierung der Disziplinargesellschaft: Michel Foucault und die Probleme einer Theorie der Sozialdisziplinierung«, in: *Sozialwissenschaftliche Informationen für Unterricht und Studium*, H. 4, 1983, 257-264;
ders., 1986: »Sozialdisziplinierung. Probleme und Problemverlagerungen eines Konzepts bei Max Weber, Gerhard Oestreich und Michel Foucault«, in: Sachße/Tennstedt (Hg.), 1986, 11-44;
ders., 1987: »Foucaults Theorie der Disziplinargesellschaft. Eine Zwischenbilanz«, in: *Leviathan*, Nr. 3, Jg. 1987, 319-337;
Brieler, Ulrich ,1998: *Die Unerbittlichkeit der Historizität. Foucault als Historiker*, Köln;
Bröckling, Ulrich, Susanne Krasmann, Thomas Lemke (Hg.), 2000: *Gouvernementalität der Gegenwart. Studien zur Ökonomisierung des Sozialen*, Frankfurt/Main;

Buci-Glucksmann, Christine, 1977: »Über die politischen Probleme des Übergangs: Arbeiterklasse, Staat und passive Revolution«, in: *SOPO (Sozialistische Politik)* 41, 9. Jg., Sept. 1977;

Butler, Judith, 1995 (1993): *Körper von Gewicht. Die diskursiven Grenzen des Geschlechts*, Frankfurt/Main;

dies., 2001 (1997): *Psyche der Macht. Das Subjekt der Unterwerfung*, Frankfurt/Main;

Cancik, Hubert, 1995: *Nietzsches Antike. Vorlesung*, Stuttgart, Weimar;

Cancik-Lindemaier, Hildgard u. Hubert Cancik, 1999: *Philolog und Kultfigur. Friedrich Nietzsche und seine Antike in Deutschland*, Stuttgart, Weimar;

Chlada, Marvin (Hg.), 2000: *Das Universum des Gilles Deleuze*, Aschaffenburg;

Clastres, Pierre, 1976: *Staatsfeinde. Studien zur politischen Anthropologie*, Frankfurt/Main;

Colletti, Lucio, 1977 (1974): *Marxismus und Dialektik*, Frankfurt/Main;

Cook, Deborah, 1990: »Nietzsche and Foucault on ›Ursprung and Geneology‹«, in: *Clio*, 19. Jg., 1990, H. 4, 299-309;

Croce, Benedetto, 1909 (1907): *Lebendiges und Totes in Hegels Philosophie*, Heidelberg;

Cronin, Joseph, 2001: *Foucault's Antihumanist Historiography*, Lewiston;

Davis, Angela, 1998: *Racialized Punishment and Prison Abolition*, in: James, Joy (Hg.), 1998, 96-107;

Derrida, Jacques, 1972: *Marges de la philosophie*, Paris;

ders., 1980: »Nietzsches Otobiographie oder Politik des Eigennamens (Die Lehre Nietzsches)«, in: *Fugen. Deutsch-Französisches Jahrbuch für Textanalytik*, Nr. 1, 1980, 54-98;

ders., 1999: *Randgänge der Philosophie*, hgg. v. P. Engelmann, 2., überarb. Auflage, Wien;

Descombes, Vincent, 1979: *Le même et l'autre. Quarante-cinq ans de philosophie française (1933-1978)*, Paris;

Dölling, Irene u. B. Krais (Hg), 1997: *Ein alltägliches Spiel. Geschlechterkonstruktion in der sozialen Praxis*, Frankfurt/Main;

Donellan, Brendan, 1982: *Nietzsche and the French Moralists*, Bonn;

Dreyfus, Hubert L. u. Paul Rabinow, 1983: *Michel Foucault. Beyond Structuralism and Hermeneutics*. Second Edition with an Afterword by and an Interview with Michel Foucault, Chicago;

dies., 1986: »What is Maturity? Habermas and Foucault on ›What is Enlightenment?‹«, in: Hoy (Hg.), 1986, 109-121;

Dühring, Eugen, 1865: *Der Werth des Lebens. Eine philosophische Betrachtung*, Breslau;

Dülmen, Richard van, 1990 (1985): *Theatre of Horror. Crime and Punishment in Early Modern Germany*, Cambridge;

Eagleton, Terry, 1990: *The Ideology of the Aesthetic*, Oxford;

ders., 1996: *The Illusions of Postmodernism*, Oxford;

Eco, Umberto, 1984: *Nachschrift zum ›Namen der Rose‹*, München;

Erdmann, Eva, Rainer Forst, Axel Honneth (Hg.), 1990: *Ethos der Moderne. Foucaults Kritik der Aufklärung*, Frankfurt/Main, New York;

Eribon, Didier, 1994: *Michel Foucault et ses contemporains*, Paris;

ders., 1999 (1989): *Michel Foucault. Eine Biographie*, Frankfurt/Main;

Ermath, Elizabeth D., 1998: Artikel »Postmodernism«, in: *Routledge Encyclopedia of Philosophy*, hgg. von Edward Craig, Vol. 7, London, New York, 587-590;

Ewald, François u. Bernhard Waldenfels (Hg.), 1991: *Spiele der Wahrheit. Michel Foucaults Denken*, Frankfurt/Main;

Farias, Victor, 1989 (1987): *Heidegger und der Nationalsozialismus*, Frankfurt/Main;
Ferry, Luc u. Alain Renaut, 1985: *La pensée 68. Essai sur l'anti-humanisme contemporain*, Paris;
dies., (Hg.), 1999: *Pourquoi nous ne sommes pas nietzschéens*, Paris;
Feuerbach, Ludwig, 1843: *Grundsätze einer Philosophie der Zukunft*, Kritische Ausgabe mit Einleitung und Anmerkungen von Gerhard Schmidt, Frankfurt/Main 1967;
Fine, Bob, Richard Kinsey, John Lea, Sol Picciotto, Jock Young (Hg.), 1979: *Capitalism and the Rule of Law. From Deviancy Theory to Marxism*, London;
Fink-Eitel, Hinrich, 1980: »Michel Foucaults Analytik der Macht«, in: F. A. Kittler (Hg.), 1980, 38-78;
ders., 1990: »Zwischen Nietzsche und Heidegger. Michel Foucaults ›Sexualität und Wahrheit‹ im Spiegel neuerer Sekundärliteratur«, in: *Philosophisches Jahrbuch*, 97. Jg. 1990, Freiburg, München, 367-390;
Fischer, Kuno, 1880: *Geschichte der neuern Philosophie*, Dritte Auflage, Erster Band, Zweiter Teil: Fortbildung der Lehre Descartes'. Spinoza, München;
Forst, Rainer, 1990: »Endlichkeit Freiheit Individualität. Die Sorge um das Selbst bei Heidegger und Foucault«, in: Erdmann/Forst/Honneth (Hg.), 1990, 146-186;
Frank, Manfred, 1983: *Was ist Neostrukturalismus?* Frankfurt/Main;
Franz, Michael, 1995: Artikel »Bild«, in: *HKWM* 2, 225-239;
Fraser, Nancy, 1994 (1989): *Widerspenstige Praktiken. Macht, Diskurs, Geschlecht,* Frankfurt/M;
Freud, Sigmund, *Gesammelte Werke*, Bde. 1-18, hgg. v. A. Freud u.a., London 1940-1952, Nachtragsband, hgg. v. A. Richards, Frankfurt/Main (zit. GW);
ders., *Studienausgabe*, hgg. v. A. Mitscherlich, A. Richards, J. Strachey, Frankfurt/Main 1969-1975 (zit. *SA*);

Gebauer, Gunter u. Christoph Wulf (Hg.), 1993: *Praxis und Ästhetik. Neue Perspektiven im Denken Pierre Bourdieus*, Frankfurt/Main;
Geiss, Karl-Heinz, 1993: *Foucault-Nietzsche-Foucault. Die Wahlverwandtschaft*, Pfaffenweiler;
Gill, Stephen, 2003: »Übermacht und Überwachungsgewalt im globalen Kapitalismus«, in: *Das Argument* 249, 45. Jg., H. 1, 2003, 21-33;
Goldmann, Lucien, 1975: *Lukács und Heidegger*, nachgelassene Fragmente, hgg. v. Y. Ishaghpour, Darmstadt-Neuwied;
Goffman, Erving, 1961: *Asylums. Essays on the Social Situation of Mental Patients and Other Inmates*, New York;
Gramsci, Antonio, *Gefänginishefte. Kritische Gesamtausgabe*, auf Grundlage der im Auftrag des Gramsci-Instituts besorgten Edition von Valentino Gerratana, hgg. v. Klaus Bochmann u. W.F. Haug, Hamburg 1991ff (zit. *Gef*);

Habermas, Jürgen, 1980: »Die Moderne – ein unvollendetes Projekt. Rede zur Verleihung des Adorno-Preises der Stadt Frankfurt«, in: ders., 1992, 32-54;
ders., 1985: *Der philosophische Diskurs der Moderne. Zwölf Vorlesungen*, Frankfurt/Main;
ders., 1992: *Die Moderne – ein unvollendetes Projekt. Philosophisch-politische Aufsätze*, Leipzig;
Hall, Stuart, 1984: »Ideologie und Ökonomie – Marxismus ohne Gewähr«, in: PIT 1984, 97-121;
ders., 1989: »Der Thatcherismus und die Theoretiker« (1988), in: ders., *Ausgewählte Schriften*, hgg. von Nora Raethzel, Berlin 1989, 172-206;

Hardt, Michael u. Antonio Negri, 2002: *Empire. Die neue Weltordnung*, Frankfurt/New York;
Harvey, David, 1990: *The Condition of Postmodernity*, Cambridge (USA), Oxford (UK);
Haude, Rüdiger u. Thomas Wagner, 1998: »Herrschaft oder Macht. Begriffsstrategien um herrschaftsfreie Gesellschaften«, in: *Das Argument* 225, 40. Jg., Heft 3, 1998, 371-383;
Haug, Frigga, 1995: Artikel »Disziplin«, in: *HKWM* 2, 788-801;
dies., 2001: Artikel »Geschlechterverhältnisse«, in: *HKWM* 5, 493-531;
dies., 2002: »Towards a Theory of Gender Relations«, in: *Socialism and Democracy*, Vol. 16, No. 1, Winter-Spring 2002, 33-46;
Haug, Wolfgang Fritz, 1984: »Art. Aufklärung«, in: *HKWM* 1, 719-730;
ders., 1986: *Die Faschisierung des bürgerlichen Subjekts. Die Ideologie der gesunden Normalität und die Ausrottungspolitiken im deutschen Faschismus. Materialanalysen*, Berlin;
ders., 1993: *Elemente einer Theorie des Ideologischen*, Hamburg, Berlin;
ders., 1994: Artikel »Abbild«, in: *HKWM* 1, 7-21;
ders., 1995: Artikel »Dialektik«, in *HKWM* 2, 657-693;
ders., 1997: Artikel »Ewigkeit«, in: *HKWM* 3, 1079-1091;
ders., 1999a: Artikel »Feuerbach-Thesen«, in: *HKWM 4*, 402-420;
ders., 1999b: Artikel »Fiktionalismus«, in *HKWM* 4, 449-463;
ders., 2001a: *Dreizehn Versuche, marxistisches Denken zu erneuern*, Berlin;
ders., 2001b: »Vorlesung Philosophie und Marxismus (13)«, 5. Februar 2001 (unveröffent. Manuskript);
ders., 2001c: Artikel »Genesis«, in: *HKWM* 5, 261-274;
ders., 2001d: »Grenzen der Dialektik«, in: *HKWM* 5, 957-962;
ders., 2003: *High-Tech-Kapitalismus. Analysen zu Produktionsweise, Arbeit, Sexualität, Krieg und Hegemonie*, Hamburg;
Hegel, Georg Wilhelm Friedrich, 1807: *Phänomenologie des Geistes*, Werke in zwanzig Bänden, Band 3, Frankfurt/Main (zit. *W* 3);
ders., 1812-1816: *Wissenschaft der Logik II*, in: Werke in zwanzig Bänden, Band 6, Frankfurt/Main (zit. *W* 6);
Heidegger, Martin, 1927: *Sein und Zeit*, zehnte Auflage 1963, Tübingen (zit. *SuZ*);
ders., 1929: »Vom Wesen des Grundes«, in: *Wegmarken*, 2. Auflage, Frankfurt/Main 1978, 123-173;
ders., 1929: *Kant und das Problem der Metaphysik*, Gesamtausgabe I.3, Frankfurt/Main 1991 (zit. *GA I.3*);
ders., 1938: »Die Zeit des Weltbildes«, in: *Holzwege*, Gesamtausgabe I.5, Frankfurt/Main 1977 (zit. *GA I.5*);
ders., 1936-39: *Nietzsche. Erster Band*, Gesamtausgabe I.6.1., Frankfurt/Main 1996 (zit. *GA I.6.1.*);
ders., 1939-41: *Nietzsche, Zweiter Band*, Gesamtausgabe I.6.2., Frankfurt/Main 1997 (zit. *GA I.6.2.*);
ders., 1942/43: *Parmenides*, Gesamtausgabe II/54, Frankfurt/Main 1982 (zit. *GA* 54);
ders., 1947: »Über den ›Humanismus‹. Brief an Jean Beaufret«, in: ders., 1975 (1947): *Platons Lehre von der Wahrheit*, Bern und München;
ders., 1953: »Wer ist Nietzsches Zarathustra?«, in: Gesamtausgabe I.7, Frankfurt/Main 2000 (zit. *GA I.7*);
Henrich, Dieter, 1976: »Hegels Grundoperation. Eine Einleitung in die ›Wissenschaft der Logik‹«, in: Guzzoni, Ute, Bernhard Lang, Ludwig Siep (Hg.), 1976: *Der Idealismus und seine Gegenwart*, Festschrift für Werner Marx, Hamburg, 208-230;
Hesiod: *Werke und Tage*. Griechisch/Deutsch, übersetzt und herausgegeben von Otto Schönberger, Stuttgart 1996;
Hill, R. Kevin, 1998: Art. »Genealogy«, in: *Routledge Encyclopedia of Philosophy*, Vol 4, 1-5;

Himmelfarb, Gertrude, 1968: »The Haunted House of Jeremy Bentham«, in: dies., 1968: *Victorian Minds*, 32-81, New York;
HKWM 1994ff = *Historisch-Kritisches Wörterbuch des Marxismus*, hgg. v. W.F. Haug, Hamburg;
Hobbes, Thomas: *The English Works*, hgg. v. Molesworth, 11 Bde., London 1839-1845, Nachdruck Aalen 1961/62 (zit. *Works*);
Holzkamp, Klaus, 1985: *Grundlegung der Psychologie*, Frankfurt/New York;
Honneth, Axel, 1985: *Kritik der Macht. Reflexionsstufen einer kritischen Gesellschaftstheorie*, Frankfurt/M;
ders., 1990: »Einleitung. Zur philosophisch-soziologischen Diskussion um Michel Foucault«, in: Erdmann/Forst/Honneth. (Hg.), 1990, 11-32;
Horkheimer, Max, *Gesammelte Schriften*, 19 Bde., hgg. v. A. Schmidt u. G. Schmid-Noerr, Frankfurt/Main 1985-1996 (zit. *GS*);
ders., 1934a: »Zu Bergsons Metaphysik der Zeit«, in: *Gesammelte Schriften*, hgg. v. Alfred Schmidt, Band 3, Frankfurt/Main 1988, 225-248 (zit.: *GS 3*);
ders., 1934b: »Dämmerung. Notizen in Deutschland«, in ders., 1974: *Notizen 1950 bis 1969 und Dämmerung. Notizen in Deutschland*, hgg. v. W. Brede, Frankfurt/Main;
Hoy, David Couzens (Hg.), 1986: *Foucault. A Critical Reader*, Oxford UK & Cambridge USA;
Hume, David, 1739: *A Treatise of Human Nature*, hgg. v. L.A. Selby-Bigge, 2. A., Oxford 1978;
Huyssen, Andreas, 1993: »Postmoderne – eine amerikanische Internationale?«, in: Huyssen/ Scherpe (Hg.), 1993, 13-44;
Huyssen, A. und Klaus Scherpe (Hg.), 1993 (1986): *Postmoderne. Zeichen eines kulturellen Wandels*, Reinbek;
HWPh = *Historisches Wörterbuch der Philosophie*, hgg. v. J. Ritter u. K. Gründer, Basel 1971ff;

Ignatieff, Michael, 1978: *A Just Measure of Pain. The Penitentiary in the Industrial Revolution 1750-1850*, London;
Ives, Peter 2001: Artikel »Grammatik«, in: *HKWM* 5, 935-944;

James, Joy, 1996: *Resisting State Violence. Radicalism, Gender, and Race in U.S. Culture*, Minneapolis;
dies., 1998 (Hg.): *The Angela Y. Davis Reader*, Maldeen, Oxford;
Jameson, Frederic, 1991a: *Postmodernism, or, The Cultural Logic of Late Capitalism*, Durham;
ders., 1991b: »Postmoderne und Utopie«, in: Weimann/Gumbrecht (Hg.), 1991, 73-109;
ders., 1993: »Postmoderne – zur Logik der Kultur im Spätkapitalismus«, in: Huyssen/Scherpe (Hg.), 1993, 45-102;
Janz, Curt Paul, 1978/79: *Friedrich Nietzsche Biographie in drei Bänden*, München (zit. Janz I, II, III);
Jaspers, Karl, 1950 (1935): *Nietzsche. Einführung in das Verständnis seines Philosophierens*, Berlin;
Jehle, Peter, 2004: Artikel »Irrationalismus«, in: *HKWM* 6.2 (in Vorbereitung);
Jessop, Bob, 1990: *State Theory. Putting the Capitalist State in its Place*, Cambridge/UK;
Jütte, Robert, 1986: »Disziplinierungsmechanismen in der städtichen Armenfürsorge der Frühneuzeit«, in: Sachße/Tennstedt (Hg.), 1986, 101-118;

Kalyvas, Andreas, 2002: »The Stateless Theory: Poulantzas's Challenge to Postmodernism«, in: Aronowitz/Bratsis (Hg.), 2002, 105-142;

Kammler, Clemens, 1986: *Michel Foucault. Eine kritische Analyse seines Werks*, Bonn;
Kant, Immanuel, 1763: *Versuch, die negativen Größen in die Weltweisheit einzuführen*, Werkausgabe, 12 Bände, hg. v. W. Weischedel, Frankfurt/Main 1968, Band 2 (zit. *WA* 2).
ders., (1781=A; 1789=B): *Kritik der reinen Vernunft* (zit. *KrV*);
ders., 1790: *Kritik der Urteilskraft*, Werkausgabe, 12 Bände, hgg. v. W. Weischedel, Frankfurt/Main 1968, Band 10 (zit. *KU*);
ders., (1798 =A; 1800 =B): *Anthropologie in pragmatischer Hinsicht*, hgg. von Karl Vorländer, Hamburg 1980 (zit. *Anthrop*);
ders., 1800: *Logik*, Werkausgabe, 12 Bände, hgg. v. W. Weischedel, Band 6, Frankfurt/Main 1968 (zit. *Logik*, *WA* 6);
Kittler, Friedrich A. (Hg.), 1980: *Die Austreibung des Geistes aus den Geisteswissenschaften. Programme des Poststrukturalismus*, Paderborn, München, Wien, Zürich;
Klee, Ernst, 1983: *›Euthanasie‹ im NS-Staat. Die ›Vernichtung lebensunwerten Lebens‹*, Frankfurt;
Klossowski, Pierre, 1969: *Nietzsche et le cercle vicieux*, Paris;
ders., 1986: *Nietzsche und der Circulus vitiosus deus*, München;
Knebel, Sven K. 2001: »Artikel Unterschied«, in: *HWdP* 11, 2001, 310-313;
Kniest, Christoph, Susanne Lettow, Teresa Orozco (Hg.), 2001: *Eingreifendes Denken. Wolfgang Fritz Haug zum 65. Geburtstag*, Münster;
Koivisto, Juha u. Veikko Pietilä, 1993: »Der umstrittene Ideologiebegriff. W.F. Haugs Theorie des Ideologischen im Vergleich«, Nachwort in W.F. Haug, 1993, 233-246;
Krais, Beate, 1993: »Geschlechterverhältnis und symbolische Gewalt«, in: Gebauer/Wulf (Hg.), 1993, 208-250;

Laclau, Ernesto u. Chantal Mouffe, 1985: *Hegemony and Socialist Strategy*, London;
Lange, Friedrich Albert, 1873/1875 (1866): *Geschichte des Materialismus und Kritik seiner Bedeutung in der Gegenwart*, 2 Bände, Iserlohn;
Lange, Thomas, 1989: *Die Ordnung des Begehrens. Nietzscheanische Aspekte im philosophischen Werk von Gilles Deleuze*, Bielefeld;
Larrain, Jorge, 1994: *Ideology and Cultural Identity. Modernity and the Third World Presence*, Cambridge;
Lecourt, Dominique, 1972: *Pour une critique de l'épistémologie (Bachelard, Canguilhem, Foucault)*, Paris;
ders., 1975: *Kritik der Wissenschaftstheorie. Marxismus und Epistemologie (Bachelard, Canguilhem, Foucault)*, Berlin/West ;
Lemke, Thomas, 1997: *Eine Kritik der politischen Vernunft. Foucaults Analyse der modernen Gouvernementalität*, Hamburg;
Léonard, Jacques, 1977: »L'Historien et le philosophe. A propos de ›Surveiller et punir. Naissance de la prison‹«, in: *Annales Historiques de la Révolution Française*, No 228, Juillet-Septembre 1977, 163-181;
Lettow, Susanne, 2001: Artikel »Geworfenheit«, in: *HKWM* 5, 775-781;
Loick, Daniel, 2000: »Eine eigene Geschichte aus reiner Gegenwart sammelt und stapelt sich von sich selbst herum um mich. Zur Kritik an Gilles Deleuzes Mord am Subjekt«, in: Chlada (Hg.), 2000, 90-107;
Losurdo, Domenico, 2001 (1991): *Heidegger and the Ideology of War. Community, Death, and the West*, Amherst;
ders., 2002: *›Nietzsche, il ribelle aristocratico‹. Biografia intellettuale e bilancio critico*, Torino;
Lukács, Georg, 1934: »Nietzsche als Vorläufer der faschistischen Ästhetik«, in: *Georg Lukács Werke*, Band 10, 307-339;

ders., 1955: *Die Zerstörung der Vernunft. Der Weg des Irrationalismus von Schelling zu Hitler*, Berlin/DDR;
Lyotard, Jean François, 1978: *Intensitäten*, Berlin;
ders., 1979: *La condition postmoderne*, Paris;
ders., 1982: *Essays zu einer affirmativen Ästhetik*, Berlin;

Maiers, Wolfgang, 1999: Artikel »funktional-historische Analyse«, in: *HKWM* 4, 1133-1140;
Mann, Michael, 1990 (1986): *Geschichte der Macht, Bd. 1: Von den Anfängen bis zur Griechischen Antike*, Frankfurt/Main, New York;
Marcuse, Herbert, 1928: »Beiträge zu einer Phänomenologie des historischen Materialismus«, in: Marcuse/Schmidt, 1973, 41-84;
ders., u. Alfred Schmidt, 1973: *Existentialistische Marx-Interpretation*, Frankfurt/Main;
Marx, Karl: *Grundrisse der Kritik der politischen Ökonomie (Rohentwurf)*, 1857-58, zuerst veröff. 1939/41, Berlin/DDR 1953;
Marx-Engels-Gesamtausgabe (MEGA), hgg. v. Institut für Marxismus-Leninismus beim ZK der KpdSU und v. Institut für Marxismus-Leninismus beim ZK der SED, Berlin/DDR-Moskau 1975-1989, ab 1992 hgg. von der Internationalen Marx-Engels-Stiftung Amsterdam, Berlin-Amsterdam;
Marx-Engels-Werke (MEW), Bd. 1-42, hgg. v. Institut für Marxismus-Leninismus beim ZK der SED, Berlin/DDR 1957ff;
Matheron, Alexandre, 1969: *Individu et communauté chez Spinoza*, Paris;
ders., 1997 (1985): »The Theoretical Function of Democracy in Spinoza and Hobbes«, in: Montag/Stolze (Hg.), 1997, 206-216;
Mauss, Marcel, 1966 (1950): *Die Gabe. Form und Funktion des Austauschs in archaischen Gesellschaften*, Frankfurt/Main;
Meier, S., 1989: Artikel »Postmoderne«, in: *Historisches Wörterbuch der Philosophie*, hgg. von J. Ritter und K. Gründer, Bd. 7, Basel 1989, 1141-1145;
Meillassoux, Claude, 1983 (1975): *Die wilden Früchte der Frau. Über häusliche Produktion und kapitalistische Wirtschaft*, Frankfurt/Main;
Melossi, Dario, 1979: »Institutions of Social Control and Capitalist Organization of Work«, in: Fine u.a. (Hg.), 1979, 90-99;
ders., 1980: »Georg Rusche: A Biographical Essay«, in: *Crime and Social Justice*, 14, 1980, 51-63;
Melossi, Dario u. Massimo Pavarini, 1981 (1977): *The Prison and the Factory. Origins of the Penitentiary System*, London and Basingstóke;
Miller, James, 1993: *The Passion of Michel Foucault*, Cambridge (USA);
Montag, Warren, 1995: »›The Soul is the Prison of the Body‹: Althusser and Foucault, 1970-1975«, in: *Yale French Studies. Depositions: Althusser, Balibar, Macherey, and the Labour of Reading*, Nr. 88, 53-77;
ders., u. Ted Stolze (Hg.), 1997: *The New Spinoza*, Minneapolis, London;
Moore, Barrington, 1987 (1978): *Ungerechtigkeit. Die sozialen Ursachen von Unterordnung und Widerstand*, Frankfurt/Main;
Muck, O., 1972: »Art. Differenz«, in: *HWdP* 2, 235-236;
Müller, Heiner u. Robert Weimann, 1991: »Gleichzeitigkeit und Repräsentation. Ein Gespräch« (1989), in: Weimann/Gumbrecht (Hg.), 1991, 182-207;
Müller-Lauter, Wolfgang, 1971: *Nietzsche. Seine Philosophie der Gegensätze und die Gegensätze seiner Philosophie*, Berlin, New York;
ders., 1974: »Nietzsches Lehre vom Willen zur Macht«, in ders., 1999, 25-95;
ders., 1999: *Über Werden und Wille zur Macht. Nietzsche-Interpretationen I*, Berlin, New York;
Münker, Stefan u. Alexander Roesler, 2000: *Poststrukturalismus*, Stuttgart, Weimar;

Negri, Antonio, 1998 (1981): *Spinoza. L'anomalia selvaggia. Spinoza sovversivo. Democrazia ed eternità in Spinoza*, Roma;
Neusüss, Christel, 1985: *Die Kopfgeburten der Arbeiterbewegung oder die Genossin Luxemburg bringt alles durcheinander*, Hamburg, Zürich;

Oestreich, Gerhard, 1969: *Geist und Gestalt des frühmodernen Staates. Ausgewählte Aufsätze*, Berlin;
Osborne, Peter, 1995, *The Politics of Time*, London;
Ottmann, Henning, 1999 (1987): *Philosophie und Politik bei Nietzsche*, 2. verbesserte und erweiterte Auflage, Berlin, New York;

Pannwitz, Rudolf, 1917: *Die Krisis der europäischen Kultur, Werke*, Band 2, Nürnberg;
Parenti, Christian, 1999: *Lockdown America. Police and Prisons in the Age of Crisis*, London, New York;
Pascal, Blaise, 1954: *Œuvres complètes.* Texte établi, présenté et annoté par Jacques Chevalier, Paris;
Pêcheux, Michel, 1975: *Les vérités de la palice*, Paris;
ders., 1984a: »Zu rebellieren und zu denken wagen! Ideologien, Widerstände, Klassenkampf«, Teil I, in: *kultuRRevolution*, Nr. 5, 61-65;
ders., 1984b: »Zu rebellieren und zu denken wagen! Ideologien, Widerstände, Klassenkampf«, Teil II, in: *kultuRRevolution*, Nr. 6, 63-66;
Perrot, Michelle, 1980 (Hg.): *L'Impossible Prison. Recherches sur le Système Pénitentiaire au XIXe Siècle. Débat avec Michel Foucault*, Paris;
dies., 2001: *Les Ombres de l'Histoire. Crime et Châtiment au XIXè Siècle*, Paris;
Petit, Jacques-Guy, 1990: *Ces Peines Obscures. La Prison Pénale en France (1780-1875)*, Paris;
ders., u.a. (Hg.), 1984: *La Prison, le Bagne et l'Histoire*, Genève;
ders., u.a. (Hg.), 1991: *Histoire des Galères, Bagnes et Prisons. XIIIe-XXe siècles. Introduction à l'histoire pénale de la France*, Toulouse;
Peukert, Detlev J.K., 1986: *Grenzen der Sozialdisziplinierung. Aufstieg der Krise der deutschen Jugendfürsorge von 1878 bis 1932*, Köln;
ders., 1991: »Die Unordnung der Dinge. Michel Foucault und die deutsche Geschichtswissenschaft«, in: Ewald u.a. (Hg.), 320-333;
Pfeiffer, Ernst (Hg.), 1970: *Friedrich Nietzsche, Paul Rée, Lou von Salomé. Die Dokumente ihrer Begegnung*, Frankfurt/Main;
Pizer, John, 1990: »The Use and Abuse of ›Ursprung‹: On Foucault's Reading of Nietzsche«, in: *Nietzsche-Studien. Internationales Jahrbuch für die Nietzsche-Forschung*, Band 19, Berlin, New York, 1990, 462-478;
Platon, *Respublica/Politeia* (zit. *R*);
ders., *Sophista* (zit. *Sph*);
Pocai, Romano 2001: »Die Weltlichkeit der Welt und ihre abgedrängte Faktizität«, in: Rentsch (Hg.), 2001, 51-67;
Polanyi, Karl, 1975 (1944): *The Great Transformation*, New York;
Poster, Mark, 1984: *Foucault, Marxism and History. Mode of Production versus Mode of Information*, Cambridge/UK;
Poulantzas, Nicos, 1968: *Pouvoir politique et classes sociales*, Tome 1, Paris;
ders., 1975: *Politische Macht und gesellschaftliche Klassen*, Frankfurt/Main;
ders., 1978a: *L'Etat, le Pouvoir, le Socialism*, Paris;
ders., 1978b: *Staatstheorie. Politischer Überbau, Ideologie, Sozialistische Demokratie*, Hamburg;

Prado, Carlos G., 2000 (1995): *Starting with Foucault. An Introduction to Genealogy*, Boulder, Colorado;
Probst, P., 1972: »Art. Differenz, ontologische«, in: *HWdP* 2, 236-237;
Projekt Ideologietheorie, 1979: *Theorien über Ideologie*, Hamburg, Berlin (zit. PIT);
dass., 1980: *Faschismus und Ideologie*, Bde. 1 u. 2, Berlin, Hamburg, Berlin (zit PIT);
dass., 1984: *Die Camera obscura der Ideologie. Philosophie, Ökonomie, Wissenschaft.* Drei Bereichsstudien von S.Hall, W.F. Haug und V. Pietilä, Berlin;
Puls, Detlev (Hg.), 1979: *Wahrnehmungsformen und Protestverhalten. Studien zur Lage der Unterschichten im 18. und 19. Jahrhundert*, Frankfurt/Main;

Ramson, John S., 1997: *Foucault's Discipline. The Politics of Subjectivity*, Durham and London;
Rausch, Karin, 1975: »Georg Rusche/Otto Kirchheimer, Sozialstruktur und Strafvollzug« (Buchbesprechung), in: *Kritische Justiz*, 1975, 215-218;
Rée, Paul, 1875: *Psychologische Beobachtungen*, Berlin;
ders., 1877: *Ursprung der moralischen Empfindungen*, Chemnitz;
Reeling Brower, Rinse, 2001: Artikel »Handlungsfähigkeit I«, in: *HKWM* 5, 1169-1174;
Rehmann, Jan, 1986: *Die Kirchen im NS-Staat. Untersuchung zur Interaktion ideologischer Mächte*, Berlin;
ders., 1994: Artikel »Antizipation«, in: *HKWM* 1, 364-376;
ders., 1998: *Max Weber: Modernisierung als passive Revolution. Kontextstudien zu Politik, Philosophie und Religion im Übergang zum Fordismus*, Berlin, Hamburg;
ders., 2001a: »Die gefährlichen Geschenke des »neuen« Nietzsche. Zur Dekonstruktion einer postmodernen Ikone«, in: Kniest/Lettow/Orozco (Hg.), 2001, 313-351;
ders., 2001b: »Michel Foucault und die Konstruktion eines postmodernen Nietzscheanismus (Teil I)«, in: *Das Argument* 240, 43. Jg., Heft 2, 2001, 188-208;
ders., 2001c: Artikel »Glauben«, in: *HKWM* 5, 787-808;
ders., 2002: »Michel Foucault und die Konstruktion eines postmodernen Nietzscheanismus (Teil II)«, in: *Das Argument* 244, 44. Jg., Heft 1, 2002, 51-72;
ders., 2003: »Vom Gefängnis zur modernen Seele. Foucaults ›Überwachen und Strafen‹ neu besichtigt«, in: *Das Argument* 249, 45. Jg., Heft 1, 2003, 63-81;
ders., 2004: Artikel »Ideologietheorie«, in: *HKWM* 6/I, 717-760
Reibnitz, Barbara von, 1992: *Ein Kommentar zu Friedrich Nietzsche, »Die Geburt der Tragödie aus dem Geiste der Musik« (Kap. 1-12)*, Weimar;
Reitz, Tilman, 1997: »Lorianismus, Kulturindustrie und Postmoderne. Dimensionen eines gramscianischen Nebenbegriffs«, in: *Das Argument* 219, 39. Jg., Heft 2, 1997, 203-214;
ders., 2001: »Gegensatz«, in: *HKWM* 5, 14-35;
ders., 2003: »Die Sorge um sich und niemand anderen. Foucault als Vordenker neoliberaler Vergesellschaftung«, in: *Das Argument* 249, 45. Jg., Heft 1, 2003, 82-97;
Rentsch, Thomas (Hg.), 2001: *Martin Heidegger. Sein und Zeit*, Berlin;
Resch, Robert Paul, 1989: »Modernism, Postmodernism, and Social Theory: A Comparison of Althusser and Foucault«, in: *Poetics Today* 10:3, 511-549;
Rippel, Philipp u. Herfried Münkler, 1982: »Der Diskurs und die Macht. Zur Nietzsche-Rezeption des Poststrukturalismus – Foucault, Lévy, Glucksmann«, in: *Politische Vierteljahresschrift*, Nr. 23, 115-138;
Rochlitz, Rainer, 1989: »Esthétique de l'existence«, in: *Michel Foucault, philosophe.* Rencontre Internationale, Paris 9, 10, 11 janvier 1988, Paris 1989, 288-300;
Rogozinski, Jacob, 1996: »Ohnmachten (zwischen Nietzsche und Kant)«, in: Balke/Vogel (Hg.), 1996, 80-92;
Roth, Jürgen, 2000: »Philosophie als Kabarett«, in: Chlada (Hg.), 2000, 132-138;

Röttgers, Kurt, 1980: Artikel »Macht I«, in: *HWdPh* 5, 585-604;

Rusche, Georg, 1930: »Zuchthausrevolten oder Sozialpolitik. Zu den Vorgängen in Amerika«, zuerst in *Frankfurter Zeitung* vom 1.6. 1930, Nr. 403, zit.n. Rusche/Kirchheimer, 1981, 291-297;

ders., 1933: »Arbeitsmarkt und Strafvollzug. Gedanken zur Soziologie der Strafjustiz«, zuerst erschienen in *Zeitschrift für Sozialforschung*, Bd. 2, 1933, 63-78, zit. n. Rusche/Kirchheimer, 1981, 298-313;

Rusche, Georg u. Otto Kirchheimer, 1981 (1939): *Sozialstruktur und Strafvollzug*, 2. Auflage, vermehrt um einen Anhang mit 2 Aufsätzen von Georg Rusche u. um ein Nachwort von Heinz Steinert, Frankfurt/Main, Köln (zit. *R/K*);

Sachße, Christoph u. Florian Tennstedt (Hg.), 1986: *Soziale Sicherheit und soziale Disziplinierung. Beiträge zu einer historischen Theorie der Sozialpolitik*, Frankfurt/Main;

Said, Edward, 1985 (1975): *Beginnings: Intention and Method*, New York;

ders., 1988: »Michel Foucault, 1926-1984«, in: Arac (Hg.), 1-11;

Salaquarda, Jörg, 1978: »Nietzsche und Lange«, in: Müller-Lauter, Wolfgang u. Jörg Salaquarda (Hg.), 1978: *Aneignung und Umwandlung. Friedrich Nietzsche und das 19. Jahrhundert*, Nietzsche-Studien. Internationales Jahrbuch für die Nietzsche-Forschung, Bd. 7, 1978, 236-253;

Sartre, Jean-Paul, 1958: *L'Existentialisme est un humanisme*, Paris;

ders., 1966: »Jean-Paul Sartre répond«, in: *L'Arc*, Nr. 30: *Sartre aujourd'hui*, 1966, 87-96;

Schaub, Mirjam, 2001: Artikel »Genealogie«, in: *HKWM* 5, 319-230;

Schlesier, Renate, 1984: »Humaniora. Eine Kolumne«, in: *Merkur*, 38. Jahrgang, Nr. 7, Oktober 1984, 817-823;

Schmid, Wilhelm, 1991: *Auf der Suche nach einer neuen Lebenskunst. Die Frage nach dem Grund und die Neubegründung der Ethik bei Foucault*, Frankfurt/Main;

Schmidgen, Henning, 1997: *Das Unbewussste der Maschinen. Konzeptionen des Psychischen bei Guattari, Deleuze und Lacan*, München;

Schopenhauer, Arthur, 1988: *Die Welt als Wille und Vorstellung*. Gesamtausgabe, München;

Schrift, Alan D., 1995: »Putting Nietzsche to Work: Deleuze«, in: Sedgwick (Hg.), 1995, 250-275;

Schumann, Karl F., 1981: »Produktionsverhältnisse und staatliche Strafen. Zur aktuellen Diskussion über Rusche und Kirchheimer«, in: *Kritische Justiz*, 14. Jg. 1981, 64-77;

Schweppenhäuser, Gerhard, 1988: *Nietzsches Überwindung der Moral. Zur Dialektik der Moralkritik in »Jenseits von Gut und Böse« und in der »Genealogie der Moral«*, Würzburg;

Schwingel, Markus, 1993: *Analytik der Kämpfe. Macht und Herrschaft in der Soziologie Bourdieus*, Hamburg;

Sedgwick, Peter R., (Hg.), 1995: *Nietzsche: A Critical Reader*, Oxford (UK), Cambridge (USA);

Semple, Janet, 1993: *Bentham's Prison. A Study of the Panopticon Penitentiary*, Oxford;

Sève, Lucien, 1972: *Marxismus und Theorie der Persönlichkeit*, Frankfurt/M;

Shelden, Randall, G. 2001: *Controlling the Dangerous Classes. A Critical Introduction to the History of Criminal Justice*, Boston;

Sigrist, Christian, 1994: *Regulierte Anarchie. Untersuchungen zum Fehlen und zur Entstehung politischer Herrschaft in segmentären Gesellschaften Afrikas*, Hamburg;

Smart, Barry, 1986: »The Politics of Truth and the Problem of Hegemony«, in: Hoy (Hg.), 1986, 157-173;

Sorel, Georges, 1928 (1908): *Über die Gewalt*, Innsbruck;

Spierenburg, Pieter, 1984: *The Spectacle of Suffering. Executions and the Evolution of Repression: from a Preindustrial Metropolis to the European Experiene*, Cambridge;

Spinoza, Benedictus de: *Theologisch-Politischer Traktat.* Auf der Grundlage der Übersetzung von Carl Gebhardt, neu bearbeitet von Günther Gawlick, Hamburg 1976; – lateinisch: *Tractatus Theologico-Politicus*, Spinoza Opera III, hgg. v. Carl Gebhardt, Heidelberg (zit. *Tractatus*, dt/lat);

ders., 1997: *Die Ethik. Lateinisch und Deutsch.* Revidierte Übersetzung von Jakob Stern, Reclam, Stuttgart (zit. *Ethik*);

Stack, George J., 1983: *Lange and Nietzsche*, Berlin, New York;

Stegmaier, Werner, 1994: *Nietzsches ›Genealogie der Moral‹*, Darmstadt;

Steinert, Heinz, 1978: »Ist es denn aber auch wahr, Herr F.? ›Überwachen und Strafen‹ unter der Fiktion gelesen, es handle sich dabei um eine sozialgeschichtliche Darstellung«, in: *Kriminalsoziologische Bibliografie* 1978/Jg. 5, H. 19-20, *Michel Foucault und das Gefängnis*, 30-45;

ders., 1981: »Nachwort. Dringliche Aufforderung, an der Studie von Rusche und Kirchheimer weiterzuarbeiten«, in: Rusche/Kirchheimer, 1981, 314-336;

Steinert, Heinz u. Hubert Treiber, 1978: »Versuch, die These von der strafrechtlichen Ausrottungspolitik im Spätmittelalter ›auszurotten‹. Eine Kritik an Rusche/Kirchheimer und dem Ökonomismus in der Theorie der Strafrechtsentwicklung«, in: *Kriminologisches Journal*, 10. Jg. 1978, 81-106;

Stekl, Hannes, 1986: »›Labore et fame‹ – Sozialdisziplinierung in Zucht- und Arbeitshäusern des 17. und 18. Jahrhunderts«, in: Sachße/Tennstedt (Hg.), 1986, 119-147;

Sullivan, Larry E., 1990: *The Prison Reform Movement. Forlorn Hope*, Boston;

Taureck, Bernhard, 1989: *Nietzsche und der Faschismus*, Hamburg;

Terpstra, Marin, 1990: *De wending naar de politiek. Een studie over de begrippen ›potentia‹ en ›potestas‹ bij Spinoza*, Nijmegen;

Theognis 40, 65 – A52, A86, A179

Theweleit, Klaus, 1977: *Männerphantasien*, 1. Band, Frankfurt/Main;

Thompson, Edward P., 1979: »Die sittliche Ökonomie der englischen Unterschichten im 18. Jahrhundert«, in: Puls, Detlev (Hg.), 1979, 13-18;

ders., 1995 (1978): *The Poverty of Theory: or an Orrery of Errors*, London;

Treiber, Hubert u. Heinz Steinert, 1980: *Die Fabrikation des zuverlässigen Menschen. Über die »Wahlverwandtschaft« von Kloster- und Fabriksystem*, München;

Tugendhat, Ernst, 1997 (1993): *Vorlesungen über Ethik*, Frankfurt/Main;

Vattimo, Gianni, 1990: *Das Ende der Moderne*, Stuttgart;

Veerkamp, Ton, 2001: Artikel »Gott«, in: *HKWM* 5, 917-931;

Wacquant, Loïc, 2000 (1999): *Elend hinter Gittern*, Konstanz;

Waite, Geoff, 1996: *Nietzsche's Corps/e. Aesthetics, Politics, Prophecy, or, The Spectacular Technoculture of Everyday Life*, Durham, London;

Weber, Max, 1980 (1921): *Wirtschaft und Gesellschaft. Grundriss der verstehenden Soziologie.* Fünfte, revidierte Auflage, besorgt von Johannes Winckelmann. Studienausgabe, Tübingen (zit. *WuG*);

Weimann, Robert u. Hans Ulrich Gumbrecht (Hg.), 1991: *Postmoderne – globale Differenz*, Frankfurt/Main;

Wekwerth, Manfred, 1995: Artikel »dialektisches Theater«, in: *HKWM* 2, 715-719;

Welsch, Wolfgang, 1991: *Unsere postmoderne Moderne*, Weinheim;

West, Cornel, 1999: »The Political Intellectual« (1987), in: ders., 1999: *The Cornel West Reader*, 278-293;

Wittgenstein, Ludwig, 1945: *Philosophische Untersuchungen*, Werkausgabe, 8 Bände, 2. Auflage, Band 1, Frankfurt/M 1989;

Wurzer, William S., 1975: *Nietzsche und Spinoza*, Meisenheim am Glan;

Zander, Hartwig, 1980: »Georg Rusche, marché du travail et régime des peines: introduction à la genèse de l'oeuvre de Georg Rusche«, in: *Déviance et Société*, Septembre 1980, Vol. IV, Nr 3, 199-213;

Zapata Galindo, Martha, 1995: *Triumph des Willens zur Macht. Zur Nietzsche-Rezeption im NS-Staat*, Hamburg;

Zaret, David, 1989: »Religion and the Rise of liberal-democratic Ideology in 17th Century England«, in: *American Sociological Review*, Vol 54, April 1989, Nr. 2, 163-179;

Zima, Peter V., 1997: Moderne/Postmoderne. Gesellschaft, Philosophie, Literatur, Tübingen, Basel.

Personenregister

Die Anmerkungsverweise richten sich nicht nach den Seiten, sondern nach den Nummern der Anmerkungen.

Sachregister